复旦社云平台
fudanyun.cn

复旦社云平台
数字化教学支持说明

为提高教学服务水平，促进课程立体化建设，复旦大学出版社建设了"复旦社云平台"，为师生提供丰富的课程配套资源，可通过"电脑端"和"手机端"查看、获取。

【电脑端】

电脑端资源包括PPT课件、电子教案、习题答案、课程大纲、音频、视频等内容。可登录"复旦社云平台"（fudanyun.cn）浏览、下载。

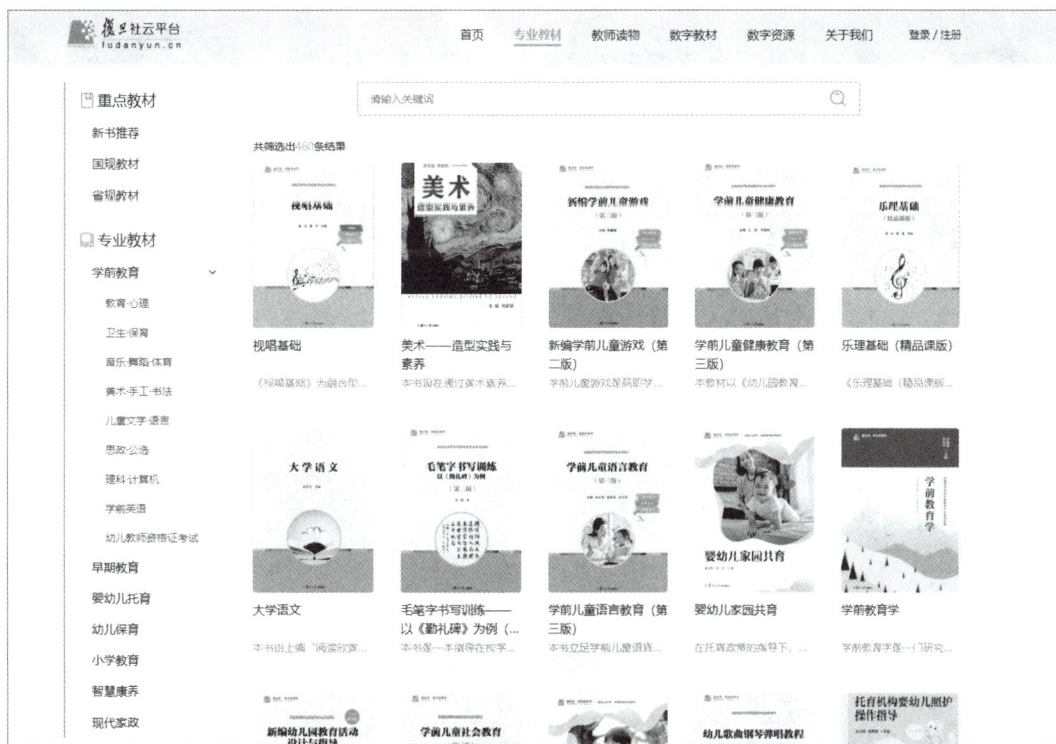

Step 1 登录网站"复旦社云平台"（fudanyun.cn），点击右上角"登录／注册"，使用手机号注册。

Step 2 在"搜索"栏输入相关书名，找到该书，点击进入。

Step 3 点击【配套资料】中的"下载"（首次使用需输入教师信息），即可下载。音频、视频内容可点击【数字资源】，搜索书名进行浏览。

【手机端】

PPT 课件、音视频、阅读材料：用微信扫描书中二维码即可浏览。

扫码浏览

【更多相关资源】

更多资源，如专家文章、活动设计案例、绘本阅读、环境创设、图书信息等，可关注"幼师宝"微信公众号，搜索、查阅。

平台技术支持热线：029-68518879。

"幼师宝"微信公众号

融合型·新形态教材

复旦社云平台　fudanyun.cn

普通高等学校学前教育专业系列教材

学前教育科学研究方法

（第四版）

主　编　张宝臣　韩苏曼

副主编　董　梅　哈斯塔娜　马　华　张　旭

编　委　（按姓氏笔画排列）

马　华　方银辉　卢　伟　牟洪贵

李兰芳　张　旭　张佳璇　张宝臣

张建波　陆珊珊　陈　瑜　罗秋英

金晓群　郑沙年　哈斯塔娜　席志辉

崔岐恩　董　梅　韩苏曼　潘玉进

复旦大学出版社

内容提要

　　本教材遵循《教师教育课程标准》与《幼儿园教师专业标准》精神，依据学前教育科学研究实践流程，构建清晰内容框架。内容涵盖原则、方法及实施路径，深入讲解选题、文献检索、设计构建，介绍观察法、调查法等研究方法，以及资料整理与分析、成果表述与评价。为推动专业化、职业化转变，强化实用价值，配置学习导航、知识结构图示、学习目标、学业测评及实训活动。学业测评含客观题、主观题及模拟试卷，实训活动设定具体任务，助力学生掌握核心技能。引入108篇知识延伸文献与26篇拓展阅读，以二维码形式嵌入，便于获取。配套导学微课提供高效学习指引。本教材适用于高校学前教育专业学生、幼儿教师在职培训及自学者，集科学性、实用性、前瞻性于一体。

　　本书全部配套资源可以登录复旦云平台fudanyun.cn查看或下载。

第四版前言

本教材严格遵循《教师教育课程标准(试行)》与《幼儿园教师专业标准(试行)》的指导精神,依据学前教育科学研究的"实践操作流程",精心构建了内在逻辑清晰、条理分明的内容框架。它紧密围绕学前教育科学研究的基本流程:从选题、查阅文献、研究设计、资料搜集与整理到研究成果表述与评价,以此为主线安排内容。系统而详尽地论述了学前教育科学研究的含义、一般步骤、类别和原则。不仅深入讲解了研究课题的选择、文献检索技巧、研究设计的构建,还细致介绍了多种研究方法(如观察法、调查法、实验法、测验法、作品分析法等)、个案研究、行动研究,以及研究资料的系统整理与深度分析,直至研究成果的有效表述与客观评价。

本教材不仅适用于高等学校学前教育专业的学生作为核心教材,同时也适合作为幼儿教师的在职培训资料,或供有志于学前教育领域的自学者参考使用,是一套集科学性、实用性、前瞻性于一体的优质学习资源。在教材使用过程中,教师可以根据本校学前教育专业的培养目标,依据本校制订的课程教学大纲,选用教材内容。

为实现学前教育专业教师教育课程由学科化、理论化向专业化、职业化、实践化的深刻转变,本次修订进一步强化了其实用价值与实践导向,每章均配置了学习导航、知识结构图示、明确的学习目标、全面的学业测评及实训活动板块。主要修订内容如下。

第一,修订栏目。本章概要修改为学习导航,并修订其内容,使其导向性更加突出;学习目标的"识记层次、理解层次、应用层次",修改为"知识目标、能力目标、素质目标"三个维度,使学习目标的要求更加具体明确,有助于学生对知识的掌握、能力的提升和素养的内化;实训活动通过设定具体任务、明确目标与提供实践建议三个维度,进行了重新编写,增强了其可操作性,助力学生掌握学前教育科研的核心技能。有部分实训活动嵌入了实训助力,通过扫码可阅读文献全文,有助于学生更有效地完成实训任务。

第二,扩充教材内容。通过引入108篇知识延伸文献与26篇拓展阅读材料,进一步丰富了教材内容,这些资料均以二维码形式嵌入,便于学生扫码即阅,快速获取文献概要,促进深度学习与知识视野的拓宽。

第三,强化知识巩固。每章的学业测评融合了客观题(涵盖填空题、判断题、单选与多选题,支持扫码在线练习)、主观题(简答题,扫码查看参考答案)及三套模拟试卷,旨在全面检验并提升学生的知识掌握、理解分析、逻辑思维、快速响应及语言表达等多方面能力。

第四,增加拓展学习章节。新增了"质的研究"一章和"常用的统计分析方法"一节,供学有余力的学生自学。因篇幅所限,此部分内容以二维码的方式呈现。

第五,修改章的名称。将"个案法"修改为"个案研究",因为个案研究不应被看成一种研究方法,而应看作是一种研究范式。这种研究范式综合运用各种研究方法来进行研究,它采用观察、访谈、测验或实验、查阅文献和档案记录、发放问卷等各种方法来搜集资料。[1]"行动研究法"修改为"行动研究",因为行动研究并非局限于某种特定的"方法",其核心在于灵活性与实效性。原则上,行动研究可以采纳任何方法,无论是量的方法还是其他方法,只要该方法在实践中"好用",即能有效促进现状的改进,便是合适的选择。[2]"研究计划的制订"修改为"研究设计",并增加了"提出研究假设"一节。本教材把属于研究设计范畴的"选择研究课题"和"查阅文献"单独列章,是考虑到每章的字数不宜过多。

第六,充实教学资源。重新制作PPT课件,尝试制作了一些微课,以丰富教学资源。每章配套制作的导学微课,围绕"核心要点、学习意义、学习策略"三个维度,为学生提供了高效的学习指引。

本次修订由温州商学院张宝臣、上海师范大学天华学院韩苏曼提出修订思路、拟定修订提纲并担任主编,负责全书的统稿和定稿。由芜湖学院董梅、内蒙古鸿德文理学院哈斯塔娜、常州幼儿师范高等专科学校马华、保定幼儿高等师范专科学校张旭担任副主编。温州大学潘玉进和崔岐恩、成都文理学院卢伟、常州工学院张建波、广东工商职业技术大学席志辉、兰州城市学院李兰芳、南通师范高等专科学校陈瑜、内蒙古民族幼儿师范高等专科学校张佳璇、徐州幼儿高等师范专科学校陆珊珊和罗秋英、川南幼儿师范高等专科学校牟洪贵、贵阳幼儿师范高等专科学校方银辉、浙江省温州市第四幼儿园金晓群、温州市瓯海区南部新城实验幼儿园郑沙年等参与了本教材的编写工作。具体编写分工(以章为序):第一章由张宝臣、郑沙年编写;第二章由金晓群、张宝臣编写;第三章由韩苏曼、张旭编写;第四章由韩苏曼编写;第五章由董梅编写;第六章由卢伟、席志辉编写;第七章由崔岐恩、罗秋英编写;第八章由张建波、方银辉编写;第九章由陈瑜、牟洪贵编写;第十章由张佳璇、张建波编写;第十一章由马华、陆珊珊编写;第十二章由潘玉进编写;第十三章由哈斯塔娜、李兰芳编写。各章"学习目标"由陆珊珊、张宝臣编写,"学业自评"客观题的题目、模拟试卷及参考答案由董梅编写,简答题的参考答案、拓展学习"质的研究"一章由马华编写,拓展学习"常用的统计分析方法"一节由潘玉进编写,每章的导学微课、微课3-2和微课5-2由张旭制作完成,微课1-2、2-2由郑沙年制作完成,知识延伸、拓展阅读文献的内容概要和每章开篇的导学微课文本由张宝臣编写,微课3-2文本由韩苏曼编写、微课5-2文本由董梅编写。

在精心打造初版与历次修订的过程中,本教材广泛汲取了国内众多专家、学者及同人的宝贵研究成果,引用之处繁多,未能逐一标注,特此说明,深表歉意,并深怀感激之心,向所有原创者致以最诚挚的谢意。

随着社会的蓬勃发展,学前教育科学的理论研究日益精进,实践探索亦不断深入。鉴于编写团队能力所限,书中难免存有瑕疵,我们诚挚邀请广大读者不吝赐教!

编者

2024年10月

[1] 李长吉,金丹萍.个案研究法研究述评[J].常州工学院学报(社会科学版),2011(6):107-111.
[2] 陈向明.从"范式"的视角看质的研究之定位[J].教育研究,2008(5):30-35,67.

目 录

第一章　学前教育科学研究概述 / 1

学习导航 / 1

知识结构图 / 1

学习目标 / 1

第一节　学前教育科学研究的含义 / 2

第二节　学前教育科学研究的一般步骤 / 7

第三节　学前教育科学研究的类别 / 8

第四节　学前教育科学研究的基本原则 / 11

学业自评 / 13

实训活动 / 14

拓展阅读 / 15

微课 1-1:教育科研:幼儿教师专业发展的助推器 / 1

知识延伸 1-1:《对"教育科学"一词的理解》概要 / 2

知识延伸 1-2:《新中国成立 70 年学前教育科学研究的发展历程》概要 / 4

知识延伸 1-3:《学前教育更需要教育科研》概要 / 5

微课 1-2:园长说教育科研 / 5

知识延伸 1-4:《"学前教育研究方法"概念的静态语义分析及其动态生成》概要 / 5

知识延伸 1-5:《从教育科研的维度思考:教师何以实现专业成长》概要 / 6

知识延伸 1-6:《学前教育科学研究的伦理问题及对策分析》概要 / 13

客观题目链接 1-1 / 13

简答题参考答案 1-1 / 13

模拟试卷 1-1 / 14

实训助力 1-1:晏红:幼儿园教研与科研的关系 / 14

实训助力 1-2:洪梅:谈教育实验研究的伦理原则 / 14

拓展阅读 1-1:《改革开放以来我国学前教育发展的主要成就与问题》概要 / 15

拓展阅读 1-2:《我国学前教育研究方法的现状分析》概要 / 15

第二章　选择研究课题 / 16

学习导航 / 16

知识结构图 / 16

学习目标 / 16

第一节　研究课题概述 / 17

第二节　选择研究课题的原则与方法 / 20

第三节　选择研究课题的途径 / 22

第四节　选择研究课题的一般程序 / 23

第五节　正确选题应具备的条件 / 25

学业自评 / 26

实训活动 / 27

拓展阅读 / 28

微课 2-1:选题:幼儿教师做研究的航标灯 / 16

知识延伸 2-1:《学前教育学士学位论文选题的问题与改进》概要 / 18

知识延伸 2-2:《教育科研从选题开始》概要 / 19

知识延伸 2-3:《幼儿园一日活动的中德比较研究(P2:理论意义与实践意义)》概要 / 20

知识延伸 2-4:《基层教师在教育研究活动中的选题策略研究》概要 / 21

知识延伸 2-5:《幼儿园课题研究在选题上应把握的关键点》概要 / 22

微课 2-2:一线教师选题访谈录 / 23

知识延伸 2-6:中国学前教育研究会"十四五"课题指南 / 23

知识延伸 2-7:《幼儿园一日活动的中德比较研究(P1:研究缘起)》概要 / 23

知识延伸 2-8:《幼儿园教师教育科研方法运用自我效能感的现状及影响因素分析》概要 / 25

客观题目链接 2-1 / 26

简答题参考答案 2-1 / 26

模拟试卷 2-1 / 27

实训助力 2-1:李敏:课题名称确定、表述、概念和结构 / 27

拓展阅读 2-1:《我国学前教育研究的回顾与展望—基于〈学前教育研究〉2005-2021 年的文献分析》概要 / 28

拓展阅读 2-2:《教育研究中的选题与设计:问题意识与问题陈述》概要 / 28

第三章　查阅文献 / 29

学习导航 / 29

知识结构图 / 29

学习目标 / 29

第一节　查阅文献概述 / 30

第二节　查阅文献的过程与方法 / 34

第三节　撰写文献综述 / 37

学业自评 / 38

实训活动 / 38

拓展阅读 / 39

微课 3-1:查阅文献:幼儿教师做研究的金钥匙 / 29

知识延伸 3-1:《研究过程中的重要一环——查阅文献》概要 / 30

知识延伸 3-2:《关于教育文献分类的研究》概要 / 30

知识延伸 3-3:《重视教育文献资料的查阅》概要 / 33

知识延伸 3-4:《论教育文献检索的工具、步骤、途径及方法》概要 / 35

微课 3-2:文献检索的具体操作 / 36

知识延伸 3-5:《幼儿语言发展研究文献综述》概要 / 37

知识延伸 3-6:参考文献著录规则 / 37

知识延伸 3-7:《撰写文献综述的意义、步骤与常见问题》概要 / 37

客观题目链接 3-1 / 38

简答题参考答案 3-1 / 38

模拟试卷 3-1 / 38

实训助力 3-1:钟明元,孙泽文:教育科学文献的整理及其综述写作 / 38

实训助力 3-2:马德峰,王婷:学术研究中文献综述四大误区 / 39

拓展阅读 3-1:《系统性文献综述法:案例、步骤与价值》概要 / 39

拓展阅读 3-2:《我国课堂教学视频分析的系统性文献综述——基于 2010-2020 年文献的分析》概要 / 39

第四章　研究设计 / 40

学习导航 / 40

知识结构图 / 40

学习目标 / 40

第一节　提出研究假设 / 41

第二节　选取研究对象 / 45

第三节　分析研究变量 / 48

第四节　制订研究计划 / 51

学业自评 / 54

实训活动 / 54

拓展阅读 / 55

微课 4-1:研究设计:幼儿教师做研究的方向盘 / 40

知识延伸 4-1:《论心理与教育研究中的抽样问题》概要 / 46

知识延伸 4-2:《界定课题中的研究变量》概要 / 48

知识延伸 4-3:《准实验法在教育研究领域的应用状况分析》概要 / 49

知识延伸 4-4:《开题报告撰写的"三题模型"——一种教育学的视角》概要 / 52

知识延伸 4-5:《课题开题报告的格式与撰写》概要 / 53

客观题目链接 4-1 / 54

简答题参考答案 4-1 / 54

模拟试卷 4-1 / 54

实训助力 4-1:刘明:教育科研课题开题中的常见问题及解决办法 / 55

拓展阅读 4-1:《面向即时数据采集的经验取样法》概要 / 55

拓展阅读 4-2:《人工智能赋能新时代高质量学前教育教师队伍建设研究》概要 / 55

第五章　观察法 / 56

学习导航 / 56

知识结构图 / 56

学习目标 / 56

第一节　观察法概述 / 57

第二节　观察法的设计与实施 / 59

第三节　观察的具体方法 / 61

学业自评 / 72

实训活动 / 72

拓展阅读 / 73

微课 5-1:观察:幼儿教师做研究的显微镜 / 56

知识延伸 5-1:《科学观察幼儿——做幼儿成长真正的支持者》概要 / 57

知识延伸 5-2:《幼儿园教师儿童行为观察素养的构成及水平特点分析》概要 / 57

知识延伸 5-3:《"五步观察法"在幼儿园区域游戏观察指导中的运用》概要 / 58

知识延伸 5-4:《教师观察幼儿行为过程中存在的问题探析》概要 / 59

微课 5-2:运用《指南》科学观察幼儿 / 59

知识延伸 5-5:《优化观察记录表设计,培养幼儿科学观察记录能力》概要 / 60

知识延伸 5-6:《美国幼儿观察记录系统的评价内容、实施方法与借鉴意义》概要 / 61

知识延伸 5-7:《大班幼儿科学探究行为观察报告》概要 / 61

知识延伸5-8:《时间取样观察法在幼儿园中的运用》概要 / 62

知识延伸5-9:《时间取样观察法的优缺点及其适用性问题》概要 / 63

知识延伸5-10:《读懂幼儿,从学会观察记录开始》概要 / 64

知识延伸5-11:《幼儿教师观察记录工作开展的"三段六法"》概要 / 65

知识延伸5-12:《谈实况详录法在幼儿园区域游戏中的运用》概要 / 66

知识延伸5-13:《以"日记法"编织家园共育纽带》概要 / 68

知识延伸5-14:《轶事记录法运用中的问题及运用策略研究》概要 / 68

客观题目链接5-1 / 72

简答题参考答案5-1 / 72

模拟试卷5-1 / 72

拓展阅读5-1:《幼儿园教师专业观察的理论引领与实践路径》概要 / 73

拓展阅读5-2:《幼儿园区域活动中教师的观察与指导》概要 / 73

第六章　调查法 / 74

学习导航 / 74

知识结构图 / 74

学习目标 / 74

第一节　调查法概述 / 75

第二节　问卷调查法及其运用 / 79

第三节　访谈调查法及其运用 / 88

学业自评 / 92

实训活动 / 92

拓展阅读 / 93

微课6-1:调查:幼儿教师做研究的探照灯 / 74

知识延伸6-1:《教育调查研究应力求"时效"和"实效"》概要 / 75

知识延伸6-2:《教育调查研究中的伦理问题》概要 / 75

知识延伸6-3:《浅谈调查问卷设计中的有关技巧》概要 / 81

知识延伸6-4:《幼儿园教师PE-PCK(体育教学知识)调查问卷》概要 / 82

知识延伸6-5:问题撰写的技巧 / 84

知识延伸6-6:如何规避和识别无效问卷 / 87

知识延伸6-7:《对教育研究中"深度访谈"的方法论追问》概要 / 91

客观题目链接6-1 / 92

简答题参考答案6-1 / 92

模拟试卷6-1 / 92

拓展阅读6-1:《农村0-3岁婴幼儿照护的家庭支持需求分析》概要 / 93

拓展阅读6-2:《屏幕到底是敌是友——屏幕时间对幼儿早期读写能力的影响以及教育类屏幕活动的调节作用》概要 / 93

第七章　实验法 / 94

学习导航 / 94

知识结构图 / 94

学习目标 / 94

第一节　实验法概述 / 95

第二节　实验设计的类型 / 99

第三节　实验变量与实验效度 / 102

学业自评 / 104

实训活动 / 104

拓展阅读 / 105

微课7-1:实验:幼儿教师做研究的试金石 / 94

知识延伸7-1:《试论教育实验的起源》概要 / 95

知识延伸7-2:《试论教育实验的特点——教育实验与自然科学实验相比较》概要 / 95

知识延伸7-3:《对教育实验的思考》概要 / 95

知识延伸7-4:《幼儿早期识字阅读能力培养的教育实验》概要 / 98

知识延伸7-5:《用微观发生法培养幼儿科学创造力的实验研究》概要 / 99

知识延伸7-6:《谈谈教育实验的科学性及其无关因子控制》概要 / 102

客观题目链接7-1 / 104

简答题参考答案7-1 / 104

模拟试卷7-1 / 104

实训助力7-1:余文森:教育实验与试验辨析 / 104

拓展阅读7-1:《信息技术对幼儿学习与发展的影响——基于50篇实验或准实验研究的元分析》概要 / 105

拓展阅读7-2:《插电与不插电课程促进幼儿计算思维发展的实验研究》概要 / 105

第八章 测验法 / 106

学习导航 / 106

知识结构图 / 106

学习目标 / 106

第一节 测验法概述 / 107

第二节 标准化测验 / 113

第三节 自编测验 / 120

学业自评 / 123

实训活动 / 123

拓展阅读 / 124

微课8-1:测验:幼儿教师做研究的听诊器 / 106

知识延伸8-1:《测验法在中国的实验及评价》概要 / 107

知识延伸8-2:《标准化测验在理解上的一致与分歧》概要 / 113

知识延伸8-3:《美国标准化测验的问题与质疑》概要 / 114

知识延伸8-4:《韦克斯勒儿童智力量表第三版(WISC-Ⅲ)的试用研究》概要 / 117

知识延伸8-5:《中国-韦氏幼儿智力量表(C-WYCSI)的编制》概要 / 117

知识延伸8-6:《韦氏儿童智力量表第四版(WISC-Ⅳ)中文版的修订》概要 / 118

知识延伸8-7:《〈中国比内测验〉在新疆石河子地区汉族儿童少年中的试用报告》概要 / 118

知识延伸8-8:《联合型瑞文测验中国儿童常模第三次修订》概要 / 119

知识延伸8-9:《绘人测验在儿童心理评估中的应用现状及发展趋势》概要 / 120

知识延伸8-10:中国儿童发展量表(CDCC) / 120

客观题目链接8-1 / 123

简答题参考答案8-1 / 123

模拟试卷8-1 / 123

实训助力8-1:韦氏智力测试量表(儿童) / 123

拓展阅读8-1:《批判与超越:警惕标准化测验对好教育的误读——基于比斯塔教育测量思想的省思中国儿童发展量表》概要 / 124

拓展阅读8-2:《避免教育测验分数被误解误用之对策》概要 / 124

第九章 作品分析法 / 125

学习导航 / 125

知识结构图 / 125

学习目标 / 125

第一节 作品分析法概述 / 126

第二节 作品分析法的操作程序 / 130

第三节 作品分析法的应用 / 132

学业自评 / 133

实训活动 / 134

拓展阅读 / 135

微课9-1:作品分析:幼儿教师做研究的解码器 / 125

知识延伸9-1:《对话儿童:4-5岁幼儿绘画作品分析》概要 / 126

知识延伸9-2:《浅析"幼儿作品"的含义及其分类》概要 / 127

知识延伸9-3:《幼儿作品展示的方式与思考》概要 / 127

知识延伸9-4:《提高教师幼儿绘画作品分析能力的实践研究》概要 / 129

知识延伸9-5:《巧用幼儿作品与家长交流的意义》概要 / 129

知识延伸9-6:《作品分析法在评价幼儿语言发展中的应用》概要 / 129

知识延伸9-7:《从绘画作品中解读幼儿的心理》概要 / 133

客观题目链接9-1 / 133

简答题参考答案9-1 / 133

模拟试卷9-1 / 134

实训助力9-1:崔立银:幼儿绘画作品的评价角度和注意事项 / 134

实训助力9-2:吴恒:幼儿文学作品鉴赏与表演游戏的开展研究 / 134

拓展阅读9-1:《作品取样系统及其对我国幼儿发展评价的启示》概要 / 135

拓展阅读9-2:《安吉游戏背景下4-5岁幼儿自主游戏故事中绘画表征行为的研究——以D市某安吉游戏试点幼儿园为例》概要 / 135

第十章　个案研究 / 136

学习导航 / 136

知识结构图 / 136

学习目标 / 136

第一节　个案研究概述 / 137

第二节　个案研究的原则、实施方式与手段 / 140

第三节　个案研究的一般步骤 / 142

学业自评 / 144

实训活动 / 144

拓展阅读 / 145

微课10-1:个案研究:幼儿教师做研究的故事书 / 136

知识延伸10-1:《论个案研究的代表性问题》概要 / 137

知识延伸10-2:《个案研究的分类及其在教育研究中的应用现状评析》概要 / 137

知识延伸10-3:《个案研究中的外推和概括:一个新的阐释》概要 / 139

知识延伸10-4:Y同学随班就读教育诊断与培养的个案研究报告 / 143

客观题目链接10-1 / 144

简答题参考答案10-1 / 144

模拟试卷10-1 / 144

拓展阅读10-1:《个案研究的意义和限度——基于知识的增长》概要 / 145

拓展阅读10-2:《个案的力量:论个案研究的方法论意义及其应用》概要 / 145

第十一章　行动研究 / 146

学习导航 / 146

知识结构图 / 146

学习目标 / 146

第一节　行动研究概述 / 147

第二节　行动研究的操作程序 / 150

第三节　行动研究的应用与成果表述 / 156

学业自评 / 163

实训活动 / 163

拓展阅读 / 164

微课11-1:行动研究:幼儿教师做研究的航海图 / 146

知识延伸11-1:《行动研究——一种日益受到关注的研究方法》概要 / 147

知识延伸11-2:《"行动研究,兼容实验法"的原理解析》概要 / 149

知识延伸11-3:《教师行动研究——行动中的研究》概要 / 149

知识延伸11-4:《行动研究与幼儿教师专业成长》概要 / 149

知识延伸11-5:《基于主题活动培养3-4岁幼儿归属感的行动研究》概要 / 151

知识延伸11-6:《基于中国民间童话开展大班幼儿文学想象活动行动研究》概要 / 151

知识延伸11-7:《利用教育戏剧开展幼儿生命教育的行动研究》概要 / 152

知识延伸11-8:《促进幼儿主动学习策略的行动研究》概要 / 152

知识延伸11-9:《大班幼儿自我服务教育的行动研究》概要 / 152

知识延伸11-10:《基于幼儿记录促进积木建构水平发展的行动研究》概要 / 153

知识延伸11-11:《民间游戏融入幼儿园课程的行动研究》概要 / 156

知识延伸11-12:《教学日志与教师专业发展研究》概要 / 158

知识延伸11-13:《幼儿园青年教师的管理日志》概要 / 158

知识延伸11-14:《幼儿园教育叙事——内涵辨析、发展价值与实践反思》概要 / 159

知识延伸11-15:《教育叙事要有"特别的味儿"》概要 / 159

知识延伸11-16:《以教育叙事研究为切点促进幼儿教师专业发展》概要 / 160

知识延伸11-17:《为"读"而写》概要 / 160

知识延伸11-18:《实践中深耕写作中深思》概要 / 161

知识延伸11-19:《中班美术活动案例:面条小姐与公路先生》概要 / 162

知识延伸11-20:《教师专业发展:基于课例研究的视角》概要 / 162

知识延伸11-21:《基于课例研究的幼儿园教师专业发展策略探析》概要 / 163

客观题目链接11-1 / 163

简答题参考答案11-1 / 163

模拟试卷11-1 / 163

拓展阅读11-1:《教育行动研究:沟通教育理论与教育实践的研究模式》概要 / 164

拓展阅读11-2:《教育行动研究——中小学教育科研的主要方式》概要 / 164

第十二章　研究资料的整理与分析 / 165

学习导航 / 165

知识结构图 / 165

学习目标 / 165

第一节　文字资料的整理与分析 / 166

第二节　数据资料的整理 / 169

第三节　数据资料的分析——预处理 / 174

第四节　数据资料的分析——描述统计 / 183

第五节　数据资料的分析——推断统计 / 189

学业自评 / 194

实训活动 / 194

拓展阅读 / 195

微课12-1:整理与分析:幼儿教师做研究的魔法过滤器 / 165

知识延伸12-1:《如何搜集幼教科研资料》概要 / 169

知识延伸12-2:《如何处理幼教科研资料》概要 / 169

知识延伸12-3:《样本平均数抽样分布的后验概率分布》概要 / 189

知识延伸12-4:《案例——假设检验的基本过程》概要 / 189

客观题目链接12-1 / 194

简答题参考答案12-1 / 194

模拟试卷12-1 / 194

拓展阅读12-1:《大数据背景下定量社会研究方法的创新》概要 / 195

拓展阅读12-2:《大数据时代教师角色的重新定位》概要 / 195

第十三章　研究成果的表述与质量评价 / 196

学习导航 / 196

知识结构图 / 196

学习目标 / 196

第一节　研究成果表述概述 / 197

第二节　研究成果表述的步骤与方法 / 199

第三节　撰写研究报告 / 201

第四节　撰写研究论文 / 205

第五节　研究质量评价 / 207

学业自评 / 209

实训活动 / 209

拓展阅读 / 210

微课13-1:成果表述与评价:幼儿教师做研究的调味品 / 196

知识延伸13-1:《课题研究成果的提炼与表述》概要 / 197

知识延伸13-2:《"幼儿快乐体育游戏的设计与实践研究"课题报告》概要 / 197

知识延伸13-3:《幼儿教师教育科研课题成果提炼的困境与突破》概要 / 198

知识延伸13-4:《呼唤教育科研成果表述创新》概要 / 198

知识延伸13-5:《教育科研成果表述的语言创新》概要 / 199

知识延伸13-6:《怎样撰写课题研究报告》概要 / 202

知识延伸13-7:《"基于激励教育理念的幼儿艺术审美能力培养的研究"研究报告》概要 / 203

知识延伸13-8:《如何撰写学术论文的标题与摘要》概要 / 205

知识延伸13-9:《学术论文撰写应注重的几点规范要求》概要 / 206

知识延伸13-10:《幼儿教师撰写教育科研论文应注意的几个问题》概要 / 206

知识延伸13-11:《如何撰写科研论文的引言部分》概要 / 206

知识延伸13-12:学术论文中结语的撰写要求 / 207

知识延伸13-13:《教育科研评价如何走出困局》概要 / 208

知识延伸13-14:《教育科研质量评价的偏离与回归》概要 / 209

客观题目链接13-1 / 209

简答题参考答案13-1 / 209

模拟试卷13-1 / 209

实训助力13-1:肖婵媛,苗若南:近十年国际学前教育研究的热点与趋势 / 209

拓展阅读13-1:《大学生撰写科技报告能力培养探讨》概要 / 210

拓展阅读13-2:《基于毕业论文撰写视角下的学前教育研究方法应用现状分析》概要 / 210

附:本书补充学习资源 / 211
主要参考文献 / 212

第一章　学前教育科学研究概述

微课 1-1

学习导航

　　学前教育科学研究,是教育科学研究的关键分支。它不仅是推动学前教育科学进步的重要引擎,更是提升学前教育质量和效率的坚实保障。它的深远影响力还体现在对幼儿教师专业素养的锤炼与提升上。深入探索并把握学前教育科学研究的本质特征和内在规律,不仅是理解整个研究活动的核心,更是学习后续知识体系的坚实基础。本章将揭开学前教育科学研究的神秘面纱,探寻其深厚的内涵与价值。

教育科研:幼儿
教师专业发展
的助推器

知识结构图

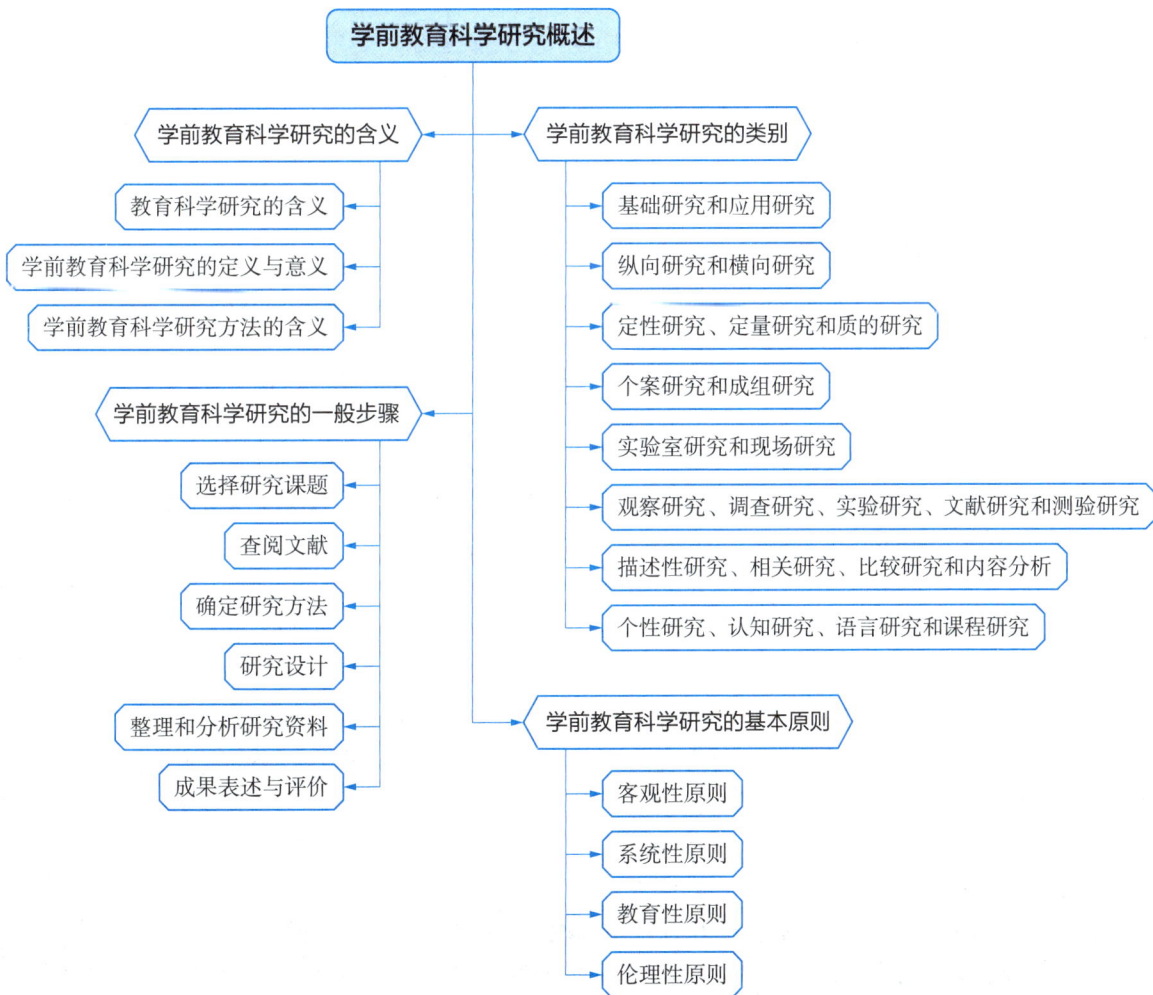

学习目标

知识目标

1. 能够明确表述学前教育科学研究的定义、特点和构成的方法体系;
2. 能够列举学前教育科学研究的常规步骤并识别不同的研究类别;

3. 能够阐释学前教育科学研究基本原则的深层含义;
4. 能够论述学习学前教育科学研究的重要性。

能力目标

1. 能够依据具体问题,筛选并采用适宜的研究方法;
2. 能够区分并评价不同研究类型的特点和适用性。

素质目标

1. 增强对学前教育研究方法的学习兴趣,提升对学前教育研究领域的专业归属感;
2. 初步形成成为研究型幼儿教师的职业愿景。

第一节　学前教育科学研究的含义

一、教育科学研究的含义

(一) 教育科学研究的定义

1. 科学研究的定义

科学研究是指人们在科学理论的指导下,采用一定的方法,遵循一定的规范,发现和阐明前人未知的现象及其本质或获得独特的运用规律的机理,形成自己的新理论、新思想、新观点,或指发明创造前人未有、未用或未曾检验的方法、方案、技能、技艺、产品或装置等,生产出有利于人类和社会发展的新的产品和价值,为人类认识自然、改造自然创造财富。科学研究是一种创造性活动,它既有对已有知识的继承和借鉴,又有对未知问题的探索和创新。

科学研究的定义可以从以下四个方面理解。

(1) 科学研究是人类的一种认识活动。这种认识活动是人类促进自身及社会发展所必不可少的,在创造人类文明、促进社会进步等方面发挥着举足轻重的推动作用。

(2) 科学研究是一种有目的、有计划、有意识、有系统的认识活动。这种认识活动与人类一般的认识活动有所不同,是一种特殊的认识活动。

(3) 科学研究是一种在前人已有认识经验基础上的认识活动。这种活动或解释前人的智慧,或完善前人的智慧,或在前人的基础上创造出新的智慧。因此,要进行科学研究,首先就要掌握前人已有的研究成果,而不可能脱离人类的认识系统和知识体系去进行孤立的研究。

(4) 科学研究是一种运用科学的方法对客观事实加以掌握、分析和概括,进而揭示其本质、探索新规律的认识过程。如果没有运用科学的方法,那么任何所谓的研究都不能称为科学研究。

2. 教育科学研究的定义

教育科学研究是指研究者在一定的教育理论和科学研究理论的指导下,运用科学研究的原理和方法,有意识、有目的、有计划地对教育现象和教育实践中的事实进行了解、搜集、整理和分析,从而发现和认识教育现象的本质和规律,指导教育事业的发展和教育工作的开展。它是衡量一个国家教育发展水平的重要标志。

教育科学研究的定义可以从以下三个方面理解。

(1) 教育科学研究是研究者对有关的教育现象和教育实践中的事实进行的有目的、有计划的认识过程。研究的主体是研究者,可以是专职的研究者,也可以是一线的管理者、教师等;研究的客体是有关的教育现象或教育实践中的事实;研究的实质是有目的、有计划的认识过程。

(2) 教育科学研究的目的是要探索和发现教育实践中规律性的内容,并试图通过对教育领域的这些规律性的认识,更好地指导教育实践。

(3) 教育科学研究要运用科学的方法,其中包括:要根据研究目的和任务,科学选用适宜的方法;研究

知识延伸 1-1

《对"教育科学"一词的理解》概要

的过程要遵循科学的程序,始终坚持实事求是的态度;等。教育科学研究只有运用科学的方法,得到的结论或认识才可能是正确的,也才可能具有实践指导意义。

(二) 教育科学研究的一般特点

1. 继承性

教育科学研究是以人们已经达到的认识水平作为基础,经过科学的研究过程,达到发现和创造的目的。因而,教育科学研究要了解前人或他人对与研究课题有关的问题的研究已经获得哪些成绩,还存在什么问题和不足,以便利用前人或他人的成就、经验和教训,并在其研究基础上进行进一步的研究。教育科学研究的继承性不仅体现在研究者借鉴前人或他人的研究成果,丰富自己的研究构思,开阔研究思路,少走弯路,而且还可以为自身研究找到必要的理论依据。

2. 创新性

教育科学研究要在已有研究和认识基础上进行新的发现,探索新的规律,寻求新的认识。教育科学研究的创新性主要表现为三个方面:第一,教育科学研究要在前人已有的研究基础上,进一步去探索前人基本没有解决或没有完全解决的教育问题;第二,进行教育科学研究,方法上的革新、突破很重要,新方法的发现和创造往往能开拓研究的新领域,取得新成果,因此,进行教育科学研究实际上也是教育研究方法不断创新的过程;第三,作为认识过程的结果,教育科学研究成果要有一定程度的创新,这里的"创新"包括新颖、独特、有价值,具体来说,就是发现新问题,提出新观点,提供新材料,发现新方法,形成新理论,等。

3. 规范性

教育科学研究必须按照教育规律进行,遵循一定的行为规范,这样才能尽可能排除各种无关因素的干扰,提高研究的客观性、科学性,获得有效、可靠的结论。教育科学研究的规范性一般体现在确定研究问题、搜集和整理资料、具体研究操作、撰写研究报告等方面的规范。

4. 系统性

教育科学研究本身是一项复杂的活动,在研究过程中,既要考虑研究的理论基础,又要考虑研究的目的、内容、方式方法、环境条件,这就要求研究者要坚持运用联系的、整体的眼光观察和分析问题,从研究的整体效益出发,综合处理各种因素,使其有机地形成一个整体。在实际的研究过程中,既要关注教育问题本身的独特性,又要着眼于该问题与其他问题之间的关联,力求在整体系统中把握问题。

(三) 教育科学研究的特殊性

1. 多因素性

教育科学研究的对象是教育存在和人的学习。教育存在包括教育现象、教育过程和教育理论。影响教育的因素不仅包括客观的条件因素,而且还涉及个人的主观心理因素以及人际关系的社会因素,所以,教育现象之间的关系比较复杂。教育科学研究的一个重要对象不是客观的、无意识的物体,而是有思想、可以变化的人或人群,因而教育科学研究更多地受个人因素的影响。

2. 实践性

教育科学研究的课题多来源于教育实践。为实践的需要从事研究,研究成果必须对教育实践有指导意义。因此,在研究中要追求可操作性,研究成果要达到可操作性,只有这样才能对实践起指导作用,并值得在实践中推广。教育科学研究是一种特殊的实践活动,必须按照一定程序,经过一系列科研活动的过程才能获得研究成果。那些脱离实践而闭门造车、凭空臆造或仅靠想象、推理进行思辨的研究是难以取得有价值的成果的。

3. 迟效性

教育效果的显示具有滞后性,不可能"立竿见影",不能急于求成,要有实事求是的科学态度。幼儿社会性发展受多种因素影响,其发展变化绝非一两个活动、一两天就可以实现,而是需要一个长期的过程,具有迟效性。

4. 难控性

一般来说,教育科学研究很难进行极为精确的定量分析,尤其是在涉及人的主观态度或心理倾向时更是如此。在教育科学研究中,一般性结论的获得十分不易,这是因为:第一,教育研究中影响结果的无关变量有很多,不容易简化或控制条件,很难做重复性的实验;第二,在研究的过程中,研究者与被试的相互作用也会对研究成果产生影响;第三,教育科学研究不容易找到可供比较的较为精确的测量工具。上述因素的存在,决定了教育科学研究的成果特殊性较多,一般性较少,不太容易比较,具有难控性。

(四) 教育科学研究对象的主要特点

1. 高度的特指性

教育科学与其他学科的主要区别就在于研究对象的特指性,它从大量教育事实和现象中发现问题,把问题聚焦在促进人的发展与完善上,进行专业解难,并将成果纳入自身理论体系。由于对象的特指性,教育科学研究既不能把所有关于教育的问题都囊括,无限增加研究对象,也不能刻意地缩小研究范围。否则,就会造成目标游离、内容空洞而走向玄虚的极端,难以建构严谨的教育科学理论体系,从而弱化理论对实践的引领作用。

2. 一定的综合性

作为主体与客体沟通的中介,研究对象不能局限于单一性因素,就教育论教育。其研究对象涉及人与人的活动,与政治、经济、文化、宗教、历史和心理等多个学科有着不同性质、不同形式和不同程度的联系。由此,教育科学才得以分解为教育哲学、教育政策学、教育经济学、教育社会学和教育心理学等众多的学科群。教育科学研究应以多学科认识成果为基础,把自身与它们之间的联系加以系统、深刻的考察与整合,揭示其形态与本质、结构与功能、时序与空间、发展与变化,从事物各部分及其属性、关系的真实联结和本来面目再现事物的总体,从而建立一个层次清晰、逻辑严密且综合性强的理论体系。

3. 浓厚的人文性

教育科学研究对象不同于自然科学,也有别于其他社会科学。教育活动以人为对象,人既是物质的也是精神的。教育科学研究对象中既存在客观性、必然性和普遍性的规律,更充盈着人的需要、愿望和情感等人文性存在。它包含了大量感性的、非认知的因素,表现出主观性、价值性、难以重复性和复杂性等特点。教育科学研究应融合科学与人文学科的优势,其对象不仅指向教育的事由与事态、目标与过程、结构与功能之间的关系,也关照教育过程中人的生活体验、理性精神、情感情绪、行为方式和价值理念等。它努力走进人的生活,注重人的观念、情感和愿景,把人的全面发展与自由成长作为最高的理想追求,以满足个体和群体的人性完善。

4. 不同的层次性

(1) 宏观层次。它指向国家教育事业的整体结构和发展愿景,包括整体的教育需求与全局发展,主要定位在政策法规的制定执行上,具有较强的规范性和指导性。

(2) 中观层次。它指向教育总体目标转化为学校具体工作目标,研究课程设置、教学内容、考试评价等问题,体现出一定的工具性和实用性。

(3) 微观层次。它指向教学活动过程,主要研究如何把人类共同创造的文化知识、伦理观念等有效传授给受教育者,具有情境性和不确定性。

教育科学研究对象作为不可分割的有机整体,各个层次存在一定的差异性,应在把握整体性的基础上,重视各种不同层次的衔接、转换和优化。否则,研究就会相互掣肘,难以持久和深入。[①]

二、学前教育科学研究的定义与意义

(一) 学前教育科学研究的定义

知识延伸 1-2

学前教育科学研究有广义和狭义之分。广义的学前教育科学研究包括幼儿发展研究和幼儿教育研究两部分。幼儿发展研究是指对幼儿在身体、心理、社会能力等方面的发展状况和发展规律进行的研究。它着重帮助人们理解幼儿发展的本质和过程,为学前教育提供科学的依据。幼儿教育研究是指对幼儿教育的过程、内容、方法及效果等进行的研究。它强调在一定的科学理论和原则的指导下改善教育的手段和效果,促进幼儿的发展。狭义的学前教育科学研究仅指围绕幼儿的教育问题开展的研究。

《新中国成立70年学前教育科学研究的发展历程》概要

---

① 孙泽文.论教育科学的研究对象是"教育问题"[J].中国教育学刊,2016(10):50-55.

学前教育科学研究是探索学前教育科学的认识过程,其目的是通过发现和揭示学前教育领域内各种现象的客观规律,不断丰富和完善学前教育科学的知识体系,进而更有效地指导学前教育实践活动。与其他的教育科学研究相比,学前教育科学研究的对象是0—6岁的幼儿。此阶段幼儿特有的生理、心理特点,如身体上正在迅速发育成长、心智尚未完全成熟、语言表达和理解能力差、缺少辨别是非的能力、情绪尚不稳定,决定了该阶段的教育科学研究与其他阶段的教育科学研究有所不同,具有特殊性。

(二) 学前教育科学研究的意义

1. 有利于提高学前教育质量

学前教育是基础教育的基础,是个体发展过程中的重要阶段,只有不断加强对这一阶段教育现象、教育问题的研究,才能更好地把握学前教育规律,从而在学前教育实践中更好地贯彻教育方针,增强教育自觉性,减少盲目性,促进幼儿的健康发展。

知识延伸1-3

《学前教育更需要教育科研》概要

2. 有利于完善并丰富学前教育科学体系

开展丰富多彩的学前教育研究,不仅可以系统地总结提升我国广大幼儿教师多年来积累的宝贵实践经验,形成独具中国特色的学前教育理论体系,而且还可以整理借鉴古今中外优秀的教育思想和实践,从而不断丰富和完善学前教育科学体系。

3. 有利于促进幼儿教师的科研意识和科研水平

通过学前教育科学研究活动,可以促使广大幼儿教师增强科研意识,形成科学的研究态度,并在这一过程中掌握规范的科学研究方法,不断提高科学研究的能力和水平。

微课1-2

园长说教育科研

4. 有利于推动学前教育改革的全面深入

学前教育研究和学前教育改革相辅相成。一方面,学前教育改革必须以学前教育科学研究的成果为指导;另一方面,在推进学前教育改革的过程中,又需要加强对存在问题的研究,以保证改革的顺利进行。

三、学前教育科学研究方法的含义

(一) 学前教育科学研究方法的定义

学前教育科学研究方法是研究者按照某种途径,有组织、有计划、系统地进行学前教育研究和构建学前教育理论的方式,是以学前教育现象为对象、以科学方法为手段,遵循一定的研究程序,以获得学前教育科学规律性知识为目标的一整套系统研究过程。它专门探讨学前教育研究活动的规律,阐明学前教育研究在方式方法和程序上的规范。[1]

知识延伸1-4

《"学前教育研究方法"概念的静态语义分析及其动态生成》概要

(二) 学前教育科学研究方法的内容

学前教育科学研究方法作为一门课程,就是在现有的科学水平上系统地阐述学前教育科学研究活动的基本规律和程序、方法上的规范。学前教育科学研究方法的内容主要包括以下三个方面。

第一,学前教育科学研究活动的性质、特点、类型和原则等基本原理。

第二,选择研究课题、查阅文献、研究设计和观察法、调查法、实验法、测验法、作品分析法、个案研究和行动研究等学前教育科学研究活动主要的方法以及各种研究资料的整理与分析。

第三,不同形式的学前教育科学研究成果的表述和对学前教育科学研究成果的评价。

(三) 学前教育科学研究的基本方法

1. 按适用范围和概括程度分类

按适用范围和概括程度,可以把学前教育科学研究方法由高到低分为三个层次。[2]

(1) 方法论。学前教育科学研究的方法论主要指哲学方法论和一般方法论,哲学方法论指马克思主义认识论,一般方法论指系统论、信息论、控制论等。

(2) 具体方法。学前教育科学研究的具体方法有很多,从研究的范式及其技术路线出发,可以分为量

---

① 许卓娅.学前教育研究方法[M].苏州:苏州大学出版社,2003:19.
② 左瑞勇.学前教育科学研究方法——理论·操作·应用[M].重庆:重庆出版社,2008:16.

的研究、质的研究和定性研究三大类,每一类又包括多种不同的具体方法。

(3) 辅助方法。学前教育科学研究的辅助方法主要包括统计方法与技术、测量方法与技术、图表方法与技术、抽样方法与技术以及计算机技术等。

这三个层次之间的关系是互相依存、互相补充的统一关系,而哲学方法论的概括和总结是最一般的方法论,它对具体方法和辅助方法有重要的指导意义。

2. 按研究过程的阶段分类

(1) 准备阶段的方法。确定课题的方法、查阅文献的方法和研究设计的方法。

(2) 实施阶段的方法。形成事实的方法和形成理论的方法。

(3) 总结评价阶段的方法。撰写报告的方法、成果评定的方法和推广运用的方法。

3. 按研究问题的性质分类

(1) 理论方法。归纳、演绎、类比、分类、比较、综合、概括等方法,这是对复杂的教育问题的性质和相互关系,从理论上加以分析和综合、抽象和概括,以发现其内在规律或获得一般性结论的研究方法。

(2) 实证方法。观察、问卷、访谈、测量等方法,这是通过问卷调查、访谈、观察以及测验等手段搜集资料以验证假设或回答有关研究的问题的研究方法。

(3) 实验研究方法。真实验、准实验等方法,这是研究者在教育实践中按照研究目的,以一定的理论假设为指导,合理地创设或控制一定的条件,有计划地影响研究对象,从而验证假设,探讨教育现象之间因果关系,揭示教育规律,进而指导教育实践的研究方法。

(4) 历史研究方法。文献法、作品分析法等方法,这是借助于对相关社会历史过程的史料的整理分析,以了解和解释过去、研究现在和预测未来的研究方法。

(四) 学习学前教育科学研究方法的意义

知识延伸1-5

1. 有助于完善幼儿教师的专业素质和提高科研能力

学前教育科学研究是幼儿教师完善专业素质、提高科研能力的重要途径。掌握基本的学前教育科学研究方法,有助于深刻地理解和有效地运用这一学科的理论和规律,完善专业素质和提高科研水平。从主观上讲,历来有一种看法,认为"学者即良师",似乎只要有知识、有学问就可以做幼儿教师,却没有意识到一个合格的幼儿教师不仅要有知识和学问,还要有与幼儿教师职业相应的品格和技能,有对教育规律和幼儿成长规律的深刻认识,有不断思考和改进教育工作的意识和能力。从客观上讲,人们不会对律师、医生、会计的专业性产生怀疑,也很少有从未学过律师、医生、会计专业的大学生去直接谋求这些职业。然而,对于教师职业很多人就有胆量尝试,因为它的专业化程度还没有达到与律师、医生、会计等职业同样的高度。不过,随着教师职业专业化程度的不断提高,学前教育科学研究的能力势必成为教师专业素质的重要构成要素,这也是推进教师职业专业化的有力保证。

《从教育科研的维度思考:教师何以实现专业成长》概要

2. 有助于提高学前教育实践活动的质量

随着社会要求的不断提高,学前教育质量观也在不断提高。学前教育是一种特殊的社会实践活动,它要求幼儿教师按社会现实和发展的需要,并根据0~6岁幼儿的身心特点,施加有效的影响,使幼儿形成良好的身心素质。幼儿教师要有较强的科研意识和独立思考的能力,能有效地运用科研方法分析和解决教育活动中碰到的实际问题,增强学前教育工作的效果,使0~6岁幼儿的身心良好发展获得更大的保障。所以,较强的科研意识和独立的科研能力是教育发展对幼儿教师专业素质的基本要求,而掌握学前教育科学研究方法,是少走弯路,尽快进入学前教育研究角色的捷径。

3. 有助于丰富和发展学前教育科学

目前,我国学前教育科学是一个相对不成熟、较为薄弱的学科,理论和规律不能有效地指导学前教育实践活动,解决纷繁复杂的实践问题。我国广大幼儿教师多年积累的实践经验非常丰富,需要上升为理论,以对学前教育实践起指导作用。要丰富和发展学前教育科学,就必须依靠广大的学前教育理论和实践工作者开展广泛的科学研究活动。学前教育科学研究具有发展学前教育理论、发展学前教育实践和促进学前教育改革的功能。

第二节　学前教育科学研究的一般步骤

一、选择研究课题

对学前教育科学研究者来讲,在从事任何一项研究之前,一定要思考三个基本问题:研究什么? 为什么研究? 怎样研究? 其中,思考"研究什么"和"为什么研究"的过程,实际上就是选择研究课题的过程。课题是一个有待于解决、验证或回答的问题。

二、查阅文献

在初步选定课题以后,研究者要做的工作就是查阅文献,查阅文献是学前教育科学研究过程中必不可少的一环。

一般在研究者初步确定研究课题的时候,就已经有了一些有关的基础知识和基本理论,也就是说,研究课题的选定实际上已经建立在对有关资料的查阅及掌握的基础上。在研究课题选定以后,进一步查阅文献对于丰富课题研究构思、借鉴研究方法等都具有不可或缺的作用。

三、确定研究方法

确定研究方法是指研究者在确定课题研究目标的基础上,根据主要研究任务和具体研究目标的需要,拟定各种可能采用的研究方法的过程。不同的研究问题、研究对象具有不同的性质和特点,需要选用不同的研究方法。研究者首先应从方法论的角度对课题研究目标、性质、必备的研究条件进行认真分析,进而对掌握的有关同类课题的研究方法进行分析、比较,在此基础上拟定各种可能采用的研究方法。在确定课题、明确研究方向的基础上,研究者接下来要思考的问题就是确定研究方法。确定研究方法,不仅要考虑研究对象的抽样方法、研究指标的确定方法和搜集资料的方法,还要考虑整理资料和分析资料的方法。

在一项具体的研究中究竟该选择运用什么样的方法,一般要考虑三个方面:①要根据课题,特别是研究目的而定,要适合研究对象的性质和特点;②要注意所选方法的可行性;③要注意多种研究方法的综合运用。

四、研究设计

研究设计就是对某个课题的研究活动和研究过程进行全面规划。科学的研究设计不仅能提高研究活动的质量,也能集中体现研究者的研究能力。它是整个研究的施工蓝图或实施计划。一个完整的研究设计主要包括选择研究课题、提出研究假设、选择研究对象、分析研究变量和制订研究计划等环节。研究设计要通盘考虑研究的每一个步骤,对研究作出全面规划。研究设计还要考虑影响研究结果的种种因素,尽可能排除干扰,提高研究质量。研究设计给研究者展示了如何进行研究的框架,它的优劣直接影响研究的效果。

五、整理和分析研究资料

资料是人类思想、科学文化知识和各种实践活动赖以记录、保存、交流和传播的音像、方案材料的总称。它包括文献、各种情报资料和实物样品等。资料是否可靠、准确和科学,直接影响着研究的成败。

研究者在搜集、整理和分析研究资料的过程中,要认真地对各种资料进行记录、选择和分类,同时,为了便于对材料的分析研究,还要把搜集来的材料根据研究任务和材料的不同性质,采用核对考据、挑选淘汰、汇总统计加工等方法进行整理。学前教育科学研究的主要任务是通过偶然的、零乱的现象去看清事物的本来面目,发掘和研究被掩盖了的规律,认识和掌握事物的本质。为了完成这一任务,就需要对经过整理的事实资料进行分析研究。学前教育科学研究的一个重要特点,就是强调定性研究和定量研究的结合,数量资料和非数量资料的结合。为此,在研究资料的分析中,要注重采用统计分析和逻辑分析两种方法。

统计分析是把大量的、散乱的数量资料,依据统计的理论和思维方式,进行描述和推断,将研究对象的本质特征揭示出来。逻辑分析是运用抽象和概括、归纳和演绎等方法,对丰富的现象资料进行思维加工,从而去粗取精、去伪存真、由此及彼、由表及里,达到认识事物本质、揭示规律的目的。

六、成果表述与评价

成果表述直接关系到研究结果的准确性和科学性,准确而完整的表述是学前教育科学研究的一个重要环节。成果表述形式有专著、译著、工具书、计算机软件、论文、研究报告等。

对研究工作进行评价主要是对研究成果的学术水平和应用价值进行鉴定,对研究活动的科学性进行评估。评价内容包括学术规范、研究内容、研究质量、研究报告等,评价方式有自我评价、专家评价和行政评价等。

上述学前教育科学研究的一般步骤是按科研进程的顺序排列的,研究工作必须按部就班地进行。但是,这并不是说各步骤之间不允许有交叉,更不是说一个步骤做过之后就不准再有反复,实际情况往往是在进行前一步骤时就要想到以后步骤的有关事项,而在进行到后面步骤时,如发现前面一步有不足之处,还得再进行补课。只有这样前后照应,才能取得比较完满的研究成果。

第三节　学前教育科学研究的类别

一、按研究目的分类

(一)基础研究

基础研究又称基本理论研究,它是研究者以建立和发展某门学科的理论体系为目的的研究。其研究的内容往往是概括性比较强的基本理论和基本规律,如对教育观、儿童观和教师观的研究,对幼儿园课程理论的研究,等。

(二)应用研究

应用研究是研究者将基础研究的理论成果应用于特定的实践活动,寻求有效的途径和方法来解决教育活动现存的实际问题的研究。例如对幼儿入园适应问题的研究,对幼儿园环境创设问题的研究,对幼儿焦虑问题的研究,等。这些研究成果也可以为学前教育学科增加一些新的知识点,更为重要的是,这些研究成果可以直接指导或改进教育实践活动,解决实践中幼儿教师或幼儿遇到的具体问题。

对一线的幼儿教师而言,其研究大多属于应用研究,较少涉及基础研究。实际上,基础研究和应用研究的区分是从相对意义上说的,且它们之间也没有主次之分。基础研究虽然旨在增加科学体系的知识,但有时也有可能产生有实际价值的结果;应用研究旨在解决教育中的实际问题,但它也能对增加科学体系的知识作出贡献。

二、按研究的取向分类

(一)纵向研究

纵向研究是指研究者在一个相对较长的时间里对学前教育中的某一个教育现象或问题进行系统的定期研究,也称追踪研究。纵向研究的时间有的比较短,有的比较长,甚至很长。纵向研究的范围,可以是某一方面行为的发展,也可以是整个行为的发展。纵向研究要求在所研究的发展时期内,反复观察和测量同一组个体。其优点是能够系统、详尽地了解某些特征发展的连续过程及量变、质变规律。但是,纵向研究的难度大,对众多对象进行长时期追踪一般不易做到,常用于个案研究或追踪时间不太长的成组研究中。

(二)横向研究

横向研究是指研究者就某一个教育现象或问题在同一时间内对某一年龄组或几个年龄组的儿童行为表现进行考察和比较的研究,也叫横断研究。这类研究实施方便,可以在较短时间内获取大量研究资料,从中找出规律性的东西;但这种研究有时不够系统,因而不能全面地反映问题或获得全面本质性的结论。

三、按研究范式分类

(一)定性研究

定性研究是指研究者着重运用描述性分析来试图理解某种现象或问题的性质或意义的研究。它以普遍承认的公理、一套演绎逻辑和大量的历史事实为分析基础,从事物的矛盾性出发,描述、阐释所研究的事物。进行定性研究,要依据一定的理论与经验,直接抓住事物特征的主要方面,将同质性在数量上的差异暂时略去。定性研究有两个不同的层次:①没有或缺乏数量分析的纯定性研究,结论往往具有概括性和较浓的思辨色彩;②建立在定量分析的基础上的、更高层次的定性研究。定性研究对研究内容的分析往往具有一定深度,注意事物发展变化过程,具有较好的整体性,但要求研究者有较深厚的理论修养,否则便难以排除研究活动中主观因素的影响。

(二)定量研究

定量研究是指研究者主要运用数据和量度来描述研究内容的特征或变化的研究。研究活动往往是在一定的理论基础上,将研究内容分析为某些因素或变量,运用数据进行度量,通过对数据的统计分析形成结论,对结论的表述也主要依靠数据、图表等手段。定量研究注重对研究过程进行设计和控制,因而具有客观性和精确性。它较多注重对客观事物产生或变化的原因和事物之间的关系、相互影响进行考察。

定性研究和定量研究在研究中各有所长,也各有所短,而且一者所长正是另一者所短,反之亦然,二者并不互相排斥。定性研究为定量研究提供框架,而定量研究又为进一步的定性研究提供条件。学前教育研究活动与其他学科的研究发展一样,最初都是定性的研究,定量研究则是科研活动发展到一定阶段后出现的,现代学前教育科学研究则趋向于定性研究和定量研究的统一。

表1-1　定性研究与定量研究方法的特点比较

	定性研究	定量研究
描述方法	文字	数据和量度
研究对象	不同事物、现象的意义及特征	有关因素在数量上的变化以及对研究对象的影响
研究情境	自然	在操纵和控制下
研究方法	整体研究、描述分析	统计分析方法
研究本质	归纳:从特殊事例中归纳出一般的原理	演绎:从一般原理推广到特殊事例
研究设计	灵活	结构化和规范化
侧重点	研究过程	研究结果
目的	理解教育现象	确定关系、影响、原因
结果	较主观,受材料真实性、逻辑性影响	更接近科学,具有较高的确定性

(三)质的研究

质的研究是指以研究者本人作为研究工具,在自然情境下采用多种资料搜集方法对社会现象进行整体性研究,使用归纳法分析资料和形成理论,通过与研究对象互动,对其行为和意义建构获得解释性理解的研究。

四、按研究对象选取数量分类

(一)个案研究

个案研究是指研究者选取一个特殊个体或典型案例进行全面而深入的考察的研究。在幼儿心理学领域,很多著名的心理学家都采用过个案研究来探讨幼儿心理发展的特征与规律,如普莱尔、皮亚杰、陈鹤琴等。个案研究一般是采用多种方法进行的综合研究,多种研究方法的使用有助于研究资料的丰富。个案研究的优点是便于对研究对象进行全面深入考察,取得可靠的资料。缺点是研究对象数量少,且往往是具有某种特殊意义的个体或案例,因而对同类个体或案例的代表性较差,研究的结果不具有普遍意义,在一定程度上影响科学性。

(二)成组研究

成组研究是指研究者为了提高研究的效度,选取较多的研究对象组成若干被试组,对被试组中的每个个体都进行系统考察的研究。一般来说,研究者是根据研究的目的和内容范围,运用一定的方法,从可能的所有研究对象中选取一部分直接的研究对象,并组成若干小组来进行研究。根据抽取的研究对象数量的多少,成组研究又分为大样本研究和小样本研究。大样本研究因为样本数量比较多,可以作统计处理,对总体的代表性较好,因而研究的结论可推广性程度较高。小样本研究由于数量少,对总体的代表性比大样本低,其研究的结论可推广性程度也相对低一些。

若将这两种研究结合起来,进行集体性、成组性的个案研究,则可充分发挥两者的优点而克服各自的不足。方法是:按成组研究的需要进行抽样和研究方案总体设计,然后对样本中的每一个被试进行个案研究,研究结果再按总体设计进行定量和定性分析,做出规律性结论。

五、按研究的场所分类

(一) 实验室研究

实验室研究是指研究者在实验室条件下进行的研究。实验室是研究者根据研究的需要所专门设置的研究场所。研究者设置实验室的目的是要排除或控制某些无关因素对活动的干扰,以提高研究活动的客观性和准确性。实验室研究有多种形式,如实验室观察、实验室实验等。研究背景和条件的人为性与高控制性,使之与现实的教育活动的条件存在着一定的差异,这往往不利于研究成果在实际的教育活动中推广应用。有鉴于此,在学前教育科学研究中人们更多地趋向于现场研究。

(二) 现场研究

现场研究是指研究者在现实的教育活动中开展的研究。现场研究在研究某个教育现象或问题时,不改变该现象和问题所存在的条件,有利于研究者从更广阔的视野或更深的层次来揭示或认识现象或问题的性质和特点,更符合现代研究的体系性要求,研究的结论也都可以直接在教育活动中得到推广和应用。因为现场研究缺乏控制性,难以排除诸多无关因素的干扰,所以不利于研究者获得客观而精确的结论。但是,将学前教育现象和问题从其存在的背景中独立出来,既不应该也无法割裂它们和与之相关的其他因素之间的联系,因此对学前教育来说,现场研究更具优势。

六、按搜集研究资料的手段分类

(一) 观察研究

观察研究是指研究者通过直接观察自然发生的现象与过程,搜集反映客观现象实际情况的材料的研究。

(二) 调查研究

调查研究是指研究者通过不同的间接手段搜集反映客观现实的材料的研究。

(三) 实验研究

实验研究是指研究者对研究现象进行一定的人为控制,操纵某些条件,在实验控制之下观察个体的行为反应,以探讨现象之间因果关系的研究。

(四) 文献研究

文献研究是指研究者运用文献资料进行研究,对已有的研究进行分析研究而导出一个综合性结论的研究。

(五) 测验研究

测验研究是指研究者通过对幼儿进行某些测验,搜集有关资料并整理、分析,得出研究结论的研究。

七、按对资料分析分类

(一) 描述性研究

描述性研究是指研究者对自然呈现的现象进行描述与总结的研究。

(二) 相关研究

相关研究是指研究者探讨某两个变量之间相互关联关系的研究。

(三) 比较研究

比较研究是指研究者根据一定的标准,对某类现象在不同情况下的表现进行比较分析的研究。

（四）内容分析

内容分析是指研究者对易被察觉、识别或理解的传播信息进行客观的、系统的量化，并加以描述的研究。

八、按研究内容涉及的领域分类

（一）个性研究

个性研究是指研究者对幼儿个性特点及培养途径的研究。

（二）认知研究

认知研究是指研究者探讨幼儿认知发展规律及提高教育水平的措施的研究。

（三）语言研究

语言研究是指研究者对幼儿发音、词汇、语言表达等方面的特征、规律以及如何通过教育促进其发展的研究。

（四）课程研究

课程研究是指研究者对学前教育机构课程的目标、内容、实施和评价等的研究。

第四节　学前教育科学研究的基本原则

学前教育科学研究的原则是指研究者在学前教育科学研究过程中必须遵循的基本规则和标准，是研究工作的基本规范，以确保研究的科学性、有效性和价值性。它既是人类认识的基本规律在学前教育研究活动中的具体运用，又是研究者对学前教育科学研究活动中积累的经验的总结和概括，是对学前教育科研规律的正确反映。这些原则指导着研究活动的各个方面及整个进程，对研究方案的制订、研究方法的选择、研究结果的整理与分析具有很强的指导作用。

一、客观性原则

（一）客观性原则的定义

客观性原则是指研究者在研究过程中必须以客观事实为依据，按照客观事物的本来面貌进行考察和研究，不能主观臆断或带有偏见。在研究过程中秉持客观、公正、实事求是的态度，采用科学的研究方法和技术手段，确保研究结论的客观性、可靠性和科学性。

（二）贯彻客观性原则的基本要求

1. 保持科学的态度

研究者对研究问题持开放、中立和公正的态度。应避免个人偏见、主观臆断或情感对研究结果的干扰。

2. 详尽占有材料

研究者要详尽地搜集所有相关的研究材料，避免信息的遗漏，包括原始数据、文献、实地观察记录等。只有掌握了充分的材料，运用科学的方法对材料进行深入的分析，才能确保研究的结论是基于事实的，才能对研究问题作出准确的判断。

3. 反复验证和推敲

在得出研究结论之前，研究者要从不同的角度、采用不同的方法对结论进行反复地验证和推敲，确保结论的可靠性和正确性。

4. 遵循客观规律

研究者应遵循学前教育的客观规律和发展趋势，要考虑幼儿的身心发展特点、教育环境等因素对研究结果的影响。

二、系统性原则

（一）系统性原则的定义

系统性原则是指研究者在研究活动中，以系统论为指导，把研究的问题或对象放在系统的形式中，注重从整体、联系、结构的功能等方面,考察整体与部分之间、部分与部分之间、整体与外部环境之间的关系,从而找到解决问题的有效途径。

(二)贯彻系统性原则的基本要求

1. 整体规划与设计

研究者在研究之初就进行整体规划和设计。包括明确研究目标、确定研究范围、选择适当的研究方法和技术,以及制订详细的研究计划和时间表。通过整体规划,可以确保研究过程的连贯性和一致性。

2. 多元方法的结合

研究者要采用多种研究方法和技术,以获取更全面、准确和可靠的研究数据。包括量化研究、质性研究、案例研究、调查研究等多种方法。通过结合不同的方法,可以相互验证和补充,提高研究的效度和信度。

3. 逻辑框架的构建

研究者在研究过程中构建逻辑框架,将各个研究阶段和方法有机地联系起来。包括从理论框架出发,设计研究问题、选择样本、搜集数据、分析数据以及解释结果等。逻辑框架的构建有助于确保研究的连贯性和逻辑性。

4. 整体性与关联性的统一

研究者在研究过程中要将学前教育看作一个整体,并关注各个部分之间的关联性。要从整体和系统的角度出发,对研究对象进行全面性、综合性的分析,不割裂部分与整体、整体与环境之间的联系,避免片面和孤立的研究,以确保研究的全面性和系统性。学前教育的各个要素都是相互关联和相互影响的,研究者要综合考虑各个要素之间的关系,以便更全面地认识问题并找到解决方案。

三、教育性原则

(一)教育性原则的定义

教育性原则是指研究者要以有效提高学前教育的质量和科学性水平为研究活动的宗旨,在研究过程中使研究活动符合学前教育的基本要求,并尽可能做到研究活动和教育活动的和谐统一,防止和避免研究工作对幼儿身心发展造成不良影响。

(二)贯彻教育性原则的基本要求

1. 坚持以幼儿为中心

研究过程中经常要对幼儿施加某种特定的影响,以观察幼儿相应的行为的发生和变化,或者要运用一些具体的材料或活动来观测幼儿生理、心理状态及其变化情况。研究者组织的活动和提供的材料,例如故事、图画、玩具等一定要关注幼儿的身心发展需求和学习特点,应围绕幼儿的兴趣、能力、情感和社会交往等方面展开,避免给幼儿身心发展造成消极影响。

2. 关注研究对象的年龄特征

在大多数情况下,学前教育科学研究的对象是各年龄段的幼儿,而每个年龄段的幼儿的身心发展有着鲜明的特点,例如身体形态、身体活动能力和思维、注意、记忆等心理过程都有着不同年龄各不相同,但同一年龄又大致相同的特点,研究活动要适应这些特点。在设计和实施活动时,从内容、形式、时间、指导等方面都应对幼儿的理解能力、活动能力和耐受力等给予充分的考虑,这不仅关系到幼儿的身心健康发展,也关系到研究质量的提高。一般来说,活动的内容和形式要具体形象,有趣味性;活动时间既要能让幼儿有充分的反应时间,又不能拖延过长;指导语要形象浅显,便于幼儿理解。

3. 研究活动和教育活动有机结合

在选择学前教育活动开展研究时,应尽可能地将研究活动和幼儿园有计划的教育活动结合起来,使两者相得益彰。但在一些课题的研究中,研究目标和内容往往是单一的,不具备教育活动目标和内容的全面性和丰富性。在这类课题的研究中,一定要注意不能因研究活动而冲击、干扰甚至取消正常的教育活动,使幼儿发展受到影响,也不能因研究活动而过多地给幼儿增加学习(或其他活动)的时间、负担,或过多地给教师增加工作负担,避免给幼儿园正常的教育活动造成不良影响。

四、伦理性原则

(一) 伦理性原则的定义

伦理性原则是指研究者在研究过程中,遵循一定的伦理规范,尊重研究对象的人格和权益,保障研究的道德性和合法性。

(二) 贯彻伦理性原则的基本要求

1. 知情同意

研究者需要主动将研究的目的、研究可能存在的风险、研究者的基本情况、研究基本内容等有关该研究的基本信息,提前告知潜在研究对象。需要直接以幼儿为研究对象的研究,研究者必须事先征得幼儿家长或其他监护人的同意,提前告知被试幼儿的老师以及家长,让他们知晓研究的目的及可能对被试幼儿产生的影响等。研究者在研究过程中,要尊重被试者的权利,征得被试者的同意,使他们主动配合研究工作。不管是研究者还是被试人员,都有不参加研究的权利,有中途退出研究的权利。

知识延伸 1-6

《学前教育科学研究的伦理问题及对策分析》概要

2. 保护隐私

研究者应确保研究对象的个人信息和隐私得到保护,不受过度收集、使用或泄露的影响。所有涉及个人信息的资料都应妥善保管,并在研究结束后进行适当的处理。研究者不能未经同意在研究报告中或在公开场合披露被测试者的姓名及个人信息。被试有要求研究者对测得的有关自己的数据资料保密的权利,研究者要慎重解释研究材料或研究结果,研究者可用代码而不用姓名登记所有被测试者的资料,应在研究结束后销毁测试的原始资料,不将研究结果告诉未经被试同意的他人。

3. 避免伤害

研究者应确保研究不会对研究对象的身心健康或其他方面造成任何风险或伤害。如果研究中涉及的问题可能对他们产生负面影响,研究者必须采取必要措施来最大限度地降低这些风险。

4. 审慎解释和报告研究结果

一般来说,公众对科研工作者展示的研究材料或研究成果有一种天然的信任感,也乐于引用或使用。因此,研究者应该严肃地对待自己在研究中搜集到的各种材料和研究形成的有关结论。如果对这些材料和结论处理不当,就容易给研究对象或教育实践造成消极的后果。如在研究过程中,经常要对研究对象的某种行为进行测量和评价,如果不利于某个研究对象的测量和评价资料不恰当地被公开,就容易使人们形成对研究对象的不良印象,影响甚至改变其生存和发展的某些条件,从而造成不良后果。如果研究者在解释研究结论时加以夸大甚至歪曲,就容易对教育实践形成误导,造成难以弥补的损失。

总的来讲,伦理性原则和教育性原则在内涵上是基本一致的,因此,在研究中遵守了教育性原则实际上也是体现了研究的伦理性原则。但是,两者也有所区别,教育性原则强调研究对人的教育和发展的作用,而伦理性原则强调研究过程中的人道性。

学业自评

(一) **客观题**　主要测试学生的知识记忆、理解分析、逻辑判断、快速应答等能力;题型有填空题、判断题、单选题、多选题四种。

(二) **简答题**　主要测试学生的知识理解、信息提炼、概括总结、语言组织等能力。

1. 学前教育问题怎样才能成为学前教育研究课题?

2. 学前教育科学研究的一般步骤有哪些?

3. 你认为幼儿园教师开展教育科学研究有哪些优势。

4. 结合实例,谈谈开展学前教育科学研究的必要性。

5. 查阅《"十四五"学前教育发展提升行动计划》全文,结合所学的专业知识,谈谈自己对国家大力发展学前教育的认识。

客观题目链接 1-1

简答题参考答案 1-1

（三）模拟试卷　进一步复习和巩固本章知识，共有三套模拟试卷，可以扫码练习。

模拟试卷1-1

实训活动

实训项目名称：正确理解学前教育科学研究的本质

1. 实训材料

关于"幼儿园教研"和"幼儿园科研"两个概念，李华和赵芳发生了争执。李华认为，幼儿园科研指的就是幼儿园教研，两个概念从本质上是一致的。赵芳则认为，教研是教研，科研是科研，不是一回事，两者肯定有区别。可区别在哪里呢？赵芳自己也说不清楚。

2. 实训任务

实训助力1-1

（1）深入研读"教研"和"科研"相关的学术文献和资料，了解"教研"与"科研"在学术界中的标准定义和常见用例。

（2）前往幼儿园进行实地考察，观察并记录"教研"与"科研"活动的实际开展情况，获取一线幼儿教师对"教研"与"科研"活动的看法和经验分享。

晏红：幼儿园教研与科研的关系

3. 实训目标

（1）深入理解教育科学研究作为科学研究的一个分支，其特殊性和针对性，以及学前教育科学研究的具体定位和应用。

（2）理解"教研"和"科研"在幼儿园教育实践中的互补作用。

（3）树立正确的学前教育科研观，明确科研在学前教育领域的重要性和必要性。

4. 实训建议

（1）小组合作与讨论。根据自己对"教研"与"科研"的初步理解，选择相同观点的同学组成小组。小组内部可以进行深入的讨论和交流，共同搜集资料，分享观点，形成更全面的认识。

（2）开展辩论活动。不同观点的小组之间可以展开辩论，通过辩论进一步明晰"教研"与"科研"的界限和联系。

实训项目名称：学前教育科学研究原则的运用

1. 实训材料

20世纪80年代上海市曾发生一件令学前教育界难忘的事。当时，上海市中小学生的近视发病率直线上升，所以在学前教育界流行着这样一种观点，即认为幼儿的近视眼发生率也居高不下，应该立刻予以解决。而正在这时，一个普通的科研人员根据调查的结果提出了不同的看法，认为幼儿的视力不良，主要不是近视而是远视，这是由于幼儿眼球发育不全所引起的。这一研究结果，得到了大家的赞同，不仅纠正了当时学前教育界的不正确判断，制止了可能伤害孩子的错误做法，而且改变了上海市教育局领导和许多幼儿教师对学前教育研究的观念。（资料来源：由显斌，等. 学前教育研究方法［M］. 北京：北京教育出版社，2010：1.）

2. 实训任务

（1）分析并理解学前教育科学研究的基本原则。

（2）通过案例研究，讨论并总结如何坚持学前教育科学研究的基本原则。

3. 实训目标

实训助力1-2

（1）正确理解学前教育科学研究基本原则的本质。

（2）强化遵守学前教育科学研究基本原则的意识。

4. 实训建议

洪梅：谈教育实验研究的伦理原则

（1）分组讨论。分成若干小组，每组针对提供的案例进行深入分析和讨论。

（2）小组代表汇报。每组选出一名代表，向全班汇报讨论成果。

（3）同学点评。汇报完毕后，其他同学进行点评，提出自己的观点和看法。

（4）教师总结与指导。教师对讨论进行总结，指出在讨论中可能忽略的方面；强调学前教育科学研究的基本原则及其重要性。

拓展阅读

拓展阅读 1-1

《改革开放以来我国学前教育发展的
主要成就与问题》文献概要

拓展阅读 1-2

《我国学前教育研究方法的
现状分析》文献概要

第二章 选择研究课题

微课 2-1

学习导航

　　学前教育科学研究的核心在于对科研课题的探究。选题的关键性不言而喻,它像航行中的指南针,引领着整个研究的方向,甚至直接关系到研究活动的最终成败。纵观整个研究旅程,本章所涵盖的知识犹如启程的第一步,不仅至关重要,而且为成功奠定了坚实的基础。要掌握科学研究的精髓,首先需要学会如何精准地选定研究课题。这一步,既是探索之旅的起点,也是智慧的闪现。

选题:幼儿教师做研究的航标灯

知识结构图

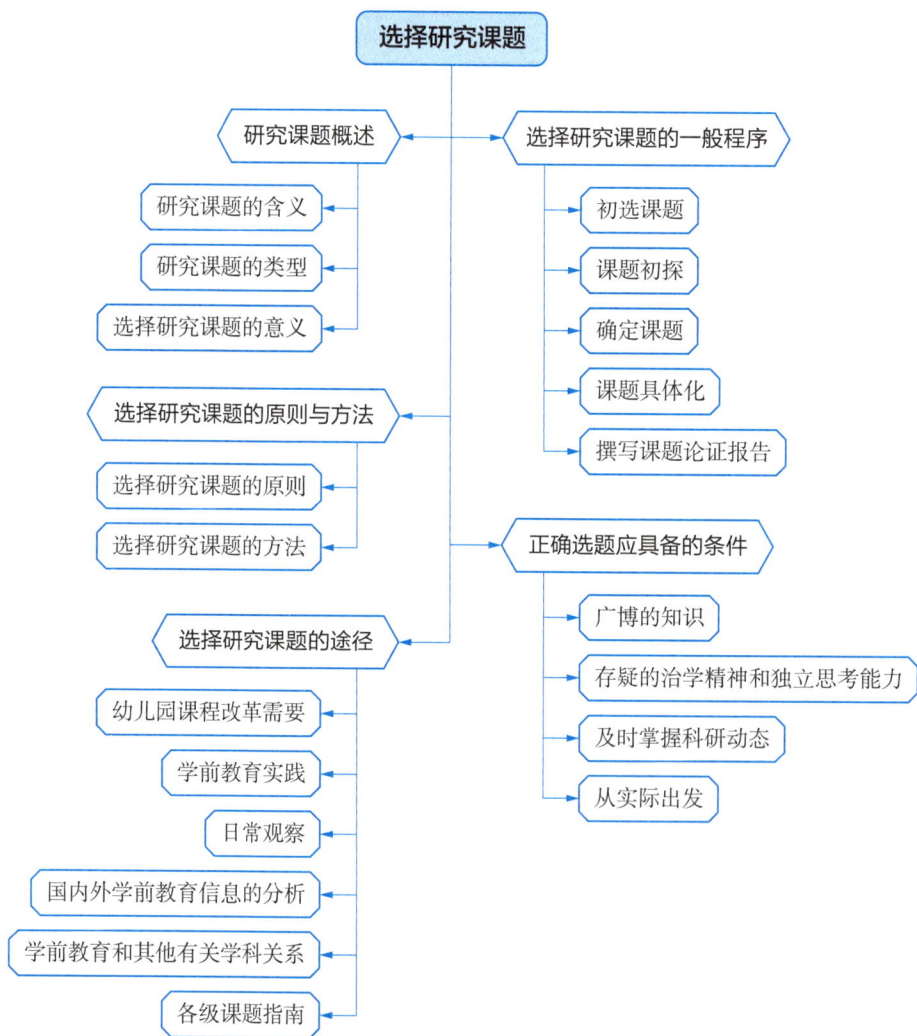

学习目标

知识目标

1. 能够区分问题与学前教育研究课题之间的联系与差异;

2. 能够表达选择研究课题的重要性,并理解其必要性;

3. 能够描述研究课题的分类、要求,以及进行恰当选题所需满足的标准;

4. 能够叙述选择研究课题的途径和常规流程,并能够实际应用。

能力目标

1. 能够依据个人研究兴趣,并结合学前教育领域中的实际问题,确定研究课题的标题;

2. 能够根据选题原则,对自身和他人选择的研究课题进行评估。

素质目标

1. 具有敏锐的问题意识,形成主动识别问题和解决问题的习惯;

2. 坚持实践是认识来源的科学观点,并具有相应的自觉性。

第一节 研究课题概述

一、研究课题的含义

(一) 教育问题与研究课题

1. 教育问题的含义

(1) 教育问题的定义。

教育问题是教育科学研究的对象。在学前教育科学研究中,教育问题并非指需要简单回答或解释的题目,而是幼儿教师在教育理论学习和教育实践中遇到的疑难和矛盾,它反映了幼儿教师对教育在认识上的不足。它反映了实际结果与期望结果之间的差距与矛盾。只有当人们在研究活动中意识到这种"差距与矛盾"的存在,并试图认识和解决时,这个"差距与矛盾"才将转化为研究对象的教育问题。教育问题是充满着矛盾的对立统一体,一般隐藏在其他社会现象和事实之中,只有用活切的语言加以表达,教育问题才能由内在的问题转换为一个可供研究的外在问题。并非所有的教育问题都包含着教育规律,都能成为它研究的对象。

(2) 教育问题的属性。

① 必须是"复杂问题"。由于诸多要素纠缠于复杂关系之中,复杂问题往往一果多因、一因多果和多因多果;而简单问题的各变量只是一种线性的直线关系,难以形成"理论网结",靠常识、经验就能推演结论,不宜作为研究对象。

② 必须是"真问题"。应是从实践中抽提出来并蕴含某种教育价值的真问题。真问题才能增强研究的针对性和适应性;刻意"炮制"的"异己"和"私己"的假问题难以形成有效的变量结构,无法得到真正的结论。

③ 必须是"专业问题"。仅依靠个体经验提出的问题只能是日常问题,以理论概念作为思维工具,并借助专业知识而确立的问题,才能形成一个特定的分析框架,引发深层次的专业思考。

④ 必须是还没有答案的问题。它是一种未曾解决过或尚未解决好的问题,不是从教科书、字典、百科全书或其他参考资料中能直接获取答案的一些不言自明的问题。[①]

2. 研究课题的定义

课题是研究或讨论的主要问题或亟待解决的重大事项,是研究者想要获取特定结果的具体项目,有着明确的研究方向和范围。研究课题是指研究者依据研究目的,通过对研究对象的主客观条件进行分析而确立的教育研究的问题。在教育研究过程中,一项研究课题一旦确定下来,就意味着整个教育研究的任务及方向也随之确定。研究课题关系着教育研究的价值,决定着教育研究的成败。

3. 教育问题与研究课题的关系

(1) 教育问题是研究课题的基础。研究课题是对需要研究的教育问题进行提炼、概括后形成的题目。研究课题的研究内容、目的和任务都源自教育问题。没有教育问题的存在,就没有研究课题的产生。

---

① 孙泽文. 论教育科学的研究对象是"教育问题"[J]. 中国教育学刊,2016(10):50-55.

（2）研究课题包含着教育问题。研究课题是对教育问题的进一步细化和具体化，它包含了需要解决的核心教育问题。研究课题的研究过程就是对这些教育问题进行深入探讨、分析和解答的过程。

（3）教育问题与研究课题具有依存关系。教育问题与研究课题之间存在一种依存关系。教育问题作为研究课题的基础，为研究课题提供了研究的方向和目标。而研究课题作为对教育问题的深入探究，反过来又能够推动教育问题的解决和深化对教育问题的理解。这种依存关系使得教育问题与研究课题在研究过程中相互支撑、相互促进。

（4）教育问题与研究课题的区别。尽管教育问题与研究课题紧密相关，但它们之间也存在一定的区别。教育问题通常表现为疑问句的形式，它是对某种现象或事实的疑问或不解。而研究课题则是对教育问题进行提炼、概括后形成的题目，它通常表现为陈述句的形式，具有明确的研究范围、目的和具体任务。

（二）选择研究课题的定义

选择研究课题简称选题，是指为一项具体的研究工作确立一个研究主题，是研究活动的起始环节。从广义上讲，选题包括两层含义：①确定科学研究的方向；②选择进行研究的问题。选题是进行学前教育科学研究的第一步，它不仅决定研究者现在和今后科研工作的方向、目标与内容，而且在一定程度上规定了科学研究应采取的方法与途径。因此，选题在所进行的研究工作中具有重要的地位，必须认真对待。

（三）研究方向的含义

1. 研究方向的定义

知识延伸2-1

研究方向是指研究者在一个较长的时期内其研究活动在内容上的主要取向，它规定了研究者选择课题的领域或范围，使研究工作具有连续性、系统性和积累性。因为学前教育是一个较复杂的领域，理论上涵盖和涉及了众多的学科，实践活动也是方方面面的，这就使学前教育科学研究在研究内容上广泛而复杂。

《学前教育学士学位论文选题的问题与改进》概要

2. 研究方向的意义

（1）有利于课题的选择。如果研究者有一个明确的研究方向，他往往会更加关注该方向上的理论发展和实践变革，从而形成良好的理论修养和丰富的实践经验。这样的研究者能够及时发现这一方向上值得研究的问题，甚至是别人尚未认真思考过的问题，并能对这些问题进行深入分析，从中选择和确立有价值的研究课题。

（2）有利于课题研究过程的深入。研究者往往对他人进行的与自己研究内容相关的研究活动给予较多的关注，这可以帮助自己充分了解他人研究的方法、过程和结论，为提高自己的研究水平打下基础。同时，某一方面长期的、多次的研究工作也能使研究者自己积累经验、吸取教训，从而不断完善研究过程，使研究更趋深入。

（3）有利于形成系统的研究。研究者一旦形成了自己的研究方向，每次研究活动所选课题就会集中在与研究方向一致的相关问题上，这就容易使课题以及课题研究结论相互联系，相互补充，使之形成系统。

二、研究课题的类型

（一）按研究目的分类

1. 理论性课题

理论性课题是指为检验或发展某些假设或理论而进行的研究课题。主要是对学前教育规律的探索、学前教育方法论的研究，揭示学前教育现象的本质，分析某些学前教育观念、思想，丰富学前教育的基础理论，拓展新的研究领域的课题。这类课题重在深入探讨学前教育中某一领域的一般性知识，其研究成果不强调直接应用，一般具有较广泛的指导意义。

2. 应用性课题

应用性课题是指以改进学前教育实践活动为出发点，在相关基础理论的指导下，为解决学前教育实践中某一个领域或某一方面的具体问题进行的研究。这类课题重在探讨运用科学的理论和一般原则解决学前教育工作中的实际问题，研究成果多为操作性和程序性知识，通常可以直接应用于学前教育实际。

（二）按资料来源和时间分类

1. 历史性课题

历史性课题主要通过对历史资料的分析，探讨不同历史时期学前教育的特点，揭示学前教育的规律，吸取历史经验和教训。

2. 现实性课题

现实性课题主要通过对现实学前教育资料的研究,认识和解决现实学前教育中的问题。其中也包括建立在现实基础上的学前教育预测及未来学前教育发展趋势的研究。

(三) 按研究内容分类

1. 综合性课题

综合性课题主要指同时涉及教育若干领域或若干方面内容的课题。综合性课题一般要分成几个课题,组织较多的研究者协作完成。

2. 单一性课题

单一性课题主要是对教育的某一方面或某一现象进行探讨。

(四) 按研究手段分类

1. 实验性课题

实验性课题是指在一定教育理论或假设指导下,通过实验,探究变量关系,揭示学前教育规律的课题。这类课题要求研究者必须有一个关于解决该问题的设想或初步的特征理论;用比较严密的研究程序组织研究,便于重复验证;预设实验条件,把变量明确区分,加以控制;对测量的事物规定操作性定义。课题设计要突出"实验"的特点,充分体现实验要求。

2. 描述性课题

描述性课题主要指通过调查研究、资料分析、逻辑推理等手段对学前教育的某种现象进行研究的课题,又称论理性课题。这类课题的研究成果主要是回答"是什么""怎么样"等性质的问题。

(五) 按课题选定形式分类

1. 新开课题

新开课题,即当年经过评议、论证新列入年度计划的课题。

2. 结转课题

结转课题是指上一年或更早时间开设、尚未完成的课题。对这类课题是否继续研究,应采取审慎态度。

3. 委托课题

委托课题是指有关部门委托研究的课题,这类课题属协作性质。

4. 自选课题

自选课题是指研究者根据自己的研究兴趣和方向,结合学前教育理论和经验选择的研究课题。

综上所述,对于学前教育研究课题可以进行多角度、多侧面的分类。不过,各种类型的划分都只是相对的,在现实的学前教育研究中的课题往往是几种类型的综合。

三、选择研究课题的意义

(一) 是研究的先决条件

选题是研究工作的起点,是研究迈向成功的重要一步。两次获得诺贝尔奖的巴丁博士曾说:"决定一个研究能否取得成效,很重要的一点就是看它的选题。"选题的创新性、战略性和指导性,决定了科学研究的成败。而一个深刻的质疑又往往会引起科学的革命。准确地选题对于整个研究工作能否顺利开展、能否取得成果和成果的大小等都具有决定性的作用。

(二) 可以反映出研究的价值

课题是教育实践和教育认识进一步发展所必须解决的问题,是已知领域和未知领域的联结点。它反映现有实践和认识的广度和深度,又反映向未知领域探索和前进的广度和深度。学前教育科学研究的目的是要解决学前教育面临的各种问题,这些问题由于其对学前教育的影响不同,在学前教育活动中所处的地位和作用不同,因而其价值体现也就不同。

(三) 可以引导研究的方向

在学前教育实践中存在许多问题值得研究者去研究和解决。研究者总是根据实践和

知识延伸 2-2

《教育科研从选题开始》概要

自身发展的需要,从中选择问题进行研究。决定一项研究能否取得成效,很重要的一点就是看它的选题。好的选题不仅本身具有较强的研究价值,而且也决定了清晰的研究目标、对象和方法,能够从根本上保证课题研究的方向,从而使研究者少走弯路,提高科研效率。

(四)对研究工作起着制约作用

选题作为学前教育科学研究的起点,启动整个学前教育研究的机制,制约学前教育研究的进程和方式。在教育科学研究过程中,不同的研究课题、研究方法和研究工具都不尽相同,资料的搜集和利用存在差异。学前教育科学研究所要解决的主要是教育中的理论或实际问题,也就是说,教育实际是学前教育科学研究课题的源泉,选择什么样的课题往往受教育实际发展的制约。只有贴近教育实际,才能切实回答教育实际问题,这样的研究才有生命力和价值。因而,课题选择得好,对教育改革和发展,科学管理幼儿园,不断改进工作,都具有重要的促进作用。

(五)有助于研究者提高科研素养

选题的过程是研究者在自身知识结构、认知经验的基础上,围绕有关问题进行系统思考的过程,在这一过程中,研究者为了准确地选定课题,除了依靠自身知识储备外,还要通过有针对性的学习,尽可能积累更多的与课题相关的知识。选题的过程是研究者学习理论、总结经验、研究信息、进行深刻思考的过程。而随着课题的选定,研究者原有的知识结构也在不断地调整丰富,这是形成科学态度、提高研究能力的重要途径。选题不仅使研究者具备一定的主观条件,更能有效地提高研究者自身的科研素养。

第二节 选择研究课题的原则与方法

一、选择研究课题的原则

(一)选择研究课题原则的定义

选择研究课题的原则是指研究者在选题时必须遵循的基本准则,它是研究者对长期的学前教育科研活动中选题工作经验的认识和概括,在一定程度上反映了选题工作的规律。在学前教育研究活动中,选题是一项复杂的、具有创造性的工作,研究者要想在选题时少走弯路,必须遵循一些基本的选题原则。

(二)选择研究课题的基本原则

1. 价值性原则

价值性原则是指选题应遵循的一些价值导向和准则,以确保研究的价值、意义和实用性。研究者要具体分析和衡量课题的研究价值,尽可能选择有较大研究价值的课题进行研究。研究价值的内涵主要包括:①学术价值;②社会价值。学术价值是指课题的提出是否能引起人们对某一问题的关注和讨论,课题的结论及成果能否深化人们对问题的认识并发展为有关的理论。社会价值是指课题是否提出了人们在社会实践活动中迫切需要解决的问题,对实践活动能起到多大的指导作用。选题有无研究价值,一般可从三个方面来衡量。

知识延伸 2-3

《幼儿园一日活动的中德比较研究(P2:理论意义与实践意义)》概要

(1)方向性。方向性是指选题要符合国家有关教育方针政策,符合教育教学的基本规律和发展趋势。课题研究要全面贯彻教育方针,全面提高幼儿素质,引导幼儿教师转变教育教学思想,改革教育内容和方法,优化教育教学过程,提高教育教学效率。

(2)针对性。针对性是指应该根据学前教育教学实践和教育科学发展的要求来选择课题。研究者应该优先选择当前教育教学改革中最迫切、最亟待解决、最关键性的问题作为课题来研究。

(3)普遍性。普遍性是指选题要考虑其研究成果是否具有客观规律性和推广的普遍性。普遍性愈强,课题的社会价值就愈大。因为课题参与人员的群体性和研究过程的验证性,其研究成果无论是过程性的成果、阶段性的成果还是终结性的成果,是显性成果还是隐性成果,都会在课题组内得到及时应用、推广,由此逐步辐射并影响到其他范围。因此,课题研究中提出的一些新观点、新理念,在理论与实践相结合的层面上要具有推广价值。

2. 创新性原则

创新性原则是指选题要发现前人没有认识或没有充分认识的教育规律,解决他人虽然认识但还没有解决或没有完全解决的教育问题,使研究过程或研究结论能有新的发现,产生新的认识,为人们提供新的知识。理论性课题要有新发现、新观点、新见解;应用性课题要有新内容,探索解决问题的新途径、新方法。根据实际情况不同,课题的创新要求一般可分为以下三个层次。

(1) 独创性。这是高层次的创新课题,它要求提出没有人提过的新问题,开辟无人涉及过的研究领域,创立新的理论体系、教学流派和教学模式等。

(2) 再创性。这是中层次的创新课题,有的是将别人的课题加以组装、分解和改造后再生出的新课题;有的是将已有的课题运用到新的领域、情境和学科等实践中,又在某方面有所创新。

(3) 自创性。这是低层次的创新课题,它只要求对自己是前所未有的,对自我发展是有利的,但并不要求对社会、对别人有创新价值。

3. 可行性原则

可行性原则是指研究者选题要考虑主客观的研究条件,能保证课题的研究顺利地、高质量地完成,从而取得预期的研究成果。选题的可行性需具备以下两个条件。

(1) 主观条件。主观条件是指研究者的知识结构、智力水平、研究能力、思想水平、科学品格、心理素质、专业特长和兴趣爱好等。人的才能是有差异的,有人擅长观察,有人擅长实验,有人擅长逻辑推理,每个人在学术造诣上也各不相同。因此,如果选题能有利于发挥个人所长,避其所短,那么,研究必定事半功倍。

(2) 客观条件。①课题研究所必需的文献资料,通常需在占有资料的基础上选题;②完成科研必需的物质条件,有的课题需要实验设备和技术手段;③要有一定的科研经费,有些重点课题会得到一定的经费资助,有的课题需自筹经费。除此之外,研究基地、协作条件及领导的关注、相关学科的影响和社会环境等也是重要的客观条件。

4. 科学性原则

科学性原则是指选题必须有事实根据和理论依据,即理论性课题要有事实依据,应用性课题要有理论依据。选题的科学性包括以下两个方面。

(1) 实践基础。即选题要有一定的事实依据。研究课题是从实践中产生的,具有很强的针对性。实践经验同时又为课题的形成提供确定的依据。

(2) 理论基础。即选题以学前教育科学基本原理为依据。学前教育科学理论对选题起到定向、规范、选择和解释的作用,没有一定的科学理论依据,选题必然起点低、盲目性大。

选题的实践基础和理论基础制约着选题的全过程,影响着选题的方向和水平。

二、选择研究课题的方法

(一) 问题筛选法

对学前教育活动中遇到的大量实际问题进行归类整理,并分析其重要性和研究这些问题的意义,确定其研究价值,从中选取价值明显且适合自己研究水平和能力的问题作为研究课题。运用这种方法选择研究课题,研究者要善于分析问题产生的根源,寻找解决问题的方法、途径和措施等。

(二) 经验总结法

教师长期在教育第一线,积累了丰富而又宝贵的经验,如何把经验总结出来,把经验上升到理论的高度,必然要回答一系列的问题,这样就形成了研究课题。运用这种方法,研究者主要通过追溯问题变化的原因、过程、方法和措施等来选择研究课题。

(三) 资料寻疑法

资料中往往隐含着大量研究课题。资料寻疑是通过对有关资料的分析,比较不同观点,诘问前人的结论,揭露理论与实践的差异等,从中选择研究课题的方法。研究者需要对搜集的材料进行全面的阅读和研究,主要的、次要的、不同角度的、不同观点的材料都应了解。冷静地、客观地对所有资料作认真的分析思考。在浩如烟海、内容丰富的资料中汲取营养,经过反复思考,必然会有所发现,从而为选择研究课题奠定

知识延伸 2-4

《基层教师在教育研究活动中的选题策略研究》概要

基础。

(四)现状追踪法

研究者顺应教育科学发展的趋势,与学前教育科研的主流同步,追踪学前教育现状,发现学前教育实践存在的问题,从而选择适当的研究课题。任何事物都是向前发展、变化的,学前教育科学研究也不例外。不同时期、不同阶段有不同的研究热点和研究重点。不同的发展阶段,人们对研究对象认识的深度是不同的,有待研究的主要内容和所采用的方法也不相同。只有明确了学前教育学科发展的趋势和学前教育科研的主流方向,才能根据条件和需要,选择具有时代性的研究课题。

(五)意向转化法

幼儿教师有时可能突然对教育的某一问题萌发一种探索的意向,这种意向实际上是一定的教育实践或理论信息在思维中积累的反映。这种意向如能及时捕捉,就可能产生一个研究课题。当这种意向出现时,如能对它作进一步的思考,使得问题逐渐清晰起来,同时对有关问题的具体情况作进一步调查,查阅相应的文献资料,分析其研究价值和主客观条件,从而形成正式的研究课题。

(六)学科移植法

随着现代科学发展,新兴学科和交叉学科不断涌现,打破传统的自然科学和社会科学的分界,学科之间相互渗透成为现代科学发展的重要特点,这是学科移植法的客观基础。学科移植法是指借鉴其他学科的方法研究本学科的问题,在正确理解其他学科基本原理和方法的基础上,与本学科特点和规律有机地结合,用这个"借"来的新理论、新方法或者仿照别的学科进行的新试验,对学前教育的问题加以研究,对习以为常的问题可能会产生新认识、赋予新意、揭示规律。

第三节 选择研究课题的途径

一、从幼儿园课程改革需要提出课题

我国幼儿园的课程改革在理论基础、思想观念、课程目标、课程设计、教材编制和活动方式等方面都取得了丰硕的成果。如何进一步深化幼儿园课程改革,理论和实践中都存在许多急需研究和解决的重大问题,学前教育研究应从课程改革需要提出课题。

研究课题的这一来源,要求研究者及时了解国家有关的课程政策,不断关心国内外幼儿园课程改革的热点问题和发展趋势,并结合本地区、本园的实际提出问题,形成课题。

知识延伸 2-5

《幼儿园课题研究在选题上应把握的关键点》概要

二、从学前教育实践中提出课题

从学前教育实践中提出的问题是教育研究的最重要、最基本的来源,教育研究正是通过不断解决实践中的各种问题而保持旺盛的生命力。可以说,实践是推动教育研究前进的动力和源泉。从教育实践中选题,这是由教师教育研究的目的、性质与特点所决定的,也是当前教师教育科学研究所推崇的一个基本思想。可以从以下三个方面入手。

(一)从困难的问题中选题

教育工作是一项高创造性的脑力劳动,更是一项错综复杂的系统工程。在具体的教育实践中,经常会遇到各种各样的带有一定普遍性的困难问题。

(二)从争鸣的问题中选题

争鸣的问题往往就是教育改革与发展中所关注的亟须解决的热点问题。研究者如果能从见仁见智的争鸣性问题中,选定合适的课题加以研究,以检验各家观点并形成自己的看法,那么这个选题无疑是有意义的。

(三)从盲点的问题中选题

学前教育领域中存在的有些问题常常会被人们所忽视,或不加以重视。特别是一些属于学科交叉的问题,研究者因各自专业修养等因素的制约,极易使这些问题的研究处于一种"盲点"状态。如果研究者能敏锐地从"盲点"的问题中选定一个课题进行研究,往往也较易出成果。

三、从日常观察中发现课题

为什么有的幼儿一来幼儿园就感冒？为什么有的幼儿有攻击性行为？为什么有的幼儿就不想来幼儿园？日常生活中有太多的问题，值得幼儿教师去深思。对于广大幼儿教师来说，一日生活是提出研究课题的一个重要途径。

对于幼儿教师来说，日常观察是他们教育教学工作的重要手段。然而日常观察不仅是教师了解幼儿、获得教学信息反馈的途径，而且是教师进行思考、发现问题的重要策略。这就要求教师在平时的工作、生活中多注意观察，包括观察幼儿的行为、观察同行的教学行为，从而反思、发现自己或他人在教育教学中存在的问题，以此确立课题。

微课 2-2

一线教师选题访谈录

四、从国内外学前教育信息的分析中提出课题

当今世界是一个开放性的世界，学前教育也是一个开放的系统。国内外学前教育信息包括对世界学前教育发展潮流及趋势的分析，以及引进国内外先进的学前教育思想和理论或某学派理论的系统研究。

可以引进国内外先进的教育思想和理论，结合我国的实际确定专题研究。研究者一定要经常关注国内外学前教育的学术动态，多搜集学术会议的信息，广泛阅读学前教育科学研究的学术著作和学术期刊，从中汲取营养，寻找灵感。

五、从学前教育和其他有关学科关系中提出课题

在现代科学大综合发展的趋势下，各学科之间的交叉领域涌现出大量的值得开拓的新问题，仅以学前教育学为例，学前教育在与哲学、人文科学、社会科学、自然科学等领域渗透交叉中所产生的新学科研究领域，诸如学前教育控制论、学前教育生态学、学前教育生理学、学前教育评价学等，就是以学前教育作为共同的研究对象，运用多种学科理论和方法，使研究得到了有效的深化。

六、从各级课题指南中选择课题

研究者可以根据自己的研究专长、研究兴趣、研究基础与能力，结合幼儿园的实际情况，从国家、省、市相关部门制定的"课题指南"中选定要研究的课题。课题指南是科研管理部门根据学前教育科学研究与学前教育发展的实际情况，把征集到的问题经过归纳、提炼、概括，以指南的形式提供给研究者选择。一般来说，课题指南集中了教育学各个学科在一定时期内所需要研究解决的理论与实际问题，反映了教育行政部门的意志和意图，代表一定时期内教育研究的发展和方向，体现了教育理论与实践探索的实际需要，具有鲜明的引领性和导向性，是研究者选题的一个重要依据。要注意根据选题的方向与领域，对课题指南中的选题进行具体分析，作出适当的调整，从大处着眼、小处着手，创造性地提出新的问题。

知识延伸 2-6

中国学前教育研究会"十四五"课题指南

第四节 选择研究课题的一般程序

一、初选课题

研究者需要广泛阅读相关文献，深入了解学前教育领域的前沿问题和热点议题，初步筛选出有研究意向的课题。

（一）认真思考自己的专长和兴趣

初步涉足学前教育研究，可以先考虑以下问题：自己适合做基础性研究还是应用性研究？哪一门课程或哪个方面的工作是自己最擅长的？在学习或工作中有什么比较特别的感想、经验，或者困惑、疑难？自己平时经常关注的、思考的、常常想和他人讨论的专业问题是什么？哪一部学术著作或期刊文章引发了自己较多的思考、联想或启发？因为这些问题

知识延伸 2-7

《幼儿园一日活动的中德比较研究（P1：研究缘起）》概要

都有可能成为触发自己研究冲动的重要来源和基础。

(二) 努力捕捉问题

无论是从哪一个选题来源中获得了灵感,刚开始的问题都很可能模糊不清,这就需要进一步思考,努力使问题清晰起来。使问题清晰起来的策略,除了深入思考之外,还有初步查阅相关文献、进行初步的调查、与人讨论等。

(三) 明确研究问题,初步形成课题

从问题到课题是需要一个过程的。这个过程就是"课题聚焦",即将问题具体化,它的主要任务就是将已经确定的研究问题缩小范围,并对研究问题进行分解,逐步使问题变得具体、清晰、具有可操作性。[①]

二、课题初探

课题初步选定之后,就应该围绕课题研究的内容、方法以及研究的价值和研究的可行性等方面进行初步的探索。

(一) 广泛查阅有关的文献资料

目的是了解所选定的课题是否有人做过,是否存在重复研究的情况,哪些方面已有人做过研究,取得了哪些成果,这些研究成果存在哪些不足。

(二) 与他人讨论

可以与同行、专家和研究合作人讨论或向其请教,以进一步明确研究的目的、意义,明确研究的内容和主要要解决的问题,探讨研究的方法,并对研究的可行性进行论证。

(三) 进行相关的调查工作

可根据需要进行初期预备性的观察、访谈或初步实验。这些工作的主要目的是了解所选课题所涉及的有关情况,对所选课题有一个更明确、更深入的理解。

三、确定课题

经过上一步骤,最初的想法会有些改变,通常可能更具体明确了,理解更深入了。这样就可以把研究课题确定下来。也可能发现最初引起研究冲动的地方其实并不是问题的关键所在,经过初步探索找到问题的关键所在。这就要对初选课题进行调整。也可能发现初选的课题并不适合研究,如意义不大或不具可行性。这就要重新选题,而重新选题的过程可能需要回到第一步,也可能在现在的基础上有新发现、新想法。

四、课题具体化

前三步只是确定了一个要研究的课题,也就是明确了研究的具体问题。而事实上要让这一课题能够正式进入研究阶段,要做的事情还有很多,使课题具体化就是其中之一。课题具体化包括以下三个方面。

(一) 明确研究目标

明确课题的研究目标就是把在确定研究课题的过程中所提出的主要研究目的和任务进行分解,围绕主要研究任务确定具体研究任务的过程。研究目标就是指通过课题研究希望解决的问题和将要取得的成果。也可以把课题研究的目标分成三个层次,即任务目标、状态目标和成果目标。

(二) 确定研究的论域范围

确定研究的论域范围包括两层含义:①确定研究对象的范围;②确定研究内容的范围。也就是说,根据研究任务或具体的研究目标,把研究对象和研究内容限定在一个明确而又合理的范围内,使研究任务更加清晰、明确。

(三) 选择研究方法

1. 研究方法的有效性

即研究方法与课题研究目标的关联程度,也就是采用这一研究方法是否能完全实现课题的研究目标。

---

2. 研究方法的经济性

即采用这一研究方法是否有利于在课题研究中尽可能减少人力、财力的投入。

3. 研究方法的亲和性

即研究者对这一研究方法的兴趣，是否能熟练运用。

4. 研究方法的新颖性

即这一研究方法是否有利于利用最新的科学技术成果，是否在研究方法上有所创新和突破。

知识延伸 2-8

《幼儿园教师教育科研方法运用自我效能感的现状及影响因素分析》概要

五、撰写课题论证报告

（一）课题论证的定义

课题论证是指通过搜集和运用各种理论和事实依据，对拟研究课题的科学性、价值性和可行性进行确认和评估。研究者在选定研究课题并形成了该课题研究的基本思路之后，就必须对课题进行系统的、翔实的论证。广义的课题论证包括研究者（或课题组）对选定的课题的研究价值、研究的可行性等所作的说明，以及深入的思考与讨论；同行专家对研究者提交的论证报告所进行的讨论和评价。狭义的课题论证仅指研究者（课题组）所进行的论证。课题论证的过程实质上就是确定课题的正确性的过程。

（二）课题论证的意义

1. 课题论证是对研究的价值的有效鉴定

课题论证通过对课题研究的问题所涉及的对象、内容的考察，研究的背景分析，与他人同类研究的比较等基本环节，清楚地揭示出研究的实践价值或理论价值。

2. 课题论证能促进研究方案的完善

课题论证是一个信息交流的过程，同行专家的观点能给课题的设计者带来启发。论证是一个提出意见和建议，对方案全面鉴定，对研究条件等作详细的分析的过程，从而找出方案的不足，为方案的修改提供具体依据。

3. 课题论证是研究质量的可靠保证

经过论证，不仅研究方案得到完善，为研究的顺利实施奠定了基础；而且，严格的论证对研究过程中可能出现的问题作出预测，使整个研究的方向更加明确，各项前期工作得到更充分的准备，从而确保研究的质量。

第五节　正确选题应具备的条件

一、广博的知识

广博的知识是正确选题的重要前提。正确选题必须掌握较为广博的理论知识，只有知识面广，功底深厚，才能在选题时得心应手，显示出很大的能动性。否则，往往会受到很大的局限。所以，在选题前必须进行理论准备，以积累知识。除了本专业和将要研究的课题范围的直接有关知识外，还应具备其他邻近学科的知识。因此，在进行教育研究前，系统学习教育学、教育心理学、教育科学研究方法学与教育统计知识等是非常必要的。

我国教育领域正在经历重要的变革，幼儿教师所面对的是日新月异的社会生活和不断更新的课程内容，相应地，教育工作也遭遇越来越复杂的局面和诸多艰难的挑战。因此，幼儿教师所应具有的专业素养不再局限于固有的知识结构，更不可能限于由老一辈传承下来的种种教学模式，而是具有了新的内涵；只有不断丰富知识结构，提高专业素养，才有可能以此为基础不断提出新的问题，展开教育研究。

二、存疑的治学精神和独立思考能力

存疑的治学精神和独立思考能力是正确选题的必要条件。所谓独立思考的能力，就是对于任何理论、说法都要追问它的根据,在弄清有无根据之前,就要存疑。笛卡儿所说的怀疑一切,意思就是对未经独立思考过的一切要存疑,这其实是思想者的必备品质。爱因斯坦把独立思考能力称作人的内在自由,并且认为教育的目标就在于培育这种内在的自由,而不在于灌输特定的知识,不在于培养专家。在学前教育研究领域,研究者必须有存疑的精神和独立思考的能力,要对自己研究的领域有主见。这种主见不是表现为固定的甚至是僵化的教育思想和工作程序,而是以开放的心态、活跃的思想关注不断变化的情况,适时调整自己的思想和工作策略,这样才有课题选择的方向。

三、及时掌握科研动态

及时掌握学前教育科研动态是正确选题的重要保证。研究者必须有更新知识的紧迫感,特别是教育学、学前教育学领域,这些学科本身正随着教育改革实践的深入而迅速发展。许多幼儿教师感受到时代进步、教育改革和发展带来的巨大压力,在这种情况下,他们迫切希望在纷繁复杂的工作中理出头绪,提高工作效率,提升教育质量。为此,许多教师也希望能通过教育研究改进工作。

然而,许多幼儿教师有着非常明显的封闭心态。这种封闭心态主要有这样一些表现:①沿用已经习惯了的规矩,程序化地处理各项教育活动;②习惯于接受上级的安排,较少主动发现问题;③习惯于凭经验确立课题,较少主动了解课题动向。

因此,幼儿教师应该拓宽发展视野,主动了解和掌握科研动态。具体来说,可做如下尝试。①在保持工作连续性、稳定性的基础上,要有不安于现状、主动探索发展问题的心态。②突破专业壁垒,拓宽发展视野。教育科学、心理科学等方面的许多研究表明,各门学科之间、各项教育活动之间、各阶段的教育工作之间,都有着很多的相通之处,因此,无论教师具体工作在哪个领域,都要根据幼儿发展的需要和教育研究的需要,主动了解其他领域的相关信息,作为提高工作质量的发展资源。③立足于自己的教育实践,真正理解上级要求,主动求新求异。一般来说,上级科研部门主持或推行的科研课题,都经过了比较严密的论证,具有一定的创新性和可行性。在接受这些课题研究任务时,只有立足于自己的工作实际去理解,才能真正把握其关键特征并在工作中切实进行研究。④与上级教科研部门建立密切联系,上下结合开拓研究领域。在新的时期,幼儿园立足于本园实际,主动创立新课题进行研究,确实有价值。在时机成熟时,也可以向上级教科研部门申请立项为本地区或更高级别的科研课题。在"自下而上"地拓宽发展空间的同时,也有必要考虑更多的科研资源,如从国家到地方的各类课题指南中去选择。

四、从实际出发

从实际出发是正确选题的切入点。在选择研究课题时,一定要从实际出发,选择范围大小与实际研究条件相适合的课题。幼儿教师选题要面向学前教育改革和发展的实际,从解决迫切问题入手,注意选择与教育教学改革、幼儿全面发展紧密相关的课题,而不是做"假、大、空"的课题。与教育教学实际工作结合起来,针对性强,既容易出成果,又能促进幼儿园教育教学工作。为此,在平时的教育教学工作中,教师必须时时处处留心观察,勤于思考,多考虑一些教育教学中存在的问题,从中选择一些有实际意义的问题进行研究。另外,还要从研究者本身的具体情况出发,分析自己的研究优势和薄弱环节,确定自己的研究领域。总之,要从我国实际、地方实际、幼儿园实际以及研究者本人实际出发选择课题。

学业自评

(一)客观题　主要测试同学的知识记忆、理解分析、逻辑判断、快速应答等能力;题型有填空题、判断题、单选题、多选题四种

(二)简答题　主要测试同学的知识理解、信息提炼、概括总结、语言组织等能力

1. 为什么要选择研究课题?

2. 教育问题和教育研究课题的联系和区别是什么?

3. 如何理解研究课题在学前教育研究中的意义?

4. 自选一个学前教育科学研究课题,简要说明选题的理由。

客观题目链接
2-1

简答题参考答案
2-1

5. 如何评判一个教育研究问题是不是"好"问题?

6. 请结合选择研究问题应遵循的某一条原则,谈谈如何贯彻运用这条原则。

(三)模拟试卷 进一步复习和巩固本章知识,共有三套模拟试卷,可以扫码练习。

模拟试卷 2-1

实训活动

实训项目名称:运用选题原则

1. **实训材料**

(1)幼儿音乐教育研究;

(2)幼儿园育人环境的优化研究;

(3)幼小衔接教育的必要性研究;

(4)幼儿园教师专业发展研究;

(5)以人为本的幼儿园管理研究;

(6)论游戏对学前教育的重要性;

(7)幼儿园教师课堂教学质量标准的研究;

(8)中美幼儿园"一日生活"的比较研究;

(9)暴力动漫与幼儿侵犯性行为的实验研究。

2. **实训任务**

(1)针对提供的课题列表,逐一分析并判断每个课题是否适合幼儿教师进行研究;

(2)阐述每个课题适合或不适合的理由,考虑幼儿教师的实际工作场景、研究能力和专业发展方向。

实训助力 2-1

3. **实训目标**

(1)通过对课题的适用性评估,深化对选择研究课题原则的理解;

(2)培养初步运用选题原则进行课题筛选的能力,为将来独立进行教育研究打下基础。

李敏:课题名称确定、表述、概念和结构

4. **实训建议**

(1)分组讨论。分成若干小组,围绕课题的适用性、研究价值、实际操作的可行性等方面进行讨论;

(2)小组汇报。每个小组选派一名代表,向全班汇报小组讨论的成果,汇报内容应包括课题的适用性分析、小组成员的不同观点以及最终结论;

(3)教师点评。教师根据各小组的汇报内容和表现进行点评,强调选题原则在实际研究中的重要性,并给予进一步的指导和建议。

实训项目名称:确定研究课题

1. **实训材料**

一个孩子的故事:一位中班女孩被公认为"特别聪明"。在班级里不但是老师心目中的"小能人",而且也是小朋友们崇拜的"小明星"。因此,她在幼儿园里总是"享有"比别人更多的回应挑战与获得自我实现的机会。她所做的大多数事情都会得到认可或赞扬,她与老师和同伴的关系也很融洽。在升入大班之前,她母亲觉得她已经可以阅读整本全是文字的儿童读物和做比较复杂的数学题目,再待在幼儿园太"浪费时间",于是就想办法让她直接升入了小学。在做出这个"跳级"的决定之前,她母亲也曾咨询过一位专业研究者,得到的忠告是:"这种事情可能需要谨慎,因为后面的得失一定会很复杂。"可最终她还是决定提早离开幼儿园。不久,她的母亲开始思考那一举措的"得失问题"。因为除了不能适应小学的课堂学习以外,她更失去了她自己最为珍视的——获得额外实践机会,获得老师和同伴认可、赞扬、仰慕、主动亲近的"特权"。她习惯于成为同伴活动中的领袖,但比她更大更成熟的儿童不予认可。她想加入班级的节日演出,但只有少数人可以参加的特别节目又轮不到她。于是,她开始怨恨她的老师和同学,并开始不断地找机会对他们表达自己的不满。甚至有一次她竟然指着老师的鼻子大声说:"你有什么了不起! 你不过才是一个小学老师,我妈妈比你大,我妈妈是大学老师!"

一个园子的故事:一所幼儿园大型体育器械场地曾经长满厚实的绿草,而且用今天最时髦的眼光来看,这些草几乎清一色属于"野火烧不尽"的品种。若干年前,由于以那时的时髦眼光看那些植物只觉得过于"土气",于是在某一年的暑假,幼儿园全体教师牺牲了休息时间对这些野草进行"挖地三尺"的清剿,甚至为了能够"斩草除根",还补充采用了开水深灌的战术。最后,艰苦的奋战终于迎来了场地沙土化和水泥化的后果。可接下来的时髦,又换成了"园林化",但引进的高级草坪只能看不能踩,常种常秃;再换成人造地毯,还是不能解决弹性差、不安全的问题,而且费用昂贵。最后不得不任由其还原成沙地。这时,许多人自然而然地开始时常怀念起那些曾经覆盖在场地上的厚实的野草们来……

一位舅舅老师的故事:一位学习学前教育的研究生向一位在幼儿园执教体育的男教师提问:"你为什么往往要等到快要真正发生危险时才出手去做保护动作?"答曰:"太早出手做出保护姿态有时会造成胆子较小的幼儿不必要的紧张,有时会造成依赖性较强的或比较粗心的幼儿过度的依赖!"追问:"你认为女教师也可以学你这样做吗?"答:"可能经常是不行的。因为女教师一般在反应速度上要比我们慢,不提早做好准备往往就会来不及做出应急反应;而且女教师在力量上也要比我们弱,不提早做好准备有时甚至可能不但保护不了幼儿还容易伤了自己。"再追问:"那你的意思是说女教师就没有办法追求男教师给幼儿提供的那些诸如胆大、心细、自主、自立的体育锻炼精神了?"答:"那也不一定!我觉得女教师只要认真钻研,一定会寻找到适合她们的好方法。比如我的同事就找到了不少自己的诀窍!"

2. 实训任务

(1) 深入剖析所给故事,理解其背后的教育意义及问题;

(2) 基于故事内容和学前教育研究的相关知识,选择一个具有研究价值和现实意义的课题;

(3) 明确课题的研究目的、研究问题和预期成果。

3. 实训目标

(1) 掌握从实际问题中提炼研究课题的方法;

(2) 学会运用学前教育研究的基本原则和选题程序,确定一个具体、可行且有意义的研究课题;

(3) 提升分析问题和解决问题的能力,为未来的学前教育研究工作打下基础。

4. 实训建议

(1) 分组讨论。按"故事"的名称组成4个小组,每组围绕选题一般程序的步骤进行深入讨论。讨论内容包括但不限于以下方面:故事的核心问题是什么?这个问题在学前教育中的普遍性和重要性如何?如何通过研究解决这个问题?

(2) 课题汇报与评议。每个小组推荐一名同学汇报本小组拟定的课题名称,并详细阐述选择该课题的理由、研究目的、研究问题和预期成果。汇报结束后,其他同学进行评议,提出建设性的意见和建议。

(3) 教师点评与指导。教师根据各小组的汇报和讨论情况,进行点评和指导。重点强调选题的重要性和实际意义,指出各小组在选题过程中的优点和不足,帮助同学进一步明确研究方向和方法。

(4) 总结与反思。同学根据教师的点评和指导,对本次实训进行总结和反思。思考自己在选题过程中的收获和不足,以及如何改进和提高自己的研究能力。

拓展阅读

拓展阅读2-1

《我国学前教育研究的回顾与展望——基于
《学前教育研究》2005-2021年的文献分析》文献概要

拓展阅读2-2

《教育研究中的选题与设计:
问题意识与问题陈述》文献概要

第三章 查阅文献

微课 3-1

学习导航

深入钻研、精准引用研究文献,是每位幼儿教师进行科学研究的必备技能。在教育研究的长河中,查阅文献犹如寻找智慧之泉,是不可或缺的关键步骤。学前教育科学研究更是需要在前人栽下的智慧之树上,开出新的花朵。这就要求幼儿教师广泛地汲取和灵活地运用各类文献资料,站在巨人的肩膀上,望得更远,走得更稳。

查阅文献:幼儿教师做研究的金钥匙

知识结构图

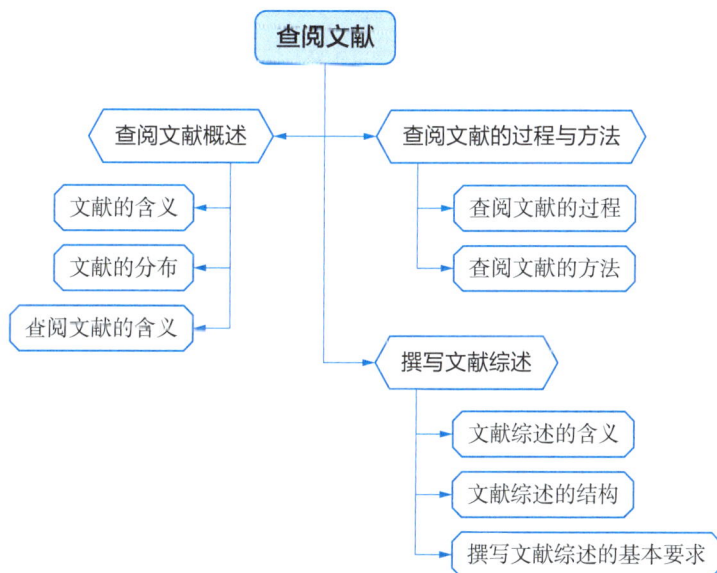

学习目标

知识目标

1. 能够阐释文献在学前教育研究中的定义、分类及对研究工作的重要性;
2. 能够阐明根据不同研究需求对文献进行分类的方法,以及检索策略和工具的使用;
3. 能够描述通过图书馆、数据库和在线平台等渠道获取文献资源的过程;
4. 能够概述从明确研究需求到选择检索工具和方法的查阅文献完整流程;
5. 能够讲解文献综述的结构安排、分析评述技巧,及与个人研究相结合的方法。

能力目标

1. 能够独立使用检索工具和数据库,根据研究需求进行文献的查找和筛选;
2. 能够评估文献的学术价值,进行有效的筛选和系统化整理,以辅助研究;
3. 能够使用 EndNote 或 Mendeley 等文献管理工具,以提升文献管理的效率;
4. 能够撰写具有深度的文献综述,展现对研究领域的深入理解和批判性分析。

素质目标

正确引用文献,避免抄袭,尊重他人的知识产权。

第一节　查阅文献概述

一、文献的含义

（一）文献的定义

1. 文献的定义

知识延伸 3-1

文献是用文字、符号、图像、音频或视频等方式记录人类活动或知识的一种信息载体，是人类脑力劳动成果的一种表现形式。

文献有三个基本要素：①要有一定的知识、内容。没有记录任何知识内容的物体，例如，空白纸张、空白磁带、空白胶卷等，不是文献；②要有一定的物质载体。没有记录在一定载体上的知识，例如，人们头脑中的知识、口头传递的知识等，不能称为文献；③要有一定的记录手段。例如，文字、图像、符号、音频、视频等。

《研究过程中的重要一环——查阅文献》概要

2. 文献的特点

（1）数量急剧增加。如有关教育科研的书籍大量出版，专业杂志日益增多，研究领域不断扩大，研究报告和论文数量成倍增加。

（2）各种文献的内容交叉重复、互相渗透。通过多学科或跨学科的研究，常常能获得单一学科研究无法获得的创新成果。

（3）分布异常分散。主要体现在收藏储存的分散、内容的分散，属于同一学科、同一专业的文章，往往分散在其他许多学科的杂志上；而属于某一学科、专业的杂志有时又刊登许多其他学科的文章。此外，翻译文献增多，语言障碍增加，术语不统一，文献来源情况复杂，记录手段和载体多样化，等等，也是当代文献的一些重要特点。

（二）文献的类型

1. 按文献的载体形式分类

知识延伸 3-2

（1）印刷型文献。是指以纸张为载体、通过印刷所形成的文献。它是传统形式的文献，也是目前文献的主要形式之一。其优点是便于阅读与传播；其缺点是存储密度太低，体积大而笨重，占据储藏空间太多，难以实现自动输入和自动检索。

（2）缩微型文献，是通过缩微摄影技术，将原始文献（如书籍、报纸、期刊、手稿等）的内容按比例缩小并记录在感光材料（如胶卷、胶片或特殊纸张）上的一种特殊文献形式。这种文献形式显著减小了原始文献的物理尺寸，从而实现了信息的高密度存储和便携性。缩微型文献不仅节省了存储空间，还延长了文献的保存时间，同时保持了原始文献的阅读质量和内容完整性。然而，要阅读或复制缩微型文献的内容，通常需要专门的缩微阅读器或复制设备。

《关于教育文献分类的研究》概要

（3）电子型文献，也称电子文献，是指通过编码技术将文字、声音、图形、图像等信息转换为计算机可识别的语言，并将这些信息以数字代码方式贮存在磁、光、电等介质上，通过电子计算机或类似设备阅读使用的文献。

电子型文献的存储介质多样，包括磁带、磁盘、光盘以及现代的云存储、固态硬盘等。这些介质具有存储容量大、体积小、易于携带和保存等优点。

电子型文献可以包含多种信息形式，如文本、图像、声音、动画等多媒体信息。这种多媒体信息的融合使得电子型文献在表达信息时更加生动、直观和易于理解。

电子型文献需要通过计算机或类似设备（如平板电脑、手机等）进行阅读。随着移动设备的普及和互联网技术的发展，人们现在可以随时随地通过电子设备访问和阅读电子型文献。

电子型文献的主要特点如下：①存贮密度高、容量大。电子型文献的存储介质可以容纳大量的信息，使得文献的存储和传输更加高效。②数据检索处理速度快。电子型文献的检索和处理速度远快于传统文献，人们可以迅速找到所需信息。③能高速度、远距离传送。借助互联网技术，电子型文献可以迅速跨越地域限制,实现全球范围内的共享和传输。④信息共享性好、易复制。电子型文献可以轻松复制和分享,促进了知识的传播和共享。

电子型文献的种类繁多,按内容划分,主要包括电子图书、电子期刊、电子报纸、电子书目数据库、联机数据库、网络数据库、网络新闻、光盘数据库等。这些不同类型的电子型文献在内容、形式、用途等方面各具特色,满足了人们多样化的信息需求。

(4) 声像型文献又称视听资料或直感资料,是一种利用录音、录像等技术,直接记录声音信息和图像信息的文献形式。它主要以一次性材料和光学材料为存储介质,通过特定的设备,使用声、光、磁、电等技术将信息表现为声音、图像、影视和动画等多媒体形式。这类文献包括但不限于唱片、幻灯片、录音带、录像带、影片、电影胶片、激光视盘等。

声像型文献的主要特点如下。①形象直观。通过声音和图像传递信息,内容直观易懂,表达力强,尤其适用于难以用文字、符号描述的复杂信息和自然现象。②存储密度高。能够在较小的存储空间内记录大量的信息。③传递速度快。可以远距离、高速度传递情报和信息。④接收效果好。能够扩大宣传面,增强信息的接收效果,提高信息的利用率。

然而,利用声像型文献需要特殊的设备,如录音机、录像机、投影仪、激光视盘播放器等,以便进行制作、存储、播放和复制等操作。

2. 按加工程度分类

(1) 零次文献。是指曾经历过特别事件或行为的人撰写的目击描述或使用其他方式的实况记录,是未经发表和未经有意识处理的最原始的资料,也可视为第一手文献。这类教育科学研究文献包括未发表付印的书信、手稿、草稿和各种原始记录。历史形成的零次文献大都收藏在档案馆和博物馆内;而现实的零次文献,则分散在幼儿教师和教育科研人员手里,是非常重要的教育科学研究情报。这些文献,大多数不是为教育科学研究,而是为其他目的所撰写,如日记、教师日志、给亲属和朋友的信件、自传和自述的信件等。许多非个人的文献则是由学校、政府部门、事业单位、教育学术组织等连续写下的,目的是连续地记录下各种事件,以确保这类重要事件及记忆的可靠性。这类文献往往比个人文献更有结构,如历史镜头、实况录像、谈话记录、会议记录、备忘录、协议草案,以及有关的其他各种各样的材料案卷等。[①]

(2) 一次文献。是指作者根据本人的研究成果或经验而创作或撰写的文献。有时也把一次文献称为原始文献,像期刊论文、科技报告、会议论文、专利说明书、技术标准以及部分学位论文等文献,都属于一次文献。这类文献直接记录事件经过和研究成果,具有较高的直接参考和借鉴使用价值。

(3) 二次文献。是指文献工作者对一次文献进行加工、提炼和压缩之后而得到的产品,是为了便于管理和利用一次文献而编辑、出版和累积起来的工具性文献。通常二次文献要对一次文献的外部特征进行著录,如题名、作者、来源或出处;对内容进行提炼和压缩形成文摘或提要。二次文献包括文摘、索引、题录、书目。二次文献通常是由文献工作者来完成。这类文献是对一次文献的摘编、分类或合辑,具有报告性、汇编性和简明性的特点。

(4) 三次文献。是指在一次文献、二次文献的基础上,对其内容作进一步的综合分析,而后撰写成的科学著作,如专著、综述性论文、专题述评、学科年度总结、年鉴、动态研究、手册、百科全书等。三次文献具有资料丰富、信息密度大、学术价值高、使用寿命长等特点。因此三次文献也称参考文献,通常由专业人员撰写或编辑。

3. 按出版形式分类

(1) 图书。按照联合国教科文组织的规定,页数达到 49 页及以上的印刷品称为图书,页数小于 49 页的称为小册子或传单。如果想对某一陌生领域获得初步知识,或对范围较广的问题获得一般性的了解,参考阅读有关图书较为合适。

(2) 连续性出版物。是连续以分册发行的刊物,其分册有期数、年度、月份,但没有预定的终止期。它包括定期出版物和不定期出版物,如期刊、报纸、年鉴、会议记录等。

(3) 特种文献。这类出版物一般单独成册,有的不公开发行,有的还需要保密,如科技报告、专利文

---

① 孟庆茂.教育科学研究方法[M].北京:中央广播电视大学出版社,2001:81.

献、政府出版物、会议文献、学位论文、工程图纸、技术标准、产品样本等,统称为特种文献。它报道及时,类型复杂多样,内容广泛新颖,从不同的角度反映了当前科学技术的发明创造、最新水平和发展动向,它独特的情报功能对于生产和科学研究具有十分重要的参考价值。

二、文献的分布

(一) 书籍

书籍是各种形式的文献中品种最多、数量最大的一个门类,主要包括教科书、专著、资料性工具书和通俗读物等。它是文献中品种最多、数量最大、历史最长的一种情报源。

1. 名著

名著是指一个时代某一学科或流派最有影响的权威性著作,是治学和研究的基础,是有志于从事学前教育科研教育工作者的必读书。例如,马克思主义经典作家的教育论著,古今中外著名教育家、哲学家的教育著作等。

2. 专著

专著是指就某一学科或某一专门问题进行系统、全面、深入论述的著作(包括论文集)。在专著中作者往往系统地阐述和讨论某一问题产生和发展的历史、研究的历史进程、研究的方法与成果、不同学派的观点和争论,分析问题的现状及发展趋势,并结合阐述大量新颖的材料,反映学术研究的最新进展。这些专著大都是作者多年研究的心血,其中有自己独到的见解和新颖的材料,因此其参考价值大于教科书和一般性论著。而且,专著中还经常附有大量的参考文献和书目。由此可见,专著的内容对科研工作者的研究工作有着较高的参考价值。论文集是围绕某一专题汇集诸多学者有代表性的学术论文的专集,它的信息量大,学术价值较高。

3. 教科书

教科书是指供教学用的专业性书籍,内容一般包括基本理论、基础知识以及学科领域内的科研成果和有待讨论的问题等。教科书追求学术上的稳定性,名词术语规范,结构严谨,叙述概括性、可读性强。

4. 资料性工具书

资料性工具书主要有辞书(辞典)和百科全书两种。通用性辞书,对研究者检索有关教育的名词术语很方便,具有一定的权威性。专业性辞书,以条目的形式阐述各种名词术语,内容规范、准确。教育百科全书是汇集各门教育科学分支学科知识的大型工具书,它概述了教育科学各主要学科领域迄今为止取得的进展,是具有高度学术价值和实际意义的专业性工具书。

5. 科普读物

科普读物是指为普及科学知识而编写的通俗读物,其内容浅显,文字通俗,较少有新的信息。科普读物理论含量较低,研究者可以从中获取实用类信息。

(二) 报纸和期刊

1. 报纸

报纸是指以刊登新闻报道和评论为主的定期连续出版物,大多为日报或周报。由于出版迅速,所以报道及时,对于研究者来说是重要的科研资料来源。目前我国出版发行的有关教育方面的专业性报纸有几十种。这些报纸荟萃了国内外各类教育信息,反映了教改动态和教育科研动态,对教育科学研究具有重要参考价值。

2. 期刊

期刊是指定期或不定期出版的刊物,有周刊、月刊、季刊等。期刊出版周期短,内容新颖,论述深入,发行量大,影响面广,反映学术界最新研究成果,是查阅文献最有效、最简便的途径。所以,它是科学研究的主要参考资料。学前教育领域或相关学科领域的期刊主要有以下三种类型。(1)专业学术性杂志。这类刊物主要刊载科研工作者撰写的科研论文、各种形式的研究报告,对问题的讨论和阐述较充分、深入,理论色彩浓厚。(2)专业综合性杂志。专业综合性杂志主要是指兼容理论研究与实践指导的刊物,每期杂志既刊载一定数量的理论性文章或研究报告,又刊载有关教材教法方面的探讨和教育经验交流方面的文章,对研究工作具有较大的参考作用。(3)文摘类杂志。这是一种情报索引刊物,可帮助研究者及时掌握某一特定课题的文献概况。

(三) 教育档案

档案资料是指人类在各种社会实践中直接形成,并具有保存价值的原始文献资料,其种类和内容都极为丰富,包括教育年鉴、教育法规集、教育统计、教育调查报告、学术会议论文、资料汇编、名录等。

1. 教育年鉴和手册

教育年鉴是指对一年内重要教育事件和各项统计资料的系统汇集。它以记事为主,通常包括专题论述、综述、统计资料和附录等,其中专题论述是年鉴的主体。手册是某一方面经常需要查阅的文献资料或专业知识的工具书。这些工具书对了解我国某个时期的教育概况,如教育方针、制度、经费、各类教育计划指标等有特殊意义。

2. 教育法规集

教育法规集是指有关教育政策法规等指令性文件的汇编。它集中反映国家的教育方针政策、法令法规和统计数据等情况,是全面了解教育状况的有用资料。

3. 学术会议文献

学术会议是当代学术界进行学术交流的重要形式之一。在学术会议过程中和会前、会后发布的有关论文、会议报告、纪要等,就是会议文献。学术会议文献往往反映了一门学科某一领域的研究动向和最新研究成果,代表了国内外的最新学术发展水平。

4. 学位论文

学位论文是指研究生进行专题研究后为取得某种学位而撰写并提交的科研论文,具有一定的独创性,一般选题论证充分,文献综述全面,探讨问题比较专深。

(四) 电子资源

随着计算机网络的迅速发展,网上的资料丰富多彩,电子资源有以下四个方面。

1. 相关网站

互联网上有成千上万个网站,其内容包罗万象。通过计算机,人们可以随时进入国内外著名大学、研究机构、图书馆的信息系统获取信息。

2. 电子邮件

电子邮件是一种提供信息交换的通信方式,其特点是加速信息的交流和数据的传递。它不仅用于信件的传送,而且可用来传递文件、图像等信息,便于研究者之间的交流。

3. 电子期刊

就广义而言,任何以电子形式存在的期刊皆可称为电子期刊,涵盖通过联机网络可检索到的期刊和以CD-ROM形式发行的期刊。

4. 电子公告板

电子公告板是计算机网络上建立的电子论坛,人们可以在公告板上张贴寻求帮助或提供帮助的便条,可以自由地发表自己的见解,也可以和世界各地的同行进行学术交流。

文献的分布是极其广泛的。从众多的文献中准确迅速地查找出符合特定需要的文献,不仅是资料查找搜集过程,也是分析、研究的过程。

三、查阅文献的含义

(一) 查阅文献的定义

查阅文献是指从各种文献中迅速、准确地查找并研读所需要的文献信息及文献资料。查阅文献贯穿学前教育科研的全过程,在教育科研工作中有着举足轻重的作用。

(二) 查阅文献的作用

1. 有助于研究者选定课题

通过查阅文献资料,可以获得科学研究选题的依据。因为在选定课题的过程中,可以了解前人或他人对该课题的主要研究成果,所达到的研究水平,研究的重点、方法、经验和问题,以及哪些问题已经基本解决,还有哪些问题有待进一步修正和补充,从而明确课题价值及研究的突破口。要达到上述目的,必须查阅有关文献,搜集现有的与研究相关的背

知识延伸3-3

《重视教育文献资料的查阅》概要

景资料。可见,文献资料为科研选题提供了可参照的依据。

只有掌握研究课题领域的文献资料,才能了解这个问题的研究成果、研究动态、发展历史和现状,以选定最有价值的前沿课题。查阅文献资料,有助于全面准确地掌握所要研究问题的情况,这在很大程度上直接影响着研究工作的质量水平。

2. 有助于研究者搞好研究设计

查阅文献的过程是总结过去相关研究工作的过程,它有助于研究者建构研究的概念或理论框架,使研究者可以获得新的研究视角、思路和研究方法,有助于拓宽研究者的视野和思路。在进行具体研究设计时,必须从整体上把握所研究领域的发展历史与现状、已取得的成果及其水平、研究的最新动向、争论的焦点、人们忽视的地方以及其他研究者提出的建议等,了解他人对该问题的研究所达到的程度,以及所采取的方法。

3. 有助于研究者解释研究结果

在解释研究结果时,不仅要从自己研究所得到的具体数据出发,而且要依据一定的理论,引用他人有关的研究数据或研究成果来阐述自己的研究结果,这就需要大量阅读有关文献。对有关背景资料了解得越多,对自己研究结果的解释、分析和所下的结论就越恰当、越充分,也就越容易看到自己研究结果的理论价值。自然,在此基础上撰写出来的论文或研究报告,其质量、科学性和理论价值就大。

4. 有助于研究者避免重复性的无效劳动

学前教育科研的本质特点是创新。要想有所创新,就要通过查阅文献资料掌握有关信息,了解前人在相关领域已经做了什么,还有哪些没有做,从而避免完全重复性的研究,防止无效的劳动。大量重复性研究不仅会造成人力、物力的巨大浪费,而且还会导致一些领域的科学研究长期处于低水平状态。

5. 有助于研究者提高教育科研能力

在学前教育科研中,查阅文献还可以作为一种独立的研究方法来使用,即文献研究。在文献研究中,可以通过分析、对比、统计、归纳和推理等方法,发现事物的内在联系,找出事物发展的规律,从而得出某种研究结论。因此,文献研究可以培养研究者的整体解决问题和探索未知领域的能力,进而提高研究者的教育科研能力。

第二节　查阅文献的过程与方法

一、查阅文献的过程

(一) 查阅文献的基本过程

1. 分析和准备阶段

分析研究课题,明确自己准备查阅文献的要求与范围,进而选定检索工具,确定检索途径。

2. 搜索阶段

搜索与所研究问题有关的文献,然后从中选择可用的、重要的资料分别按照适当顺序阅读,并以文章摘录、资料卡片、读书笔记等方式搜集材料。

3. 加工阶段

剔除假材料,去掉重复、比较陈旧的资料,保留那些全面、完整、深刻和正确阐明所要研究问题的一切有关资料,以及含有新观点、新材料的资料,对选定材料进行分类编排,编制题目索引或目录索引。

为了保证查阅文献的高效性,在掌握查阅文献步骤的同时,要依据"流程图"有系统地进行(见图 3-1)。[①]

(二) 查阅文献的基本要求

1. 知识上的有用性

所查阅的文献要包括对自己课题有用的知识。不具备有用知识的文献,也就失去了其查阅的意义。

---

① 袁振国.教育研究方法[M].北京:高等教育出版社,2000:37.

这是查阅文献的第一位的、最基本的要求。

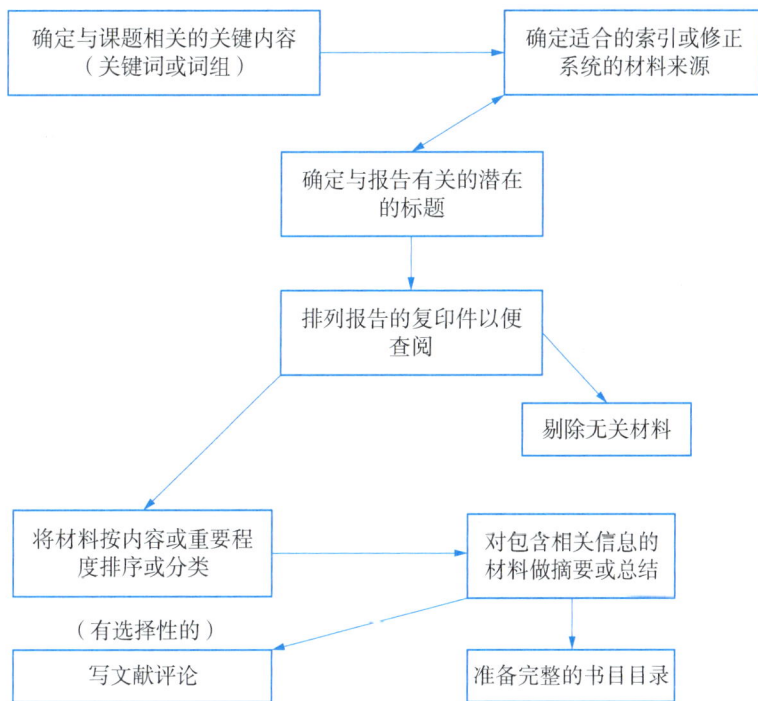

```
┌─────────────────────┐      ┌─────────────────────┐
│ 确定与课题相关的关键内容 │ ──→ │ 确定适合的索引或修正   │
│   （关键词或词组）     │      │ 系统的材料来源        │
└─────────────────────┘      └─────────────────────┘
              ↓
      ┌─────────────────────┐
      │ 确定与报告有关的潜在   │
      │     的标题           │
      └─────────────────────┘
              ↓
      ┌─────────────────────┐
      │ 排列报告的复印件以便   │ ──→ ┌─────────────────┐
      │     查阅             │      │  剔除无关材料     │
      └─────────────────────┘      └─────────────────┘
         ↓
┌─────────────────────┐      ┌─────────────────────┐
│ 将材料按内容或重要程   │ ──→ │ 对包含相关信息的      │
│ 度排序或分类          │      │ 材料做摘要或总结      │
└─────────────────────┘      └─────────────────────┘
   （有选择性的）                        ↓
┌─────────────────────┐      ┌─────────────────────┐
│     写文献评论        │      │  准备完整的书目目录   │
└─────────────────────┘      └─────────────────────┘
```

图 3-1 查阅文献活动流程图

2. 内容上的丰富性

一方面注意尽可能查阅代表各种各样观点、得出不同的甚至相互矛盾结论的文献，另一方面要注意不但查阅与自己课题、领域直接有关的资料，而且还应该注意跨学科、跨领域地查阅有关资料。总之，从内容上看，查阅文献的种类越丰富越好。

3. 形式上的多样性

要千方百计地查阅与课题有关的各种形式的文献。

4. 时序上的连续性

围绕课题查阅的文献，在时序上要有一定的连续性和积累性，尽可能不要中断。否则可能会因资料不全，无法全面反映研究对象的整体发展变化状况。

5. 时间上的及时性

对于与课题有关的各种新资料、新信息，要及时了解、及时查阅、及时研究、及时利用，以提高研究的时效性和实用价值。

二、查阅文献的方法

（一）检索工具查找法

检索工具查找法是利用已有的检索工具查找所需文献资料的方法。现有的检索工具可分为手工检索工具和计算机检索工具两种。

1. 手工检索工具

（1）目录卡片。是指摘录文献资料的主要信息按照一定格式制作而成的卡片，主要内容有文献的题目、作者、出处、发表年月、编号等。一般的图书馆或资料中心都对其收藏的文献制作了目录卡片，并按某种方式分类存放，便于使用。一个较完善的图书馆一般同时具备三套目录卡片，即分类目录、书名目录和著者目录，研究者可根据自己的情况选择其中一套使用，也可同时使用多套目录进行检索。

（2）资料索引。是指汇集了一定时间内各类文献的题目、出处和作者姓名的检索工具。其特点是分

类明确统一,检索方便快捷。其主要种类有综合目录索引、报刊目录索引、专业目录索引等。目前,供研究者使用的主要是有关情报部门编辑的综合性或专业性索引(如《报刊资料索引》《中文报刊教育论文索引》等)和各种期刊每年最后一期刊登的该期刊全年目录索引。

2. 计算机检索工具

计算机检索工具是指由计算机程序人员编制的、储存于计算机中帮助读者查阅文献资料的软件。一般分为两种:一种是图书馆或资料中心使用的文献检索系统,它和该图书馆或资料中心的数据库连接,读者能利用它从数据库中检索出所需资料;另一种是国际互联网上各种网站上的搜索引擎,读者利用搜索引擎可以从庞大的互联网中搜寻和阅读所需文献资料。计算机检索工具操作简便,尤其是在互联网上搜寻资料时不受地域限制,可随时修改调整检索策略,具有更大的优势。

利用计算机检索工具查阅文献资料时,有两种操作方法可供使用:①利用电子查阅系统提供的分类目录,根据研究工作所需资料所在的学科或领域,进入相应的栏目来搜寻所需资料;②利用电子查阅系统提供的搜索功能,将确定的关键词输入搜索功能的对话框,让计算机在数据库(或互联网)中进行搜寻,然后在计算机提供的搜索结果所列出的相关条目中查找或阅读所需的资料。

计算机检索关键是要找出研究领域和主题词(检索词),通常可将两三个相关领域放在一起交叉考虑,另外多选几个主题词,这样可缩小检索的范围。

此外,可通过远程登录系统(Telnet)与世界各大学的图书馆联网,查阅资料,提取文本。网上还有许多虚拟图书馆(Virtual Library),通过虚拟图书馆可直接进行在线检索,如同在图书馆查阅文献一样。

微课 3 - 2

文献检索的
具体操作

(二) 参考文献查找法

参考文献查找法又称引文查找法或追踪法,是以已掌握的文献中所列的引用文献、附录的参考文献作为线索,查找有关主题的文献。采用这种方法一般是从自己掌握的最新资料开始,根据其引文或附录的参考文献去查找过去的相关文献,再根据查找到的过去的文献资料的引文和参考文献去查找更早一些的相关文献,依此类推。

这种方法的优点在于文献涉及范围比较小,获取资料方便迅速,并可不断扩大线索。这种回溯过程往往会找出有关研究领域中重要的、丰富的原始资料。缺点在于查得的文献资料受原作者引用资料的局限性及主观随意性影响,资料往往比较杂乱,没有时代特点。因而,在使用此种方法时,一是要注意查阅比较有权威性的综述或专著;二是和其他方法结合使用以尽可能克服上述不足。

(三) 综合查找法

综合查找法是指综合运用以上各种查找方法,能够查到较为全面而准确的文献,是采用较多的方法。正确的查阅文献方法应达到以下四点要求。

(1) 准:较高的查准率。

(2) 全:较高的查全率。搜集的资料不仅有正面的,也有反面的,既有纵向的也有横向的,既有中文的也有外文的,既全面又系统。

(3) 深:占有情报的多样性及内容的专业性和深度。

(4) 快:一份准确度高、有价值的情报资料,如果检索速度慢,耽误了时机,就会失去其应有价值。要在准、全、深的基础上做到快,就要学会利用各种类型的检索性工具书。

对上述查阅方法的选择,需根据各查阅课题分析的要求来确定。不同的学科门类、内容、主题和查阅条件,应当采用不同的查阅方法,切忌盲目使用。

研究者对与自己的研究方向一致或相关的文献资料的出版和发表保持经常性的关注,对搜集文献资料大有裨益。查找文献决定了文献拥有的量与质,而研读文献决定了文献在研究中发挥多大的作用。因此研究者要重视文献研读,努力在阅读中对文献作进一步分析、综合、联想和构思,做到在批判中继承、在扬弃中创新,将"死"书读"活",从而产生解决问题的新思路、新观点。

第三节　撰写文献综述

一、文献综述的含义

（一）文献综述的定义

文献综述是文献综合评述的简称，指在全面搜集有关文献资料的基础上，经过归纳整理、分析鉴别，对一定时期内某个学科或专题的研究成果和进展进行系统、全面地叙述和评论。文献综述不是对以往研究成果简单的介绍与罗列，而是经过作者精心阅读后，系统地总结某一研究领域在某一阶段的进展情况，并结合本国、本地区的具体情况和实际需要提出自己见解的一种科研工作。

（二）文献综述的意义

第一，通过深入分析过去和现在的研究成果，指出目前的研究状态、应该进一步解决的问题和未来的发展方向，并依据有关科学理论，结合具体的研究条件和实际需要，对各种研究成果进行评论，提出自己的观点、意见和建议。

第二，通过对文献资料进行严密的分析总结、评价和对发展趋势的预测，为新课题的最后确立提供强有力的论据，为研究者今后的研究工作指明方向，使研究工作更加条理化、系统化，更具逻辑性。

知识延伸 3-5

《幼儿语言发展研究文献综述》概要

二、文献综述的结构

（一）前言

前言部分主要是说明写作的目的，介绍有关的概念、定义以及综述的范围，扼要说明有关主题的现状或争论焦点，使读者对全文要叙述的问题有一个初步的认识。这一部分应力求做到突出重点、简明扼要。

（二）主体

主体部分是综述的主体，其写法多样，没有固定的格式。可按年代顺序综述，也可按不同的问题进行综述，还可按不同的观点进行比较综述；不管用哪一种格式综述，都要将所搜集到的文献资料归纳、整理及分析比较，阐明有关主题的历史背景、现状和发展方向，评述问题，特别应注意对代表性强、具有科学性和创造性的文献引用和评述。

（三）总结

总结部分与研究性论文的小结有些类似，即将全文主题进行扼要总结，最好能提出自己的见解和建议。

（四）参考文献

参考文献一律放在文后，其书写格式要遵循国家标准 GB/T 7714－2015 规定。参考文献虽然放在文末，但却是文献综述的重要组成部分。因为它不仅表示对被引用文献作者的尊重，也是引用文献的依据，而且为读者深入探讨有关问题提供了文献查找线索。参考文献的编排应条目清楚，查找方便，内容准确无误。

知识延伸 3-6

参考文献著录规则

三、撰写文献综述的基本要求

文献综述自身的特点，决定它的写作既不同于"读书笔记"和"读书报告"，也不同于一般的科研论文。因此，在撰写文献综述时应注意以下五个问题。

第一，查阅文献应尽量全。掌握全面、大量的文献资料是写好综述的前提。

第二，注意引用文献的代表性、可靠性和科学性。遇到搜集到的文献出现观点雷同的情况，应注意选用代表性、可靠性和科学性较好的文献。

第三，参考文献不能省略。有的科研论文可以将参考文献省略，但文献综述绝对不能

知识延伸 3-7

《撰写文献综述的意义、步骤与常见问题》概要

将它省略,而且它还应反映综述主题全貌且是作者直接阅读过的文献资料。

第四,要注意区别文献中的观点和文献综述者的观点。在历史发展部分可以比较、分析文献中的各种观点;在现状分析、趋势预测和改进建议部分可以充分发表文献综述者本人的观点。

第五,文献综述的重点是比较和评价,不是具体介绍自己的研究成果,因而,不宜将自己的研究工作放在综述之中进行自我评价。即便提到自己的研究,也应同样客观对待。

总之,一篇好的文献综述,应有较完整的文献资料,有评论分析,并能准确地反映主题内容。

学业自评

(一) 客观题 主要测试同学的知识记忆、理解分析、逻辑判断、快速应答等能力;题型有填空题、判断题、单选题、多选题四种

(二) 简答题 主要测试同学的知识理解、信息提炼、概括总结、语言组织等能力

1. 选定一个教育主题词,查找各种形式的文献资料,包括书籍、报纸、期刊、教育档案、电子资源。

2. 你知道哪些报刊或网站与学前教育有关,请列出 10 种,并提供详细信息与同学们分享。

3. 比较查阅文献的各种方法的优劣。

4. 论述撰写文献综述的基本要求。

5. 查阅《职业教育"课程思政"研究现状与展望》全文,结合本章所学的专业知识,从文献综述的角度谈谈自己对课程思政的认识。

(三) 模拟试卷 进一步复习和巩固本章知识,共有三套模拟试卷,可以扫码练习。

客观题目链接 3-1

简答题参考答案 3-1

模拟试卷 3-1

实训活动

实训项目名称:查阅文献方法的运用

1. 实训任务

(1) 查阅文献与整理。选择一个自己感兴趣的研究课题,利用图书馆、学术数据库等资源,查找并搜集与该课题相关的文献资料。仔细阅读所搜集到的文献资料,理解其主要内容和观点。按照文献阅读的方法,对搜集到的文献进行初步的分类、整理和综合。

(2) 文献格式梳理。掌握参考文献的格式要求,对所搜集的文献资料,按照规定的格式要求,整理出规范的参考文献列表。

2. 实训目标

(1) 认识文献检索在学前教育研究中的重要性和必要性,掌握文献检索的基本要求和方法。

(2) 通过实际操作,全程体验从课题选择到文献搜集、整理、应用的完整流程。

(3) 学会如何围绕特定研究课题有效地查阅和筛选文献资料,掌握对文献资料进行内容加工处理的技巧。

(4) 掌握参考文献的格式要求,能够规范地撰写参考文献列表。

实训助力 3-1

钟明元、孙泽文:教育科学文献的整理及其综述写作

3. 实训建议

(1) 分组交流与讨论。分成若干小组,分享各自在查阅文献、整理过程中的经验和遇到的问题,共同探讨解决方案。

(2) 互评与反馈。小组成员之间互相评价彼此的文献整理成果和参考文献列表,提供建设性的反馈意见,帮助同伴改进和提升文献处理能力。

(3) 教师指导与点评。教师根据学员的表现和成果进行点评,强调优点并指出改进方向。

实训项目名称：撰写文献综述的方法

1. 实训任务

（1）掌握从各种学术资源中搜集和筛选相关文献资料的有效方法，了解文献综述的基本结构和写作风格。

（2）选择自己最感兴趣的研究课题，进行深入的文献资料查询与搜集工作。

（3）遵循文献综述的基本格式与要求，撰写结构清晰、条理分明的综述。

2. 实训目标

（1）学会围绕特定研究课题高效地查阅相关文献资料，掌握对文献资料进行整理、分析和提炼的方法，为撰写文献综述打下基础。

（2）学会撰写结构完整、内容丰富的文献综述，加强对学术研究中文献综述重要性的理解，提升学术写作能力。

（3）学会使用图书馆的各种数据库和检索工具，提高文献查找的效率和准确性。

3. 实训建议

（1）组建学习小组，促进交流与合作。小组成员可以共同讨论课题选择、文献查找和综述撰写等过程中的问题，通过互相审阅和提出修改建议，共同提高文献综述的质量。

（2）实行互评机制，提升学习效果。小组成员之间可以互相评价对方的文献综述作品。通过互评，发现彼此作品中的优点和不足，以便进一步改进和提升。

实训助力 3-2

马德峰，王婷：学术研究中文献综述四大误区

拓展阅读

拓展阅读 3-1

《系统性文献综述法：案例、步骤与价值》文献概要

拓展阅读 3-2

《我国课堂教学视频分析的系统性文献综述——基于 2010-2020 年文献的分析》文献概要

第四章 研究设计

微课 4-1

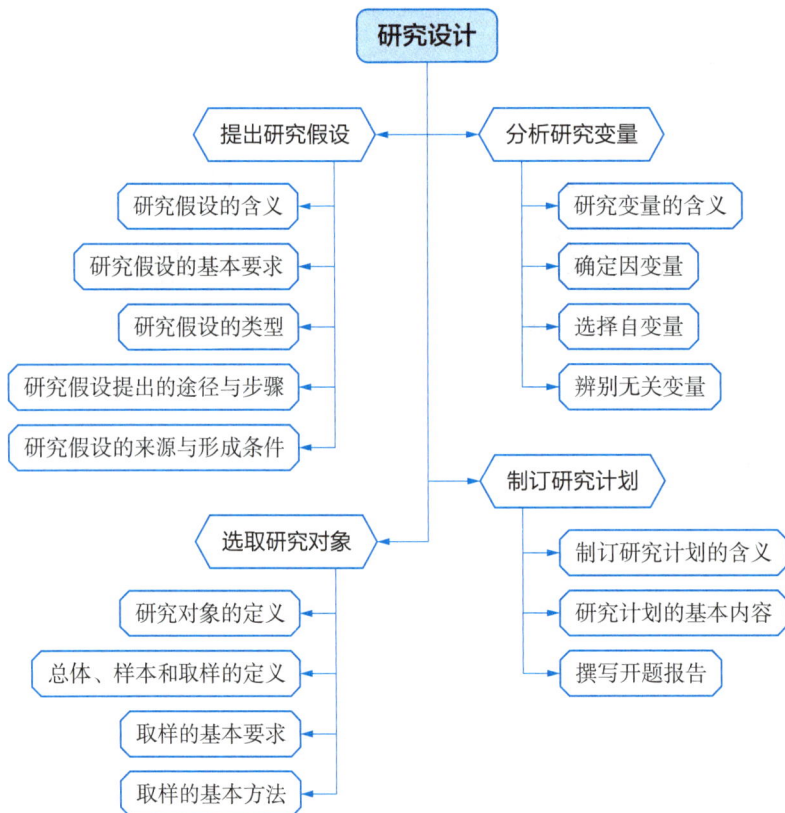

研究设计：幼儿教师做研究的方向盘

学习导航

　　教育研究设计，堪称学前教育科学研究的关键环节，如同明灯般为幼儿教师的实践之路提供理论指导。在精心构建研究假设、审慎选择研究对象以及深入分析研究变量后，研究者们还需对整个研究之旅进行周密的规划与布局，并制订一份详尽的研究计划。这份计划，就像一张清晰的路线图，确保每一步研究活动都能有条不紊地展开，引领幼儿教师走向科学探索的彼岸。

知识结构图

```
                        研究设计

        提出研究假设              分析研究变量

        研究假设的含义            研究变量的含义
        研究假设的基本要求        确定因变量
        研究假设的类型            选择自变量
        研究假设提出的途径与步骤   辨别无关变量
        研究假设的来源与形成条件

                                 制订研究计划
        选取研究对象
                                 制订研究计划的含义
        研究对象的定义            研究计划的基本内容
        总体、样本和取样的定义     撰写开题报告
        取样的基本要求
        取样的基本方法
```

学习目标

知识目标

1. 能够阐述研究对象和研究变量的概念及其界定方式；
2. 能够辨析研究假设的构建及其分类，以及研究变量的不同类型；
3. 能够阐释研究计划的构成要素，包括研究目的、方法和预期结果等；
4. 能够列举并简述不同的取样技术及其适用场景。

能力目标

1. 能够针对自己拟定的研究课题，独立提出具有科学性和可检验性的研究假设；

2. 能够针对自己拟定的研究课题,准确识别并界定关键的研究变量;

3. 能够独立撰写一份结构完整、内容规范的开题报告。

素质目标

1. 形成对研究活动的持续反思的习惯,能够对研究设计、实施过程及结果进行批判性分析;

2. 树立终身学习的理念,对新知识和新技能保持开放态度,不断提升个人的研究能力和专业素养。

第一节　提出研究假设

一、研究假设的含义

(一)研究假设的定义

研究假设是指研究者根据一定的科学知识和新的科学事实,对所研究的问题规律或原因作出的推测性论断和假定性解释,是在进行研究之前预先设想的、暂定的结论,是对课题涉及的主要变量之间相互关系的设想。例如,如果选定"教师评价对幼儿自我评价的影响"为研究课题,研究者可以根据自己观察到的事实或已有的经验对上述的"影响"进行猜想或假定如下。

1. 如果教师对一个幼儿的评价越来越好,那么该幼儿的自我评价也随之提高;2. 教师评价幼儿,方法多样化能促进幼儿自我评价能力的发展;3. 教师对幼儿的评价与幼儿自我评价的内容有一致性。

上述三种陈述就是从不同方面对"教师评价对幼儿自我评价的影响"这一课题建立的三种假设。在研究活动完成以前,这些陈述的真伪尚未得到确切证明,因而它们只是假定性的结论,即假设。[①]

(二)研究假设的实质

假设通常由论题、关系陈述和推论三个要素组成。研究假设可以是定性的或定量的,可以是直接或间接推断的。通过验证或推翻研究假设,研究者可以更深入地了解问题的机理和关系,并为学术界和社会实践提供相关的理论、实证或政策建议。同时,不论研究假设是否被验证或推翻,这一过程都为科学研究的进展提供了重要的经验和知识积累。

根据研究假设,研究者需要设计和实施相应的研究方法,如实验法、调查法、质性研究等,搜集和分析相关的数据来验证或拒绝研究假设,并选择合适的数据分析方法进行数据处理和解释。

二、研究假设的基本要求

(一)有理论或事实依据

假设需要有科学根据,应建立在明确的概念、现有的科学理论和事实基础上,并获得一定的科学论证,与之前的可靠研究结论一致,而非无根据的推测或主观臆断。因此,研究者在假设提出后,需要确保该假设具有可检验性。如果假设不能证明其检验的必要性,则无法引导出有价值的研究。

(二)涉及两个或两个以上变量之间的期望关系

通常一个假设只能涉及两个变量。如果涉及多个变量之间的关系,可将变量两两对应组成几组假设。例如,要研究学生的学习成绩与教师的文化程度和教学经验的关系,这里就涉及三个变量:学生的学业成绩、教师的文化程度、教师的教学经验。不应将假设表述为:"学生学业成绩与教师的文化程度和教学经验呈正相关。"这是因为教师的两个变量——文化程度与教学经验,混在一起,这使得难以验证学生的学业成绩是受教师的文化程度还是教学经验的决定性影响。为了研究的科学性,必须设定两组独立的假设并分别验证。(1)学生学业成绩与教师文化程度正相关;(2)学生学业成绩与教师教学经验正相关。只有一个变量或不明确变量之间的关系,都不足以构成一个假设。

(三)可检验性

假设必须具备可检验性,以验证推测的正确性和可靠性。原则上不可检验的陈述是没有科学价值的,

---

① 杨爱华.学前教育科学研究[M].南京:南京师范大学出版社,2001:64-65.

因而也就不是一个科学假设。因为教育研究的假设是对教育事实或现象间的关系所作的推测性假定,要使假定成为理论,关键在于它所预定的事实为研究及以后的实践所证实。因此,可检验性是科学假设不可或缺的条件,与假设形成前的科学观察和经验总结密切相关。具有可检验性的假设需满足以下两点。

首先,假设中的术语必须是确切的,能够进行操作性定义和测量,能准确地描述课题中需要研究的具体问题。例如,"聪明幼儿创造性水平高"这一假设就显得太宽泛,不能明确说明要研究的具体问题,假设中的"聪明""创造性水平""高"等词就是典型的笼统、粗略、难以操作与测量的概念,聪明与创造性水平之间的关系也显得模糊不清。为了达到上述要求,可以改为"在智商(IQ)测验中分数排在前 25% 的 4-5 岁幼儿,在创造性水平测验中的平均分比排在后 75% 的同龄幼儿要高"。这样就使假设变得具体明确,使用的术语都具有可操作性。

其次,假设中的关系应能通过现有科学方法进行检验。需要注意的是,尽管某些假设在理论上可检验,但由于技术和方法的限制,实际上可能难以实施。例如,"多动症幼儿的中枢神经系统的化学成分与一般幼儿有差异"等就属于这类假设。因为目前还没有成熟的技术来测定神经系统细胞的化学变化,使对这类假设的检验难以实现。

(四)简洁明了的陈述

研究假设应以叙述形式说明两个或更多量之间的预期关系。概念应简单,表述需清晰、简明、准确,并逻辑上无矛盾。例如,虽然"在智商(IQ)测验中……"的假设满足可检验性,但过于复杂。若改为"在 4-5 岁幼儿中,IQ 测量分数与创造性水平测量分数之间存在正相关",既简洁又保持了相同的预期关系,同时不损失其可检验性。[①]

三、研究假设的类型

(一)按性质和复杂度分类

1. 描述性假设

描述性假设是关于对象的大致轮廓和外部表象的一种描述,它提供关于事物的某些外部联系和大致数量关系的推测。例如,教育发展对人口出生率变化的影响的研究。在科学探索的最初阶段,常用到描述性假设。

2. 解释性假设

解释性假设是揭示事物的内部联系,阐述现象的本质,说明事物原因的一种更复杂、更重要的假设。这是比描述性假设高一级的形式。在研究中,处于解释这个层次的假设,是从整体上揭示事物各部分相互作用的机制,揭示条件与结果、研究主体的最初状态与最终状态的因果关系原理。

3. 预测性假设

预测性假设是对事情未来的发展趋势的科学推测,它是基于对现实事物的更深入、更全面的了解而提出的更复杂、更困难的一种假设。预测性假设主要用于全国范围内、具有战略意义的某些综合性课题的研究。

(二)按假设的形成分类

1. 归纳假设

归纳假设是研究者在观察基础上的概括,是从对一些个别经验事实材料的观察中得到启示进而概括、推论提出的经验定律。

2. 演绎假设

演绎假设是从教育科学的某一理论或一般性陈述出发推出新结论,推论出某一特定假设。它是根据不可直接观察的事物现象或属性之间的某种联系的普遍性,通过理论综合和逻辑推演而提出的理论定律和原理的假设。

(三)按假设中变量关系变化的方向分类

1. 条件式假设

条件式假设是指假设两个变量之间存在条件关系,即如果 A 成立,那么 B 也成立。这是假设的典型

---

① 杨爱华.学前教育科学研究[M].南京:南京师范大学出版社,2001:67-68.

模式,采用"如果……那么……"的标准逻辑句型予以表述。例如,如果教师采用激励的方法教育学生,那么学生的学习态度就会改变。

2. 差异式假设

差异式假设是指假设的两个变量之间在程度上存在着差异关系。例如,可假设 A=B,也可假设 A≠B;可假设 A>B,也可假设 A<B。如果 A 代表讲授式教学方法,B 代表讨论式教学方法,可以分别作如下假设。

第一,讲授式教学方法的效果等于讨论式教学方法的效果(A=B);第二,讲授式教学方法的效果不等于讨论式教学方法的效果(A≠B);第三,讲授式教学方法的效果优于讨论式教学方法的效果(A>B);第四,讲授式教学方法的效果差于讨论式教学方法的效果(A<B)。

3. 函数式假设

函数式假设是指假设两个变量之间存在因果共变关系,并且用数学形式表达。如果 X 表示原因,Y 表示结果,那么函数公式就是 $Y=f(x)$,表示"Y 随 X 的变化而变化"的函数关系。即,如果"X"是这个值,那么"Y"是那个值。例如,男孩的侵犯性行为是女孩侵犯性行为的两倍。

(四) 按假设中所预测的变量间有无相关分类

1. 定向假设

定向假设在陈述中示意假设结果的预期方向,指出变量之间的相关或差异的趋向。采用定向假设比拟符合人们的思维习惯,易于理解和讨论,特定假设和一般假设通常为定向假设。例如,男生的反叛精神比女生强;学生的反叛精神强,那么创新欲望强烈。

2. 非定向假设

非定向假设在陈述中没有表明变量之间的相关或差异的趋向,而是期望通过搜集数据、检验结果来揭示变量间的差异。例如,当"男孩的侵犯性行为和女孩的侵犯性行为无差异"这个非定向假设被搜集到的事实数据拒绝时,研究者便可以从实际的男生和女生侵犯性行为的平均次数上判定其方向性,得出研究结果。

定向假设和非定向假设都是在假定变量间存在相关的情况下做出的。

3. 虚无假设

虚无假设又称统计假设,是推测某种不存在的、无倾向的关系的假设,指向中性的、无差异的、无区别的事例。这种假设实际上就是统计学上的零假设。虚无假设在表述上通常采用某变量与某变量之间"无差异""不相关""没有影响"等形式来陈述变量之间的关系。例如,在幼儿的快速反应能力上,男孩与女孩无差异。

虚无假设一般不反映研究者对研究结果的期待,人们之所以使用虚无假设是为了使假设与推论统计逻辑相适应。虚无假设的本意是想通过事实的检验来否认自己,否认了虚无假设,也就显现出了结果的倾向性。虚无假设虽然比特定假设和一般假设难以理解,但是为了防止研究过程中主观倾向的先入为主,同时为了易于提出假设,便于统计检验,现在许多研究者开始乐意采用虚无假设。

(五) 按研究假设的概括程度分类

1. 普遍性假设

普遍性假设是试图从特定的个体、事件或领域中识别出一般性的、普遍适用的规律或原则。它基于一种理念,即认为在某些条件下,某些现象或行为会以一种可预测的方式在所有个体或系统中出现。普遍性假设通常基于一定的观察、数据或理论推导;它可能包含一组前提条件或初始条件,这些条件对于预测或解释现象是必要的;普遍性假设通常用于提出新的理论、预测未来趋势或解释已知现象。例如,学生在校必要学习时间越少,学习成绩也就越差。然而由于影响学生学业成绩的因素很多,不免产生种种例外。所以当表述普遍性假设时,要把假设的适用程度限制在一定的范围内。

2. 存在性假设

存在性假设所陈述的变量关系具有独特性、经验性,也就是说所陈述的关系至少会在一种情形下是对的,即确定会有至少一个现象的存在。例如,至少存在一个大学生因谈恋爱而学习成绩下降了。存在性假设在研究性学习中经常使用,通常用于单一被试设计或个案研究。存在性假设确立,会促使研究者进一步探索所涉及现象的普遍性问题。课题研究就是这样一步步从确定点滴经验到最终提出具有普遍性的规律。

需要指出,上述有关假设及其分类的论述多是基于量化研究的角度,对于在教育研究中日益兴起的质性研究,情况则有所不同。例如,在量化研究中,假设的确定一般在研究之初,资料搜集之前和问题修改变动不大的情况下。而质性研究的假设,大多产生于研究的过程中;而在研究之初,或许没有尝试性的或一般性的假设;但当资料被搜集和分析时,从事质性研究者希望增加、减少、修正和提炼。另外,作为对假设的重要补充,在质性研究中,例如,在人种学的研究中,往往会提出有助于研究者进一步考察有关研究问题的某些因素的预言的问题。例如,"对正常的和学习能力丧失的学生的学校环境进行人种学研究,以确定有关潜在的辍学因素"这一问题陈述,与之相关研究者可以列出如下预言的问题:第一,在教学中,正常的学生与学习能力丧失的学生之间的相互影响;第二,教师的角色促进学生的学习;第三,学生的社会系统;第四,学生在学术科目中获得成功的机会。

四、研究假设提出的途径与步骤

(一) 研究假设提出的途径

1. 基于问题阐述提出假设

在研究课题的确定过程中,研究者基于对教育现象的细致观察和丰富的经验积累,发现并识别现有理论未能充分解释的新问题。在对这些问题本质的深入剖析中,研究者运用其扎实的理论知识和实践经验,进行逻辑推理,构建解决问题的初步假设。

2. 从文献分析中构建假设

对相关教育文献的深入分析是科研不可或缺的一环。这些文献资料汇集了教育现象及其规律的多元解读,为研究者提供了广阔的视角和深入的思考路径。例如,在探索提高儿童学习效率的策略时,研究者通过文献综述可能发现学习困难与社会适应性之间的紧密联系,并据此提出假设:增强儿童的社会适应能力可能对其学习效率产生积极影响。

3. 通过初步探索形成假设

在确立研究课题之后,如果研究者对问题的理解尚不深入,且现有文献资料不足以提供充分支持,可采用观察、调查或实验等实证研究方法进行初步探索。通过这一过程,研究者能够搜集到初步的数据和经验,为进一步构建研究假设奠定坚实的基础。

(二) 研究假设提出的步骤

1. 明确研究问题

研究者的首要任务是明确界定研究问题,这涉及对研究主题的深入洞察,确立研究的目的和具体目标。研究问题需具体、清晰,并具备可操作性,为研究的深入打下坚实的基础。

2. 理论背景与文献综述

研究者应详尽地综述现有的理论和相关研究,包括系统梳理先前研究的结论与发现,以及对现有理论的细致分析。此步骤对于掌握研究领域的知识结构、识别研究的潜在切入点,以及为研究问题寻找理论支持至关重要。

3. 提出初步假设

在深刻理解现有理论和文献的基础上,研究者应根据研究问题的特性和研究目标,创造性地提出初步的研究假设。这要求运用创新思维和严密的逻辑推理,确保假设的合理性和科学性。

4. 实验设计

实验设计是将初步假设转化为具体可执行的实验方案的关键步骤。它涵盖确定实验的具体步骤、选择合适的实验材料、控制实验条件、设置实验组与对照组,以及明确观测指标等内容。精心的实验设计对于保障实验的科学性、有效性和可重复性至关重要。

5. 预测实验结果

研究者应依据现有理论和初步假设,对实验结果进行合理预测。这种预测有助于设定实验的预期目标,指导实验的具体执行,并为后续的数据分析提供重要的参考依据。

6. 形成最终假设

实验完成后,研究者需基于实验结果对初步假设进行细致的评估和必要的修正。这一过程可能包括对数据进行统计分析、对实验过程进行深入反思,以及对假设进行重新评估。最终,研究者将得出经过实验验证、更为精确和可靠的假设。

五、研究假设的来源与形成条件

(一) 研究假设的来源

1. 来源于教育实践

幼儿教师长期从事着基层的教育实践,在教育过程中势必会遇到各种各样的问题。在具体的工作中,如果能认真地进行思索和考察,就能发现许多值得研究的问题,对这些问题进行进一步的提炼和筛选,研究者有可能获得许多有价值的研究内容作为假设。

2. 来源于对教育理论的演绎

人类社会在长期的发展过程中积累了丰富的教育理论,这些理论随着社会的发展也会出现不适宜或缺陷,因此势必要进行补充、修改和更新,这就需要研究者对它们进行批判的继承和创造性的发展。

3. 来源于对国家教育方针政策的理解

我国在不同的历史时期都会有不同的教育方针和政策出台,幼儿教师在自己的实践观察中对这些方针政策的深刻理解和具体操作,也是假设的来源之一。

4. 来源于对当前学前教育信息的分析

随着当前社会发展步伐的加快,许多学前教育信息也从四面八方铺天盖地地涌来,用自己的智慧对这些幼教信息进行深入理解和分析,可以受到很大的启发,从中提出许多研究的假设。

(二) 研究假设的形成条件

1. 科学的观察和经验归纳

要有目的地、系统地研究整理有关教育教学的各种资料和经验,以及参加教育教学实践。具体地说,它涉及以下内容:要把握社会发展的需要和时代的走向;洞察现实存在的弊端;了解有关研究领域国内外研究的基本情况,以及相关领域的研究成果。这是形成假设的源泉,它为假设的形成提供认识论依据。

2. 思想方法论

要用辩证唯物主义与历史唯物主义观点。描述性的经验代替不了科学规律,但以描述性的经验为出发点,运用逻辑工具,导出假设命题,有可能是经验规律的补充。如果得到实践验证,那么经验就上升为理论,达到本质的认识。也就是说,假设是在科学观察和经验归纳基础上所得出的某种合乎逻辑的命题或命题体系,因此,假设可以通过类比、归纳、演绎等方法获得,关键在于是否掌握科学的思想方法论。

3. 研究者的背景知识

包括研究者的学科知识(教育学、心理学、伦理学、社会学、美学等),掌握与研究课题有关的材料等。例如,要研究班集体的结构和形成的特点,就要懂得心理学、社会学等知识,善于分析班集体中不平衡的人际关系,分析班集体中的群体关系、非正式结构,以及由于性格、气质等方面的相似性、接近性、互补性等而互相吸引的原因。

第二节 选取研究对象

一、研究对象的定义

研究对象是研究活动的分析单位。在学前教育科学研究领域,分析单位是多样的,它既可以是个人,如幼儿、教师、幼儿家长等;也可以是群体或组织,如教育机构(幼儿园、学前班等)或行政区域(如区、县、市等)。作为研究活动的分析单位,研究对象具有双重重要性:一方面,它是研究所需资料的源泉,意味着研究必须通过对研究对象活动的观测来获取那些赖以形成科学结论的事实资料;另一方面,它也是研究结论适用的主体。因此,如何选取有代表性的研究对象,即取样问题,显得尤为重要。例如,在研究学前教育中游戏对儿童发展的影响时,研究者既可以选择特定的儿童作为个体研究对象,观察他们在游戏中的行为和学习表现,也可以选择某所幼儿园作为群体研究对象,分析该园所实施的游戏教育策略对儿童发展的整体影响。这样的取样方式能够确保研究的全面性和深入性。

二、总体、样本和取样的定义

(一) 总体

总体是指研究对象的所有个体构成的集合体,它代表了在一定时空范围内全部研究对象的总和。在具体的研究中,总体的大小由研究课题的内涵所决定。

(二) 样本

样本是指从总体中按照一定规则抽取出来的、对总体具有代表性的一部分分析单位(这些单位可以是个人、组织或群体)。换句话说,样本是从总体中选取出来的个体或元素的小集合,这个集合是能够代表总体的有一定数量的基本观测单位。

(三) 取样

取样是指遵循一定的规则,从一个总体中抽取有代表性的一定数量的样本进行研究的过程。这一过程的目的在于通过样本获取关于总体的信息及一般性结论,从样本的特征推断总体的特征,从而对相应的研究作出结论。

在实际的教育研究中,由于总体数量通常庞大,受到研究者投入的人力、物力、财力和时间等多方面的限制,往往不可能以全体总体作为研究对象。因此,只能选取具有代表性的样本进行取样研究,从而推断总体情况。所以,如何选取有代表性的样本就成为选择研究对象时的关键问题。

知识延伸 4-1

《论心理与教育研究中的抽样问题》概要

三、取样的基本要求

(一) 明确总体界限

要从内涵和外延两个方面精确确定总体的界限,全面分析总体的各项特征,为后续设计取样时能从不同层次选取样本确定好范围。以"温州市区 5 岁儿童识字量调查"为例,研究对象需明确限定为温州市区的 5 岁儿童群体,既不涵盖郊区同龄儿童,也不包括市区内其他年龄层的儿童。在进行取样之前,若研究对象的范围界定不够明确,必须先对总体进行精确的描述和规定。这样做可以避免在样本抽取和结果推论过程中出现混淆和误差,确保研究的准确性和可靠性。

(二) 取样的随机性

在取样的过程中,要尽可能使总体中的每个分析单位(个人、组织或群体)都有同样被抽取到的机会,确保被抽取的样本之间没有联系、彼此独立,能够尽可能使样本保持和总体有相同的结构特征,从而保证研究成果的客观性和科学性。例如,在学前教育研究中,如果研究者想了解某市所有幼儿园中班儿童的创造力水平,研究者就应该随机选择不同地理位置、不同性质的幼儿园的中班儿童作为样本,以确保样本的随机性和代表性。

(三) 样本具有代表性

要尽可能保证样本能够代表总体,从而保证能够通过样本所得结论推断出总体的特征或性质。样本的代表性正是由部分推断整体的理论根据。所选取的样本必须具有一定的代表性,以确保研究的普遍性和推广性。在学前教育研究中,这意味着研究者需要确保样本中包含各种类型、背景和能力的儿童,以便能够更准确地推断出总体儿童的特征。

(四) 合理的样本容量

样本中所包含的个体的数量称为样本容量。样本容量不足会影响样本的代表性,进而影响研究结论的可靠性,但样本容量也不是越大越好。取样时要尽可能使样本数量合理,从而能以较少的研究资源获得较大的研究效益。样本容量取决于研究的性质、允许误差的大小、总体的同质性、研究成本等多方面因素。一般来说,描述性研究和调查研究,样本容量通常为总体的 10%,且通常情况下不少于 100 人;相关研究和比较研究,样本容量最好不少于 50 人;实验研究中,样本容量最好不少于 30 人。定性研究抽取的样本容量可以较小,甚至在个案研究中会选择一个个体或组织进行研究。当然,在研究中具体样本数量的多少,还需要根据实际情况作出决定。

(五)合适的取样方法

取样的方法多种多样,同样的总体选择不同的取样方法,会得到完全不同的样本,从而使样本的代表性有一定差异。因此,在取样过程中,要分析各种取样方法适用的范围和情况,根据不同的情况选择合适的取样方法。例如,如果研究者想了解不同社会经济背景下的儿童在创造力方面的差异,研究者应该选择分层取样,以确保样本中包含各种社会经济背景的儿童。

四、取样的基本方法

(一)概率取样

概率取样中,每个研究对象被抽取的概率是已知的,且抽取方式是随机的。一般来说,定量研究或大规模的正式研究中较多使用概率取样。

1. 简单随机取样

简单随机取样,又称为单纯随机取样,是指在抽取样本时,总体中的每个个体被抽到的机会是均等的。它是概率取样中最基本、最广泛、最简单易行的取样方法,也是其他取样方法的基础。一般以抽签和随机数字表方式进行。抽签的方式是将总体的每一个个体都编上号码并做成签,将全部签充分混合后,从中随机抽取,被抽到的签号对应的个体就进入样本,直到取够所需样本数量为止。随机数字表则是由许多随机组合排列的数字组成的表,可随意从任何一行、任何一列的任何数字开始,向任意方向顺序进行选择,确定从总体中所抽取的个体的号码,号码所对应的个体就进入样本,直到取够所需样本数量为止。

2. 系统随机取样

系统随机取样,又称为等距取样或机械取样,是将总体中的所有单位按照一定顺序排列编号,然后依固定间隔取样,间隔的大小视总体与样本数量的比率而定。这种取样方法能使样本分配更均衡,相对简单随机取样来说,误差更小,操作更简单,因而在教育研究中应用较广。例如,在研究某市幼儿园儿童的阅读能力时,研究者可以将该市所有幼儿园按照地域或类型进行编号,然后按照固定的间隔选择幼儿园进行取样。设总体共有 N 个单位,现需要从中抽出 n 个单位作为样本。取样比率的计算公式为:$k = N/n$(k:取样比率;N:总体数;n:样本数)。

3. 分层随机取样

分层随机取样,又称为分类取样或配额取样,是将总体中的所有单位按某一属性或特征分成不同层次或类别(子总体),然后根据各层或各类在总体中的比例(或比率),确定从各层或各类中抽取样本的数量,最后按照各类型样本抽取数在每个层次中随机取样。这种方法兼顾了总体的各个层面、不同类型,因而获取的样本更具代表性。这种取样适用于总体构成数量较大、各层次标志明显的研究。例如,在研究不同年龄段儿童的认知发展时,研究者可以将总体按照年龄段进行分层,然后在每个年龄段内随机选择儿童作为样本。

4. 整群随机取样

整群随机取样,又称为整体取样或集体取样,是指先将各单位划分为若干群或组(如幼儿园、班级),然后依据随机原则,抽取一个或几个群体进入样本,这些群体中的所有个体都是研究对象。例如,在上海市幼儿园中随机抽取 20 所幼儿园进行一项实验研究。整群取样比较方便、可行,研究也便于开展;但是整群随机取样所获样本分布不均匀,群体间差异可能较大,在一定程度上会影响样本的代表性,因此在选择时要综合考虑。

(二)非概率取样

非概率取样中,每个研究对象被抽取的概率是未知的,抽取方式不是随机的,样本是按研究目的而选择的。一般来说,定性研究或小规模非正式研究中多使用非概率取样,这种取样方法使用范围有限。

1. 随意取样

随意取样,又称为偶然取样或方便取样,指研究者根据需要和方便,利用现有的机会对偶然遇到的对象进行取样，即只抽取对研究者来说最为简便的那一小部分为研究对象。例如，在研究儿童的游戏行为时，研究者可能选择在自己方便的时间和地点，如附近的公园或幼儿园，对遇到的儿童进行观察和记录。

2. 目的取样

当研究情境不能运用随机取样时，为实现研究目的而选择样本称为目的取样。目的取样并不是随意的，样本的选择是以事先确定的目的、准则为依据的。例如，研究者想进行一项师幼互动的实验研究，由于受条件的限制，无法以随机取样的方式获取被试，只能按目的选择所在幼儿园的某些班级进行实验。这样的研究结果不一定能推断到总体，但是获取样本方便。

3. 立意取样

立意取样，又称为定标取样，指研究者根据自己确定的标准，并依据自己的经验和主观判断来选取所需样本。立意取样注重样本质的方面，能针对性地研究某些问题，经济实用，但抽样的主观性较强。例如，在研究儿童的创造力时，研究者可能会选择那些被认为具有创造力的儿童作为样本，以便更深入地了解他们的创造过程。

4. 滚雪球取样

滚雪球取样指研究者通过某种方法找到一些研究样本，然后通过他们寻找到更多的样本。这种方法在教育研究中也有应用，尤其是在研究特定群体或社区时。例如，在研究某个少数民族地区的学前教育时，研究者可能会先找到该地区的几位幼儿教师或家长作为初始样本，然后通过他们的介绍和推荐，逐渐扩大样本范围。

除此之外，非概率取样还有完全取样、同质取样、异质取样、质量取样等方法。

总之，选取合适的教育研究对象关系到整个教育研究的质量。具体的取样标准、方法以及样本量的大小，应根据研究的实际情况具体问题具体分析。一般来说，概率取样的方法误差较小，代表性好，能够从样本推断总体，为研究结果的准确性和可靠性提供保证。在条件允许的情况下，尽可能采用概率取样方法。

第三节　分析研究变量

一、研究变量的含义

（一）研究变量的定义

变量是指研究者感兴趣的、所要研究与测量的、随条件和情境变化而变化的因素。也就是会变化的、有差异的因素。变量是相对于常量而言的，常量是指在一个研究中所有个体都具有的相同特征或条件，而变量是指在一个研究中不同的个体具有的不同特征或条件。

在教育研究中，常量不是要研究的内容，研究要探讨的只是变量之间的相互关系。

（二）研究变量的类别

变量依其相互关系可分为自变量、因变量和无关变量。

1. 自变量

在实验研究中，有计划地设置或改变的因素称为自变量，它是引起结果的原因，主要包括两个方面。

（1）研究者设置或改变的客观条件，例如教学方法、教学内容、考核方式等。通过调整这些条件，研究者观察是否会引起教育或教学效果的相应变化，进而获得对教育和教学改革规律性的理解。

（2）研究者关注的是研究对象的主观条件，如年龄、性别、家庭背景、心理特质等，这些是研究者无法设置或改变的因素。研究者探究的核心问题是：在相同的外部客观条件下，

知识延伸 4-2

《界定课题中的研究变量》概要

不同主观条件的研究对象是否会受到不同程度的影响,即研究对象的主观条件是否对结果产生影响。在这种情况下,研究者通过根据研究对象的不同条件进行分组,实现对自变量的操作。

2. 因变量

因变量是指由自变量的变化所引起的结果或变化的因素,例如教学效果、教学质量等,它们是研究中需观测的关键指标。因变量具备以下三个特性。

(1)可变性。因变量必须能够随着自变量的变化而变化,或对自变量作出反应,其变化能反映自变量影响的效果;而那些恒定不变、无法发生改变的因素,如幼儿的性别,不能称为因变量。

(2)外依性。因变量不仅需要具有可变性,而且其变化必须依赖于其他因素的作用;只有如此,自变量的影响才能成为必要且可能的。

(3)可测评性。正如自变量必须具备可操作性以便研究者操纵,因变量也必须具备可测评性,以便研究者评估自变量产生的影响。它是可以通过特定的反应参数来量化的指标。例如,在研究课题"不同教学材料对幼儿概念理解影响的研究"中,自变量是教学材料的类型,包括图片、文字、语音、图像等;而因变量则是幼儿理解概念所需的时间。

3. 无关变量

无关变量,亦称控制变量,是指在自变量与因变量之外,可能对因变量产生影响的其他因素。这些变量在实验中需要被严格控制,因为如果不加以控制,可能会引起对实验结果的质疑。在没有控制的情况下,研究者无法确定观察到的效果是由自变量引起的,还是由这些无关变量所导致。

在研究初期,研究者首先需要对自变量和因变量之间预期的关系作出初步的判断。这需要根据研究目的来明确研究中的关键变量,并考虑这些变量的性质和特点,以及它们之间的相互关系。通过这一过程,研究者可以更精确地设计实验,确保结果的有效性和可靠性。

二、确定因变量

(一)列出主要的因变量

在研究的初期阶段,确定因变量是至关重要的。由于自变量的变化可能引起多种因素相应的变化,因此必须明确识别并选择研究中要关注的关键因变量。例如,在探讨促进幼儿主体性发展的研究中,因变量可能包括幼儿主体性的发展水平、教师教育观念的转变、育人环境的优化情况,以及主体性发展理论的构建等。在选择因变量时,应力求做到考虑全面、内容完整,并且突出研究的重点。这样的方法有助于确保研究的方向性和深度,同时提高研究结果的针对性和实用性。

知识延伸 4-3

《准实验法在教育研究领域的应用状况分析》概要

(二)确定测量和检验的操作指标

确定测量和检验的操作指标,即给变量下定义。变量的定义方法有抽象定义和操作定义。

1. 抽象定义

抽象定义是对变量或指标共同本质的概括,其作用在于揭示它们的内涵或本质属性,并将其与其他变量或指标区别开来。确定其结构指标,可以参照有关辞典、教育理论书籍、教材等对概念的科学定义。抽象定义不能告诉研究者搜集什么样的资料或怎样测量、观察。

2. 操作定义

(1)操作定义的定义。

要使课题研究具备可操作性,必须确定测量和检验的操作指标,即给变量下操作定义,确定其操作指标,包括给所有核心概念下定义。操作定义是指研究者根据可观察、可测量、可操作的特征来界定变量含义的一种方法。即从具体的行为、特征、指标上对变量的操作进行描述,将抽象的概念转换成可观测、可检验的项目。从本质上说,下操作定义就是详细描述变量的操作程序和测量指标。在实证性研究中,操作性定义尤为重要,它是研究是否有价值的重要前提。

操作定义的确定,有利于提高研究的客观性,有利于提高研究结果的可比性以及保证研究的可重复性。

（2）操作定义的内容。

① 操作对象。指需要进行操作的具体对象或事物。操作对象可以是物理实体、系统、设备、软件程序等，也可以是一组数据、信息或文件。

② 操作目标。是指操作的具体目的或要达到的效果。操作目标可以是实现某个功能、完成某项任务、解决某个问题、达成某个协议等。

③ 操作条件。指进行操作所需要的具体条件或前提。操作条件可以包括环境条件、人员条件、资源条件、技术条件等。例如，某个操作可能需要在特定的时间、地点、气候条件下进行，或者需要特定的设备、材料、工具等资源支持。

④ 操作流程。是指操作的具体步骤或行动顺序。操作流程可以是线性的，也可以是并行的或交互的。操作流程通常包括开始操作、执行操作、检查操作结果和结束操作等步骤。

⑤ 操作规程。是指对操作流程的具体规定或要求。操作规程可以包括操作的标准、指导、要求、约束等。操作规程旨在确保操作的正确性、有效性和安全性。

（3）下操作定义的方法。

① 条件描述法。是通过详细陈述测量操作程序来界定概念，它涉及对所解释对象的特征或可能产生的现象进行描述，并规定实现特定结果所需的条件。这种方法阐明了在何种条件下，通过特定的操作可以引出特定的状态，主要用于自变量的操作定义。例如，将“饥饿”定义为“连续24小时未进食的状态”，从而使每个人都能对饥饿进行明确的实际操作；“竞争关系”则定义为“两个以上的个体在相似环境中，追求同一目标，但只有一人能够实现目标时，他们之间的关系”。

② 指标描述法。是通过陈述测量操作的标准来界定概念，它规定了所解释对象的测量手段、指标和判断标准。这些指标通常可以量化，常用于因变量的操作定义。例如，“青少年”可以定义为“年龄在7岁至18岁之间的人群”；“阅读能力”则通过使用中等难度的阅读测试文章，要求受测者达到每分钟200字以上的阅读速度，90％以上的理解率，以及70％以上的记忆保持率，以此作为合格标准。

③ 行为描述法。是通过陈述测量结果来界定概念，它描述了所解释对象的动作特征和可观测的行为结果。这种操作性定义通常用于因变量的定义，解释个体的行为表现。例如，“旁观”可以定义为“注视他人活动2—3分钟，而自己并未参与其中”的行为。

三、选择自变量

自变量的选择与确定通常在因变量确定之后进行。这是因为自变量是为促使因变量按研究预期的方向变化而采取的措施，目标明确后，设计实现目标的手段和工具更为有效。在选择自变量时，可考虑以下三个方面。

（一）全面了解与因变量共变的各种因素

在确定因变量后，应从现有的理论认识和学前教育工作经验中，探索可能引起因变量变化的因素。

（二）鉴别各种因素与因变量的关系，寻找具有因果关系的变量

在已识别的与因变量共变的因素中，可能存在表面联系或仅是相关性而非因果性的情况。研究者需要深入探究其本质联系，并进一步寻找规律性的因果联系，这一过程需要充分利用理论认识和工作经验。

（三）从可能与因变量存在因果联系的因素中，选择适合的变量作为自变量

选择时应考虑研究的主观和客观条件，确定合适的自变量数量和水平。

自变量的操纵是实验的核心，研究者通过操纵自变量来观察或测量因变量的变化，因此，在实验设计中，选择自变量，确定其数量、强度、大小、幅度、难度等至关重要。例如，研究幼儿园中光线强度对幼儿视力的影响时，自变量“光线强度”需细致考量。光线过弱或过强均不利于视力。为实现研究目标，应设置多个实验组，测试不同强度和频率的光线，以确定最佳阅读光线条件。

四、辨别无关变量

一个明确的教育科研项目旨在研究特定的自变量与因变量之间的关系，而非无关变量与因变量的关

系。因此,在确定研究内容时,必须识别无关变量,并明确哪些需要控制以及如何控制它们,以确保自变量与因变量之间的关系能够清晰地展现。控制无关变量的策略主要有以下三种。

(一)排除法

面对无关变量,研究者首先应考虑能否将它们排除,以消除它们对研究因变量的潜在影响。例如,由问卷设计不科学或观察项目表不精确引起的干扰变量,可以通过提升问卷设计质量和观察项目表的科学性来排除;由研究程序安排不当产生的无关变量,可以通过重新安排程序来排除;由统计方法不当引起的无关变量,可以通过采用合适的统计方法来消除;由环境因素引起的无关变量,可以通过改变环境或避开这些因素来消除。

(二)平衡法

当研究中儿童之间的差异成为干扰变量时,一个有效的策略是确保实验组和对照组的儿童在相关特征上基本一致,从而使两组在多个因素上保持平衡,以降低甚至消除干扰的影响。

(三)纳入法

对于那些既无法排除又难以平衡的无关变量,研究者常采用纳入法进行控制。例如,在进行某教学方法实验时,如果无法重新分班,只能使用现有的班级,且儿童的能力差异显著,这种能力差异对实验的干扰就难以通过排除法和平衡法来控制。在这种情况下,可以将儿童的能力差异作为一个变量纳入实验中,虽然这会使研究变得更加复杂,但在没有更好的解决方案时,这种方法仍能够突出原计划研究的自变量对因变量的影响,实现实验的预定目标。

第四节 制订研究计划

一、制订研究计划的含义

(一)研究计划的定义

研究计划是指研究者在研究设计的基础上,对研究活动的各个方面以及研究过程所进行的全面规划和部署。它是确保研究顺利进行的重要措施,是将研究课题具体化和细化的关键环节,同时也是保证教育研究成果质量的重要基石。

在学前教育领域,制订一份详细的研究计划尤为重要。例如,当研究者计划探究某种新的教学方法对幼儿学习效果的影响时,研究计划将详细规划如何选取样本、如何实施教学方法、如何搜集和分析数据等,以确保研究的科学性和有效性。

(二)制订研究计划的意义

首先,研究计划使研究者能够全面把握研究的全过程,确保研究工作有目的、有计划、有步骤地进行。这有助于研究者系统地思考和规划研究活动的每一个环节,从而避免研究的盲目性和随意性。

其次,研究计划使研究者更加清晰地了解研究的内容、方法和目标,使研究课题更加具体化和可操作化。通过制订详细的研究计划,研究者可以将抽象的研究课题转化为具体的研究问题和操作步骤,为后续的研究工作提供明确的指导。

再次,研究计划明确了各类人员的职责范围,有助于人员之间的相互协调和工作的同步进行。在学前教育研究中,有时会涉及教师、幼儿、家长等多方参与者。通过制订研究计划,可以明确每个人的角色和职责,确保研究工作的顺利进行。

最后,研究计划是评价、检查研究活动进展的重要依据。它能够为课题研究的检查监督提供有力的支撑和依据,确保研究工作的质量和进度得到有效控制。

总之,研究计划的完成意味着研究准备阶段的构思部分基本结束。它为后续的研究工作奠定了坚实的基础,并提供了明确的指导和方向。在学前教育领域,制订一份详细、周密的研究计划对于确保研究的科学性和有效性具有至关重要的作用。

二、研究计划的基本内容

(一) 研究课题的名称

研究课题的名称应具有明确性和描述性,能够清晰表述研究的主题,并反映研究的核心内容。课题名称必须明确指出所要研究的问题,体现本研究的独特之处,并使用规范的语言表述。一般采用陈述句式,避免使用夸大其词的词语或教育口号。课题名称中应尽可能包含三项内容:研究对象、研究问题、研究方法。

(二) 研究的背景和意义

介绍该研究的背景,详细阐述研究的动机、目的和重要性。重点阐述研究问题的来源、研究的必要性以及其在实际应用或理论上的价值。

(三) 文献综述

对相关领域的研究进行系统的梳理和总结,了解前人的研究成果及其不足之处,明确本研究与前人研究的区别和联系,指出研究的创新点和贡献,并说明自己的研究将如何填补这些空白或推进该领域的知识边界。

(四) 研究目标和内容

明确研究的具体目标,提出研究需要解决的主要问题或假设,为后续的研究提供明确的方向。这些目标应该是具体、可衡量、可实现的。研究内容则是与研究目标相对应的具体可操作的研究要点,是为实现目标所要进行的具体研究内容,通常要详细地分条目列出。研究内容的确定应依据研究目标,包括研究的核心问题、子问题、关键概念等,要求全面、翔实、周密,并尽可能条理化。

(五) 研究对象

对研究对象的界定包括两个方面:①对研究对象总体范围的明确界定;②对样本的正确选取,需说明选择它们的标准和过程,以及样本量大小的确定依据。

(六) 研究方法

详细描述研究设计,包括将采用的研究方法,如定性研究、定量研究或混合研究方法。同时,需阐明数据搜集的方法(如问卷调查、访谈、实验、观察等)和数据分析的技术(如统计分析、内容分析、案例研究等)。具体的研究方法将在后续章节中详细阐述。

(七) 研究进度与时间安排

制定详细的研究时间表和阶段性任务,包括每个阶段的目标、任务和预期成果。同时,设定各个阶段的任务预计完成日期、关键里程碑和检查节点,以便有效地监控研究进度并进行必要的调整。

(八) 预期成果与贡献

描述研究的预期成果,如学术论文、研究报告、数据库、模型、专利、软件等,并阐述这些成果的潜在应用范围。同时,需明确研究成果对学术界、实践领域或社会发展的具体贡献。

(九) 资源需求与预算

列出研究所需的各项资源,包括人力(研究人员、助手等)、物力(设备、器材、场地等)和财力(经费预算)。需合理分配资源,以确保研究能够顺利进行。

(十) 附录

附录部分主要包括参考文献、调查问卷、访谈大纲、实验设计、数据分析工具等相关材料。

三、撰写开题报告

(一) 开题报告的含义

1. 开题报告的定义

开题报告是在课题立项之后,由课题负责人在深入调查研究并掌握相关资料的基础上,为课题的具体实施而撰写的报告。它详细阐述了研究课题的背景、意义、目标、内容、方法以及预期成果等,并接受专家组的评审和论证。

知识延伸 4-4

《开题报告撰写的"三题模型"——一种教育学的视角》概要

2. 开题报告的作用

开题报告的主要目的是阐述研究课题的必要性和可行性,明确研究的目标、内容和方法,并接受专家组的评审和指导。这有助于确保课题研究的科学性和规范性,对整个研究工作的顺利开展起着关键性的作用。可以说,课题开题报告的水平是反映课题质量与水平的重要指标。

3. 开题报告与研究计划的区别

研究计划通常设计在课题立项之前,是课题申报的必备材料之一。它需要详细规划研究的全过程,为课题申报提供充分的依据和支持。这一阶段的论证主要侧重于课题能否被科研部门顺利通过并批准立项。研究计划的内容主要侧重于对研究目标、内容、方法、时间进度等方面的规划和设计,要求研究者对研究课题有深入的理解和全面的考虑,以确保研究工作的顺利进行。

相比之下,开题报告通常设计在课题立项之后,是在课题获得批准并正式开始研究之前进行的。它是在研究计划的基础上,结合立项后的实际情况和专家建议进行修订和完善的结果。通过开题报告的评审和论证,研究者可以进一步完善和优化研究方案,为后续的研究工作奠定坚实的基础。开题报告的内容更加具体和详细,除了包含研究计划的基本要素外,还需要对研究背景、意义、国内外研究现状、研究方法的具体实施步骤、预期成果等进行详细的阐述和论证。因此,开题报告更注重对研究方案的科学性、可行性和创新性的论证和说明。

(二) 开题报告的一般结构

开题报告主要围绕四个核心问题展开:研究什么? 为什么研究? 如何研究? 预期有何成效?

1. 标题页

主要包含开题报告的标题、研究单位及课题组名称、作者姓名(一般不署个人姓名,而署课题组名称)、提交日期等基本信息。标题页应简洁明了,准确反映研究主题。

知识延伸4-5

《课题开题报告的格式与撰写》概要

2. 引言/研究背景和目的、意义

引言部分主要说明课题的选题背景、立项过程及批准情况,概述开题前所做的工作。重点阐述研究课题的起源、背景信息,以及该课题在学术领域或实际应用中的重要性和紧迫性,为后续研究提供坚实的理论基础和实践依据。

3. 文献综述

系统回顾和总结国内外相关领域的研究成果,包括主要观点、研究方法、结论及存在的问题。通过对前人研究的梳理和评述,为本研究提供理论支撑,明确研究方向,同时指出已有研究的不足,为本研究的创新点奠定基础。文献综述应做到全面、准确、客观,体现综、述、评的有机结合。

4. 课题概念界定

主要对课题中的核心概念进行清晰界定,有时也包括对其他主要概念的阐释。准确的概念界定有助于明确研究范围,确保研究思路的清晰性和可操作性,便于他人理解和评价研究成果。在学前教育及实践研究领域,尤其需要明确定义以避免歧义。

5. 课题研究的基本内容

详细阐述研究的具体内容,包括研究范围、研究对象、主要问题等。明确研究的具体目标,这些目标应可衡量、可实现。对研究将涉及的主要内容和关键问题进行细分,规划研究的子课题或模块,为后续研究提供清晰的路线图。

6. 课题研究的主要方法

详细说明为实现研究目标所采用的研究方法,包括数据搜集方法(如实验法、调查法、案例研究法等)、样本选择标准、数据处理和分析的技术手段、使用的工具软件等。研究方法的选择应科学合理,能够有效支持研究目标的实现。

7. 课题研究的步骤与计划

列出研究的主要阶段和预期的时间安排,包括准备阶段、实施阶段、数据搜集阶段、数据分析阶段及报告撰写阶段等。制订详细的研究进度计划,明确每个阶段的具体目标、任务和预期完成时间,确保研究能够按计划有序进行。

8. 课题研究的预期成果及创新点

描述研究可能取得的成果,包括理论成果(如新理论、新模型)和实践成果(如新技术、新产品)。对于较大的课题,除最终成果形式外,还应规划阶段成果形式,并将阶段成果综合发展为最终成果。同时,明确指出研究的创新之处,即与现有研究相比的独特性、新颖性和先进性。

9. 课题研究的保障措施

包括课题研究的组织和人员分工,详细介绍课题组成员的构成及各自的研究专长、经验、以往成果等,并明确每个成员的工作任务。此外,分析并承诺课题研究顺利开展并取得预期成果所需的各种条件,如文献资料、设施设备、经费支持等。

10. 参考文献

列出开题报告中引用的所有文献,包括书籍、期刊文章、会议论文、网站资料等。遵循所在领域或机构的学术规范和引用格式,确保引用的准确性和规范性,体现研究的学术性和严谨性。

11. 附录(如有)

包含任何辅助材料,如调查问卷样本、访谈大纲、实验器材清单、数据表格等。附录部分应翔实、清晰,便于他人理解和复现研究过程。

12. 致谢(如有)

对在研究过程中给予帮助和支持的人或机构表示感谢。致谢部分应真诚、简洁,体现研究者的感恩之心。

在撰写开题报告时,应注重内容的逻辑性和条理性,确保论据充分、数据准确。同时,注意语言的准确性和规范性,遵循所在学校或研究机构的具体要求,对开题报告的结构和内容进行适当的调整和完善。

学业自评

(一) 客观题　主要测试同学的知识记忆、理解分析、逻辑判断、快速应答等能力;题型有填空题、判断题、单选题、多选题四种。

(二) 简答题　主要测试同学的知识理解、信息提炼、概括总结、语言组织等能力。

客观题目链接
4－1

1. 某一研究需要从1000名幼儿中抽取200人作为样本,请分别用简单随机取样、系统随机取样、分层随机取样、整群随机取样的方法具体阐明如何操作,并分析各种取样方法的优劣。

2. 论述研究计划和开题报告的异同点。

3. 简述提出研究假设的途径与步骤。

4. 选择自变量时需要考虑哪些因素?

5. 如何界定研究对象?

6. 简述研究计划制订的意义。

简答题参考答案
4－1

(三) 模拟试卷　进一步复习和巩固本章知识,共有三套模拟试卷,可以扫码练习。

模拟试卷4－1

实训活动

实训项目名称:提出研究课题

1. 实训材料

随着二孩政策的全面放开,很多家庭选择成为二孩家庭,但是二孩的到来,不仅给家庭带来喜悦,除了经济压力,也给家庭教育带来了挑战。首先是大宝出现焦虑、自卑、哭闹等一系列倒退行为,其次是隔代教育带来挑战,最后是作为独生子女家长在面对这一系列难题时往往不知如何应对。该如何应对这些困难,快速走出困境,帮助孩子健康成长?

2. 实训任务

(1)分析二孩政策对家庭教育的影响,特别是对大宝行为、隔代教育以及独生子女家长适应性的挑

战,并提出个人看法;

(2) 基于提供的材料,设计一个具体且有针对性的研究课题;

(3) 确定研究对象,并阐述在取样过程中应注意的关键问题。

3. 实训目标

(1) 能够从复杂的教育现象中识别并确定具有研究价值的问题;

(2) 学会根据研究课题选择合适的研究对象,并掌握基本的取样策略;

(3) 能够制订出详细可行的研究计划。

4. 实训建议

(1) 分组讨论,共享思路,相互启发;

(2) 进行小组间的互评,以提升课题的质量和研究的深度。

实训项目名称:掌握开题报告撰写的方法

1. 实训任务

(1) 在以上实训项目的基础上,针对自己的研究课题,搜集并整理相关文献资料;

(2) 撰写开题报告,确保结构清晰,逻辑严谨,并注意避免常见错误。

2. 实训目标

(1) 掌握撰写开题报告的基本技巧和方法;

(2) 了解并避免在开题报告中可能出现的常见问题,提升报告的专业度。

3. 实训建议

(1) 通过小组讨论,共同审阅和修改开题报告,以提高其质量;

(2) 教师可提供开题报告样本,帮助学生更好地理解和掌握撰写技巧。

实训助力 4-1

刘明:教育科研课题开题中的常见问题及解决办法

拓展阅读

拓展阅读 4-1

《面向即时数据采集的经验取样法》文献概要

拓展阅读 4-2

《人工智能赋能新时代高质量学前教育教师队伍建设研究》文献概要

第五章 观 察 法

微课 5-1

观察:幼儿教师做研究的显微镜

学习导航

观察法在学前教育研究中至关重要,它如同科学家的锐利目光,深入透视教育的核心现象,是幼儿教师精准捕捉教育事实、洞察教育动态的得力工具,同时也是揭示儿童成长奥秘的钥匙。科学研究源于细微观察,而观察法如同教育研究的罗盘,为其指明方向,奠定其他研究方法的基础。它提供多元视角,帮助幼儿教师全方位审视研究对象,深入挖掘事物本质。通过观察法,幼儿教师能更清晰地揭示儿童认知发展脉络,理解其情感世界,把握其社会行为特征。这种方法不仅为研究增加了深度,而且为幼儿教师打开一扇了解儿童内心世界的窗户。

知识结构图

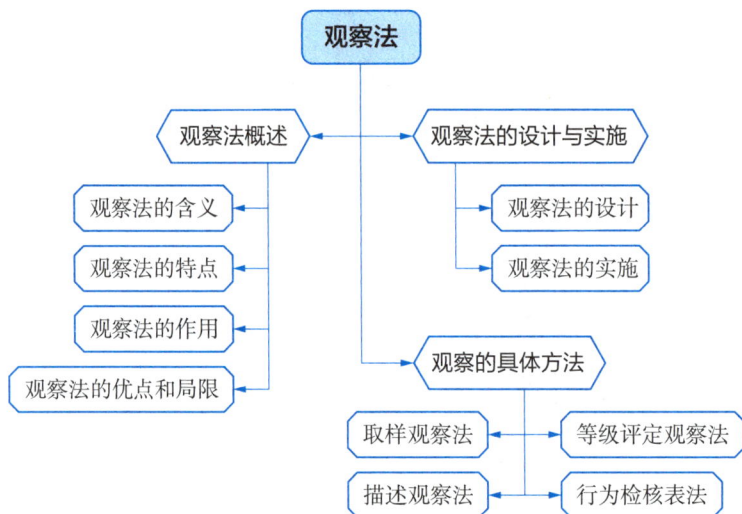

学习目标

知识目标

1. 能够叙述观察法的定义、特点和作用,以及其在学前教育研究中应用的重要性;

2. 能够归纳观察法的优点和局限,并根据不同的研究需求选择适宜的观察方法;

3. 能够复述时间取样观察法、事件取样观察法、实况详录法、日记描述法、轶事记录法、等级评价观察法和行为检核表法等不同观察方法的定义,并比较它们之间的优缺点。

能力目标

1. 能够依据观察法的设计和实施要求,制定合理的观察方案,以适应不同的研究场景和目的;

2. 能够根据教育研究要求,选择和实施合适的观察法类型,并设计与组织实施有效的观察活动。

素质目标

1. 增强自觉进行科学观察的意识,能够主动发现和研究教育现象,提升研究和解决问题的能力;

2. 增强设计和实施的能力,并培养批判性思维和科学探究的精神。

第一节 观察法概述

一、观察法的含义

(一)观察法的定义

观察法是指研究者通过感官或辅助仪器,有目的、有计划地对自然状态下发生的现象或行为进行系统、连续地考察、记录、分析,从而获取事实材料的研究方法。它不仅是科研探索的起点,更是研究工作不可或缺的基石。在学前教育研究中,观察法因其对幼儿行为的独特适应性,而成为最基本、最常用的一种研究方法。

观察法的内涵可以从以下五个方面理解。

第一,观察的基础工具涵盖了"感官与辅助设备"。观察主要依赖于研究者的感官来捕捉信息。为了提升观察的精确度和效率,现代技术,例如,摄影、录音和录像设备,也可以被用于辅助观察。

第二,观察的本质在于其"目的性和计划性",即研究者在进行观察前,已经明确了要解决的问题、所需搜集的数据,以及观察活动的各个环节,如时间安排、序列安排、过程控制、观察对象的选择、使用的工具以及记录方式等,这些都是经过精心规划的。

第三,观察的对象应保持其"自然状态",确保观察过程中不对现象或行为施加任何形式的人为控制,以保证现象或行为能够以其最真实、客观的形态被观察和记录。

第四,观察的执行需要"系统性和连贯性",即观察过程应全面覆盖、持续跟踪,避免片面或偶然的观察,确保研究的深度和广度。

第五,观察的流程遵循"考察、记录、分析"的顺序,即通过细致的观察、详尽的记录,再进行深入的分析,从而获得对现象的深刻洞察和理解。

观察法的适用范围很广,几乎所有幼儿的行为表现都能成为观察的对象。它常用于揭示自然状态下的行为模式或正在发生的过程。例如,分析幼儿园中孩子们的社交技巧、社会性发展水平、学习状态,以及师幼之间的互动关系等。此外,观察法也非常适合用于搜集原始资料或进行长期的纵向跟踪研究,例如,研究儿童语言能力、计数技能或运动技能的发展轨迹。

知识延伸 5-1

《科学观察幼儿——做幼儿成长真正的支持者》概要

(二)观察的基本要素

1. 观察者

观察者是进行观察的主体。在进行观察时,观察者需要具备敏锐的洞察力和细致的观察力,同时还应当具备扎实的理论基础和宽广的研究视野,以确保观察结果的系统性、全面性和精确性。

知识延伸 5-2

《幼儿园教师儿童行为观察素养的构成及水平特点分析》概要

2. 观察手段

观察手段是观察的重要途径。可以借助视觉和听觉器官进行观察,也可运用摄影、摄像等仪器设备帮助捕捉那些稍纵即逝的现象。不论选择哪种观察手段,其目的都在于揭示那些容易被忽视的细节,深入挖掘行为或现象背后的深层含义。因此,选择恰当的观察手段是实施观察法的一个重要步骤。

3. 观察对象

在不同的领域,"观察对象"的定义有所不同。在学前教育研究中的观察对象主要包括教育活动中的人、教育活动和环境。人的特征,如性别、年龄等,以及他们所在的团体和组织结构,都是影响教育活动的关键因素。教育活动涵盖了人与人之间,以及人与环境之间的互动,这些互动都具有教育意义。环境本身也可以成为教育的一部分,这包括了物理环境及其结构,例如,园所的布局、设施的摆放等。

二、观察法的特点

(一) 观察主题的特定性

观察主题的特定性是科学研究中运用观察法的基本要求,是指对某一特定主题进行观察时,研究者能够预先确定要解决的问题和获取的资料。如果没有一个确定的观察主题和计划,研究者就可能随机地选择观察对象,这会导致研究目标不固定,难以系统地说明一个固定的问题。明确观察主题不仅要求确定观察内容,还要求详细规定所要观察的具体行为。例如,如果要研究某个班级幼儿的友爱行为,研究者可以规定所要观察的具体友爱行为的类型和性质,并注意记录这些相关活动的数量、频率、持续时间、参与人次、结果和影响等信息,这样做有助于观察者集中注意力,系统地研究"该班幼儿友爱行为状况"这一主题。

(二) 观察对象的自然性

观察对象的自然性是指在进行观察时,必须确保被观察的对象处于一种真实、自然的状况之中,尽量避免对被观察对象施加任何形式的影响或控制,不使其行为或表现受到研究者的预期或期望的干扰,只有这样才能观察到他们最真实、最本质的行为和表现,从而获得准确、可靠的研究数据和结论。

(三) 观察过程的计划性

观察过程的计划性涉及对观察活动的时间、顺序、过程、对象、仪器以及记录方式和表格等要素的预先规划、安排和准备。这种周密的计划能够显著提高观察效率和质量,同时增强所获取资料的准确性和可靠性。观察具有客观性、可靠性、系统性等特征,与无目的的日常观察有所区别。观察活动紧扣目标,确保观察结果能真实反映所要观察的客观现实。在一定程度的控制和安排下进行观察,可以提高不同观察次数或不同观察者之间结果的一致性,克服日常观察中的随意性和不稳定性,从而获得更可靠的信息。

(四) 观察记录的严谨性

在进行科学观察时,必须遵循规范化的记录方法。观察者在记录过程中,应当严格区分对行为的客观描述和主观解释、评价,以保障观察结果的客观性和真实性,这是确保研究结果可靠性的关键步骤。在进行正式的观察研究之前,观察者需要精心设计一套系统的记录表格。这些表格应包括详尽的行为分类规则和一套精确的符号系统。这样,观察者在实际观察过程中,可以迅速而准确地记录需要研究的行为。此外,当多个观察者同时进行观察时,这套统一记录方式还能够确保观察结果的一致性,避免因记录方法不同而导致的偏差。

三、观察法的作用

(一) 有助于研究者选择和确定研究课题

观察是探索教育学术领域的重要途径,它为研究课题的选择与确立提供了至关重要的依据。通过深入观察,研究者不仅能发现新的研究课题,还能在探索过程中提炼出独到的观点和理论。这些新的洞察将为教育研究注入源源不断的活力,开辟广阔的新方向和新领域。

(二) 有助于研究者检验研究假设

观察不仅是研究的起点,也是验证理论、推动教育科学发展的重要步骤。教育研究的假设,只有经过具体观察和实证验证后,才能真正具有科学性和实际价值。这一过程要求研究者遵循严谨的逻辑推理和实证分析,以确保结论的可靠性和有效性。通过对现象的细致观察、数据的系统搜集和深入分析,教育研究假设可以转化为具有实践指导意义的理论基础,进而指导教育活动,推动教育实践的发展和进步。

(三) 有助于深入考察教育现象

研究者需对教育领域的某一特定现象及其演变过程进行全方位且深入的考察,这种考察不仅仅局限于表面现象,而且要挖掘背后的事实和材料,力求在认识上达到广度与深度的平衡。在此基础上,通过对这些现象和过程的科学研究和分析,研究者能够更加科学地解释和阐述现象背后的规律与机制。

知识延伸 5-3

《"五步观察法"在幼儿园区域游戏观察指导中的运用》概要

四、观察法的优点和局限

(一)观察法的优点

1. 经济性

观察法作为一种研究手段,其优势在于操作简便、实施容易。相对于其他研究方法,它无须依赖复杂的仪器设备或特殊条件,只需要观察者和观察对象即可,因此成本较低,易于实施和推广。

2. 直接性

自然状态下的即时观察能够获取鲜活、直观的第一手资料,资料相对客观。观察者可以直接观察被观察者的行为、言语、情感等,并能够捕捉到非言语行为的数据,从而更加深入地了解被观察者的特点和规律。这种直接的观察方式可以减少信息传递过程中的误差和失真,使得研究结果更加准确、可靠。

3. 广泛性

观察法适用于各种教育环境和教育现象的研究,包括五大领域活动、儿童行为、师幼互动、幼儿园管理等方面。通过观察法,可以深入了解学前教育现象的本质和特点,为学前教育实践提供科学依据。

(二)观察法的局限

1. 受观察者主观性影响

观察法依赖于观察者的感官和判断,观察过程中主观性较强,既受到观察者生理感知能力的限制,也受到认知能力的限制,不同的观察者可能会对同一现象产生不同的解释和评价,导致观察结果的不一致性和不可靠性。

知识延伸5-4

《教师观察幼儿行为过程中存在的问题探析》概要

2. 样本代表性不足

受时间、地点、人力和经费等条件限制,研究者无法进行大范围、大场面的观察,样本数量较少,无法代表总体的情况,导致观察结果的普遍性和适用性受到一定限制。同时,观察通常依赖于观察者的感觉进行判断和测定,因此得到的资料难以以系统的方式进行编码和分类,定量分析存在困难,可能影响研究的信度。

3. 表面性

观察法只能获得被观察者的表面行为,无法深入了解其内在的心理状态、思维过程等,因此无法全面、深入地了解被观察者的特点和规律。

4. 干扰效应

观察法需要观察者在被观察者身边进行观察和记录,因此观察者的介入可能会对被观察者的行为和心理产生影响。这种影响可能导致被观察者改变原有的行为模式或表现方式,从而造成观察结果的不准确或失真。

第二节　观察法的设计与实施

一、观察法的设计

(一)观察设计的定义

观察设计是指研究者为了提高观察过程的客观性和观察结果的真实性,对观察活动的目的、内容、方法以及观察活动的环境条件、观察工具等因素进行全面的规划。

微课5-2

运用《指南》科学观察幼儿

(二)观察设计的要素

1. 确定观察目的

在开始观察之前,必须明确:为何进行观察?观察不仅仅是简单的观看,而是探索和揭示奥秘的过程。"观察目的"是对观察意图和期望得到的结果的明确描述,它是有效观察的基础和前提。通常情况下,观察目的是一种较为抽象和普遍的指导方针,它主要阐述观察研究的范围和领域,以及进行观察的原因。观察目的不仅指引观察的方向,也是评估观察结果有效性的标准之一。因此,在开始观察之前,应该仔细思考并明确观察目的,这将有助于更好地进行观察工作,并得到有价值的研究结果。

2. 确定观察内容

在明确了观察的目的之后,研究者必须对观察的内容进行精确的界定,这包括在观察过程中具体要关注哪些方面,如,观察对象的具体能力或者行为表现等细节。为了保证观察的准确性和有效性,观察者在开始观察之前应当明确列出预期观察的行为表现或事件,并将这些行为表现或事件进一步细分为具体化、系统化和易于操作的观察指标。这样的处理方式有助于观察者按照不同的类别对研究对象的行为表现和事件进行观察和分析。将观察内容进行分解和细化,并为这些内容制定操作性定义,是识别和筛选观察重点以及获取观察信息的关键步骤。

3. 选定观察记录工具

(1)描述记录。描述记录是一种通过文字对观察到的事件或行为进行客观且全面描述的记录方法,如日记描述法、轶事记录法和实况详录法,描述记录被广泛应用于观察者的研究中。尽管这种记录方式的效率相对较低,但由于其技术要求较低,只需纸笔即可进行记录,因此,描述记录成为一线幼儿教师常用的观察记录方法之一。这种记录方式的形式多样,包括即时贴记录、卡片记录和便签记录等。通过这些形式,观察者可以方便、快捷地记录下所观察到的事件和行为,为后续的分析和研究提供了翔实的依据。

(2)仪器记录。仪器记录是利用手机、照相机、摄像机和录音笔等设备,捕捉并记录观察对象的行为表现的方法。这种记录方式不仅操作简便、直观生动,而且能客观真实地保存观察内容,为后续的整理和分析提供了便利。它有效地弥补了观察者在感知和记忆方面的局限,因此深受广大观察者的青睐。然而,仪器记录也存在一定的缺点。首先,观察者的视角会受到操控仪器的影响,导致难以实现"全景式"的记录。其次,使用仪器可能会对儿童产生干扰,影响他们行为表现的真实性。最后,资料的处理只能在观察结束后进行,这可能会导致观察者在观察过程中的灵感被遗漏。值得注意的是,使用观察记录工具的目的是解读观察对象及其行为背后更深层次的信息,不能过度依赖仪器。

(3)表格记录。表格记录通常是由研究者根据特定需求编制的观察表格,其设计要求简洁明了,以便于记录和精准捕捉信息。表格中的内容要求具体详尽,同时又不失其精确性,以确保观察者在使用过程中能够准确无误地反映观察对象的真实情况,有效且详尽地记录观察所得的信息。不同的记录方法需要不同的表格形式来满足多样化的记录需求。

(4)符号记录。符号记录的方法以其简洁性和高效性而著称。当观察对象众多时,观察者可以预先设计一套符号系统以便进行记录。构建这套系统时,观察者首先应对观察到的行为进行详细的分类,充分考虑观察过程中可能出现的行为类型,并为它们分配独特的符号。通过这种方式,观察者能够利用这套符号系统轻松地对各种行为类型进行分类和记录,从而提升观察和记录的效率及精确度。

4. 培训观察者

在观察活动涉及多个观察者时,实施系统化的培训显得尤为重要。培训的核心目标是确保每一位成员都能深入理解观察的目标和关键要素,培训内容应涵盖明确观察方法、熟练运用观察工具和记录技巧,以及运用一致的标准进行准确观察和详尽记录,以有效降低观察误差,保证观察信度。为了确保观察活动的质量,正式观察开始之前,应安排模拟练习;这些模拟练习不仅有助于提高观察者的操作熟练度,还能够及时发现并解决准备过程中可能出现的不足。

知识延伸 5-5

《优化观察记录表设计,培养幼儿科学观察记录能力》概要

二、观察法的实施

(一)进入现场

观察者首先要与有关部门和单位取得联系,获准进入观察现场。然后与观察对象接触,根据观察计划,与观察对象建立适当的关系,注意不要因观察者的介入而改变观察对象的正常活动。在学前教育阶段,观察者进入现场,要尊重幼儿和教师,应尽量减少对幼儿园日常教学活动的干扰,保持尊重和友好的态度。

(二)实施观察

1. 要严格而灵活地执行计划

在研究活动中,通常需要遵循原定计划,确保观察活动不偏离既定的内容或范围。然而,面对计划的不完善、观察对象发生变化的新情况,研究者必须灵活调整计划,以确保研究目标的最终实现。

2. 选择观察位置以实现全面观察

在不妨碍观察对象正常行为的前提下,研究者应选择一个能够全面且清晰地捕捉观察内容的位置。在观察过程中,应注意广泛记录,同时聚焦重点和中心,不遗漏任何重要的信息。

3. 合理进行分组并明确分工

针对幼儿这一观察对象,统一标准是提高观察效率的关键。通过科学地分组,每个观察者都能清楚自己的职责和任务,从而有序地开展观察工作。

4. 抓住重点并探寻本质原因

观察者必须具备识别并关注那些隐藏在复杂日常行为和现象中的关键信息的能力,避免被表面现象所迷惑。这需要观察者持续地积极思考,保持高度的注意力,以便深入揭示行为和事件的本质原因。

(三)整理与分析观察资料

观察结果的记录形式因观察的类型而不同,一般参与式的田野观察都采用无结构式记录,其余类型的观察多采用结构式记录。结构式记录要求在观察前设计一个包含观察事项的表格,并在观察过程中根据表中的项目进行记录。无结构式记录主要是以文字描述为主,研究者应在每次观察后迅速完成田野笔记,记录时间、地点、人物、事件、语言内容等基本要素,同时包括个人的主观印象、感受以及分析性的想法和初步推论。重要的是,客观事实和主观解释需要清晰区分。观察结束后,研究者应整理和分析所有记录的材料,检查分类的准确性,并及时补充或更正任何遗漏或错误。如果必要的材料尚未搜集齐全,研究者需要延长观察时间以继续搜集材料,直到所需材料基本完备。

(四)撰写观察报告

在深入分析和细致研究观察资料的基础上,研究者应提炼出独特的见解,并将其融入理论框架。通过这一过程,研究者不仅能够对研究现象或问题形成深刻的理解,而且能够以系统性和科学性的方式阐述这些理解。随后,研究者应运用严密的逻辑推理和翔实数据,将这些见解和理论进行概括并撰写成报告,以全面阐释研究主题。

知识延伸 5-6

《美国幼儿观察记录系统的评价内容、实施方法与借鉴意义》概要

知识延伸 5-7

《大班幼儿科学探究行为观察报告》概要

第三节 观察的具体方法

一、取样观察法

取样观察法是指研究者按照事先确定的标准抽取部分对象为样本或抽取被观察者的"目标行为"进行观察,然后以样本或目标行为的结果推论总体状况的研究方法。取样观察法不是详细地描述行为或事件,而是缩小范围的聚焦观察。取样观察法首先对观察的行为或事件等进行分类,通过分类将其转化为可以数量化的材料;其次,用具体的、可感知的方式对每种类别进行界定;最后,根据类别设计出记录表,以便于记录。

取样观察法的基本思想是通过观察和分析样本,来推断总体的特征或规律。如果样本的选取具有代表性,那么从样本中得出的结论可以推广到总体。因此,如何选取具有代表性的样本是取样观察法的关键。

取样观察法有以下三个特点:①通常无法提供丰富的描述记录资料,也无法对行为或事件提供一个永久的记录;②可以使观察者在一个合理的时间,在更多不同的情境里选择大量的观察对象;③能够快速搜集重要目标行为,简化资料搜集的复杂过程。

取样观察法有多种形式,其中最常见的是时间取样观察法和事件取样观察法。

(一)时间取样观察法

1. 时间取样观察法的定义

时间取样观察法是指观察者事先确定所要观察的维度,然后据此有选择地在某些时间段内观察某一特定行为或发生的事情,并把所观察到的结果记录到事先拟定的编码记录表上的一种观察方法。它用于确定某个行为是否出现或发生,该行为发生的次数和频率。在观察过程中,观察者只需记录在每个时间间隔内某个行为是否出现,而并不记录这一行为的持续时间和频率。换言之,不管某个行为在一个时间间隔内出现了一次还是十次,此行为都将获得同一个记录,即"发生了"。另外,如果某个行为在一个时间间隔内出现而在接下来的那个时间间隔内结束,那么此行为在两个时间间隔内都要被记录下来。

时间取样观察法又分为连续时间取样观察法和非连续时间取样观察法。连续时间取样观察法是指观察者依次在每个时间间隔内观察并记录行为;非连续时间取样观察法是指观察者在前一个时间间隔内等待目标行为的出现,在接下来的那个时间间隔里记录在先前间隔内出现过的行为。

时间取样观察法是一种测量行为的方式,其原理与被试的取样原理相似。被试的取样,是将在一定范围内抽取的部分对象看作该类对象总体的一个样本。而时间取样观察法,则将被试在每一时段中的行为,视为其一般行为的一个样本。从理论上可以认为,如果取足够多的时段,在这些时段中所观察到的行为便可以代表被试的一般行为,即有代表性的行为。

2. 时间取样观察法的适用行为与条件

(1)适用的行为。

①相同类别的行为。相同类别的行为是指具有同种属性的行为,如生活活动行为、游戏活动行为或教学活动行为等。②特定的行为。记录的行为是预先选定的,并在观察开始就对样本行为作描述或解释,以便在观察过程中决定是否要记录该行为。③具有代表性的行为。样本行为越具有代表性,由样本推论总体的结果越可靠。

(2)适用的条件。

①只适用于易被观察到的一些外显行为,而不适用于内隐或隐蔽性行为,如思维、想象等,显然是无法观察到的;②只适用于经常发生或出现的行为,平均来说这些行为至少要每15分钟能出现一次,这样才能保证在确定的观察时间内观察到预定行为;[①]③必须确定观察目的、被试的数量、观察的范围和时间等。

知识延伸 5 - 8

《时间取样观察法在幼儿园中的运用》概要

3. 时间取样观察法的优点和局限[②]

(1)时间取样观察法的优点。

①时间取样法结构化程度较高,有详细的观察计划。观察对象固定(某位或某几位幼儿);观察行为明确,减少了观察者在判断和推论上的变异性,提高了观察者之间的内在信度;观察时间固定。②能使研究者在较短的时间内获得大量的信息,可以迅速且客观地记录幼儿身上的目标行为。编码记录表能有效地指导观察者进行观察并同时对数据进行编码整理,比传统的记叙式观察省时又省力,可以取得量化的资料,有利于进行各种统计分析,从而提高研究的可信度。③时间取样法可以同时观察多名幼儿,也可以针对同一名幼儿的特定行为进行多次观察。④时间取样法能与不同的记录技巧相结合,如与描述的方法相结合,丰富研究资料。

(2)时间取样观察法的局限。

①行为类型的建构,容易带有主观偏见。行为的不同属性(如频率和持续时间)对社会相互作用产生的影响是不同的。例如,母亲抱起孩子的次数与母亲抱着孩子的持续时间相比,其对婴儿心理健康所起的作用就不太重要。但由于时间取样观察法有时混淆了行为的这些属性,换言之,观察者把母亲抱起或放下孩子的事件编码为"1",同时把母亲抱着孩子的状态也编码为"1",这就会让人困惑:婴儿的心理健康与

① 林磊,程曦. 儿童心理研究中的时间取样观察法[J]. 心理发展与教育,1992(2):32 - 36.
② 张秀春. 时间取样观察法的优缺点及其适用性问题[J]. 辽宁师范大学学报(社会科学版),2004(2):52 - 54.

母亲抱孩子的频率相关呢,还是与母亲抱着孩子的持续时间相关?②只能获得各类行为发生的次数或频率的资料,不能保留行为的具体内容、行为过程及性质,难以揭示行为的因果关系。③只能观察到目标幼儿的外显行为,无法了解其行为发生的原因及因果关系,因此一些内在的、隐蔽的行为也不适合采用时间取样法。④将贯穿行为分解为若干部分,破坏了行为的完整性,难以识别行为的相互关系。⑤对相关群体和个体差异的测量不准确。当用时间取样观察法和事件取样法的数据去分析同一组行为时,产生的结果往往却不一样。事件取样数据表明没有显著的组差异的,时间取样数据却表明有显著的组差异,尤其对事件而言,时间取样数据常夸大组差异。另外,由于测量的误差随着被试的不同而发生极大的变化,所以时间取样观察法不能准确地测量个体间相关行为的差异。

知识延伸 5 - 9

《时间取样观察法的优缺点及其适用性问题》概要

4. 时间取样观察法的应用

时间取样法既要关注时间取样也要关注行为取样,观察者要选择或抽取一个时间段,对预先确定好的某种特定行为进行观察,同时要用预先设计好的行为分类系统将行为进行归类,当特定行为发生时,则在记录表上做记号。

时间取样观察法应用的一般步骤如下。

(1)确定观察的时间和目标行为。首先,确定观察时间,要求有一定的时间,按某种选定的时段进行观察。间隔有两种:①规律性间隔;②随机性间隔。其次,确定目标行为。

(2)给出相关操作性定义。操作性定义是指给予目标行为具体的规定和精确的描述,确定目标行为是观察记录客观性的重要保证。操作性定义不仅增强了时间取样法的信度和效度,确保了不同观察者在评估行为时采用统一的标准,而且显著提升了观察者对目标行为的即时辨识与记录能力,从而使观察过程更加高效和精准。例如,幼儿参与社会性活动类型操作定义(见表5-1)。

表5-1 幼儿参与社会性活动类型操作定义

活动类型	操作定义
无所事事	幼儿未参与任何游戏活动或社会交往,只是随意观望任何可能引起兴趣的情景。如没有可观望的,便玩弄自己的身体,走来走去,跟随老师,或站在一边四处张望
旁 观	幼儿基本上是观看别的孩子游戏。可能与那些孩子说几句话、问个问题,或提供某种建议,但不参与其游戏。始终站在离那些孩子较近的地方,故可听见他们说话,了解他们玩的情况。与无所事事幼儿的区别是,旁观幼儿对某一组(或几组)同伴的活动有固定的兴趣,不像前者对所有的组均无特别兴趣,一直处于游离状态
单独游戏	幼儿独自游戏,在近处有其他幼儿在用不同玩具游戏,但幼儿不作任何努力设法接近他人或与别人说话,只专注于自己的活动,不受别人的影响
平行游戏	尽管有别的幼儿在旁边用同样的玩具游戏,幼儿仍独自玩,不想影响别人,也不受别人影响。因而,他们只是在旁边各自玩而不是一起玩
联合游戏	幼儿与其他孩子一起玩,分享玩具与设备,相互追随,有控制别人的企图,但并不强烈。幼儿们从事相似的活动,但无组织与分工,每人做自己想做的事,而不把兴趣首先放在小组活动上
合作游戏	幼儿在为某种目的而组织起来的小组里游戏,如用某种材料编制东西,竞赛、玩游戏等。具有"我们"的概念,知道谁属于哪个组。有1—2个领头者左右着小组活动的方向,故要求角色分工并相互帮助,支持这种分工角色的执行

(3)选择观察对象。根据一定的抽取标准,确定被观察的幼儿,并为选取的幼儿编号。例如,全班幼儿编号,从1号开始每隔5位抽取一次,选择的观察对象为1号、6号、11号等。

(4)设定观察时间。决定观察的时间间隔和时段,这可以是规律性的,如每周的特定日子,也可以是随机性的,或者两者结合使用,以确保所选样本的代表性。

(5)设计观察记录表。设计简单、便于快速记录的观察表格。例如,选择5分钟时距,观察3名5岁幼儿的捣乱行为,设计观察记录表(见表5-2)。

表 5-2　5 岁幼儿的捣乱行为频数观察记录表

行为类别	行为次数		
	幼儿 A	幼儿 B	幼儿 C
大声喊叫或喧哗			
抢夺玩具或物品			
不遵守规则			
不听从指令			
干扰他人活动			

（6）进行观察。首先，细致地进行观察工作，并运用精确的计时设备来记录观察的开始与结束时间，以及各个时间间隔。其次，根据操作性定义，严格评估目标行为是否出现，同时对于相似的行为，要注意进行区分。最后，记录观察结果时，必须保证及时性、准确性、客观性，以便能够对搜集到的量化数据进行有效的统计与分析。

知识延伸 5-10

《读懂幼儿，从学会观察记录开始》概要

（7）观察记录。在选定的时间段内实时记录目标行为出现的次数，确保所有观察者使用相同的标准和方法进行记录。例如，幼儿捣乱行为记录表（见表 5-3）。

表 5-3　幼儿捣乱行为记录表

时间段	日期	起止时间	行为发生次数	备注
1	5 月 10 日	上午 10:00—10:15	2	壮壮
2	5 月 10 日	下午 3:00—3:15	1	红红
3	5 月 11 日	上午 10:00—10:15	2	壮壮、明明
4	5 月 11 日	下午 3:00—3:15	0	红红
5	5 月 12 日	上午 10:00—10:15	1	明明
6	5 月 12 日	下午 3:00—3:15	2	壮壮

（二）事件取样观察法

1. 事件取样观察法的定义

事件取样观察法是以特定事件为观察标准，不限定观察时间的观察方式。研究者可在任何一天的任意时间到教室观察，直到观察事件发生为止，然后记录完整的事件过程。事件取样可以观察到较少发生的事件，例如，学生间的争吵、玩耍等，并可记录完整过程以待事后分析。事件取样法注重观察某些特定行为或事件的完整过程。

2. 事件取样观察法的优点和局限

（1）事件取样观察法的优点。

①省时、简便。一方面，与时间取样法相比，事件取样法不需要在固定的时间段内进行观察，因此在某些情况下可以节省时间和资源。另一方面，事件取样观察法目标具体明确，可以集中观察预先规定的目标行为，在操作上更为高效，可以在短时间内搜集到关于特定行为或事件的详细信息。②搜集资料比较全面。它既可获取有代表性的行为样本，又可观察行为事件的全过程，还可得到与行为事件有关的背景材料，有助于分析行为事件的因果关系，整体化程度较高，可在一定程度上保留行为的连续性与完整性。③两种取样观察方法可以结合使用。事件取样观察法能够提供特定行为或事件的详细情境和过程描述，而时间取样观察法能够提供关于行为发生频率和持续时间的定量数据，两者结合使用可以同时获得行为的定量和定性分析数据，可以在较短的时间内搜集到更丰富的数据，提高研究的效率。

（2）事件取样观察法的局限。

①缺乏测量的稳定性。由于不论何时，只要行为事件发生便记录，故有可能这些观察到的现象在不同情境下具有异质性。幼儿在不同的时间、场合发生的同类行为，有时可能具有不同的含义。②无法保持行为的完整性。事件取样可能会中断行为的连续性，对事件以外可能的影响（或全貌）无法全面掌握。③不适用于偶尔发生的事件。事件取样不受行为发生频率的限制，这可能导致对一些不频繁发生的行为的观

察不足,不适用于观察偶尔发生的事件。

3. 事件取样观察法的应用

事件取样观察法旨在深入分析特定行为或事件的特征、过程及发生的背景。特别适用于以下情况:研究特定行为或事件的全过程;需要深入理解行为的背景和动因;行为或事件的发生具有重要意义,需要详细记录和分析。

事件取样观察法应用的一般步骤如下。①确定目标行为。明确研究要解决的问题和研究目标,这将指导整个观察过程。事件取样观察法的核心是"事件",观察者首先确定的是目标行为或事件。如幼儿日常生活中较为常见的、外显的行为(如幼儿的任性行为)。②对目标行为进行操作性定义。即从具体的行为、特征、指标上对幼儿行为进行描述,将抽象的行为转换成较为直观的、可观测的行为描述。例如,幼儿任性行为是指幼儿经常表现出的以自我为中心,不顾客观条件、社会行为规范和周围人的正当要求,非要达到自己目的的不加约束的行为。下面是对幼儿任性类型的操作性定义(见表5-4)。③观察记录。人物介绍(主角与背景人物);情境背景(发生地点、因何发生);持续时间(开始—结束);事件内容(人物交流谈话内容);后续事件(要观察的行为出现后又发生了什么)。例如,幼儿任性行为记录表(见表5-5)。④行为分析。侧重于理解行为的动机、过程、结果以及行为发生的背景,将观察到的行为或事件进行分类,并根据研究需要进行编码,以便于后续分析。例如,上述案例中对幼儿任性行为的观察,通过对一定数量的观察对象的观察,可以获得一定数量的"任性行为"的发生,可以分析出事件发生的时间、持续时长、发生地点、幼儿的性别、年龄、事件发生的主要原因等,从整体上进行关于幼儿任性行为的较全面的了解。

知识延伸5-11

《幼儿教师观察记录工作开展的"三段六法"》概要

表5-4 任性类型分类表

序号	类型	操作性定义
1	以自我为中心	想要的东西未及时得到满足的话,继而会以哭闹、撒娇甚至是在地上打滚的撒泼形式"逼迫"成人满足其欲望
2	喜欢说"不"	以"不高兴"或"我不要"作为应对,拒绝做家长让做的事情
3	社交能力差的被孤立者	自我意识强,好胜心重,自我评价过高,在团队活动中总想胜人一等而不顾他人的感受,缺乏社会交往规则意识、能力,从而被孤立
4	挫折容忍度低	学习、生活较为平顺,始终在顺境中成长,一旦碰到困难或挫折,心理承受力往往较低,以哭闹、发脾气或拒绝参与活动来宣泄情绪

表5-5 幼儿任性行为记录表

幼儿编号	持续时间	发生背景	行为类别	说了什么做了什么	结果与影响
1	2分钟	大家都在休息,准备下一个开火车环节,老师准备彩圈,洋洋躲在角落一个人玩,妈妈和其他家长交流,爸爸在一边安静地玩手机	主动抗拒	老师拿着彩圈邀请大家一起开火车,其他小朋友和家长开心地参与活动,洋洋却一直玩着自己的小手指。老师弯下腰对洋洋说:"洋洋,我们的火车准备出发了,你想去哪里?"妈妈弯下腰拉拽洋洋去参加游戏,洋洋就趴在地垫上不起来,妈妈把他放进彩圈里,他就哭喊着"我不要,不要"	洋洋停止哭泣后,他让妈妈坐在地垫上不参与游戏,自己围着地垫的蒙氏线一圈圈地跑,停不下来。他的行为引起晨宇小朋友的注意,晨宇也开始和洋洋一起跑圈圈
2					
⋮					

二、描述观察法

描述观察法是一种基本的科学研究方法,它涉及对行为、事件或现象进行系统的感知和记录。它要求研究者在自然状态下实时地观察并详细描述所观察到的现象,而不对它们进行任何形式的干预或操控。运用描述性的观察方法,可以获得幼儿在日常生活情境中的自然行为表现,从而掌握真实、生动的行为事件资料。这种方法为观察者深入了解和认识幼儿提供了极大的便利,适幼儿教师和家长观察和研究幼儿日常生活。常用的描述观察法有:实况详录法、日记描述法和轶事记录法。

(一) 实况详录法

1. 实况详录法的定义

实况详录法是详细、完整地记录被观察者在自然状态下所发生的行为,然后对所搜集到的原始资料进行分类,并加以分析的方法。是研究者对有关现象从头到尾进行全面的观察,同时做叙述式记录,即记录的是"行为流"。例如,用文字详细描述幼儿的游戏行为。在实况详录法的实施过程中,观察者的任务就是尽可能地对行为进行详细、客观的描述,不作主观推断和分析,犹如绘画中的素描。在连续记录的过程中,不要将描述与解释、评价混为一谈,而应先忠实地做观察记录,客观地描述事实;记录过程结束后,再对描述的事实进行解释和评价。

知识延伸 5 - 12

《谈实况详录法在幼儿园区域游戏中的运用》概要

2. 实况详录法的优点和局限

(1) 实况详录法的优点。

①细腻性,能够详尽无遗地捕捉和保留幼儿及教师的行为举止,包括行为的微妙细节和非言语线索;②丰富性,通过详尽的记录,研究者能够搜集到大量的描述性数据,为分析和解释提供丰富的信息,并且可以反复利用;③情境性,该方法还全面记录了行为发生时的周边环境和背景资料,这使得研究者能够将行为和事件置于其发生的具体情境中进行深入分析,能够提供对行为和事件背后深层次文化和社会意义的洞察。

(2) 实况详录法的局限。

①实施过程耗时较长,成本较高,可能会耗费大量的时间和精力,特别是当需要对长时间的观察数据进行记录和后续分析时,使用现代化的观察设备,如摄像机或录音机,来辅助记录会增加研究的成本;②在大量搜集到的材料中,真正有价值的信息可能只占较小部分,这就意味着,在实际操作中,研究者需要对庞杂的数据进行筛选,既费时又费力,有时甚至会影响研的效率和准确性;③存在主观性影响,尽管实况详录法旨在进行客观记录,但在选择记录哪些行为或事件时,观察者的主观判断仍然可能影响结果;④大样本研究的难度,进行大规模样本的实况详录尤为困难,因为这需要大量的人力资源以及时间来记录和分析数据。

3. 实况详录法的应用

① 明确观察目的。观察的目标和研究的具体目的,决定观察的焦点和记录的细节。

② 选择观察对象。根据研究目的,选择个体或团体作为观察对象,可以是特定的幼儿、教师或某个互动团体。

③ 设计观察计划。制订详细的观察计划,包括观察的时间、地点、持续时间以及记录方式等。

④ 记录工具准备。准备所需的记录工具,如笔记本、录音笔、摄像机等,以确保能够准确记录观察到的行为。

⑤ 实时记录。在观察过程中,详细记录观察对象的所有行为和互动,包括言语、动作、表情以及行为发生的背景和环境。记录要详尽,观察者要以描述性的方式详细而客观地记录某个行为过程。例如,幼儿"学习故事"记录表(见表 5 - 6)。

表 5 - 6 幼儿"学习故事"记录表①

观察时间: 2019 - 05 - 06 9:50	观察地点: 中(2)班室外走廊	记录者: 幼儿园指导人员
观察对象: 苏苏(C1)	涉及的其他人物: C2、T（教师)	观察目标: 了解苏苏在与成人交往中的表现

① 张永英.学前教育见习与实习指南[M].北京:高等教育出版社,2020:78.

续 表

注意(发生了什么?)

苏苏是中(2)班的小朋友,最近一个多月都在进行一个"大报恩寺"的搭建项目,我是通过苏苏搭建的照片认识她的。在中(2)班门口我看到苏苏,便想去和她交流一下。我试图从交流中更深入地了解她的发展情况。

T:苏苏,你好!

C1(苏苏):你叫什么名字啊?

T:我姓张,你可以叫我张老师。

C2:你叫什么啊?

T:我姓张,你可以叫我张老师(假装机器人说话时的样子)。

C1(似乎秒懂我的游戏状态,配合地):你叫什么啊?

T:我姓张,你可以叫我张老师。

C1依然问:你叫什么啊?

T:我都说三遍了,你们还不知道我叫什么啊!

C1(笑):张老师,你好! 你几岁了啊?

T:我比你妈妈大10多岁吧。你妈妈多少岁?

C1:我妈妈32岁。

T:那我多少岁?

C1:(想了一下)你四十几岁吧?

T:对,我四十几岁。

C1:那你四十几呢?("几"重音)

T:我比49少1岁,比47多1岁。

C1(几乎没怎么想):48岁。(过来捏着我的脸)你怎么也戴着眼镜啊? 跟我爸爸一样!

T:是啊,是因为我的眼睛……(看着C1)

C1:你眼睛近视吧?

T:嗯,也有可能是我的眼睛……(继续看着C1)

C1:老花? 不是的! 老花眼是老年人才会有的,你这么年轻,不会有老花眼。

识别(哪些领域发生了学习?)

社会:愿意与人交往,有安全感。

语言:说话连贯、通顺,有礼貌。

科学:会观察、比较,能发现张老师戴眼镜,跟自己的爸爸一样;具备一定常识,例如,认为眼睛不好的可能原因有近视、老花,还知道有老花眼的人是年纪大的人;理解因果关系并能据此进行推理、判断。

数学:理解相邻数,并通过相邻数的关系进行推算,知道用加法计算比32岁大十多岁。

回应(我能做什么?)

幼儿很关注成人的年龄及相貌特征,对生活中不同年龄段的人有什么特征有一定的认知经验,教师可以投放一些与生命成长相关的绘本来扩展她的认识。在数学方面,基于她的数学能力,教师可以投放蒙台梭利教具中的数字排序板,可以提供手写板或纸笔来鼓励其书写行为,还可以提供制作日历本等的活动材料。

(二) 日记描述法

1. 日记描述法的概念

日记描述法又称幼儿传记法,是指研究者对同一个或同一组幼儿进行长期跟踪观察,以日记形式记录观察对象行为表现的方法。日记描述一般可分为两种类型:①综合性日记,常常用来记录幼儿发展过程中具有里程碑意义的新动作或行为;②主题日记,主要记录幼儿语言、认知、社会情绪等特定方面的新进展。

2. 日记描述法的优点和局限

(1)日记描述法的优点。

①灵活、易于实施,日记描述法通常使用文字记录,便于研究者随时记录观察到的信息,记录简便,不需要复杂的观察设备或技术;②便于连续、深入了解研究对象,通过持续性的观察与记录,研究者能够捕捉幼儿行为发展的确切顺序和连续性,并在幼儿真实的生活环境中进行分析,这样的方法有助于揭示幼儿的行为习惯、反应模式及个性特征,为研究者提供一个深入了解观察对象的窗口;③易于回顾和分析,日记形式的数据通常包含精确的时间标记,这有助于研究者追踪和分析行为的具体发生时间,便于回顾和深入理解,为后期的定性分析提供了便利。

(2)日记描述法的局限。

①受主观性影响,这一方法要求观察者与观察对象之间具有较为密切的关系,能与幼儿经常接触,通

常为幼儿的父母或其他家庭成员。由于亲子关系或亲属关系在情感上的特殊联系,这些观察者又往往可能在观察记录中加入比较浓厚的感情色彩或主观偏向,致使记录的结果可能并不客观、可靠。②难以定量分析,一方面,由于日记描述法通常产生定性数据,这些数据难以进行定量分析,限制了研究结果的普遍性和可推广性,另一方面,它往往用于对个别(或少数)对象的日常观察,只能说明少数幼儿的特点与情况,研究对象缺乏代表性。③工作量较大,日记记录要求观察记录者长期进行,比较费时费力,尤其是在需要详细记录和深入分析的情况下。

尽管如此,日记描述法作为研究幼儿最传统的方法之一,依然是探究幼儿发展及其教育的重要方法。在当前的研究中,它经常被用于个案研究,并且是从生态学角度研究儿童发展的关键手段。对幼儿教师而言,日记描述法提供了在教育实践中研究幼儿、优化教育方法以及探索教育规律的有效途径。

3. 日记描述法的应用

日记描述法适合于多种研究情况,如,幼儿发展研究,记录幼儿在不同年龄阶段的身心发展情况,包括语言能力、社交技能、认知发展等;家庭环境对幼儿的影响,研究家庭环境、亲子互动以及家庭文化等因素如何影响幼儿的早期发展;幼儿行为观察,详细记录幼儿在自然环境下的行为表现,包括游戏、学习、社交等方面的行为;教育实践的反思,教师可以使用日记描述法来记录和反思自己的教学实践、教学挑战和成功经验等。

知识延伸 5－13

《以"日记法"编织
家园共育纽带》
概要

(三) 轶事记录法

1. 轶事记录法的定义

轶事记录法旨在捕捉观察者认为具有价值和意义的被试行为及反应,尤其关注那些能够彰显被试个性的行为事件。这种方法允许观察者随时记录下这些观察结果,以便后续分析。与日记描述法不同,轶事记录法并不局限于观察和记录幼儿的新行为或言语反应。此方法强调有主题的记录,着重捕捉被试的独特行为或事件。观察者需要以客观、准确、具体和完整的方式记录行为或事件的发生过程,包括被试的行为、言谈、行为发生的背景,以及与之相关的其他在场幼儿的活动。记录过程中,观察者应确保语言准确、客观,避免将主观评价和解释与行为事实的客观描述相混淆,以确保事实与判断的清晰区分。

知识延伸 5－14

《轶事记录法运用
中的问题及运用
策略研究》概要

2. 轶事记录法的优点和局限

(1) 轶事记录法的优点。

①简便易行,它不受任何条件限制,无需专门的编码或分类、制表等复杂操作,也没有特殊技术要求。只要在观察过程中发现有意义的行为或轶事,就可以随时记录下来。②捕捉独特事件,轶事记录法非常适合捕捉和记录那些具有重要意义的偶发事件或独特行为,允许研究者提供行为或事件发生时的详细描述,包括环境背景和行为的具体细节,可以提供关于个体行为的深入见解。③可以长期保存,为后续研究者提供幼儿先前发展的信息,以便进行连续性的研究。

(2) 轶事记录法的局限。

①缺乏系统性,由于轶事记录通常是非正式和选择性的,它可能缺乏系统性的观察和记录,难以搜集到真正有价值、能准确说明问题的资料;②记录的不一致性,不同的观察者可能有不同的记录风格和重点,这可能导致记录的不一致性,同时,记录过程中也容易受到主观意识和记忆误差的影响,这可能导致关键细节的遗漏或错误;③主观性的影响,观察者在决定记录哪些轶事时可能受到主观偏见的影响,例如,对某种特性的喜好,或对相应年龄幼儿正常发展的理解和认识。

3. 轶事记录法的应用

轶事记录法以其简洁性和易用性而著称,使观察者能够随时随地记录下那些他们认为重要且具有代表性的行为和事件。与日记描述法不同,轶事记录法并不强调必须展现行为的发展性变化,也不要求所观察和记录的事件必须是"新的"或"首次出现的"。它更侧重于记录观察者主观认为有价值、有意义的行为或事件,从而形成一种以点带面的观察方式。

轶事记录法中,"轶事"的选择是至关重要的,因为它决定了记录的内容和研究的价值。在选择"轶事"时,以下四个关键点值得关注。

首先,应确保所选轶事与研究问题紧密相关,轶事应能提供对研究问题有价值的见解和信息。其次,考虑所选行为的重要性,理想的选择是那些在行为发展或教育过程中具有里程碑意义的事件,如转折点或关键时刻。再次,所选轶事应具有一定的典型性,这意味着,它们应该能够反映或揭示观察对象的典型行为模式或特征。同时,观察者也应关注那些不寻常或独特的事件,因为它们可能在理解观察对象的行为时提供独到的见解。最后,观察者不应忽视观察对象的强烈情感反应,如极度喜悦、悲伤或愤怒等情感反应,它们可能与重要的行为模式密切相关。

三、等级评定观察法

(一) 等级评定观察法的定义

等级评定观察法是一种旨在实现特定目标的观察手段,它通过对观察对象进行反复且系统的观察,并运用特定的评定量表,对观察到的行为特征进行量化评估。这种方法能够将观察过程中频繁出现的行为进行量化处理,从而测量那些传统方法难以触及的行为特征。例如,等级评定法可以有效评估幼儿的社会态度、性格特点,以及他们的行为倾向等。

这种方法以量为评估标准,帮助研究者系统地记录和分析幼儿的行为,从而更准确地把握他们的发展状况,为他们的成长提供恰当的引导和支持。

(二) 等级评定观察法的类型

1. 数字等级量表

数字等级量表是一种常用的评估工具,用于量化个体对于某一现象或状态的主观感受或客观评估。这种量表通常由一系列数字组成,每个数字代表了一个特定的评价等级,被评估者可以选择一个数字来表达他们的感受或评估结果。如研究幼儿与同伴互动情况(见表5-7)。

表5-7 幼儿与同伴互动的频率

等级	互动频率
1	很少互动
2	偶尔互动
3	中等频率互动
4	频繁互动
5	持续互动

2. 标准化量表

标准化量表是一套预先设定好的问题或陈述(称为条目或项目),用于评估、测量或量化观察对象行为表现的一种方法。有关幼儿发展的标准化量表很多,观察者可以根据观察评定的内容选取相关量表,以评定幼儿某方面的发展。

3. 图形量表

图形量表是一种常用的评估工具,它通过图形化的量表来量化人们对某个对象或现象的评价。通常以一条横线来表示某一行为的维度,在横线上按照表现依次由高到低排列行为,观察者根据所观察到的行为的实际水平,在相应的行为描述位置标上记号。下面是一个示例,展示如何设计一个针对3-6岁儿童社交行为的图形量表(见表5-8)。

(三) 等级评定观察法的优点和局限

1. 等级评定观察法的优点

①方便、高效,可以迅速地对行为进行分类和评定,适合快速捕捉和记录行为特征;②提供了一种结构化的方式来评估和记录行为,使得观察更加系统和一致,评定结果易于量化,便于进行统计分析和比较,同时标准化的评定程序,减少了观察者的主观性;③适用于广泛的情境,无论是针对大量个体或行为样本的评价,还是对行为或事件程度差异的评估。

2. 等级评定观察法的局限

①带有一定的主观性。在进行观察之前,观察者必须明确定义要记录的行为项目,并对其进行适当的

表5-8　3-6岁儿童社交行为的图形量表

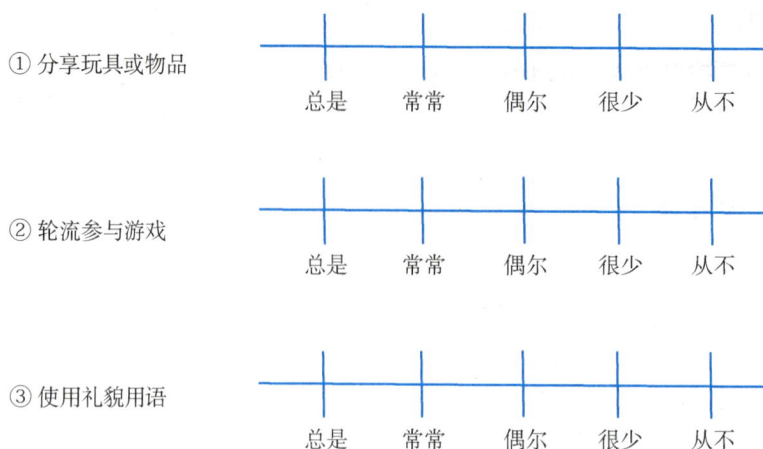

① 分享玩具或物品

　　　　　总是　　常常　　偶尔　　很少　　从不

② 轮流参与游戏

　　　　　总是　　常常　　偶尔　　很少　　从不

③ 使用礼貌用语

　　　　　总是　　常常　　偶尔　　很少　　从不

等级划分。通常,等级划分包括四至五个级别。观察者需要基于这些等级进行判断,否则将无法对行为进行精确评估。虽然不同的人对同一目标行为同时进行判断可以增强资料的准确性,但在实际操作中,较难实现。②缺乏详细信息。只是对行为是否发生进行了记录,而没有包括行为的具体情节和背景资料,如行为发生的具体情况、原因以及行为的发展过程等。③由于这种方法是点状的评估,可能会忽略行为的连续性,无法充分捕捉到幼儿行为的连续性和发展变化。

　　因此,在应用等级评定观察法时,观察者需要在保证观察结果客观性的同时,尽量详细地记录行为的相关信息,以提高评估的准确性。

(四) 等级评定观察法的应用

1. 明确评估目的和标准

　　观察者需要明确评估的目的,例如,评估幼儿的社交能力、学习能力或行为习惯等。根据评估目的,制定详细的评估标准和等级描述,确保评估的针对性和准确性。

2. 设计观察计划

　　制订观察计划,包括观察的时间、地点、对象和方法。确定观察的频率和持续时间,以保证搜集到足够的信息。

3. 系统化观察

　　观察时,观察者应保持客观和中立,避免因个人偏见影响评估结果。记录幼儿的行为细节,如行为发生的背景、幼儿的反应、与其他幼儿的互动等。

4. 初步评估

　　根据观察记录,对幼儿的每个行为或表现进行初步等级评定。使用标准化的评估表或量表,确保评估的一致性。

5. 综合评定

　　将幼儿在不同领域的表现综合起来,形成一个全面的评价。考虑幼儿的个体差异和发展阶段,确保评估的合理性。

6. 多维度评价

　　如果可能,邀请其他教师或专业人员共同参与评估,以增加评估的客观性。从不同角度对幼儿的行为进行评价,避免单一视角的局限性。

7. 形成评估报告

　　根据评估结果,撰写详细的评估报告,包括观察的具体情况、等级评定的理由和建议。报告应清晰、准确,便于幼儿和家长理解。

　　等级评定观察法可以为学前教育提供有力的支持,帮助教师更好地了解幼儿的发展情况,制订个性化的教育计划,促进幼儿的全面发展。同时,这种方法也需要教师具备高度的专业素养和持续的学习精神,以确保评估的科学性和有效性。

四、行为检核表法

(一)行为检核表法的定义

行为检核表法又称为清单法、检测表单法,是指观察者依据一定的观察目的,事先拟定所需要观察的项目,并将它们排列成清单式的表格,然后通过观察,根据检核表内容逐一检视幼儿行为出现与否的一种观察方法。它的特点在于其观察记录的封闭性和高度选择性,即在观察开始之前,观察者需要明确界定要记录哪些行为,每个行为都应清晰定义,以减少主观解释的空间。这不仅有助于研究者了解幼儿的行为是否发生,还有助于确保不同观察者在使用行为检核表单时能够有共同的理解和标准。

(二)行为检核表法的优点和局限

1. 行为检核表法的优点

①省时省力,通过行为检核表可以快速识别和记录所需的信息,操作简单,容易掌握,不需要复杂的技术或工具,节省了数据搜集的时间和精力;②使得观察过程更加标准化,增加不同观察者之间的一致性;③减少遗漏,行为检核表通过列出所有需要观察的点,有助于减少在观察过程中的遗漏。

2. 行为检核表法的局限

①设计的局限,观察结果的有效性高度依赖于行为检核表的设计质量,如果行为检核表设计不当,可能会导致重要信息的遗漏,并且无法保留事件的原始实况,搜集到的数据可能难以进行综合或量化处理;②缺乏对观察行为的详细说明和背景资料,导致观察者对行为和情境的理解不全面,无法提供足够的深度来全面评估某些复杂的行为或事件。

(三)行为检核表法的应用

1. 明确评估目标

确定需要评估的行为或技能。这一步骤涉及深入理解评估的背景和目的,例如,是为了了解幼儿的学习进度,还是为了评估员工的工作效率。明确评估目标有助于后续步骤的顺利进行。

2. 列出行为指标

根据评估目标,列出具体、可观察的行为指标。这些指标应该是明确、独立的,并且与评估目标紧密相关。例如,如果评估目标是幼儿的语言发展,那么行为指标可能包括"能否说出简单的句子""词汇量的大小"等。

3. 设计评分标准

为每个行为指标设计评分标准,这是确保评估客观性和可量化性的关键步骤。评分标准通常使用等级或频率来表示,例如,"总是""经常""有时""很少""从不"等,或者具体的数字评分。评分标准应该易于观察者理解和应用,以确保评估的一致性。

4. 制定检核表格

将行为指标和评分标准整理成检核表格,这是进行观察和记录的重要工具。检核表格应该包括行为指标、评分标准、观察者记录区域等,以便观察者在实际情境中方便地记录被评估者的行为表现。例如,幼儿动作发展行为检核表(见表 5-9)。

表 5-9 A 小组幼儿动作发展行为检核表(部分)[1]

幼儿:A 小组	教师:S	时间:×年×月×日		观察领域:动作发展	活动形式:户外
项目标准		尚未发展	发展中	熟练	备注
能快跑 20 米左右	幼儿 1			√	一口气跑完
	幼儿 2	√			中途停下了
	幼儿 3		√		

① 秦旭芳,王源滔.让教室里的评价"活跃"起来——浅谈幼儿教师观察与记录的选择策略[J].天津师范大学学报(基础教育版),2016,17(3):76-80.

5. 培训观察者

对参与观察和记录的观察者进行培训是确保评估准确性的关键步骤。观察者需要深入理解评估目标、行为指标、评分标准和检核表格的使用方法，以确保他们在观察过程中能够准确、客观地记录被评估者的行为。

6. 进行观察和记录

在实际情境中，观察者需要仔细观察被评估者的行为，并根据检核表格记录他们在每个行为指标上的表现。这一步骤需要观察者具备敏锐的洞察力和准确的记录能力，以确保数据的真实性和可靠性。

7. 数据分析和解读

对观察和记录的数据进行分析是评估过程的核心环节。观察者需要计算每个行为指标的得分，并根据需要进行数据汇总和比较。通过解读数据，观察者可以得出关于被评估者行为的结论和建议，为后续的改进措施提供有力的依据。

8. 制定改进措施

根据数据分析的结果，制定针对性的改进措施是评估的最终目的。观察者需要确定需要改进的行为指标，并设计相应的干预策略或训练计划。这些改进措施应该具有针对性和可行性，以确保被评估者能够在未来的发展中取得更好的进步。

9. 实施和跟踪

实施改进措施并对被评估者进行跟踪观察是评估过程的延续。观察者需要定期重新评估被评估者的行为，以监测改进效果。通过持续的跟踪和评估，观察者可以及时调整改进措施，确保被评估者在未来的发展中能够持续取得进步。

通过行为检核表法在学前教育中的应用，教师可以更全面地了解幼儿的行为表现和发展需求，为制订个性化的教育计划提供客观、量化的数据支持。同时，这种方法也有助于教师与家长进行更有效的沟通，共同促进幼儿的全面发展。

学业自评

（一）客观题　主要测试同学的知识记忆、理解分析、逻辑判断、快速应答等能力；题型有填空题、判断题、单选题、多选题四种。

（二）简答题　主要测试同学的知识理解、信息提炼、概括总结、语言组织等能力。

1. 观察法有哪几个类型？每种类型的优点和缺点是什么？

2. 观察法的实施步骤是什么？

3. 请思考时间取样观察法和事件取样观察法分别适合应用于哪一类主题的研究，并举例说明。

4. 结合实例，谈谈在幼儿园应用观察法的必要性。

5. 查阅《幼儿园教师专业标准（试行）》全文，结合所学的专业知识，谈谈一名幼儿园教师在工作中如何应用观察、记录的方法提升自己的专业理念与师德、专业知识和专业能力。

（三）模拟试卷　进一步复习和巩固本章知识，共有三套模拟试卷，可以扫码练习。

客观题目链接
5-1

简答题参考答案
5-1

模拟试卷5-1

实训活动

实训项目名称：观察记录表的使用

1. 实训材料

随着学前教育事业的发展，越来越多的教师开始意识到开展幼儿园户外自主游戏的重要性，并愿意为幼儿营造良好的户外自主游戏环境。与传统的幼儿户外自主游戏相比，这种新型幼儿户外自主游戏在材料、环境和玩法等方面都进行了创新和优化。幼儿户外自主游戏不仅可以锻炼幼儿身体，提高幼儿的智力水平，还可以让幼儿拥有更多自由发挥和探索的空间。

2. 实训任务

(1) 选择特定的幼儿群体及户外游戏区进行行为观察与记录;

(2) 设计并制定涵盖幼儿行为、互动和情绪反应等方面的详细观察记录表;

(3) 在预定时间内实施对幼儿关键行为和互动的实地观察与记录。

3. 实训目标

(1) 深入理解观察法在学前教育研究及实践中的核心作用;

(2) 全面掌握观察法的实施步骤与要点,为将来的教育工作打下基础。

4. 实训建议

(1) 分组讨论各自的观察与分析成果;

(2) 小组间进行交流,共享发现与见解,接受师生质询;

(3) 教师提供专业反馈,帮助学生提升观察技巧与经验总结。

实训项目名称:观察计划的制订

1. 实训材料

最近班上的幼儿对搭建立交桥非常感兴趣,为了丰富幼儿经验,支持幼儿搭建,教师在建构区的主题墙上贴了一些立交桥的图片。现在教师想知道,建构区墙饰对幼儿建构游戏有没有支持作用,于是计划对幼儿在建构区的活动进行观察。

2. 实训任务

(1) 规划观察策略,锁定目标幼儿群体,并设定明确的观察时段;

(2) 细化观察指标,涵盖幼儿对墙饰的反应、游戏参与度及与同伴的互动情况;

(3) 进驻观察现场,系统记录观察数据,并搜集幼儿的直接反馈;

(4) 对观察结果进行综合分析,评估墙饰的实际支持效果。

3. 实训目标

(1) 培养独立设计并执行观察计划的能力;

(2) 通过实证分析,理解环境布置如何影响幼儿行为;

(3) 提升清晰汇报并整合多方反馈的沟通技巧。

4. 实训建议

(1) 教师应提供观察方法的指导与培训;

(2) 学习高效地记录并分析所观察到的数据的有关知识。

拓展阅读

拓展阅读 5-1

《幼儿园教师专业观察的理论
引领与实践路径》文献概要

拓展阅读 5-2

《幼儿园区域活动中教师的
观察与指导》文献概要

第六章 调查法

微课 6-1

学习导航

　　调查,这一探寻历史与现状的窗口,自 19 世纪以来便成为研究者洞察自然与社会规律的关键。在众多学科中,它都扮演着举足轻重的角色,助力研究者揭开自然与社会发展的神秘面纱。而在学前教育领域,调查更是搜集与处理信息的得力助手,其重要性日益凸显。对于幼儿教师而言,掌握调查法不仅是一门技艺,更是提升认知与研究水平的必由之路。幼儿教师要以调查为矛,以知识为盾,在教育研究领域,探索真知。

调查:幼儿教师做
研究的探照灯

知识结构图

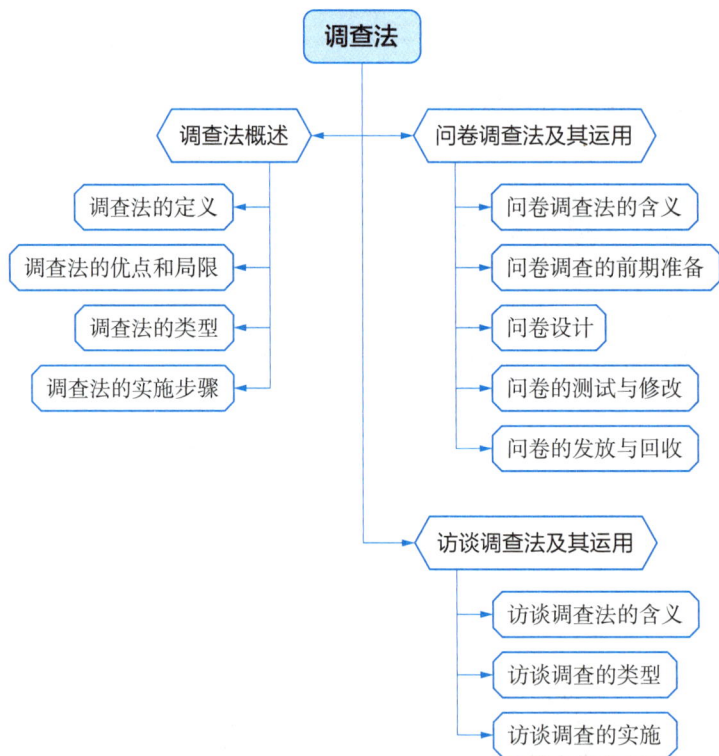

学习目标

知识目标

1. 能够识别调查法在教育科研中的应用及其重要性;
2. 能够描述问卷调查和访谈调查的基本概念、特点和适用场景;
3. 能够列举调查法的一般实施步骤,并解释每个步骤的目的和意义。

能力目标

1. 能够独立设计结构合理的问卷,根据研究目的选择问题类型和答案设计;
2. 能够制订访谈提纲,运用有效沟通技巧进行访谈,搜集研究数据;
3. 能够对搜集的调查数据进行整理和分析,形成研究结论。

素质目标

1. 养成批判性思维，善于识别调查过程中的偏见和误差；
2. 增强伦理意识，在调查研究中尊重被调查者的隐私和权利。

第一节　调查法概述

一、调查法的定义

调查法是指在教育理论的指导下，研究者运用观察、问卷、访谈及测试等科学研究手段，对教育问题和教育现象进行归类、总结、分析、概括，从而得出科学的认识并提出具体工作建议的研究方法。它包括两层意思：①教育调查，即用科学的手段和方法搜集有关研究对象的客观事实材料；②教育研究，即对所搜集的事实材料进行整理和理论分析，最终得出合乎事实的结论。

知识延伸 6 - 1

《教育调查研究应力求"时效"和"实效"》概要

二、调查法的优点和局限

(一) 调查法的优点

1. 间接性

调查法搜集已经存在的数据或信息，而不是直接观察和干预研究对象的行为或过程。研究者依赖于现有的资料或受访者的回答，而不是主动操纵或改变条件。

2. 灵活性

研究者可以根据研究目的和问题的不同，选择不同的调查工具（如问卷、访谈、文档分析等）和不同的数据来源（如个人、组织、公共记录等）。

3. 自然性

调查法通常在自然环境下进行，而不是在人为控制的实验环境中。研究者可以在日常教育活动中搜集数据，无须改变常规的教育活动或环境。这种自然性有助于获得更接近真实情境的数据和结果。

4. 广泛性

调查法可以涉及多个领域，包括学前教育内容、方法、管理、政策等各个方面。通过广泛的调查，研究者可以获得丰富的数据和信息，为深入研究学前教育问题提供有力支持。

5. 非干预性

与实验法相比，调查法通常不会对学前教育过程或环境进行干预或操纵。这使得研究者可以在不影响教育正常进行的情况下搜集数据，避免了因干预而产生的误差和偏差。

6. 效益性

相对于实验法等其他研究方法，调查法通常更经济、更省时。它不需要特殊的设备或实验室设施，并且可以通过网络、电话等方式进行远程调查，从而降低研究成本。

(二) 调查法的局限

1. 样本代表性难以保证

调查法通常依赖于特定的样本群体，如特定的幼儿园、地区或家庭。如果样本选择不当或代表性不强，可能导致调查结果无法准确反映总体情况。例如，样本可能过于集中于某一特定群体或地区，而忽略了其他重要群体或地区。

知识延伸 6 - 2

2. 受主观因素影响大

调查法往往依赖于被调查者的主观感受和经验，如家长、教师或幼儿的观点。如果被调查者不愿意配合或回答不准确，可能导致调查结果的偏差和不准确。此外，调查者的主观倾向和态度也可能影响调查过程和结果。

《教育调查研究中的伦理问题》概要

3. 数据搜集困难

搜集准确、全面的数据是一项挑战。被调查者可能不愿意透露个人信息或敏感信息,导致数据缺失或不准确。特别是针对幼儿的调查,可能需要特别的设计和技巧,以确保他们能够理解并准确回答问题。家长和教师的配合程度也可能影响数据搜集的效果,数据收集过程中可能存在误差和偏差,例如数据录入错误或数据解释不准确等。

4. 难以确定因果关系

调查法通常用于描述性研究和相关性研究,难以直接确定学前教育现象之间的因果关系。虽然可以通过统计分析等方法来探讨变量之间的关系,但这些结果往往只是初步的探索,不足以确定确切的因果关系。例如,即使发现某种教育方法与幼儿的学习成绩有关,也无法确定这种方法是否直接导致了学习成绩的提高。

5. 受到时间和资源限制

调查法需要投入大量的时间和资源,包括设计问卷、搜集数据、分析结果等。如果时间和资源有限,可能导致调查无法充分展开或深入进行,从而影响结果的准确性和可靠性。

三、调查法的类型

(一) 按调查对象的选择范围分类

1. 典型调查

典型调查是在调查范围内选择部分具有代表性的对象进行的调查。例如,要调查某市城区流动人群幼儿入园情况,就可以选择流动人口比较集中、幼儿人数比例高的几个城区进行调查,从而大致掌握某市城区流动人群幼儿入园的基本情况和特点。

典型调查的优点:①容易组织,调查方法灵活多样,需要的人力和财力不多;②能够在较短时间内对某一教育现象进行深入细致的了解,既能搜集数据又能了解情况,既能查明过去又能分析现状,所获得的调查材料生动具体。要注意的是,不宜把典型调查的结果轻率地推论到总体上去。

2. 普遍调查

普遍调查是对某一范围内所有研究对象进行的调查。普遍调查可以是单位性的或地区性的,也可以是全国性的,它能够得到有关调查对象的全部情况,为制定重大的方针、政策和规划提供必要的依据。例如,要调查某市城区流动人群幼儿入园情况,就要对全市所有流动人口 3-6 岁幼儿入园情况进行逐一调查统计,从而获得真实可靠的信息。

普遍调查是一种重要的宏观调查方法。其优点是具有普遍性,能全面反映许多教育现象及其变化发展情况,搜集的资料比较全面。但是,调查所得到的材料往往比较肤浅和简单,有些问题无法深入了解,往往只能用填表等书面方式进行调查,这样就难以得到更多生动的材料,同时由于调查范围广,往往耗资大、费时长。

3. 抽样调查

抽样调查是从被调查对象的全体范围(总体)中,抽取一部分单位(样本)进行调查,并以样本特征值推论总体特征值。抽样调查的范围较小,时效性高,且节省费用,避免了全面调查的诸多弱点,是学前教育研究中最常用的调查方法。

4. 个案调查

个案调查是在对被调查的教育现象或对象进行具体分析的基础上,有意识地从其中选择某个有显著特征的教育现象或对象进行调查与描述。个案调查的重要意义在于通过深入实际、分析个别案例,能够对某一教育现象进行具体、细致的调查研究,可以详细观察事物的发展过程,具体了解现象发生的原因,并掌握多方面的联系。可以通过把握具有该特征的对象发展变化的线索特点,推论出具有一般意义的认识。个案调查往往是作为抽样调查的探索研究或补充研究,它可以使抽样调查的研究结果更深入、更丰满。但是,个案调查对象的选取往往受主观因素的干扰,如果选取的对象不具有典型特征,其调查结果的代表性就得不到保证。而且,在综合个案研究资料进行一般意义的推论时也要力求避免主观性和片面性。

(二) 按调查的内容分类

1. 学科性典型调查

学科性典型调查与学科建设相联系,大多属于专题性研究,通过对具有代表性的个别事物或个别总体的调查研究,得出某专题研究的一般结论。这种类型的调查带有探索性,重在研究某教育现象或过程内部多种因素的相互关系及发展的基本特征。

2. 反馈性普遍调查

反馈性普遍调查大多是为制定政策和检查政策执行过程中的问题而进行的调查。一般是由各级教育行政部门及教育科学研究单位承担,主要是为了了解现状,解决当前存在的问题以及提出决策办法而进行的。这类调查要求取样范围大,占有材料全面,得出的结论可靠性较高。

3. 预测性抽样调查

预测性抽样调查主要用于对某一时期的境遇发展趋势进行预测研究。例如,为确定我国中长期教育改革和发展规划中学前教育事业发展目标,选取有代表性的地区进行预测调查;为了调整教育体制内部关系,进行地区职业学校发展现状与趋势的抽样调查;等。

(三) 按调查的手段分类

1. 问卷调查

问卷调查又称填表法。研究者为了了解某些事实或意见,向被调查者分发印好的问题表格,要求其实事求是填写,然后回收整理研究,这是一种用书面形式进行调查的方法。

2. 访谈调查

又叫访谈法,是调查者通过与调查对象谈话,直接搜集材料的方法。访谈调查包括面访、信访和电话访谈,通过这些方式可以更详尽、更确凿、更真切地了解有关细节,进一步摸清情况,有时还可以与对方共同讨论一些问题,使获得的材料更加深刻。

3. 测验调查

测验调查是以测试题为工具,对研究对象进行测试并进行数量化分析,从而搜集研究资料的一种方法。

(四) 按调查目的分类

1. 现状调查

现状调查是指研究者对研究对象的当前状况和基本特征进行调查,以便了解情况,发现问题,改进工作的一种方法。

2. 相关调查

相关调查是指研究者调查两种或两种以上研究对象之间是否存在相关关系,目的是寻找相关因素,探讨解决问题的办法的一种方法。

3. 历史调查

历史调查是指研究者对某一教育现象发生、发展和变化的过程进行系统调查的一种方法。在某一现象尚未消失或正在进行的时候也可以用这种方法。

4. 发展调查

发展调查是指研究者对研究对象在一个较长时间内的特征变化进行调查,以找出其前后的变化与差异的一种方法。

四、调查法的实施步骤

(一) 准备阶段

准备阶段,即设计调查方案阶段。它是调查研究顺利进行的重要保证,一个好的调查方案往往是成功的良好开端。调查方案通常有以下七项内容。

1. 选定调查课题

选择好的调查课题是调查研究的第一步。调查研究的课题可以是教育科研部门确立的,也可以自己选择。

2. 明确调查目的

在提出调查课题后,要依据已知的事实和教育科学理论与知识,对课题调查可能产生的理论和实践价值进行结果预测,从而明确所要调查的主要目的和意义,减少调查的盲目性,增强调查的自觉性。

3. 确定调查内容

根据调查课题的要求和目的,确定调查项目与指标,并分解、操作化为若干部分、若干要素,通过列表或写提纲的方式,把所要调查的文字、数据资料、事实材料、态度、意见等方面的情况结构化、层次化,条理清晰地表示出来。

4. 选择调查方法

调查研究有多种调查方法和手段,关键是要根据课题调查的内容和调查项目、指标,选取最切合课题要求的、最有效的调查方法。同时,在确定调查方法和手段的基础上,应设计或编制出相应的调查工具和技术手段。

5. 抽取调查样本

所谓抽取样本,就是从一个总体中选出一部分被试作为研究对象,抽取出来的这部分被试叫作样本。在教育调查研究中,一定要根据课题的目的和任务要求,确定所要调研的对象,说明调查所涉及的对象总体和代表总体的样本的抽样方法。同时,保证所调查的对象具有较强的代表性和典型性。

6. 安排调查步骤和时间

调查将分几个阶段进行,每一阶段的具体内容和时间进程,最后完成调查的期限等,都要做细致的安排与部署,并制订出调查研究的进度表,控制均衡完成调查计划。

7. 进行预测性调查

为了使调查方案合理,必须经过预测性调查这个阶段,得到对被调查对象的一般性认识,同时,根据实际情况,修改、完善调查方案。

此外,关于调查的组织、经费、必要的培训、技术、事务和资料准备工作等,也应当考虑周密,严谨安排。

(二) 实施阶段

实施阶段,即调查、搜集资料阶段。它是整个调查工作的中心环节,是调查者根据调查方案和计划,运用已定的调查工具开展调查、获取所需材料和数据的过程。调查工作的实施质量决定了整个调查工作的质量。在实施调查时应该注意以下四点。

第一,尽可能保持材料的客观性。在教育调查过程中,调查者应实事求是地收取材料,不能带着主观偏见和倾向性去找材料,也不能任意取舍材料,否则就失去了材料的客观性、真实性。

第二,多个调查人员采用座谈会或谈话等方式搜集资料时,必须采用统一的标准、统一的表格做调查记录,否则会影响材料的信度和效度。

第三,在搜集材料时还要注意不能把事实和意见混在一起,"意见"往往带有主观色彩。对被调查者提供的材料,需进行核实,以保证材料的可靠性。

第四,尽可能地采用多种方法或途径,从不同角度和侧面、层次和环境较广泛地搜集材料。

(三) 总结阶段

总结阶段,即结果的分析、整理与呈现阶段。通过调查搜集到的资料和数据可能是杂乱无章的,因此要对各种资料进行整理、统计、分析,使资料系统化、理论化,从而得出调查结论,完成教育调查报告的撰写。这是教育调查最关键的一环,只有做好了这一步工作,才能达到教育调查的目的。在总结阶段,对资料的整理、分析要注意以下四个方面。

1. 检查

在对材料进行统计分析之前,必须对材料的完整性、一致性、可靠性进行认真仔细的检查。若出现可疑之处,应予以注明,必要时进行补充调查或重新调查。

2. 汇总

把搜集到的分散、片断、零乱的原始材料归类、综合或分组,进行汇总统计,使大量分散的、错综复杂的材料成为条理清楚、简洁可辨、便于比较分析和研究的材料。

3. 分析

应该注意定性分析和定量分析相结合,既要从数量方面对事物进行计算、分析,又要从性质方面进行理论分析,以求精确、具体地把握事物的本质特征和变化规律。

4. 撰写调查报告

分析调查结果,撰写调查报告,对所研究的问题作出解释,给出结论,提出改进的意见、建议和措施。调查报告写作的基本程序是:确立主题、编写提纲、选取材料、撰写成文、修改定稿。教育调查报告的基本结构包括标题、引言、主体、结尾几个部分。撰写调查报告要做到:观点和材料相结合、方法和结果要阐明、分析与讨论持辩证。①

撰写调查报告是调查研究过程中最后、也是最重要的一步。单纯地进行调查研究,其本身并没有什么意义,只有认真叙述结果,进行交流,才能真正发挥调查研究的作用。调查研究和作为其成果的调查报告,绝不是东拼西凑地罗列材料,而是一项实事求是的艰苦工作和创造性劳动。因而,调查报告与调查研究本身同样重要,必须认真地写好调查报告。

第二节　问卷调查法及其运用

一、问卷调查法的含义

(一)问卷调查法的定义

问卷调查法是以书面提出问题的方式搜集资料的一种调查研究方法。调查者围绕研究目标提出一系列问题并编制成问卷表,通过邮寄、网络调查、当面作答或追踪访谈等方式,让调查对象逐一回答,从而搜集人们对问题的观点、态度等方面的资料。

(二)问卷调查法的优点和局限

1. 问卷调查法的优点

(1)经济性。问卷调查法以书面形式提出和回答问题,研究者不必与调查对象直接交流,节省时间、人力、物力、财力,经济实用。例如,有研究者想要了解当地幼儿教师的职业压力现状时,只需事先设计好调查问卷,在某个地区发放一定数量的问卷,请幼儿教师填答,对问卷进行数据统计分析后,便可了解该地区幼儿教师职业压力现状。

(2)广泛性。在学前教育科学研究中,观察法、访谈法、实验法等方法很难选择大样本进行广泛的研究,而问卷调查法则可以弥补这些方法的不足,能够突破时空的限制在相当广泛的区域内进行,在同一时间段将问卷分发给众多被调查者,在短期内就可以搜集到大量的数据,调查的范围与上述几种方法相比涉及的范围更广。

(3)高效性。如果研究设计和问卷编制得当,可以在较短时间内搜集到关于研究对象的大量信息,效率较高。

(4)客观性。问卷调查大多使用封闭式问卷,这类问卷在编制时一般符合测量学的各项指标要求,具有高度的标准化和结构化,良好的信度和效度,保证了问卷调查的科学性和准确性。因此,调查者可以对搜集到的问卷进行编码,而后进行定量分析和研究,即使是一些开放型的问题,也可以对其进行编码,按照一定的标准对搜集的信息进行整理。此外,问卷的填答通常是在匿名的情况下进行的,避免了人为因素的干扰,减少了人为因素产生的偏差,有利于了解真实的意见。问卷调查通常采用抽样的方式发放问卷,如果抽样合理,问卷调查的结果可以反映出整体人群的基本特征,由此经过统计分析所得的结果非常具有说服力。

2. 问卷调查法的局限

(1)调查内容缺乏灵活性。问卷调查的内容是固定不变的,具有很强的统一性。问卷调查中大都使

---

① 岳亮萍.中小学教师怎样进行课题研究(三)——教育科研方法之教育调查研究法[J].教育理论与实践,2008(8):47.

用封闭式问卷,所设计的问题和答案都是固定不变的,且要求研究对象独立作答,如遇误解或歧义,研究者无法现场指导和说明,调查后发现问题也难以更改和补救,缺乏灵活性,从而影响研究的信度。

(2)研究深度的限制性。通过问卷搜集的研究信息往往比较表面,局限于搜集调查对象对简单问题或事实性问题的答案,不能采用当面"追问"等方法深入了解研究对象的内心真实思想,限制研究的深度。

(3)调查过程的难控性。不同的调查对象对同一份调查问卷会产生不同的作答态度,当被调查者对所调查的内容感兴趣,而且调查内容不会对自己造成威胁时,他们通常会按照问卷的要求如实填答;但当被调查者对调查内容不感兴趣,态度不积极、责任心不强、合作精神不够,或者被调查者受到时间、精力、能力等方面的限制,或者感觉调查内容会给自己造成威胁时,被调查者可能会不作回答或不会如实填答,从而影响有效问卷的回收率和研究效度。

二、问卷调查的前期准备

(一)确定调查目的

调查目的是搜集与研究主题密切相关的基本事实资料,汇总有效信息或数据,分析实际情况和规律特征,从而为解决研究主题提供可靠论据。确定调查目的需要在对研究主题有了一定程度的研究的基础上进行,就研究中迫切需要事实信息予以支撑的问题进行归纳总结,对调查的内容范围进行界定,对调查的结果和预期目标予以明确。在明确了问题和目标后,整个问卷调查的开展才能有的放矢。

(二)建立研究假设

研究假设是研究者根据经验事实和科学理论对所研究的问题的规律或原因作出的一种推测性论断和假定性解释,是研究之前预先设想的、暂时的理论。建立研究假设时,要先分解调查研究主题的核心概念,分析相关的各个变量并且加以界定和说明,然后描述各变量之间可能存在的关系。

(三)确定抽样方案

在调查研究中,从研究对象的总体中抽取一部分个体作为样本来进行研究,这种"以偏概全"的统计学特征,必然要求抽取的样本具有代表性,从而用适当数量的样本信息来准确估计和推断总体的概况。确定样本的方法就是抽样方案。常用的抽样方法有整体抽样、分层抽样、随机抽样。[①]

1. 整体抽样

整体抽样就是从总体中抽取样本,不是以个体为单位,而是以整群为单位的抽样。如以幼儿园为单位,将样本园的所有教师全部作为样本进行调查。

2. 分层抽样

分层抽样就是按与研究内容有关的因素或指标先将总体划分成几个层次,然后从各层中进行随机抽样。分层抽样解决的问题是抽取的样本在某些特征上的样本数应该符合一定的比例。例如,职称结构比例、不同岗位职工数比例、不同学段儿童数比例等。具体选择哪些特征进行分层,需要根据调查目的,将不同层次的组间具有的明显差异作为选择依据。

3. 随机抽样

随机抽样分为单纯随机抽样和机械随机抽样。单纯随机抽样是通过人工或计算机摇号、抽签的方法完全随机选取样本。机械随机抽样是先把总体中的个体按一定顺序编号,然后依固定的间隔取样(如奇偶数、逢特定数字结尾等)。

在实际的问卷调查抽样时,经常综合使用以上三种方法。如对某地区教师健康状况进行调查时,可以首先随机抽取该地区若干个下一级行政区域,按照不同类型幼儿园和不同学段分层抽取一定比例的幼儿园,最后对抽取的幼儿园全体教师进行整体取样。这一抽样操作实例中,使用随机抽样方法抽取样本区域,使用分层抽样方法抽取样本幼儿园,使用整体抽样方法抽取样本教师。当然,根据调研目的的不同和课题研究的事先假设,可以组合不同的抽样方案。

---

① 王志辉.教育调查问卷的编制[J].科技视界,2012(27):44-46.

三、问卷设计

（一）问卷设计的基本程序

问卷是问卷调查的主要工具,科学地设计问卷是问卷调查关键性的环节。问卷设计的质量直接影响问卷调查的回收率、有效率以及被调查者回答问题的质量,因此,对问卷的设计应给予高度重视。

研究者在问卷设计时要对问题的整体内容做到心中有数,为此,可以先绘制总框架图,直观地标示出问题的结构。也就是说,从研究的主题出发,先找出核心概念,再逐层分解,转变为直接可以提问的语句,这样可以确保问卷内容的全面性,避免偏差。同时,进行问卷设计必须慎重对待每一个问题,既要考虑它的作用,又要考虑它的位置,还要注意建立各个问题的内在逻辑联系,以便能对它们进行分类和相关分析。问卷设计的基本程序如下:①根据研究的目的,确定所需要的信息;②拟定为获取所需信息而要提出的问题;③斟酌提问的措辞;④安排问题的顺序;⑤检测、修订、定稿。

知识延伸 6-3

《浅谈调查问卷设计中的有关技巧》概要

（二）问卷的类型

1. 根据问卷填答者分类

根据问卷填答者的不同划分为自填式问卷和代填式问卷。自填式问卷,按照问卷传递方式的不同,可分为报刊问卷、邮政问卷、网络问卷和送发问卷。代填式问卷,按照与被调查者交谈方式的不同,可分为访问问卷和电话问卷。它们的优缺点见表 6-1。

表 6-1 自填式问卷和代填式问卷比较表

项目	自填式问卷				代填式问卷	
	报刊问卷	邮政问卷	网络问卷	送发问卷	访问问卷	电话问卷
调查对象	很广 难控制和选择,代表性差	较广 有一定控制和选择,但回复问卷的代表性难以估计	很广 难以控制和选择,代表性较差	窄 可控制和选择,但过于集中	较窄 可控制和选择,代表性较强	可广可窄 可控制和选择,代表性较强
影响回答的因素	无法了解、控制和判断	难以了解、控制和判断	无法了解	有一定了解、控制和判断	便于了解、控制和判断	不太好了解、控制和判断
回复率	很低	较低	很低	高	高	较高
回答质量	较高	较高	较低	较低	不稳定	很不稳定
投入人力	较少	较少	较少	较少	多	较多
调查费用	较低	较高	较低	较低	高	较高
调查时间	较长	较长	较短	短	较短	较短

2. 按问题答案的形式分类

（1）结构式问卷。结构式问卷又称封闭式问卷或标准式问卷,是对所有被调查者应用统一的题目,提供可选择的答案,只允许被调查者根据自己的情况,在问卷所限制的范围内进行选择。因此,结构式问卷是一种限制式的问卷。结构式问卷具有标准化、简单易行、心理干扰小、样本大等优点,但缺乏灵活性、深入性、独特性。

（2）开放式问卷。开放式问卷又称无结构式问卷。开放式问卷只提出统一问题,不列出任何选择答案,让被调查者根据自己的情况,自由陈述自己的想法。开放式问卷与结构式问卷相比,被调查者可以自由回答,限制少,研究者可以在研究中得到更丰富的资料,但进行定量分析与对比分析比较困难。

（3）综合式问卷。鉴于结构式问卷和开放式问卷的特点,研究者通常根据具体情况选择适当的类型,并且在很多场合将它们结合起来加以使用。一般来说,综合式问卷以结构式为主,适当加入若干开放性问题,这样可以互相补充,取长补短,提高研究的科学性。

3. 按是否使用文字分类

（1）图画式问卷。图画式问卷是一种包含视觉元素,如图表、图片或图形,辅助问题表述和回答的问卷。它的题目以生动形象的图画形式向被调查者提出问题,被调查者选择其中适合自己状态的图画。图画式问卷容易引起被调查者的兴趣,便于回答,适用于幼儿和文化程度较低的受试者,被调查者只要依照图画的示意就可以回答,有时不识字也能作选择。它的主要缺点是问卷制作比较困难。

(2)文字式问卷。文字式问卷是一种通过书面文字形式收集数据和信息的工具。它通常包含一系列问题,参与者需要根据这些问题提供他们的回答或意见。目前的问卷大多是文字式问卷。

(三)问卷的结构

1. 标题

标题是对调查内容的概括。标题要用简洁、精练的语言准确地表述调查问卷的主题,要有利于被调查者把握调查的目的和主要内容。表述句式通常应包括:调查的地域、样本所属范围、调查主题。一个好的标题应该言简意赅、具体明确、指向清晰、突出醒目。例如,"幼儿园教师阅读状况调查",题目明确告知了调查对象和调查的内容。又如,"××地区幼儿园教师工资水平调查",题目中还表明了研究的区域。

2. 指导语

指导语主要由称谓、调查性质和调查目的说明、填写问卷的具体要求三部分组成。书写格式按通用信函格式。首先,是礼貌称谓和问候语。在指导语主体部分先对调查本身作出简要说明,要表明调查的性质、调查研究的来源、调查研究的目的和意义、数据隐私保密性和使用范围说明等。其次,是对填写调查问卷的具体要求,包括是否匿名、答案填写方式、使用符号说明、不同题目的适用对象、及时检查问卷提示等要求。最后,是调查者或研究者(机构)署名。

常见的指导语有如"请在每一个问题后符合自己情况的答案号码上打勾,注意每一个问题只能选择一个答案""答案没有对错之分,请独立完成,不要与别人商量",等等。

指导语直接影响研究对象的填写,直接关系到问卷研究的信度和效度。一份无效的问卷有时就是因为指导语不明确或研究对象没有认真阅读指导语而造成的。指导语的编写要简明易懂,需让被调查者一看就能明了研究者的要求,切忌使用模棱两可或有歧义的语句,否则被调查者由于不能理解或理解出现偏差,而影响问卷的效度。

3. 问题与答案

这是问卷的主体,包括问题及待选答案。问题是问卷的核心,编制问卷首先需要确定问题。问题的提出要科学、合理,问题的排列一般遵循同类组合、先易后难、先次后主、先一般后特殊、先结构式问题后开放式问题等原则。回答方式有是否式、多项选择式、排序式、量表式、图画式、填空式、自由式等几种。

4. 编码

编码就是对一个问题的不同答案给出一个电脑能够识别的数字代码的过程,在同一道题目中,每个编码只代表一个观点,然后将其以数字形式输入电脑。这样就将不能直接统计计算的文字转变成可直接计算的数字,将大量文字信息压缩成一份数据报告,使信息更为清晰和直观,便于对数据进行分组和后期的分析。编码可以在问卷设计的同时就设计好,也可以等调查完成后再进行。前者称为预编码,后者称为后编码。在实际调查中,研究者大多采用预编码,因此,预编码也就成了问卷中的一个部分。整个问卷有多少种答案,就要有多少个编码。如果一个问题有一个答案,就占用一个编码,如果一个问题有 3 种答案,则需要占用 3 个编码。另外,并不是所有问卷都需要有编码。

5. 结束语

问卷最后是结束语,它通常包括两种类型:①以简短的语言表示对研究对象合作的感谢;②让研究对象补充说明有关情况,对有的问题作更深入的回答,或谈谈对问卷有何看法和建议。

(四)问题设计

问题是研究者根据特定的调查研究目的将有关调查的内容转化成一系列不同形式的题目。在封闭式问卷中,问题后面需附上不同形式的备选答案,而在开放式问卷中则只需留白。

知识延伸 6-4

《幼儿园教师 PE-PCK(体育教学知识)调查问卷》概要

1. 问题的类型[①]

（1）按问题所涉及的内容分类。

① 背景性问题。是请被调查者填写个人基本情况，大致包括三种相关信息：一是个人基本信息，如年龄、性别、籍贯、职业、职务、工作年限等；二是教育条件信息，如教育程度、所在年级、成绩等级、业余爱好、日常习惯等；三是家庭环境信息，如家庭总人数及构成、父母职业、父母受教育程度、家庭经济状况等。

② 客观性问题。是指调查客观存在或已经发生的行为事实的问题。前者可用于调查"是否有"和"有多少"等方面的事实，而后者则更多用于调查曾经发生过的行为，包括行为的时间、地点、人物等。此类问题与背景性问题所获得的信息皆可视为静态资料，较为容易作答。

③ 主观性问题。是指调查被调查者的思想、感情、态度、愿望等一切主观世界状况方面的问题，可通过多个角度、不同侧面的表现加以了解和判断。这类问题又分为两个层面，一种是有关意见方面的，如意见、信仰、情感、动机等，而另一种则是有关价值或人格方面的，如道德观念、性格等。尽管意见和态度有时很难区分，但相对而言，意见属于较为表面、暂时的看法，而态度则属于较为深层且持久的认知。

主观性问题常见的类型有以下四种：一是情感性问题，即对人、事、物的好恶、情绪反应等；二是评价性问题，即对人、事、物的某种品质的判断；三是认同性问题，即对某一事物或对别人的某项意见的赞同倾向；四是认识性问题，即对某种事物的认识，了解其所表达的思想和信念。

④ 检验性问题。此类问题是为检验被调查者是否真实而准确地回答了某个实质性问题而设置的问题。在问卷中对同一个实质性问题设计了若干个相依性问题，这些问题之间即可形成某种程度的相互验证关联。

⑤ 辅助性问题。除了前述四种主要的设问内容外，问卷中还有一些问题，其在内容上并不一定具有鲜明的特征，但却也是不可或缺的，这类问题即为辅助性问题。

第一，过滤性问题。用以判断被调查者是否能回答实质性问题。基于被调查者对过滤性问题的回答，被调查者会被自动分流，引导他们回答符合他们特征的实质性问题。

第二，补充性问题。被调查者在回答需要记忆的问题中产生困难时，为防止可能出现的因记忆困难或失误所带来的结果失真，帮助他们回忆而设置的问题。

第三，调节性问题。用以帮助被调查者消除枯燥、疲劳、紧张或由于话题转换而引起不适的问题。

（2）按提问的直接程度分类。

① 直接性问题。是指问卷中能够通过直接提问方式得到答案的问题。此类问题通常具体明确，直截了当，可用于了解被调查者对一些问题的看法和切身感受。然而，并非所有的问题都可以采取这种直接询问的方式，如窘迫性问题或敏感性问题等。

② 间接性问题。针对不宜直接回答的问题，而采取间接提问方式得到所需答案的问题。间接性问题往往能搜集到更为丰富的信息，从而更具体地反映事物的真实情况。

③ 假设性问题。是通过假设某一情景或现象存在而向被调查者提出的问题。根据所需答案的内容划分，问题可分为具体问题和抽象问题。具体问题是指直接从具体的事情出发，向被调查者问一些事实；而抽象问题则是征求被调查者对一些问题的看法，需要被调查者说明自己的观点。相对于具体问题，回答抽象问题需要被调查者对有关问题加以认真思考后进行作答，因此在难度要求上要稍高些。

（3）按问题的应答方式分类。

① 封闭性问题。封闭性问题，亦可称结构式问题，即指具有固定答案的问题，被调查者通过填空或选择的形式完成此类问题。

封闭性问题常见的形式有七种。填空式问题，即在问题后面画一短横线或括号，让被调查者填答。此类问题一般只用于那些对被调查者来说既容易也易于填写的问题。是否式问题，即问题的答案只有"是"与"否"、"同意"与"不同意"等两种极端情况，被调查者被要求二选一。选择式问题，即问题有两个以上的

---

① 朱雁.调查研究法之问卷调查法(3)——问卷的基本结构[J].中学数学月刊,2013(9):1-4.

备选答案,需要被调查者根据要求从多种答案中挑选出最合适的一个或几个答案,包括单项选择式和多项选择式两种。排序式问题,即问题列举有多个答案,要求被调查者依据其重要性或先后次序给出所列项的排序,此类问题亦可称为评判式问题或编序式问题。填表格式问题,即问卷将一些具有固定答案的问题制成表格,被调查者则以填表的方式进行作答。划记式问题,即被调查者按同意或不同意,在答案上分别做标记,如"√"或"×"等,这是一种核对表形式。顺序式量表(即里克特量表)问题,即问题的备选答案是按某一标准划定的不同程度,如符合程度或行为频率等,被调查者从中选择其认为最为合适的程度。

封闭性问题的优点:一是被调查者应答相对容易、省时省力;二是清晰的备选答案将降低无效答案产生的可能性;三是数据的编码、录入及分析过程相对简便。

封闭性问题的局限:一是对问题及其备选答案的编制在要求上相对较为严格,因为不适合、不周全或不穷尽的答案易使被调查者无从作答;二是由于封闭性问题提供备选答案,因而限制了被调查者的思路,也将复杂的问题简单化,被调查者间原有的一些差异可能无法真实体现。

② 开放性问题。即那些不提供备选答案,而由被调查者自由作答的问题。

开放性问题的优点:由于被调查者在回答此类问题时不受限制,可根据他们的意愿畅所欲言,充分发挥其主动性和创造性,从而使调查所获取的信息更为深入和贴近事实,有时甚至还可以获得一些意想不到或富有启发性的信息。

开放性问题的局限:一是作答时间较长,容易使被调查者产生疲劳;二是研究者对调查过程的监控相对较少,因此增加了无效回答产生的可能性;三是数据的编码和分析过程相对烦琐,较难量化和进行统计分析。

2. 问题表述的基本要求

(1) 问题的语言要尽量简单。无论是设计问题还是设计答案,要尽可能使用简单明了、通俗易懂的语言,而不要使用一些复杂的、抽象的概念以及专业术语。

(2) 问题的陈述要尽可能简短。问题的陈述越长,就越容易产生含糊不清的地方,回答者的理解就越有可能不一致;而问题越短,产生这种含糊不清的可能性越小。

(3) 问题要避免带有双重或多重含义。双重或多重含义指的是在一个问题中,同时询问了两件(或几件)事情。例如,问题"您的父母退休了吗"就是一个带有双重含义的问题,实际上同时询问了"您的父亲退休了吗"和"您的母亲退休了吗"这两件事情。由于一提两问,就使得那些父母中只有一个退休的被调查者无法回答。

(4) 问题不能带有倾向性。问题的提法不能对回答者产生某种诱导性,应保持中立的提问方式,使用中性的语言。例如,问题"您抽烟吗"和"您不抽烟,是吗"就有所不同。前者是人们日常生活中习惯的问法,而后者则带有一种希望被调查者回答"是的,我不抽烟"的倾向。

(5) 不要用否定形式提问。在日常生活中,人们习惯于肯定形式的提问,而不习惯否定形式的提问。当以否定形式提出问题时,许多人常常容易漏掉问题中的"不"字,并在这种理解的基础上来进行回答,这样就恰恰与他们的意愿相反了。

(6) 不要问被调查者不知道的问题。即研究者所问的问题都应该是被调查者能够回答的问题。如果向被调查者询问一个他们一无所知的问题,那么被调查者是无法回答的。

(7) 不要直接询问敏感性问题。当问及某些个人隐私或对顶头上司的看法这样一些问题时,人们往往具有一种本能的自我防卫心理。因此,如果直接提问,将会带来很高的拒答率。所以对这些问题最好采取某种间接询问的形式,并且语言要特别委婉。[①]

3. 问题的排列

如何将各个问题组合成一份问卷,关系到问卷研究的实施,影响问卷的回收率和有效率。问题排列最基本的要求是,把问题分类排列,除了按照个人基本资料、态度问题和行为问题分成三大类以外,在每一类中,也要把同类或相近的问题归并到一起,按照一定的逻辑顺序排列。这样做方便被调查者的回答,而不

知识延伸 6-5

问题撰写的技巧

---

① 阿迪力·努尔. 浅谈调查问卷设计中的有关技巧[J]. 统计科学与实践,2012(6):54-56.

至于造成思维的跳跃和阻隔。此外,还应该注意以下五个方面。

(1)熟悉的问题排在前面。把熟悉的问题排在前面,是使被调查者能够较快地进入角色的重要一环。熟悉问题排在前面,生疏问题排在后面,可以使被调查者由浅入深,由易入难,避免一开始就产生畏惧之感,从而产生排斥心理。由于被调查者的数量有时很多,对一些被调查者来说是熟悉的问题,对另一些被调查者就未必如此,在这种情况下,遵循多数人熟悉的问题排在前面的原则。

(2)简单的问题排在前面。简单的问题往往是被调查者不一定熟悉,但又是容易回答的问题。一般不需要被调查者花费较多时间思考。一份问卷中的问题总有难易之分,简单的、容易回答的排在前面,不易回答的排在后面,这样被调查者就不会产生畏难情绪,就会沿着研究者的设计和思路,比较顺利地完成填答任务。

(3)感兴趣的问题排在前面。问卷是用来测量被调查者的反应的,被调查者对于问卷本身的态度,喜欢或不喜欢,是否感兴趣,对调动被调查者的填答积极性影响很大。如果把可能引起被调查者兴趣的问题排在前面,就会引导被调查者积极投入问卷的回答,这有助于保证问卷的质量。

(4)态度问题排在前面。从总体来说,问卷调查通常可以分为三类:一类是个人基本资料,如性别、年龄、职业、学历等项;第二类是行为问题,如每天晚自修时数、上课发言次数;第三类是态度问题,如个人学习态度、学习自信心及成就动机等。问卷的排列顺序,经常按照一、二、三的顺序。但如果考虑到态度和观点决定一个人的行为,弄清楚自己的态度以后,行为问题也就自然而然地解决了,那么也可以将态度问题排在行为问题的前面。还有的研究把个人基本资料放到最后,以便使问卷调查较为顺利。一般来说,如果一份问卷要求填写的个人资料相对简单,建议排在前面,反之,可以放到最后。

(5)开放式问题排在最后。开放式问题往往是综合性较强的问题,需要被调查者有一定时间思考,所以,开放式问题排在最后比较妥当,这样做不会使被调查者一开始就遇到难题,而产生厌恶、畏难情绪,从而影响后面问题的回答。而且对于一些不愿意回答此类问题的被调查者,也不会影响他对其他问题的填答。需要注意的是,开放式问题的题目要少一些,一般情况下,不应该超过三个。

(五)答案的设计

1. 答案设计的原则

(1)相关性原则。封闭式问题的答案是事先准备和设计好的,被调查者的回答就在研究者设计好的选项中选择,因此设计的答案必须与问题直接相关。一个合适、明确的问题提出,并不意味着调查必然能顺利进行,结果一定是科学可靠的。提出什么问题,就要在问题的可能范围内确定答案。否则就可能造成答非所问的情况,让被调查者无所适从。

例如,你认为学校开设心理课有必要吗?

A. 同意　　　　　　　B. 一般　　　　　　　C. 不同意

此题的答案与问题不匹配,答非所问。问题问的是一件事是否有必要,而答案回答的是是否同意某种观点。

(2)互斥性原则。互斥性是指答案之间不能相互重叠或相互包含,即对于每个回答者来说最多只能有一个答案适合他的情况。当反应项目是属于类别项目(如性别、职业等)时,反应项目彼此之间必须相互排斥,没有重叠现象。

例如,你每天阅读的时间是＿＿＿＿。

A. 一小时　　　　B. 一小时至两小时　　　C. 两小时至三小时　　　D. 三小时以上

以上所列的答案中,"一小时"与"一小时至两小时"、"一小时至两小时"与"两小时至三小时"都存在着重叠和包含关系。对于阅读一小时的人来说,他可以选"一小时",也可以选"一小时至两小时"。

(3)完整性原则。答案的设计应该是穷尽一切可能的答案。穷尽是指所列出的答案包括所有的回答,不能使有的被调查者无答案可选。对于任何一个被调查者来说,问题的答案中应该有一个是符合他的情况的,如果某个被调查者的情况没有包括在某个问题所列的答案中,那么这一问题的答案就一定是有遗漏的。在答案设计中,有时如果将问题的答案全部列出会显得十分困难或烦琐,这时可以列"其他"一项供选择,这样就使无法在已经罗列的答案中选择的被调查者有了可以选择的选项。但是,如果在一项调查中,选择"其他"选项的被调查者较多的话,就说明答案的设计遗漏了带有较普遍情况的内容,或者答案的分类不恰当。

例如,您的文化程度是( )。

A. 中专　　　　　　　B. 高中　　　　　　　C. 大专　　　　　　　D. 本科

在这个问题中,如果有幼儿园教师的文化程度是研究生,那么就无法从答案中选择符合自己的答案。

(4) 可能性原则。设计的答案必须是被调查者能够回答、也愿意回答的。如果设计的答案是"2024年您家的恩格尔系数是_____""去年您劳动了_____天"等,这样一些一般被调查者难以理解、回忆、计算和难以表达的答案,或者是涉及被调查者不能够、不愿意回答的隐私性、敏感性答案,就违背了可能性原则。

2. 答案的类型

问卷中一般开放式答案为个别,半封闭式答案为少数,封闭式答案为多数。

(1) 开放式答案。开放式答案指在问卷中只提出问题,不提供答案,被调查者可根据自己的意愿回答。开放式答案常用于描述性的研究或较为复杂问题的研究,被调查者能按自己的理解来回答问题,可以比较真实地反映他们的态度、观点。这些问题对深入研究、发现新的问题具有重要意义。开放式答案制作容易,问题简单、直接,易于作定性分析,可充分获取各种可能的信息,但作答比较费时,并且对数据归类、分析也较费时。另外,当研究者无法把握问题答案时,也常采用开放式答案,作一种试探性的、预测性的研究,以此作为编制封闭式答案的基础。例如,研究者不清楚现在家长最关心孩子的什么问题,他无法罗列可供选择的所有答案,因此他先用开放式答案收集家长的各种想法,然后对各种想法分类整理,最后再形成封闭式答案。

(2) 半封闭式答案。在问题提出后,提供若干备选答案,让被调查者在其中选择符合自己实际情况的答案;如果在备选答案中找不到或找不全符合他实际情况的答案,则在最后一个答案位置"其他"中填上被调查者自拟的答案。"其他"之前的答案是预先提供的,而"其他"是开放的,故称这类回答为半封闭式答案。

(3) 封闭式答案。封闭式答案指在问卷中不仅要提出问题,还要提供可选择的答案,供被调查者选择。封闭式答案选择往往是强制的,即在两个或多个选项中必须选择其中一个答案。如果设计时没有充分考虑好各种情况,则会遗漏一些重要的信息。因此,在设计问卷时,往往先以开放式答案对一些对象进行初步调查。根据调查结果了解可能的答案,然后据此设计出封闭式答案,用以进行正式调查。封闭式答案结构明确,回答按标准答案进行,比较省时,容易取得被调查者的配合,资料的整理、录入、汇总、分析都比较易于处理。但缺乏灵活性,容易造成强迫回答,难以表达被调查者独特的观点,有可能造成胡乱填写答案,另外,问题编制难度较大。封闭式答案有以下七种类型。

① 选择式。从列举的多种答案中挑选最适合个人实际情况的答案,有的可要求选择多于一个答案。要求选择多于一个答案须在题后注明。

② 是非式。提供的答案只有两个,从中选择一个,所以也称为两项式。

③ 等级式。对两个以上分成等级的答案的选择方式。等级式回答方式,只能从中选择一个答案。对于外在事物进行评价的等级式填答方式,称外在等级式;对于主观感受与心理体验进行描述的等级式填答方式,称内在等级式。

④ 排序式。按照先后顺序对答案作排列。排序式有两种方式,一种是将所有答案排序,另一种是把选出的答案排序。前者称全排序,后者称选择排序。在整理数据时,可将选择的顺序变换成数值,最后的选择为1,第一选择则为最高数值。数值大表示喜欢的程度高。

⑤ 表格式。有一些问题要求针对不同情况分别作答,而问题的答案都在共同的范围,为了表达的简明,可以采用表格的形式。被调查者只需在相应的表格上打勾即可。

⑥ 矩阵式。一般矩阵式填答,主项为横栏,在左边;次项为纵栏,在右边。

⑦ 后续式。对于选择某一种答案的人再次提供备择答案的填答方式。

四、问卷的试测与修改

问卷设计出来后要经过反复多次的修改才能完善。修改问卷首先要以问卷的总体框架为依据对每一个问题进行审查,确定以后用何种统计分析方法分析这些问题,以及资料如何发表或报告等。

同时,还必须用调查问卷进行预先测试,纠正模糊、混乱或者准备不充分的题目,从而不断修改完善问卷。预先测试一般可以在正式调查的总体中抽取一个小样本,用问卷初稿对这些人进行调查。问卷回收后进行相应的分析和调整。如果问卷回收率低于70%,说明问卷的设计或发放有较大的问题;如果填答内容的错误多,答非所问,就要仔细检查答题指导语是否准确、清晰,含义是否明确具体,问题形式是否过于复杂;如果问卷中几个问题普遍没作答,要仔细检查分析是否存在错误解释、不连贯的地方、不正确的跳跃模型等原因,以及是否还存在其他选项等,并加以改进。

如果属于小范围内调查,可以直接将问卷初稿复印5-10份,分别送给相关的专家,请他们检查和评价,提出存在的问题和修改意见。

在预先测试完成后,需要改动的地方应当进行有效修改,在进行实地调研前应当再一次获得各方的认同。如果预先测试导致问卷产生较大的改动,应进行第二次测试。

此外,调查者通过统计分析预调查数据,可以进一步检验问卷的信度和效度,修正问卷。对于简单的现状调查类问卷,例如,只是了解被试的基本情况,或者只是了解被试某一方面的行为表现,如每日的行为情况等,通过设计和调查目的直接相关的题目业已保障了问卷的内容效度时,可不做信效度分析;但如果编制的问卷属于标准化量表,如调查父母的家庭教养方式,就需要通过至少两轮的大样本调查,统计分析其信效度,修正问卷的结构并最终形成一份合格的问卷。问卷的信效度分析可以借助一些诸如SPSS和Mplus等数据统计软件进行,因此,学生有必要掌握一些统计分析软件的使用。

五、问卷的发放与回收

(一)问卷发放

一般可采用邮寄、有组织的分发、当面发送等方式发放问卷。网络调查可使用"问卷星"等软件发放问卷。

有组织的分发是指调查者通过一定的渠道(如各地教科所、学前教育研究会等)发放问卷,此种方法回收问卷较为迅速,回收率有较好的保证。

当面发送是最有效的问卷发送方式。当面发送,当场填写,有不明白的问题可以当场问,由于有情感交流,易于取得被调查者的合作。但是,要注意防止在集体场合填写的相互干扰。

(二)问卷的回收

对回收的问卷,在剔除废卷的同时要统计有效问卷的回收率。保持一个较高的问卷回答率(即有效问卷率),是获得真实可靠资料的保证。一般来说,调查专业人群,最低回答率被认为是70%。当调查一般民众时,因为不回答的原因可能是缺乏兴趣,所以允许出现更高的不回答率。如果回答率过低,就需要进行补充调查和追踪调查。

一般来说,回收率如果仅有30%左右,资料只能作参考;50%-69%可以采纳建议;当回收率达到70%以上时,方可作为研究结论的依据。如果有效问卷回收率低于70%,要再发一封信及问卷进行补充调查。[①]另外,如有可能,可以在小范围内跟踪调查或访谈调查,了解未回答问题那部分被试的真实看法,以防止问卷结果分析的片面性。

影响问卷回收率的主要因素有:调查组织工作的严密程度;调查课题的吸引力;问卷填写的难易程度;问卷回收的可控程度等。据统计,邮寄问卷的回收率为30%-60%,而当面发送问卷的回收率可达到80%-90%,并且当面发送并回收,可以检查问卷是否有空填、漏填和明显的错误,以便及时更正,保证问卷较高的有效性。因此,要想提高问卷的回收率,必须设计出短

知识延伸6-6

如何规避和识别
无效问卷

---

① 裴娣娜.教育研究方法导论[M].合肥:安徽教育出版社,2005:176.

小、精悍、有吸引力、填答容易的问卷,最好使用当面发送问卷的方法。

第三节 访谈调查法及其运用

一、访谈调查法的含义

(一) 访谈调查法的定义

访谈调查法是指调查者通过与调查对象面对面、有目的的谈话来了解情况、搜集资料的方法。访谈的内容大致可分为三类:①事实的调查,旨在要求被访者提供确实知道的一般情况;②意见的征询,即征求被访者对某个教育问题的看法、意见和建议;③了解个体的内心世界和心理动机,乃至家庭情况及社会关系等。访谈与日常谈话的区别见表6-2。

表6-2 访谈法与日常谈话的区别

日 常 谈 话	访 谈
无明显的目的性	明确的目的性
以友好的招呼开始,伴有身体接触	保持社交距离,不超过握手的范围
避免语言的重复	必要时要求重复以清楚了解
互相提问	访谈者发问
相互表达继续交流的兴趣	只要求访谈者向对方表达兴趣
相互表示自谦以示礼貌和尊重	主要是访谈者自谦以鼓励对方讲话
双方的言语轮换是平等的	由访谈者提问题、挑起新话题
使用大量的略语,不必详述细节	要求被访者详述细节,尽量具体明确
双方可以允许较长时间的沉默	设法让被访者讲话,不会有太长的沉默
结束时,不必道谢	访谈者要向被访者道谢

(二) 访谈调查法的优点和局限

1. 访谈调查法的优点

访谈是教育调查必不可少的手段,是了解情况、搜集正反方面材料的一种最亲切、最深入的方法。它的最大优点在于灵活性,调查者可以通过谈话解除调查对象回答问题的顾虑。当调查对象不理解问题时,可以重复或进行恰如其分的解释。访谈时,调查者还可以观察对象的表情与行为,以判断回答的可靠程度。同时,访谈者的巧妙提问和幽默语言,可以使访谈对象消除顾虑,放松心情,从而提高调查材料的真实性。团体访谈不仅节省时间,而且与会者可作较周密的思考后回答问题,相互启发影响,有利于促进问题的深入。

2. 访谈调查法的局限

访谈的最大问题是容易有偏差,会受到访谈者背景因素和交流技巧的影响。不同访谈者采用相同的访问提纲,对于同一被访者也可能会获得不同的信息,从而影响研究的可靠性。此外,被访者会觉得有些问题不便当面回答,比较敏感的话题甚至会引起被访者的反感。同时,访谈样本小,需要较多的人力、物力和时间,应用上受到一定限制。另外,无法控制被试受主试的种种影响(如角色特点、表情态度、交往方式等)。所以,访谈法一般在调查对象较少的情况下采用,且常与问卷调查法等其他方法结合使用。

二、访谈调查的类型

(一) 按访谈内容和过程有无统一的设计要求、有无一定的结构分类

1. 结构访谈

结构访谈又称标准化访谈,是指按照统一的设计要求,依据有一定结构的问卷而进行的比较正式的访

谈。结构访谈对选择访谈对象的标准和方法、访谈内容的提问方式(将问题进行标准化处理)和顺序、被访者回答的方式(拟出各种备选答案)、访谈记录的方式等都有统一的要求,有时甚至对访谈的时间、地点、周围的环境等外部条件都有统一的要求,就像是在当面回答问卷问题。这种方法所获得的结果便于统计分析,但缺乏弹性。

2. 非结构访谈

非结构访谈又称非标准化访谈,指只按照一个粗线条式的访谈提纲而进行的非正式访谈。这种方法往往事先只给访谈者一个题目,或只提供一些开放性问题,然后进行一次自由的访谈。对访谈对象的条件、所要询问的问题等只有一个粗略的要求,访谈者可以根据访谈时的实际情况来灵活地调整提问的方式、顺序等。这种方法有利于发挥访谈者和被访者的主动性与创造性。非结构访谈有时也被称为"深层访谈",用于很深入的个案式访问,以了解个案的全面情况,有利于加深和拓宽对问题的研究,但难以进行定量分析,对访谈者的要求也较高。

3. 半结构访谈

半结构访谈有明确的主题,研究者对访谈结构有一定的控制,具有一定的导向,并且会事先准备好大致的访谈提纲,研究者根据事先的访谈提纲向受访者提问。但在访谈过程中,访谈提纲只是一种提示,访谈者在提出问题时鼓励被访者积极参与交流,并要根据谈话过程灵活地调整提问的程序和谈话的内容,或者根据被访者的谈话作出合理的回应,提出需要进一步了解的问题。半结构访谈兼具结构访谈和非结构访谈的优点,在教育科学研究中用得比较多。

(二)按访谈次数和深度分类

1. 一次性访谈

一次性访谈也称横向型访谈,是指在同一时段对某一研究问题进行的一次性搜集资料的访谈。这种研究需要抽取一定的样本,被访者有一定的数量,访谈内容以搜集事实性材料为主,研究一次性完成。一次性访谈搜集内容比较单一,访谈时间短,需要被访者花费的时间较少,常用于量的研究。

2. 重复性访谈

重复性访谈也称跟踪访谈或纵向型访谈,是指多次搜集固定研究对象有关资料的跟踪访谈,也就是对同一样本进行两次及以上的访谈以搜集资料的方式。重复性访谈是一种深度访谈,它可以对问题展开由浅入深的调查,以探讨深层次的问题。重复性访谈常用于个案研究或验证性研究,这种访谈常用于质的研究。按照美国学者塞德曼的观点,深度访谈至少应进行三次[①]。

(三)按访谈对象的数量分类

1. 个别访谈

个别访谈是指由访谈者对每一个被调查者逐一进行单独访谈的一种调查方法。其显著特点有:①访谈者与被访者之间易于沟通;②方式灵活,适应性强;③资料真实,细致全面。个别访谈多用于一些规模小或一些敏感性问题的调研过程中,也常用于一些个案研究中。

2. 集体访谈

集体访谈是指由一名或数名访谈调查者亲自召集一些调查对象,就调查者需要调查了解的主题征求意见的一种调查方法,一般又称"调查会"或"座谈会"。集体访谈运用得当,可以节省调研时间,使调研视野开阔,更加深入,但若运用不当,则可能导致走过场,难以听到真实的不同意见。

访谈调查法的类型多种多样,一个访谈可能同属于两种类型,例如,有时个别访谈也同时是纵向访谈,或非结构访谈,集体访谈也同时是结构访谈等,访谈者可根据研究的具体需要扬长避短,灵活运用。

三、访谈调查的实施

(一)访谈前的准备

1. 制订访谈计划

制订访谈计划是保证访谈能够顺利进行的前提,访谈计划应对访谈中涉及的主要问题作出明确的规

---

① 陈向明.质的研究方法与社会科学研究[M].北京:教育科学出版社,2000:173.

定,如要对访谈调查的目的、类型、内容、对象以及时间等作出明确的规定;还要编写好访谈调查提纲,进行组织分工等。

访谈调查计划首先要确定用什么类型的访谈方式。一般来说,依据调查研究的目的选择和确定访谈方式。如果是探索性研究,通常选择非结构访谈,并制订好调查大纲;如果是要验证某个假设或者需要较快获得较多人的态度,通常选择结构访谈,并编制好调查问卷。访谈方式的选择除了与调查研究目的和性质有关外,还与人员和时间、经费的充裕与否直接相关。

在制订访谈调查计划时,还应该考虑访谈的内容,也就是访谈调查的问题。从访谈的内容看,大致分为三类:①①事实调查,由被访者提供自己确实知道的一般情况;②意见征询,征求被访者对某些问题的意见、观点;③个人基本情况,包括个人经历、兴趣、爱好、动机、信仰、思想特点、个性特征、心理品质以及家庭情况、社会关系等。

为了提高访谈调查的质量和效率,还需要具体考虑访谈的时间、地点、场合等因素。如果被访者是个人或人数较少,访谈时间、地点和场合最好由被访者选择。如果是集体访谈,可以征求被访者的意见,由访谈者和被访者双方确定比较合适的时间、地点和场合。

访谈调查计划中还要考虑访谈所需的工具,例如,访谈问卷、访谈提纲、访谈记录表、各种证明材料、证件、采访机、录音机等。

2. 编制访谈问卷和访谈提纲

在结构访谈中,必须事先编制访谈问卷。访谈问卷的形式大体上与前面所述问卷调查中一般的书面问卷相似,有开放式问题和封闭式问题。不过,由于这份问卷不是由被访者书面填写,而是由访谈者以口头提问的方式提出,所以问题的设计要注重表述的口语化。除了按顺序排列的访谈题目、答案选项外,也包括访谈的相关资料,如被访者的个人基本资料、访谈日期、地点等。

在非结构访谈中,被访者有较大的表述自由,但为了紧扣主题,达到预期的结果,在访谈调查前,访谈者应该制订一个大致的提纲。在提纲中确定访谈的程序、主要问题以及排列的顺序。访谈的提纲是访谈者将研究所需要获取的重要信息资料,按照问题的形式向被访者提出。在访谈进程中,如果被访者在介绍自己的情况时,提及调查需要了解的其他内容,那么访谈者可以不必拘泥于问题的顺序,可按照访谈进程灵活掌握。在访谈调查要结束时,如果提纲中列出的重要问题尚未提及,访谈者要主动提示被访者,以便获得需要的信息资料。

3. 选择访谈对象

在访谈调查中,最终成功与否与被访者有直接关系,因此,选择适合的访谈对象,是访谈调查重要的环节。

选择访谈对象应该首先考虑调查研究的目的,然后确定访谈调查的总体范围,再在总体范围中采用随机抽样的方法,选取调查研究所需的、有代表性的样本。访谈调查样本的大小,大多由调查研究的目的和性质决定。一般来说,探索性研究采用较小的样本,验证性研究则需要较大的样本;横向访谈、结构访谈样本可以多一些,纵向访谈、非结构访谈样本可以相对少一些。

选择访谈对象要分析被访者能否提供有价值的材料,还要了解被访者的有关情况,如被访者的性别、年龄、职业、文化水平、经历、专长、兴趣等。特别是个别访谈、非结构访谈和纵向访谈,这些访谈中,对被访者的基本情况了解越清楚,选择也就越有针对性。同时,了解被访者基本情况对于编制访谈提纲,选择适当的访谈方式,进而顺利完成访谈调查的任务,都具有重要意义。

4. 预约

在进行正式访谈调查前,要事先与被访者预约。可以先通过电话与被访者联系,征求对方的意见,双方确定访谈的时间、地点和场合,然后再发一份较为正式的书面通知给对方,简要而又清楚地说明访谈的目的、意义、需要访谈的主要问题等,并表明研究者的姓名、身份及研究单位,告知访谈的时间与地点及访谈者的姓名。

---

① 华国栋.教育科研方法[M].南京:南京大学出版社,2000:138.

(二) 预谈

为了保证正式访谈的成功,在正式进行访谈之前,一般还要安排一次预谈。预谈的目的是检查设计的问题和提问的方式是否恰当,被访者的回答能否与希望获取的信息资料吻合。预谈的对象不应与正式访谈是同一个人,但两者的情况应该尽可能相似。预谈要作详尽的记录,以便发现设计问题的不足。如果需要,可以追问一些补充问题,以了解被访者较为真实的想法。[①]

预谈结束后,如果发现设计存在不足,应该调整和修改。如果没有条件预谈的话,也可以请有经验的研究者或同行一起商量,并请他们提出修改意见。

(三) 正式访谈

正式访谈是访谈调查的关键环节,访谈者要做好充分准备,把握好访谈的整个进程。

1. 开始阶段:尽快接近被访者,争取理解和支持

在初次访谈时,访谈者要想办法尽快接近被访者,可以采用自我介绍,向被访者说明来意,必要的话,访谈者可以出示自己的有关证件,以消除被访者的疑虑,获得信任,求得理解和支持,这是访谈顺利进行的第一步。对初次接触的被访者,也可请一位与被访者熟悉的人引荐,这样可以增加被访者对访谈者的信任感。

访谈者对被访者要有恰当的称呼,称呼要入乡随俗,自然亲切,既不可对人不恭,也不宜过于奉承,访谈者应根据实际情况灵活使用。在自我介绍之后,要表达进入访谈的愿望,进一步阐述访谈的目的和意义,以引起被访者的兴趣。若被访者推辞受访,访谈者要想办法与被访者约定卜次登门拜访的时间,不要轻易放弃任何一名被访者。

如果需要拍照、录音、录像,应该对其必要性加以专门说明,征得对方理解和同意。

知识延伸 6-7

2. 进行阶段:建立融洽的访谈气氛,按计划进行访谈

良好的气氛是保证访谈调查成功的重要条件。在双方有了初步的接触和被访者表示愿意接受访谈时,可以从对方熟悉的事情、关心的社会问题、时下的新闻热点谈起,以消除对方紧张戒备的心理;可以从关心被访者入手,联络感情,建立信任,在建立起初步融洽的关系后,再进入正题。

《时教育研究中"深度访谈"的方法论追问》概要

访谈者要建立和保持访谈过程融洽的气氛。访谈者应该尽量保持亲切、尊重和平静的态度,使被访者能在轻松的环境中,自然地敞开心扉。访谈者要掌握发问的技术、提问的方式,也要选择恰当的用词与被访者交流,争取被访者对回答问题的配合。访谈者不能受被访者情绪的影响,不管被访者是否合作,怎样合作,也不论被访者回答的问题是否在访谈者意料之中,访谈者都不能表示不满,更不能对被访者批评和指责,以保持轻松和谐的访谈气氛。

在访谈双方初步认识和融洽的访谈气氛下,访谈者可以按照事先拟定的访谈计划自然地进行正式访谈。在访谈过程中,访谈者要按照访谈计划中确定的访谈内容、访谈方式、问题顺序进入访谈,以保证访谈获得成效。

访谈时提问要简单明白,易于回答;提问的方式、用词的选择、问题的范围要适合被访者的知识水平和习惯;要掌握好发问的技术,善于洞察被访者的心理变化,善于随机应变,巧妙使用直接提问法(开门见山)、间接提问法、迂回提问法等。

访谈中要注意控制话题。整个访问过程,希望被访者多说多讲,但内容都应由访谈者控制,如果被访者谈话离题,访谈者应抓住谈话间隙迅速进行正面引导。访谈者要保持中立的态度,不要把自己的意见暗示给被访者,否则会影响资料的真实性。

另外,在访谈中,要对访谈内容做好认真记录,做到客观和准确,要尽可能完整、全面地按被访者的回答记录,不能加入访谈者本人的主观意见,记录时可对某些不太明确的回答做记号,以便在追问中提出,不曲解被访者的原意。如无法即时记录,事后要追记,访谈后要及时整理分析访谈记录。

3. 结束阶段:掌握时间,礼貌致谢

一般情况下,被访者保持注意力的时间为:电话访谈 20 分钟左右,结构访谈 45 分钟左右,集体访谈和

---

① 马云鹏.教育科学研究方法导论[M].长春:东北师范大学出版社,2002:159.

非结构访谈不要超过 2 小时。①当然,具体情况具体对待,访谈调查什么时间结束,应该以不妨碍被访者的正常工作和生活秩序为原则。

访谈者在访谈进入尾声阶段时,除了要注重被访者的回答内容,还要时刻体察访谈过程中被访者的表现。如果这时,被访者兴致勃勃地对某个问题发表意见,只要与调查内容相关,访谈者就应该继续认真倾听;如果访谈者任务已经完成,被访者所谈内容与调查关系不大,访谈者可以用委婉的方式暗示访谈可以结束,例如,"我今天想了解的就是这些问题"。如果被访者说话的音调降低和节奏变慢,或者不停地看时间,或已超过事先约定的时间,或者当感到交谈难以进行,话不投机时,这时应该考虑尽快结束访谈。访谈者打算结束访谈时,如果不用语言表示,可以做出准备结束访谈的姿态,如开始收拾录音机,合上记录本等。

访谈调查结束时,要向被访者表示感谢,例如,"谢谢您接受我们的访谈,您的谈话对我们调查帮助很大"。如果这次访谈尚未完成任务,还需进一步调查,那么应该与被访者约定下次再访的时间和地点,最好还能简要说明再次访谈的主要内容,让被访者有个思想准备。

(四)访谈记录的分析与整理

访谈过程中的记录包括纸笔记录和录音记录。访谈前,访谈者应向被访者说明谈话的目的和意义,保证对谈话结果加以保密,如需现场录音,必须事先说明。一般来说,在记录的过程中应注意下列事项。

①访谈前应精心计划好记录方式(包括行为编码的类别或记录表格等);②访谈过程中应尽可能详细地记录,不仅要记录受访者的言语性信息,而且还要记录其非言语信息和具体的背景信息;③访谈者与被访者可保持一定的距离交谈,从而避免因被访者关注谈话记录而影响访谈质量;④访谈结束后应尽快整理访谈记录,避免事后追记的麻烦。

采用不同的访谈方式可得到不同性质的资料,结构访谈通常可以获得数据资料,可用统计方法处理;非结构访谈获得的是描述性资料,对这类资料的处理,要做到条理清楚,主次分明,准确分类。

最后,根据研究的目的对加工处理过的资料进行分析综合。在对问题产生的原因作深入的分析和论证之后,得出研究结论,撰写调查研究报告。

学业自评

(一)客观题　主要测试同学的知识记忆、理解分析、逻辑判断、快速应答等能力;题型有填空题、判断题、单选题、多选题四种。

客观题目链接 6-1

(二)简答题　主要测试同学的知识理解、信息提炼、概括总结、语言组织等能力。

1. 什么是问卷调查,它有哪些基本特点?
2. 如何设计问卷调查的问题和答案?
3. 结合实际谈谈如何才能设计好一份优秀的调查问卷。
4. 访谈研究的一般程序。
5. 结合自己的访谈经历,分析访谈各环节的运用技巧。
6. 查阅《幼儿园督导评估办法》全文,依据幼儿园督导评估重点指标,设计一份调查问卷。

简答题参考答案 6-1

(三)模拟试卷　进一步复习和巩固本章知识,共有三套模拟试卷,可以扫码练习。

模拟试卷 6-1

实训活动

实训项目名称:访谈法的运用

1. 实训任务

(1)精心挑选访谈对象,针对特定主题设计富有深度的访谈问题和灵活的访谈形式;

(2)构思并撰写一份详尽且专业的访谈提纲,确保每个细节都得到充分考虑;

---

① 郑金洲,陶保平,孔企平.学校教育研究方法[M].北京:教育科学出版社,2003:18.

(3) 实地开展访谈,全面记录并分析访谈内容,深入挖掘被访者的观点和感受;

(4) 系统整理访谈数据,撰写一篇逻辑清晰、分析深入的访谈报告,以呈现访谈的全貌和发现。

2. 实训目标

(1) 熟练掌握撰写访谈提纲的技巧,能够独立完成高质量的提纲设计;

(2) 确保访谈提纲内容完善、结构合理,包括亲切且专业的指导语、详尽的被调查对象背景信息、针对性强的核心调查问题以及周到的结束语和附记;

(3) 显著提升撰写访谈报告的能力,能够深入分析访谈数据,提炼有价值的信息,并以幼儿园访谈为案例,充分展示实训成果的有效性和实用性。

3. 实训建议

(1) 以团队形式开展实训活动,通过集思广益和相互协作,提升实训效果;

(2) 鼓励学生采用多样化的方式展示实训成果,如制作精美的 PPT 汇报、拍摄生动的视频等,以便更全面、直观地展现实训过程和成果。

实训项目名称:调查问卷设计

1. 实训任务

(1) 选择具有现实意义和研究价值的课题,如家长对幼儿园的满意度、幼儿的视力状况等;

(2) 设计一份科学且实用的调查问卷,确保问卷内容能够全面反映调查主题,并覆盖所有关键方面;

(3) 借助先进的在线工具如"问卷星"进行问卷的发布、数据搜集和分析。

2. 实训目标

(1) 学会根据课题需求,独立编制出科学、合理且有效的调查问卷;

(2) 确保问卷设计既专业又实用,包含清晰的问卷说明、明确的指导语以及多样化且针对性强的问题形式。

3. 实训建议

(1) 以小组形式进行实训活动,通过团队协作和分工,提高问卷设计的效率和质量;

(2) 充分利用"问卷星"等先进工具进行问卷的发布、数据搜集和分析工作,并根据反馈数据不断优化和完善问卷设计,以确保问卷的科学性和实用性达到最佳状态。

拓展阅读

拓展阅读 6-1

《农村 0-3 岁婴幼儿照护的
家庭支持需求分析》文献概要

拓展阅读 6-2

《屏幕到底是敌是友——屏幕时间对幼儿早期读写能力的
影响以及教育类屏幕活动的调节作用》文献概要

第七章　实　验　法

微课7-1

学习导航

　　实验,既是探索真理的起点,也是验证真理的试金石。回望科学历史长河,每一个重大的发现与突破,都与科学实验息息相关。在实验研究的丰富历程中,方法理论与实验模式层出不穷,为科学进步奠定了坚实基础。在教育领域,实验法已成为引领研究的主导力量,甚至被誉为"教育科学的生命之源"。在教育研究中,实验不仅用于验证现有方法,更是探索新方法、新模式的关键。唯有深谙实验科学之精髓,幼儿教师才能在学前教育领域洞察问题,迎难而上,开展精准而有力的教育研究。

实验:幼儿教师
做研究的试金石

知识结构图

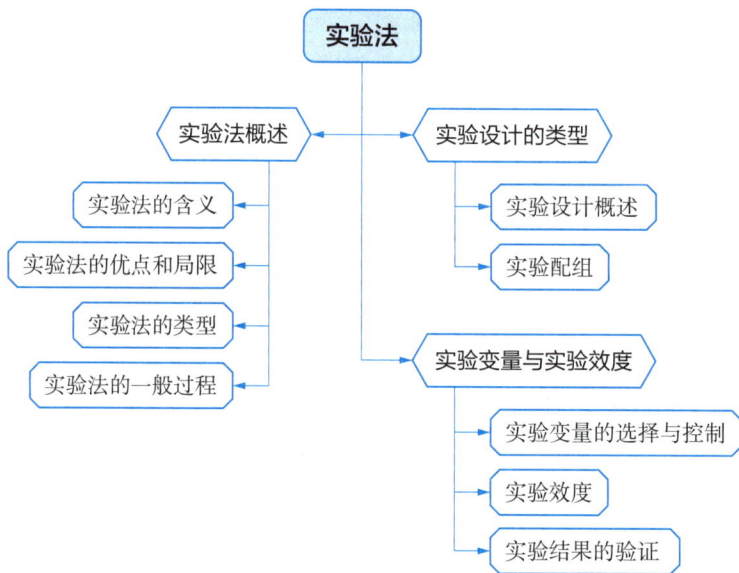

学习目标

知识目标
1. 能够明确实验研究的定义、重要性以及其在教育科研中的作用;
2. 能够描述实验研究的类型和特点,以及它们在不同教育情境下的应用;
3. 能够阐述实验设计的基本原则和流程。

能力目标
1. 能够设计和实施具有科学性的教育实验,包括选择合适的实验类型、确定实验变量和控制无关变量;
2. 能够搜集和分析实验数据,对实验结果进行合理解释;
3. 能够评价已有的实验研究设计,识别其优点和局限,并提出改进建议。

素质目标
1. 养成严谨的科研态度和关注细节的良好习惯;
2. 强化团队合作精神,通过协作完成实验任务,提高沟通和协调能力。

第一节　实验法概述

一、实验法的含义

(一) 实验法的定义

实验法是研究者为解决现实的教育问题,提出一定解答的假说(或理论构想),并加以科学论证的一种综合性的研究方法。研究者根据研究目的,合理控制无关变量、操纵自变量或创设一定的条件,从中搜集、整理事实材料(数据),进行定性或定量分析,以确定实验影响(自变量)与实验结果(因变量)之间的因果依存关系,并就假说的验证(结论)和效果作出理论上和实践上的价值判断。教育研究的实验法与自然科学相比,控制条件的严密性要宽松许多。教育中的实验研究随处可见,例如,在幼儿园的科学教育活动中,教师和幼儿用热水将瘪的乒乓球烫鼓起来;教师如何让幼儿知道什么物品在水里会沉下去,什么物品在水里会浮起来,怎样让沉下去的物品浮起来;等等,这些都是简单的实验活动。

知识延伸 7-1

《试论教育实验的起源》概要

(二) 实验法的特点

1. 实验法是一种科学的研究方法

(1)科学假设性。实验法要求在实验开始前就必须有一个明确的科学假设。这个假设是实验者在长期实践经验积累的基础上对实验因素与教育效果之间因果关系所作的一种假定性的推测。实验假设在先,实验实施在后;先有理论框架,再有实践操作。整个实验过程通常是围绕着验证研究假设展开的,假设是实验研究的核心,是连接理论与实践、观察与解释的桥梁。

知识延伸 7-2

《试论教育实验的特点——教育实验与自然科学实验相比较》概要

(2)主动变革性。观察法与调查法都是在不干预研究对象的前提下去认识研究对象,发现其中的问题。而实验法要求主动操纵实验条件,人为地改变对象的存在方式、变化过程,使它服从于科学认识的需要。这种变革性是实验研究与其他研究方法如观察法和调查法的根本区别之一。

(3)严格控制性。科学实验要求根据研究的需要,借助各种方法技术,减少或消除各种可能影响科学性的无关因素的干扰,即主动操纵自变量,客观地测定因变量,严格地控制无关变量,以确保实验结果的准确性和可靠性。在简化、纯化的状态下认识研究对象。

(4)因果性。探求事物之间或变量之间的因果关系是实验追求的直接目标。整个实验的理论框架和操作程序就是按如何验证因果关系而设计的。教育实验作为一种实验活动,必须明确阐述控制条件与实验结果的关系,不仅要有定性的解释,还要有定量的分析。

(5)可重复验证性。可重复验证体现了实验设计本身的科学性和严密性。教育实验的设计和实施应确保其结果可以通过重复实验来验证,这是科学研究可靠性和有效性的重要保证。对同一被试或相似被试在相似的控制条件下,应得出相似的研究结果。这种重复验证的程度越高,实验研究的可靠性和效果也就越明显。不能重复验证的实验,人们很难判断其数据的准确性和结论的可靠性。可重复验证也是实验研究成果推广运用的必备条件,是评判实验优劣的标准之一。

但教育实验毕竟不同于自然科学实验,教育实验的环境很难重现,即使对象一样,但由于时间的关系,对象会因为成长而产生新的变化。因此在教育实验的推广过程中,会生成一些新的、无法预期的变化,推广后的成果内容必然与原型有很大的发散性。

知识延伸 7-3

《对教育实验的思考》概要

2. 实验法是一种特殊的研究方法

(1)教育实验对象的特点。教育实验的实验对象是由人组成的小组、班级、学校乃至学区或者单个的人,这就涉及伦理道德问题,因而教育实验的前提要设想周全,不能随心所欲,要对实验对象负责。教育实验的对象在实验的过程中还会受到来自实验外部因素以及自身(包括年龄的增长、性格的变化等)因素的影响,可以说教育实验具有动态生成性,实验的过程不能预期,从而导致教育实验的条件控制更加复杂。同时,教育实验的实验者和实验对象都是人,因而二者不存在控制与被控制的关系,二者处于平等的位置,教育实验必须是实验对象自愿参与的。

(2) 教育实验周期的特点。教育科学实验的周期较长。教育实验往往需要几年、十几年或几十年的反复实验,才能看到真正的效果,才能获得可靠的证据。因此,对于教育实验不应急于求成。[①]

(3) 教育实验价值标准的特点。教育实验的对象是人,并且是成长中的人,处于一定社会中的人,因此教育实验无法绕过"价值"的问题。教育实验必须保证与实验有关的学生、家长、教师和教育行政人员的利益不受损害,最好是有所受益,否则就得不到他们的支持,实验就无法进行。教育实验是价值与事实的统一,在进行教育实验时不可能保持"价值中立",而应符合实验双方的价值标准。

(4) 教育实验环境的特点。教育实验通常在实际教育活动的自然条件下进行,即采用自然实验法,而实验室实验法只是一种辅助方法,某个学校、班级、年级的课堂教学、课外活动、校外活动和劳动场所都是教育实验的自然环境。在自然的环境中,学生保持常态,相较于实验室实验法的条件控制,自然实验法得出的结论更可信、更真实,也更利于推广。"教育实验的生命力很大程度上就源于追求环境的真实性。"

(5) 教育实验结果的特点。由于教育实验的对象是人,其结果也必然是与人或人的活动有关,涉及人的发展、人的思路的变化等方面。而人的内心是极其丰富的,其变化无法像自然科学实验那样用精密的仪器来测量,不能进行定量分析,只能进行定性描述。所以在对教育实验结果进行分析时,要针对实际情况来决定采用何种方法。

(6) 教育实验推广的特点。教育实验总是在小范围内进行,人们也总是希望将从小范围教育实验中得出的优秀经验进行大面积的推广。教育实验的环境很难重现,即使对象一样,但由于时间的关系,对象会因为成长而产生新的变化。因此在教育实验的推广过程中,会生成一些新的、无法预期的变化,推广后的成果内容必然与原型有很大的发散性。[②]

二、实验法的优点和局限

(一) 实验法的优点

1. 研究内容的丰富性

实验法的研究领域是极为宽阔的,内容是极其丰富的,它既可以研究幼儿身心发展的许多现象及现象之间的关系,也可以只研究某个现象;它既可以同时对许多幼儿、许多幼儿园进行研究,也可以只对某个幼儿园、少数或个别幼儿进行研究;它既可以长期地对某个现象或某个幼儿进行追踪研究,也可以在较短的时间内进行短期探索。所以,实验法的研究对象和内容是十分丰富和广泛的。

2. 研究过程的计划性

实验研究不同于其他的教育科学研究活动,它有严密的计划性。例如,进行教育实验研究时必须做好研究设计,对研究目标、理论框架进行选择,对研究结果进行假设,对被试进行选择,对研究材料和工具进行确定,对实验程序的使用等一系列过程进行严格的计划。

3. 研究结果的科学性

实验研究是一项独立进行的实验活动。它要主动地变革研究变量,要对与实验无关的因素进行人为的控制,尤其是实验室实验,是在对无关因素严格控制的条件下进行的,从而排除了无关因素的干扰,获得更为科学、更为可靠的研究结果。另外,实验的可重复性特点,也使得实验结果的科学性得以进一步地加强和验证。

(二) 实验法的局限

1. 实验的难度较大

实验研究的对象通常是人、人的心理及行为。人是世界上最高级的动物,人的心理、行为是世界上最为复杂的活动,因此,对人的各种现象的揭示是难度较大的活动。

---

① 范小韵. 关于教育实验法的几个问题[J]. 教育科学研究,2001(1):61-63.
② 朱丽. 对教育实验之反思[J]. 安徽教育,2003(21):21-23.

2. 实验对条件和操作者的要求较高

实验研究是一系列的活动过程,要对假设进行界定,要进行研究设计,要对变量进行操作,要对无关因素进行控制,要人为地控制或创设一定的情境,排除无关因素的干扰,等等,唯有如此,才能科学、真实地显示实验的结果。因此,对实验的条件要求比较高,任何一点疏漏都可能导致整个实验研究的失败;也因此对实验者的要求较高,要求实验者具有清晰的头脑、严密的思维、较强的数理分析能力和文字处理能力。

三、实验法的类型

(一) 按实验研究的场所分类

1. 现场实验

现场实验也称自然实验,是指在真实的社会环境中,尽可能地控制一些无关的因素(无关变量),通过操纵自变量和对因变量进行观测,来分析和解释变量之间因果关系的一种实验法。它具有真实性和自然性的特点,更接近于幼儿的自然生活和真实行为表现。同时,由于在现场实验中,研究者可以及时发现研究过程中未曾预料的问题,并及时调整研究方案,因而具有灵活性的特点。另外,由于现场实验是在真实的背景中进行的,没有实验室中的人为性、特殊性,所以其研究结果推广的可能性要比实验室实验大。

2. 实验室实验

实验室实验是指在实验室中,通过严密的实验控制,改变和操纵自变量,控制所有的无关变量,以保证实验结果可靠性的实验。

由于实验室实验能够精密地控制实验的条件,精确地解释变量间的因果关系,并使用大量的仪器设备显示刺激和记录结果,因此实验室实验的结果比较客观、准确。但是,实验室实验要受到实验条件和实验对象的限制,这使得在操作时常常会遇到许多困难。一般实验室实验涉及因素较少,被试量较小,适合于较简单的问题。另外,由于实验室实验是在特定环境中进行的,也使得实验结果的推广受到一定的限制。

(二) 按实验研究的目的分类

1. 探索性实验

探索性实验是以一定的理论为基础,探索某种实验假设实现可能性的实验,例如,关于幼儿早期教育的实验就是以幼儿教育学、心理学、幼儿发展学等理论为基础,探索对幼儿进行早期教育实施的可能性、实施的方式方法和实施的年龄阶段的研究。因此,探索性实验具有独创性,目的在于探求未知、获取新知。

2. 验证性实验

验证性实验是指在探索性实验已经取得一定成绩的基础上,对已经形成的某种理论假设作进一步的验证和推广的实验,是对已经取得一定成绩的实验成果作进一步巩固和推广的过程。例如,在幼儿早期智力开发的基础上,探讨对幼儿进行早期多元智力训练的措施。因此,验证性实验是对已有的知识和结论等进行重复检验或对已有的实验成果进行再实验,以及移植、模仿和改造。

(三) 按实验者在实验过程中对无关变量的控制程度分类

1. 前实验

前实验是指在实验过程中实验者对无关变量控制不够充分,导致实验结果可靠性较低的一种实验方式,是一种不理想的实验。

2. 真实验

真实验是指以数理统计为基础的实验,这种实验不但能够对各种无关变量进行周密的控制,还可以用比较精确的统计方法帮助分析实验结果。这种实验的结果可靠性较强,但是操作的难度也较大。

3. 准实验

准实验即类似真实的实验,指在实际的社会情境中,由于环境的约束,不能用完全真实的实验设计来控制无关变量,但是,可以将一些影响实验结果的变量进行分类,将其作为自变量的因素进行控制,从而采用类似真实验的某些方法来搜集、整理、统计分析资料,得出比较可靠的结论。因此,准实验在控制程度上介于前实验和真实验之间。

(四) 按同一个实验中自变量的多少分类

1. 单因素实验

单因素实验是指实验中只有一个自变量的实验。例如,"教师的语气对幼儿行为的影响",在这个实验中,自变量只有一个,即"教师的语气"。一般情况下,单因素实验操作较简单,但是,一些无关因素的控制往往不够充分。

2. 多因素实验

多因素实验是指实验中的自变量有两个或两个以上。相对单因素实验来讲,多因素实验由于考虑到了实验的各种因素,使实验比较接近日常情形,接近于真实的实验,但是,由于实验的因素较多,实验结果的处理十分复杂。

四、实验法的一般过程

(一) 准备阶段

1. 确定课题与提出假设

研究者应依据研究问题、指导理论,并结合个人研究条件,选定具有研究价值的课题。在此基础上,利用前期研究成果,明确提出实验研究的假设。这些假设需清晰地表达自变量与因变量之间的预期因果关系。

2. 确定被试、细化实验变量与设计实验

在实验启动前,必须明确实验变量并进行细化。需明确自变量的具体内容及数量,因变量的种类,以及可能存在的无关变量。细化后,应规定变量的操作、控制方法,以及变量的呈现顺序、实验的辅助工具和条件等。根据课题的性质、任务和类别,选择合适的实验设计类型和被试选取方法,进行周密的实验设计。

3. 选择测量方法与工具

在实验前,需确定用于观测因变量的统计和测量工具或量表。应根据实验研究课题的具体要求,选择已有的适宜量表,或设计新的量表,例如调查问卷、观测指标、学业成绩测试量表等,以确保能准确描述和评估因变量的状态。

4. 制订实验实施方案

①问题的提出和研究假设;②实验的理论基础;③被试的选择;④实验处理(包括自变量的操纵、因变量及其指标和无关变量控制等);⑤研究工具;⑥数据资料的搜集与处理方法;⑦实验的具体实施步骤。

知识延伸 7-4

《幼儿早期识字阅读能力培养的教育实验》概要

(二) 实施阶段

实施阶段即按照实验计划逐步开展实验的过程,这一阶段的主要任务就是创设一定的条件,通过对自变量的操作、对因变量的测定、对无关变量的控制来观测假设的现象是否会发生,以及由此而产生的效应,并搜集、记录、验证假设所需的资料、数据等。同时,对研究的进程进行及时的调控,发现问题,解决问题。

(三) 总结阶段

1. 整理实验资料

在教育实验实施的过程中,获得了大量的原始资料或数据。研究者必须按照实验的目的和要求对之进行审核、汇总和评价。通过对资料的整理,可以发现材料之间的内在联系,从而探寻规律,验证假设,这是实验取得成果十分重要的环节。在整理材料时必须坚持客观性和系统化的原则。客观性原则即在搜集资料时要实事求是,不能为了获取某种实验的结果而人为地变更数据和资料;系统化原则是指对材料的分析有一个"去粗取精、去伪存真"的过程,使研究的数据条理化、系统化,为研究结果的进一步分析、统计创造条件。

2. 统计分析实验结果

统计分析实验结果指在对实验结果进行加工整理后,运用定性分析和定量分析的方法,揭示教育现象的本质和规律,从而得出结论的过程。

3. 撰写实验报告

实验报告是以书面的形式反映实验的过程和结果的一种研究报告,它是实验研究过程的最后一个环节,也是实验结果进行交流、评价及进一步推广的基础,不仅对现行实验的进一步深入研究有积极的意义,而且,对开发新的实验课题,提高实验的理论和技术修养都有积极的促进作用。

第二节 实验设计的类型

一、实验设计概述

(一)实验设计的含义

1. 实验设计的定义

实验设计是指研究者根据实验课题的研究目的,为科学地验证理论假设而对实验的条件、实验的形式和实验的操作程序等所作的科学的确定和描述,并形成和制订完整的实验计划。

实验设计是实验研究的框架和模式,它作为理论假设与实验操作之间的纽带,确保实验活动始终围绕研究目标展开。只有经过周密的规划,实验才能保持对研究目的的忠实。实验设计的合理性和完善度,直接影响到研究目标的实现、研究过程的效率以及研究结果的可信度。因此,为了提升实验研究的科学性,并通过实验研究深入理解教育活动的客观规律,研究者必须遵循科学研究的标准,事先精心完成实验设计的准备工作。

2. 实验设计的符号

为叙述方便,先引入几个符号:

X 表示实验处理,即自变量的操纵;O 表示因变量的观测;O_1 表示实验的前测;O_2 表示实验的后测;E 表示实验组;C 表示控制组;R 表示随机选择或随机分配被试;——表示等组处理;……表示不等组处理。

(二)实验设计的内容

①确定实验所要操纵的自变量以及对自变量操纵的原则和呈现方式;②确定因变量及其观测指标和测定方法;③辨明需要在实验中加以控制的无关变量,制定控制无关变量的具体措施;④确定实验对象选择的原则、方法和实施程序;⑤制定实验评价的标准和方法;⑥安排实验的具体步骤,并制定实验活动的保障措施和管理方案;⑦设想实验结果的推论范围及对象。

知识延伸 7-5

《用微观发生法培养幼儿科学创造力的实验研究》概要

(三)实验设计的一般步骤

1. 确定研究课题

研究者开展实验研究,通常始于教育实践或理论中的特定问题。实验过程本质上是识别和解决问题的过程。只有明确了待解决的问题,才能着手设计具体的实验流程。问题的提出,即所谓的选题,是研究的起点。问题提出后,研究者需深入思考,包括查阅相关资料,学习并吸收前人对相关问题的思考和研究成果,以使问题更加明确和具体化,这是进行实验设计的基础。

2. 确立实验假设

在问题明确之后,研究者需提出研究假设。实验的主旨在于验证这些假设,而提出假设则是为实验研究设定具体任务和目标。实验的具体任务是通过合理的方法来检验假设的真伪。

3. 操纵实验变量和控制无关变量

实验设计的核心之一是明确实验变量及其控制程序,并合理安排实验变量。为明确实验变量的性质并便于操作,研究者需为变量提供操作定义,规定其操作特征,避免与其他变量混淆。若实验涉及两个或两个以上变量的比较,应尽量增大操作差异,以防混淆。同时,为确保因果推论的逻辑性,在操作实验变量时,必须有效控制其他可能影响结果的无关变量。实验设计阶段,应研究并明确控制无关变量的方法和措施,同时注意保持实验的自然性,避免过度人工化,以免对结果产生负面影响。

4. 选择实验模式

实验模式实际上是研究者根据实验过程的安排和实验对象处理方式而形成的稳定类型。选择实验模式即决定如何选择实验对象、分组方法,以及如何将自变量操作、无关变量控制和因变量观测整合成有效实现研究目的的操作流程。教育实验研究提供了多种实验模式,每种模式具有不同功能,研究者应根据实验目的和变量特性进行选择。

5. 制订实验计划

实验计划基于前四步的实验设计,是对整个实验过程的全面规划。它是实验设计工作的总结,也是规范实验活动的行动纲领。通常,实验研究活动应包括两套计划:总体性规划和操作性计划。

总体性规划是对实验全貌的概括,主要内容包括:①实验课题名称;②研究目的与意义;③研究内容;④研究方法;⑤时间安排与进度;⑥条件与经费预算。

操作性计划则是对总体性规划中的研究内容、方法和进程的具体化,是在实验原则指导下,对具体实验操作程序的安排与规定。操作性计划涵盖问题、假设、变量处理方法、研究对象、资料分析等,其形式可以是序列式或图表式。[①]

(四) 实验设计的基本原则

1. 随机化原则

随机化是实验设计中控制无关变量的关键技术,也是确保实验结果客观性和可靠性的基石。它主要体现在两个层面:首先,被试应从目标总体中通过随机抽样的方式选取,以确保样本的代表性;其次,被试在实验中的分组(如分配到实验组或对照组)也应基于随机分配的原则,以避免选择偏差和实验结果的偶然性。随机化不仅有助于均衡各组间的潜在差异,而且为实验结果的统计分析提供了坚实的基础。

2. 可控制原则

控制是实验研究的核心特征,没有精确的控制,实验就失去了其科学性。一个实验能否得出具有说服力的因果关系结论,关键在于其设计是否能够对所有可能影响结果的无关变量进行有效控制。这种控制不仅包括实验条件的标准化,还涉及实验过程中对环境因素、参与者行为等的严格监控。通过精心设计的控制措施,可以最大限度地减少外部干扰,确保实验结果的准确性和可解释性。

3. 可重复原则

可重复性是实验科学性的基石,它要求实验结果能够在相同条件下被其他研究者重复验证。这一原则不仅是对实验精确性和可靠性的要求,也是评估实验结果有效性的重要标准。一个可重复的实验意味着其方法论是透明的,其操作步骤是标准化的,从而使得其他研究者能够在不受原始实验条件限制的情况下,复现相同的实验过程和结果。这种可重复性不仅增强了实验结论的可信度,也为科学知识的积累和验证提供了坚实的基础。

二、实验配组

实验配组是指在一个实验中说明自变量及呈现方式,因变量的指标和测定方法,控制无关变量的具体措施,确定样本大小及方法,安排实验的具体步骤和选择适当的统计方法等一系列内容的基本模式。实验配组是实验顺利进行的有力保证,是影响一个实验有效开展的关键因素。

(一) 单组实验法

单组实验法是选择一个或一组被试,施加实验因子,测试变化,确定实验结果的实验方法。这种配组的特征是只有一组被试,但它有多种表现形式,常见的有两种。

1. 单组单因素后测

单组单因素后测的特征是只有一组被试而且不是随机选择的,没有控制对照组,实验过程中只给予一次实验处理,实验后进行一次测试,将后测的结果作为实验处理的效果。这种设计的缺点在于缺乏最基本的实验控制,无法排除无关因素的干扰作用,

表 7 - 1　单组单因素后测示意表

组别	前测	实验处理	后测
实验组		X	Q_2

这种设计的内、外效度相对来说较低,由于缺少控制对照组,无法很有力地证明因变量的变化是由于实验处理(自变量)所引起的。

2. 单组单因素前后测

单组单因素前后测的特征是只有一组被试且不是随机选择,没有控制对照组,实验中只给予一次实验处理,有前测和后测,用前测与后测的差异作为实验处理的效果。

表7-2 单组单因素前后测示意表

组别	前测	实验处理	后测
实验组	Q_1	X	Q_2

(二)等组实验法

在两个或几个条件相同或类似的小组中施加不同实验因子,再比较其发生的变化的实验方法。例如,假设自主学习法有助于幼儿的绘画创造能力的发展。现对实验组被试实施自主绘画的教学,对控制组实施模拟讲授法的教学,然后作实验后测,提取论据,验证上述假设是否成立。这种实验配组不是只有一个被试组,而是各方面条件差不多的几个组。等组实验设计也有多种表现形式。

1. 实验组、控制组后测

这种配组的特征是随机化选择被试和分组,接受实验处理的只有实验组,控制组不接受实验处理,两个组都只有后测,没有前测。

表7-3 实验组、控制组后测示意表

组别	前测	实验处理	后测
实验组		X	Q_2
控制组			Q_2

它的优点是不需要进行事前测试,并能排除前测与后测、前测与自变量产生的交互作用,从而避免了练习效应和疲劳效应,节省人力物力。这种配组的缺点是不能对被试的缺失加以控制;抽取的样本要求达到一定数量,当被试数目较少时,两组或多组的效果就难以保证。

2. 实验组、控制组前后测

这是一种最基本、最典型的实验配组。它将被试随机分组,实验组接受实验处理,控制组不给予实验处理,两组都分别进行前测与后测。

表7-4 实验组、控制组前后测示意表

组别	前测	实验处理	后测
实验组	Q_1	X	Q_2
控制组	Q_1		Q_2

它的优点在于:利用随机分派的方法划分出两个相等的组,可以排除"选择"等因素对实验结果的干扰;分别进行了前、后测,了解幼儿在实验前的水平情况,便于前后效果的对照比较;它的缺点是实验中可能会受到前测与实验处理产生的交互作用的影响。

(三)轮组实验法

对不同的组,以不同的顺序,轮流施加不同的实验处理,即把不同的实验处理轮流地施予各组,根据每个处理的总的效果来确定实验处理的效果的实验方法。这种实验配组的目的有两个:①平衡被试组的差异,②平衡实验顺序的效果。例如,自主学习法和模拟讲授法的问题,可对甲、乙两班分别用自主学习法和模拟讲授法进行绘画教学,得到第一轮结果;之后,对甲、乙两班分别用模拟讲授法和自主学习法进行教学,得到第二轮结果。综合两轮结果,归纳结论。

表7-5 轮组实验法示意表

组别	实验处理	实验效果	实验处理	实验效果	总效果
被试组1	X_1	O_1	X_2	O_3	O_1+O_4
被试组2	X_2	O_2	X_1	O_4	O_2+O_3

例如,对"用操作法和观察法对中班幼儿进行常识教学",探讨究竟用操作法,还是用观察法进行教学效果好,设计两个课程内容:"认识磁铁"和"认识水"。分别随机选择两组中班幼儿,在第一组幼儿中先用操作法学习"认识磁铁",再用观察法学习"认识水";在第二组幼儿中先用观察法学习"认识磁铁",再用操作法学习"认识水"。这里要比较的是两种学习方法的效果:X_1——操作法学习、X_2——观察法学习,而把学习材料看成等价的。

轮组设计较适合于自然情境下的教育实验,不用为配组而打乱班级,并可通过对实验处理的轮换达到某种平衡,由于是对实验处理总和的效果进行比较,在平衡配组过程中很多无关因素被互相抵消了。另外,轮组设计对分组的要求和对无关变量控制的要求都比等组设计低,使得实验过程易于操作。但是,轮组设计的周期往往较长,被试反复测试可能会产生许多无关的干扰。

第三节　实验变量与实验效度

一、实验变量的选择与控制

变量是指与实验有关的、可以测评的、变化着的因素或条件,变量是实验中的关键因素。在教育实践中,确定实验研究的变量,并对变量进行考察是实验的核心环节。

(一) 自变量的选择与控制

自变量是变化的措施和条件,它是研究者创设和操纵的情景或刺激物,用它能促使被试产生反应和变化,这也是实验的目的。因此,应尽可能多地了解影响因变量的各种因素,并逐个进行考察,找出关键的因素作为实验研究的自变量。同时,为自变量的实施拟订操作步骤,使之具体化,便于操作实施和以后验证、推广。

知识延伸 7-6

《谈谈教育实验的科学性及其无关因子控制》概要

(二) 因变量的确定与测量

因变量是研究者要观测的变量,是由自变量引起的在被试身上产生的反应变化,因变量的变化依赖于自变量的变化,实验的目的就是要通过因变量的测定来研究自变量与因变量之间是否存在因果关系。在研究中,由于自变量的变化引起的相应变化的量很多,要根据研究的目的确定哪些是值得重视的因变量。因变量的测量主要是为了评估实验的结果。因此,因变量的测定要准确,可以通过直接或间接的测定或观察方式,从定量与定性两个方面进行,并尽可能把结果转化为分数或等级的形式。

(三) 无关变量的辨别与控制

无关变量是研究中除了自变量和因变量之外的一切变量,由于无关变量会影响或干扰研究结果(因变量)的测定,因此在实验中要有效地控制好无关变量。

二、实验效度

实验效度是指实验的有效性和真实性程度,是检验和衡量实验设计水平的基本操作标准,通常包括内效度和外效度。

(一) 内效度与外效度

1. 内效度的含义

一个实验能有效地控制实验条件,能清楚地解释实验结果,能合理地推论因果关系,其内效度就高,反之则内效度低。内效度指实验结果反映自变量和因变量关系的程度。如果在实验过程中较好地排除了无关因素的干扰,使实验的结果(因变量)的确由自变量引起,则说明这个实验有较好的内效度。

2. 外效度的含义

外效度指实验研究的结果被推广到实验范围之外的可行性程度。任何一项实验研究的结果都希望能够在较大的范围内被推广和使用,具有比较高的外效度也是一项实验研究的必备条件之一。但是,在运用实验结果进行研究的过程中,一些主客观因素的作用常常使实验的外效度受到影响。例如,在城市范围内进行的教改实验,在农村推广起来就可能会受阻,这样实验的外效度就可能较低。

(二) 内效度与外效度的关系

实验效度只是程度的问题,效度不会全无或全有。一般情况下,内效度越充分,结果推广度越大,研究价值越高。因此,内效度是实验质量的根本保证,是外效度的先决条件,没有内效度就没有外效度。但内效度高的实验不一定外效度高,二者很难得到完全满足。在实验设计中,要综合考虑内效度和外效度的平衡,在保证实验结果可靠性的基础上,尽可能使研究获得更大的推广能力。

（三）影响内、外效度的因素

1. 影响内效度的因素

在实验的过程中，如果对无关因素控制不好，使无关变量与自变量产生混淆，实验结果受到影响，就证明这个实验研究缺乏内效度。影响内效度的因素主要有以下五个方面。

（1）前测效应。在许多研究中，研究者为了掌握被试开始状态的材料，常对被试实施前测（即实验前进行的测试），这种前测可能会对实验结果带来积极或消极的影响。例如，著名的"霍桑实验"，在实验中，无论灯光的强与弱，工人的工作效率都得到了提高，原因就是工人知道了正在进行实验，结果受到影响。

（2）偶发事件。在实验过程中常会出现与实验变量同时发生，并对实验结果产生影响的偶发事件，当出现这种情况时，实验者往往无法判断实验结果是由自变量引起的，还是由偶发事件带来的。例如，在相对较短的教学实验中，一组被试因幼儿园停电而不能进行教学活动。

（3）成熟的因素。成熟的因素是指随着教育实验时间的延续，被试身心发生了变化，从而影响了实验结果的真实性。例如，幼儿言语能力的快速发展，可能是幼儿自己身心成熟的结果，而不是使用了新教学方法的作用。另外，在实验过程中，被试的疲劳程度、饥饿等因素都可能会影响到实验的结果，导致内效度的降低。

（4）工具的使用。在实验过程中如果仪器使用不当、仪器失灵或电压出现变化，都会给实验结果带来误差。

（5）被试的流失。在实验过程中，由于某些原因被试中途退出实验，会造成实验结果的偏差。

2. 影响外效度的因素

（1）测验的作用。在有前测或后测的实验设计中，由于被试觉察到自己处于实验的情境中，对有些因素进行了控制，使实验结果与真实结果有一定的偏差，这样的结果进行推广或迁移就有可能出现问题。

（2）样本选择的偏差。由于某些原因，取样样本范围过小或出现偏差，使实验的样本不能代表总体，也会在推广时出现问题。

（3）重复实验的影响。如果同一组被试在较短的时间内连续进行了两种或两种以上的实验，前面的实验往往会对以后的实验产生积极或消极的影响，使被试产生练习效应或疲劳效应。因此，这种实验得到的结果就不能在非重复实验的情况下推广。

（四）提高内、外效度的途径

1. 提高内效度的途径

（1）要在实验前做好被试的心理工作，淡化实验的效应，最好在不引起被试注意的情况下实施前测，如果做不到也应提醒被试以平常的心态参加实验，实事求是。

（2）采用实验对照组，通过对照组和实验组的比较，以有效控制实验者因成熟或偶发事件所带来的影响，或在实验中增加重复实验的次数以减少实验偶然性的发生。

（3）检测好实验的仪器和工具，避免在实验过程中出现误差，以保证最大效能地发挥用途。

2. 提高外效度的途径

（1）减少实验因素的人为性。一些实验，尤其是实验室实验，都是在较严密的人为控制的条件下进行的。这样，实验结果被推广到日常的情境中，就可能会出现偏差。因此，在实验时，应尽量减少人为的因素，使实验的情境接近于自然。

（2）加强样本的代表性。在研究取样时，注意选择的随机化，增加取样的层次和容量，从而提高样本的代表性。同时，推广的范围不要超过取样的范围，这样，外效度就能够基本得到保证。

（3）保证测量工具的可靠性。在实验研究中所应用的各种仪器必须是可靠、有效的，这样结果才能准确，推广的可能性才更大。

三、实验结果的验证

（一）从实验程序上检验

从实验程序上检验是指在实验过程中，按照一定的标准，对实验过程各方面因素的科学性程度进行价值性验证的过程，即从实验程序上对实验程序设计的科学性、操作的规范性进行的检验。例如，选题是否恰当,假设的理论构思是否可行,论证是否充分,实验设计框架的操作是否规范,自变量、因变量的确定是否合理,无关变量的控制措施是否有效,资料的整理和统计是否真实、客观,等等。

（二）用实验系数进行检验

主要指对实验结果中的一些数据进行数量化的分析,从而检验实验结果的科学性程度,即对实验所获得的原始数据进行系统的统计分析和检验。例如,对教育实验的结果进行标准分、标准差、显著性检验、方差分析等处理。

（三）与确立的定理、定论对照检验

已确立的定理和定论是由前人在反复实验的基础上提炼出来升华而成的,具有一定程度的权威性和实用性,在实验过程中,把实验的结果与之进行对照,如果所得的实验结果与某些定理定论相符合,则说明实验结果具有一定的价值。

（四）用重复实验来进行检验

实验毕竟是在某种特定的条件下获得实验结果,不一定能够完全排除偶然性。但是,教育实验的一个突出特征就是可重复性,如果实验能够经得起反复推敲和验证,那么实验结果的科学性程度就能够得到保证。

学业自评

（一）**客观题**　主要测试同学的知识记忆、理解分析、逻辑判断、快速应答等能力;题型有填空题、判断题、单选题、多选题四种。

（二）**简答题**　主要测试同学的知识理解、信息提炼、概括总结、语言组织等能力。

1. 如何提高实验的效度和信度?

2. 实验对象的数量多少合适?

3. 若无对照组,实验结果是否可信?

4. 前实验、准实验、真实验三者有何异同?

5. 真实验设计有哪些类别? 各自有何优缺点?

6. 就感兴趣的研究课题,尝试给关键概念下定义,包括抽象定义和操作定义。

（三）**模拟试卷**　进一步复习和巩固本章知识,共有三套模拟试卷,可以扫码练习。

客观题目链接 7-1

简答题参考答案 7-1

模拟试卷 7-1

实训活动

实训项目名称:实验概念的本质辨析

1. 实训材料

关于"教育实验"和"教育试验"两个概念,崔哲和张霞发生了争执。崔哲认为,两个概念从本质上是一致的;而张霞则认为,实验与试验并非一回事,两者肯定存在区别,但对于具体的区别,张霞自己也说不清楚。

2. 实训任务

（1）深入分析并对比"实验"与"试验"在概念上的细微差别;

（2）探究在教育领域中,这两个术语各自承载的特定含义及适用的研究场景。

3. 实训目标

（1）系统理解"实证研究""教育实验研究"及"教育试验研究"三者之间的内在联系与差异,进而深化对实证研究方法的理解和应用;

（2）明确在幼教环境中,"实验"与"试验"的具体应用及对幼儿教育的意义,从而树立科学、严谨的学前教育研究态度,为未来职业生涯奠定坚实基础。

4. 实训建议

（1）小组组建。鼓励学生按个人理解组建小组,整合小组观点;

（2）小组辩论。安排小组间辩论,鼓励有理有据的表述和反驳,促进思想碰撞;

实训助力 7-1

余文森:教育实验与试验辨析

（3）总结反馈。辩论后组织总结,梳理关键知识点,深化理解。

实训项目名称:实验研究设计

1. 实训材料

学校为了激励不同班级学习竞赛,根据考试成绩进行奖励。甲班期末平均分87分,乙班期末平均分70分。

2. 实训任务

（1）详尽阐述教育实验研究从设计到实施的一般流程;

（2）结合所给案例数据,构建一个完整的教育实验研究框架,包括明确的研究目的、科学假设、实验方法的选择、数据的收集与分析路径等。

3. 实训目标

（1）全面掌握教育实验法的核心特点、主要类型及在教育研究中的实际应用价值;

（2）在实验设计过程中,自觉提升对信度和效度的关注度,并学会运用科学方法增强实验的可靠性和有效性;

（3）精通教育实验中的分组技术,如随机分组、匹配分组等,确保实验设计的公正与科学。

4. 实训建议

（1）分组协作,共同讨论并构建教育实验研究方案;

（2）小组展示。每组推选一名代表进行方案展示,展示后接受其他同学的点评和建议;

（3）教师总结指导,帮助学生进一步完善实验设计思路。

拓展阅读

拓展阅读7-1

《信息技术对幼儿学习与发展的影响——基于50篇实验或准实验研究的元分析》文献概要

拓展阅读7-2

《插电与不插电课程促进幼儿计算思维发展的实验研究》文献概要

第八章 测 验 法

微课 8-1

学习导航

世间万物,皆可通过数与量来诠释,无一不可衡量。百余年前,人们便开始运用自然科学的数理逻辑,来解锁社会科学中的教育之谜,这便是测验之法的起源。此法灵活多变,既能为教育研究贡献珍贵数据,又能自成体系,深入剖析每个个体身心成长的秘密。测验,它如同智者的锐利双眸,明察秋毫,引领幼儿教师更深入地领悟学前教育的真谛。

测验:幼儿教师
做研究的听诊器

知识结构图

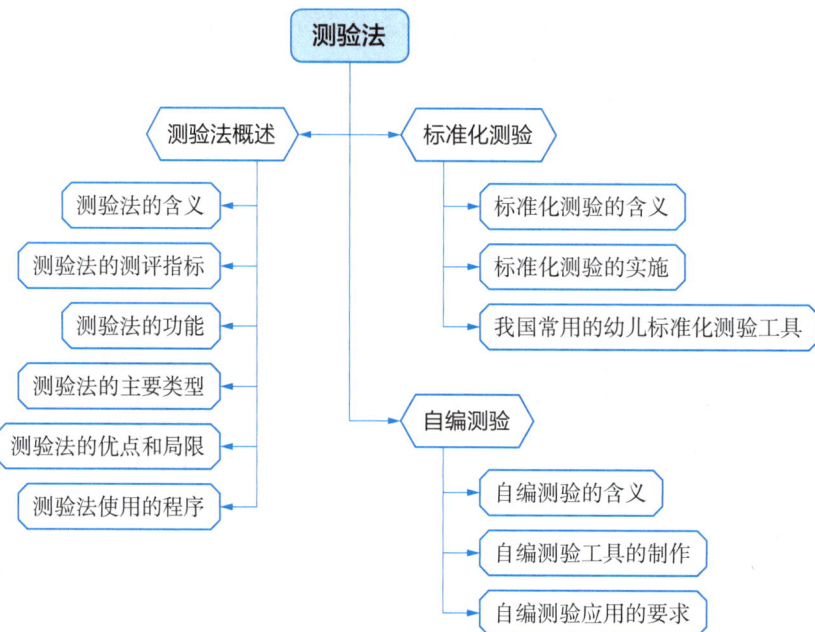

测验法

- 测验法概述
  - 测验法的含义
  - 测验法的测评指标
  - 测验法的功能
  - 测验法的主要类型
  - 测验法的优点和局限
  - 测验法使用的程序
- 标准化测验
  - 标准化测验的含义
  - 标准化测验的实施
  - 我国常用的幼儿标准化测验工具
- 自编测验
  - 自编测验的含义
  - 自编测验工具的制作
  - 自编测验应用的要求

学习目标

知识目标

1. 能够明确测验法在教育研究中的应用及其重要性;
2. 能够区分标准化测验与自编测验的特点与适用场景;
3. 能够识别并解释测验法中的各种类型及其功能。

能力目标

1. 能够独立选择或设计适合特定研究目的的测验工具;
2. 能够执行测验前的准备工作,包括测验材料的选择与测验环境的布置;
3. 能够对测验结果进行有效的记录、分析与解释,以得出合理的结论。

素质目标

1. 能够展现出批判性思维,对测验结果进行客观评估,并提出可能的改进措施;
2. 能够体现教育研究的伦理性,确保测验过程中尊重参与者的隐私与权益。

第一节　测验法概述

一、测验法的含义

(一) 测验法的定义

1. 测验的定义

测验是指研究者运用数量化的方法对幼儿心理的某个方面的发展或学生的学习结果进行测量和评价。测验包含下列三个方面的内容。

首先,测验是对个体行为的测量,更进一步地讲,只是测量了测验项目所引发的行为。

其次,在绝大多数情况下,一个测验只包含了全部可能项目中的一个样本,而不可能包括所要测量的行为领域的所有可能的项目。因此,测验项目的取样必须具有代表性。

最后,在测验的编制、施测、评分和解释方面必须依据一套系统的程序,以使测验达到标准化。

2. 测验法的定义

测验法是研究者根据研究的需要,运用客观性的测量工具来搜集有关幼儿身心发展和学习结果的数量化资料,通过对资料的分析来揭示教育活动的效果,探索教育活动的规律的一种研究方法。

知识延伸 8-1

《测验法在中国的实验及评价》概要

3. 学前教育科学研究中的测验

学前教育科学研究中的测验是对幼儿身体、认知、语言、社会性发展等方面的测量,是学前教育评价的一种重要方法。它有两个特点:第一,学前教育中的测量与物理上的测量在原理上是一致的,须有特定的量具,且量具必须具有不可随意改变的稳定性;第二,学前教育中的测量与物理测量又不一样,物理测量多为直接测量,而学前教育中的测量多为间接测量。为了保证测验的质量,测量者必须考虑测验的效度、信度和区分度。

(二) 测验法的特点

1. 间接性

测验法的研究内容多是幼儿在发展过程中业已形成的某种心理品质,或是特定的教育活动及其他因素对幼儿身心变化所产生的影响或作用,这些内容都是内隐在幼儿心理活动或心理过程中,是无法直接进行研究的。测验法只能通过对幼儿外在的行为表现的测定和分析,来推论幼儿内在的心理过程或心理品质。例如,研究者要运用测验法来研究幼儿的想象力,研究者是无法直接观察到作为内在心理活动的幼儿的想象的,只有通过特定的工具(试题或量表)来测定幼儿在相关活动(如在讲故事、意愿画等)中的想象的外在表现或想象的产品,如幼儿所讲的故事和所画的图画的内容的新异性、独特性,并将测定的结果数量化,通过对数据的处理和分析来达到对幼儿想象力的认识。所以,测验法是一种透过"现象"看"本质"的研究方法。

2. 相对性

测验法研究内容没有绝对的起点,研究者只能以某个年龄段幼儿的发展的最低水平、应有的基本水平或幼儿在某种学习活动中能达到的最高水平作为参照点,并以此来确定不同被试发展的现实水平或学习效果。因而测验的方法是相对的,测验所获得的结果也是相对的,一般只是从等级顺序上或数字特性上来反映不同被试间的差异,无法就某个被试本身来确定其水平。

3. 一致性

测验法追求测量过程的一致性或标准化,它要求研究者运用相同的工具、相同的操作方法、相同的操作程序来对每一个研究对象进行测定,而且在对测量结果的解释上也要求一致。因此,测验法是一个追求研究过程一致性的研究方法。

二、测验法的测评指标

（一）信度

1. 信度的概念

测验的信度是指一次测验所得结果的可靠程度或稳定程度，是表示一个测验可靠性的标志。它在相当程度上反映了测验受偶然因素影响而引起的误差。换言之，信度是表示同一群受验者在同一测验的数次测验结果的同一性或稳定性程度。很显然，测验中的偶然性因素越大，该测验的一致性和稳定性越差，因而信度越低即该测验越不可靠，反之，测验中的偶然因素越小，测验结果的一致性和稳定性越好，测验的信度越高，测验的结果越可靠。

2. 信度估计的常用方法

（1）重测信度。又称再测信度、稳定性系数，反映测验跨越时间的稳定性和一致性，即应用同一测验方法，对同一组被试先后两次进行测查，然后计算两次测查所得分数的关系系数。重测信度能表示两次测试结果有无变动，反映了测验分数的稳定程度。相关程度高，表示前后测量一致性高，稳定性好。重测的过程考虑了不同的条件（环境的、人的）带来的测量结果的误差，这种误差与两次施测的情境相关联。

一些测量推理和创造力的测验，一旦被试掌握了解决问题的原则，在以后重测时，被试就会很容易地作出反应，此时测验的性质和功能就发生了变化。因此，不容易受重复使用影响的测验，才适合用重测法估计信度，如感觉运动测验、人格测验等。

（2）复本信度。又称等值性系数。它是以两个等值但题目不同的测验（复本）来测量同一群体，然后求得被试在两个测验上得分的相关系数。复本信度也要考虑两个复本实施的时间间隔。只有两个复本几乎是在同一时间内施测的，相关系数反映的才是不同复本的关系，而不掺有时间的影响。如果两个复本的施测相隔一段时间，则称等值稳定系数。

复本测验有两种方式：一种是在同一时间里连续进行测验，另一种是间隔一段时间后再进行测试。前者可以判断两次测验内容之间是否等值，因此用这种方法得到的信度系数也被称为等值系数；后者不仅可以判断两次测验之间内容的等值状况，而且可以反映出时间因素对被试潜在属性的影响程度，因此用这种方法得到的信度系数也被称为等值稳定系数，并且对测验进行的评估最严。

（3）分半信度。是用于测验项目内部一致性程度的信度方法之一，可以测量相同内容或特质的程度。通常，在无法实现复本操作并且只能实施一次的情况下，可以用分半方法估计信度，具体来说，就是将测验的项目分成相等的两组（两半），通常采用奇偶分组方法，即将测验题目按照序号的奇数和偶数分成两半，然后计算两组项目分之间的相关系数。相关系数高代表信度高，或内部一致性程度高。

3. 信度和效度的关系

信度和效度既有区别又有联系。效度指的是正确性，而信度指的是稳定性，它不涉及测验是否正确地反映测验目的的问题，它所反映的只是测验结果是否稳定和一致，稳定性强的并不一定是正确的。一般来讲，测验的信度高，其效度并不一定高；信度是效度的一个必要条件，即对一个测验来说，如果没有信度（不可靠），那就无效度可言了，但若有信度，那也未必有效度。因为信度高的测验并不一定能表示测验结果是正确的。

（二）效度

1. 效度的概念

测验的效度是表示一个测验有效性的指标，也是该测验正确性的反映。它说明测验的结果在多大程度上反映了测量到的数据或结果与所要测量的对象之间相符合的程度。测验是否有效，测验的效果如何，对于能否正确评价被评价对象是十分重要的。理想的情况是效度能够反映测试对象的能力特征和实际水平，符合测验目的，该测验可以作为正确的和有效的测量工具。

2. 效度的类型

（1）内容效度。内容效度是指测验题目在多大程度上概括了所要测试的整个内容，即内容的代表性。由于教育测验的一个重要目的就是通过考试来检查学生完成学习任务的程度及存在的问题，并可间接反映教师的教学工作效率，因此考试的内容一定要与课程标准的具体教学目标相符合，并要比较全面地代表全部教学内容,这正是测验的内容效度,是一份试卷最起码的要求。因此,无论参照标准测验还是参照常模测验,其内容效度都非常重要,甚至心理测验也不例外。

(2) 效标关联效度。效度是由测验到的数量和作为参照标准用的数量(效度标准,简称效标)关系决定的,二者之间的相关系数称为效度系数。效度系数越大,测验的效度越高。效标关联效度又分为同时效度和预测效度。

同时效度指测验分数与当前的效标资料之间的相关程度。这种效度常用的效标资料包括在校现存的学生成绩、教师评定的等级、其他同性质测验的结果等。

预测效度是指测验分数与将来的效标资料之间的相关程度。常用的效标资料包括专业训练的成绩与实际工作的成果等。

研究者常常根据考试结果,在教学中分班编组,施以不同教育。在这样做时有一个假定:考试分数能够较好地反映学生的平时学习成就,能够较好地预测他以后将取得的成就,这正是测验的同时效度和预测效度问题。

(3) 构想效度(结构效度)。构想效度是指测验能够测验出理论的构想或特质程度,即测验结果能否证实或解释某一理论的构想,以及解释的程度如何。

评估测验构想效度的方法很多,统计学上最为常用的方法是因素分析法。用测验进行测验,对测验结果进行因素分析,找到影响测验分数的共同因素,此共同因素如果与我们要测验的特质或构想非常接近,则说明此测验具有较高的构想效度。当代教育日益着重于学生能力的培养,因而在测验上也逐步从偏重知识记忆的考核转向测量运用知识解决问题的能力上来。而诸如阅读理解、分析综合能力、推理能力、科学态度、批判性思考、创造性思维、智力等都是不能直接测量的心理特性,只能通过构想效度较高的测验来间接地测量。由此,当代教育测验自然具有了心理测验的性质,如学力测验、综合科学能力倾向测验等。当代教育测验既重视学生所学知识的巩固程度,又要看学生是怎样掌握知识的,能不能用所学知识分析和解决问题,是不是形成了学习新知识的工具。因此,测验的构想效度日益显示出了它的重要地位。

3. 效度类型的关系

不同的效度有不同的含义和不同的检验方法,但从本质上看,都是根据事物间的相互关系来评价测验结果的正确性。教育测验效度是三大类效度的统一,而不能将其简单地归结为某一种效度,这是由教育测验的基本目的决定的。同时各种效度间也有一定的内在联系。无论是效标关联效度还是构想效度都要以内容效度为基础。而内容效度的说明又要部分地来自效标关联效度和构想效度的建立。内容效度、效标关联效度又都贯穿着一定的构想效度。因此,可以说任何一份测验的正确性、有效性都是由多种效度决定的,单凭一种效度指标来评价和解释测验的结果,常会得出一些片面性的结论。所以,研究者只有通过对多种测验效度的综合分析才能对一份测验的效度作出比较全面的评价。

(三) 区分度

测验的区分度指的是测验把水平不同的幼儿区分开来的程度。区分度大的测验可以使水平高的幼儿得高分,水平低的幼儿得低分,而区分度小的测验则不能把水平不同的幼儿区分开来。一般来说,测验的区分度主要依赖于测验题目的难易程度,测验题目太难或太容易都不能提高测验的区分度。如果在一次智力测验中,由于测验题目太难,所有幼儿的分数都很低,从而不同智力水平的幼儿得分没有明显差别;同样,由于测验题目过于容易,所有幼儿的得分都很高,不同智力水平的幼儿得分也没有明显差别,从而使测验的区分度较低。

(四) 保证测验指标的要求

效度、信度和区分度决定了研究结论或测量结果是否有效或是否精确可靠,对于评价者通过测验从各种评价项目出发获取各种准确的资料是非常重要的。因此,测验必须考虑效度、信度和区分度。要保证测验的效度、信度和区分度,应做好以下三点。

1. 编制测验题目要有计划性

试题抽样不当,往往是由于编题者编拟题目时不认真所造成的。所以,为了使测试题目分布合理,在编制测试题目时,应该先确立编题计划,可以列一个表格,表中的数字代表每一类题目所占百分比,这些比例反映着每一个指标和目标的相对重要性。有了这种表格,就可以知道哪一类题目应该多选,哪一类题目可以少选。编好题目之后,还应和计划数对照一下,看测试题的分布是否合理,难度如何,重点是否突出。在进行评价时,也可以参照表中的百分比,确定每个题的分数。这样对于提高测验编题的质量有一定的积极作用,同时也保证了测验的效度、信度和区分度。

2. 采用多种命题形式测验

测验的信度和效度与评分方法有关,而评分方法与命题形式有关。命题形式很多,各有优缺点,应在一次测验中采用多种命题形式,如提出问题让幼儿回答,请幼儿判断选择,创设情景让幼儿解决问题,等等,这样可以提高测验的信度和效度。

3. 进行标准化测验

标准化测验常常用于测验某一特定的幼儿集体的成就水平。标准化测验的特点是:试题取样范围广泛,效度高;答法简单明确;评分客观准确;命题、实施及评分各个环节尽可能地减少无关因素的影响。标准化测验之前需要设定测验目的,明确范围,抽取样本;进行测试之后,要进行效度、信度、区分度的分析,筛选、确定测试题目后要给出这套题的平均分和标准差。有了这个常模之后,再用此套题目测试时,就可以用常模进行比较,通过计算就可以确定被测对象在总体中的位置。

三、测验法的功能

(一) 诊断功能

在实际工作中,仅仅靠观察或谈话来获取信息,往往难以获取足够的资料,因而对研究对象难以作出客观的诊断。而测验是一种既省时又省力的工具,能够系统地在短时间内搜集到大量资料,有助于提高诊断的效率。在临床上,心理测验主要应用于对各种智力缺陷、精神疾病、脑功能障碍、心理适应不良、幼儿发育不良等的筛查和诊断。在教育工作中主要用来发现学生适应不良的原因和学习困难之所在,弄清是由于缺乏某种特殊能力,还是由于没有掌握好某方面的知识,或是由于性格不良和存在心理障碍造成的,从而采取适当的帮助和补救措施。

(二) 建立和检验科学假设的功能

心理学中的不少理论、研究假说是在分析测验资料的基础上提出来的,又往往通过测验来对理论和假说进行比较和验证。因此,在学前教育科学研究中测验可以帮助研究者建立科学研究的理论假设,并且进一步检验理论假设,因此,测验在基本理论研究中所起的作用不容忽视。

(三) 评价功能

测验能够提供关于人的行为的描述,因此为评价提供了可靠的依据。测验可用于评价个体的方方面面,它既可用于评价个体在能力、人格特征上的差异,幼儿已达到的发展阶段,等,也可用于评价学生的学习状况、教师的教学效果和教学方法;既可用于评价个人,也可用于评价集体;测验还有助于人们的自我了解和自我评价。

(四) 选拔功能

测验法的出现为人才选拔提供了科学高效的量化手段。通过对各种工作岗位进行分析,找出特定岗位所要求的最佳心理特征,然后根据这些特征设计出相应的能力、成就和人格测验,来预测个体从事某种职业的适宜性,这种方式大大提高了人才选拔和职业训练的效率,决策的正确率也得到了提高。

综上所述,测验有着重要的功能,但用测验来解决实际问题时,特别要注意的是不要绝对化,因为测验只是一个辅助工具。测验结果只是作决策时要考虑的一个因素,而不是充分的条件。在实际工作中,要作出一个好的决策,还必须充分考虑其他方面的因素。

四、测验法的主要类型

(一) 按测验的编制来源分类

1. 标准化测验

标准化测验是指教育部门专门组织教育专家或学者们编制的,适用于大规模范围内评定个体心理特征或水平的测验。标准化测验结果可以和一定标准对照,以测定被评者的心理特征或水平。

标准化测验的制作较为复杂。首先要根据测试评价目的,明确测试范围;然后抽取测试样本,进行测试;在测试之后进行效度、信度、区分度的分析;经过分析进行筛选,确定试题并给出此套试题的平均分及标准差等,供今后使用此题的测验者进行比较,这种标准称为常模。

2. 自编测验

自编测验也叫非标准化测验。自编测验是指教育者根据教学的需要,仿照标准化测验的试卷形式,自行设计、编制的测验。主要应用于本校或本班。在学前教育评价中,学前教育管理者为了了解自身管理工作和教师的情况,或教师为了了解本班幼儿在某些方面的发展情况而自制一些测验题目,对评价对象进行测查。由于测验多为书面形式,而幼儿又不具备文字能力,所以自编测验多用于成人。在对幼儿测验时,应将文字题目转化成语言告诉幼儿,请幼儿作答。自编测验多为两种形式:论文式测验和客观性测验。

(二) 按测验对象的数量分类

1. 个别测验

个别测验是指在同一时间内,主测者以一名被试为对象而进行的测量。也就是说,测验过程中是以一对一形式来进行的,即一次一个被试。这是最常用的心理测试形式。其主要优点在于,在测试过程中主测者对受测者的言语和情绪状态有仔细的观察,并有更多的机会与受测者合作,在必要时采取一定的控制措施,及时消除影响测验的因素,使得测验顺利实施,所以其结果可靠。此外,在面对一些特殊的测试对象例如幼儿、文盲时,由于他们不能使用文字,因此只能由主测者代为记录其反应,此时只能采用面对面的个别测验。个别测验的主要缺点是费时费力,不能在短时间内搜集到大量的资料,而且其程序比较复杂,主测者需要经过严格的专门训练,具有较高的素养才能熟练掌握。

2. 团体测验

团体测验是指在同一时间内由一位主测者(必要时可增配协助人员)对多名受测者实施的测量。也就是说,每次测验过程中由一个或者几个主测者对较多的受测者同时实施测验。这类测验的主要优点在于时间经济、省时省力,可以在短时间内搜集到大量的资料,测验程序相对简单,主测者不必接受严格的专业训练即可担任。其主要缺点是主测者对每位受测者的行为反应不能进行仔细观察以作出切实的控制,所得结果不及个别测验可靠,因此容易产生测量误差,影响到测验的准确性。

在一般情况下,团体测验材料也可以以个别方式实施,但个别测验材料则不能以团体的方式实施,除非将实施方法和材料加以改变,使之适合团体测验。从实施效果来看,个别测验比团体测验的效果更为准确与可靠。

(三) 按测验材料的性质分类

1. 纸笔测验

纸笔测验又称文字测验,所用的测验材料是文字材料,它以语言来提出刺激,使受测者用语言作出反应,例如,词汇、句子、数字等,受测者作答也是用文字。韦克斯勒儿童和成人智力量表中的言语量表部分均属于文字测验。这类测验的优点是实施方便,大部分团体测验多采用此种方式编制,还有一些有肢体残疾而无言语困难的人只能进行文字测验。其缺点是测验的有效性容易受受测者文化程度和阅读能力的影响,因而对不同教育背景下的人使用时,其有效性不同。

2. 操作测验

操作测验又称非文字测验,所用的测验材料多是图形、实物、工具、仪器、模型等,受测者通过对材料的辨认、手工操作来回答,无须使用文字。因此,这类测验受文化因素的影响小。可用来编制"文化公平测验",也可用于测量无文字能力的成人、幼儿或者文字表达有困难的受测者。这类测验的缺点是常常只能个别施测,大多不宜对团体实施,比较费时费力。

目前,世界上一些较有影响力的智力测验,通常既有文字测验的内容,又有非文字测验的内容,以提高测验的有效性。例如,韦克斯勒智力量表中既包括文字测验的题目,也包括操作性题目。

(四) 按测验解释所参照的标准分类

1. 常模参照测验

常模参照测验是将受测者在测验上所得的分数与常模相比较,以确定受测者在某一团体中所处的相对位置,也就是在一次测验中所得的平均水平。常模参照测验用于幼儿之间的相互比较,以了解幼儿所处团体中的相对位置。智力测验就是常模参照测验。常模参照测验的分数分布曲线应呈正态分布,即得分在平均分数附近的百分比人数最大,高分和低分两端的百分比人数较少。

2. 目标参照测验

目标参照测验也称标准参照测验。这是将受测者的测验结果与事先规定的某一绝对标准进行比较,以确定受测者有无达到该标准,进而对受测者的分数作出解释,来评价其是否具备了某种能力。例如,教师以课程目标中规定的教学目标作为参照物,用以检查学生达到教学目标的程度,即检查学生是否达标及达标的程度。

目标参照测验的分数分布曲线,可以呈正态分布,但与最大百分比人数相对应的分数并不一定等于平均分数;也可以呈偏态分布,即多数学生的成绩都集中在分数高的一侧或分数低的一侧。

(五) 按测验的目的分类

1. 能力测验

能力测验可以进一步分为一般能力测验和特殊能力测验。

一般能力测验又称智力测验,是以测量个人的一般能力为目的的一类测验。通常根据受测者对量表上题目的反应或回答情况来确定其智力水平的高低。智力测验是心理测量领域中最早发展的一类测验,也是迄今为止较为成熟的测验。目前在国内广泛使用的智力测验如韦克斯勒智力量表、斯坦福-比内量表等,一般强调的是个体表现在认知活动中的稳定的一般能力,如言语能力、数学能力、记忆能力、空间知觉、推理能力等,这些都可视为对个体一般能力的考察。

特殊能力测验是测量个体在某一特殊领域发展可能性的测验,如机械能力测验、音乐能力测验等。

2. 成就测验

成就测验又称学绩测验,主要用于测量个人或团体在经过学习和训练之后对知识与技能的掌握程度,即学业成就。成就测验被广泛地应用于教育工作中,最常见的是学校中的各种学科测验。成就测验的目的在于了解受教育者在一定时间内获得知识和技能所达到的实际能力。成就测验一般分为两种类型:①单科成就测验,测量受教育者在某一门学科上的学业成就;②综合成就测验,测量受教育者在多种学科上的综合学业成就。

虽然能力测验和成就测验都是测量个人在其先天条件下经由后天学习所能达到的程度,但是能力测验测量的是在较少控制的或不大确定的情境中学习的结果,也就是个人在生活中经验累积的结果,而成就测验多是测量在有计划的或比较确定的情境中的学习结果。

3. 人格测验

人格测验主要用于测量人格中除能力之外的心理特征,诸如性格、气质、兴趣、态度、品德、动机、价值观等方面的心理特征。有的人格测验测量单一的人格特质和类型,如气质测验;有的人格测验则包含着多种人格特质,如卡特尔16种人格因素问卷。常见的人格测验主要分为三类:①自陈式人格量表,如艾森克人格问卷;②评定式人格量表,如猜人测验;③投射测验,如绘画测验。

五、测验法的优点和局限

(一) 测验法的优点

从心理学史的角度来看,在各种评定学习和其他心理能力的程序中测验是最简便、客观、有效、公正、偏见最少的手段,它比观察法更准确、客观且取样大,能研究较为复杂和高级的心理现象,可以弥补实验法的某些不足。正因为这样,人们普遍认为测验法是继实验法之后心理学研究方法上的又一个里程碑。而比内、西蒙于1905年创制的比内-西蒙量表则被认为是20世纪20项对人类生活具有重大影响的科学发现之一。

(二) 测验法的局限

测验作为一种研究手段和测量工具,尚不完善。测验法不是鉴别差异的唯一方法,也不是万能的方法,有其局限性。实际上,无论在理论上还是在方法上,测验都还存在不少问题,只有把各种方法综合起来运用,才能对人的心理作出正确的考察。

六、测验法使用的程序

(一)选择或设计测验工具

在开展研究之前,首先需根据课题的具体要求和目标来选择或设计相应的测验。例如,为了衡量幼儿的智力发展水平,可以选择已经存在的智力测验量表,或者根据特定的需求自行开发测验工具。如果决定采用国外的智力测验,必须对其进行适当的修订,以确保其符合我国的文化背景和实际情况,然后才能投入使用。

(二)实施测验

在实施测验的过程中,必须严格遵守测验的规范和程序。指导语应简洁明了,确保幼儿能够理解答题的要求;在阅卷和评分时,也应严格遵循统一的标准和规定。对于某些测验,主试人员可能需要接受专门的培训以保证测验的有效性。

(三)分析测验结果

测验完成后,我们将获得大量的数据。这些数据需要经过整理、分组,并进行统计分析以揭示其内在的规律性。通过这一过程,数据的模式和趋势将逐渐清晰。

(四)利用常模进行评估

即便经过了数据处理,测验分数本身并不能直接告诉我们其代表的具体含义。例如,幼儿的智力水平是高还是一般,需要通过对分数的解释来确定。这种解释依赖于参照系,而在教育测验中,这个参照系通常是指常模。常模代表了某一年龄段幼儿发展的平均水平或成绩。如果一个幼儿的智力测验分数高于常模,那么可以认为其智力水平较高;如果低于常模,则相反。通过这种方式,才能对幼儿的发展和教育进行科学、准确的判断和评价,并获取可靠的反馈信息。

第二节 标准化测验

一、标准化测验的含义

(一)标准化测验的定义

标准化测验是指由专家或学者所编制的,适用于大规模范围内评定个体心理特征或水平的测验。这种测验的命题、施测、评分和解释都有一定的标准或规定。由于测验条件的标准化,测验的结果比较客观一致,适用的范围和时限也较宽广。一个标准化测验的首要条件是具备较高的信度和效度。而有效地改进测验的信度和效度,研究者就要提高测验和评分过程的标准化,并根据标准来对照和解释测验结果。

知识延伸 8-2

《标准化测验在理解上的一致与分歧》概要

(二)标准化测验的要求

1. 试题编制的标准化

标准化测验是由专门机构或专家学者按一定测验理论和技术,组成命题小组集体编制。编题前,他们还要统一思想,明确测试目的,编写测试大纲,制订编题计划。编题时严格按照大纲要求和计划内容编写,并由专门人员对试题进行审查,从中筛选一部分质量高的题目组成试测试卷进行试测,再根据试测结果进行统计分析,计算出试题的难度和区分度等数据。如果有些数据不符合要求,还要对试题进行修改。测验专家使测验的内容取样和题目编制更加系统、合理,能比较全面地考虑造成测验误差的各项因素,并最大限度地减少这些因素的影响,从而将各方面的误差控制在尽可能小的范围内,使测验可靠准确。

2. 测验方法的标准化

标准化测验的实施由主测者机构统一设计、统一要求,严令每一个测验者和工作人员都必须严格执行。统一要求包括测试的时间、场地及设施、测试要求要统一,如何处理偶发事件、如何填写答案等都要有统一的测验方法。标准化测验是一个系统化、科学化、规范化的施测和评定过程。

3. 评分计分的标准化

标准化测验的试题多数是客观性试题,这些题的正确答案明确,受测者回答非对即错,测试者评分比较客观,一般不会出现误评的现象。对于主观性试题,标准答案也有比较具体的回答要点和评分标准。在正式评分之前,要组织测评者试评,让大家掌握要领,统一标准之后才正式进行评定。在评定之后,还组织专人进行复查,以避免标准不一。对于测试的合分等容易出错的步骤,组织者十分谨慎,组织专人进行。在测试过程中,大多数测验的计分规则都是客观的,不需要对受测者的回答作任何主观解释。但是,也有部分项目的计分要求测试者作出判断,要求测试者必须在记分纸上写下受测者的答案,待测验过后进行评分,以保证计分的准确性。按照计分规则所得的每一个测验的分数叫原始分数。测试者应该将这些分数登入记分纸封面上相应的原始分栏内。原始分数汇总后经过统计加工,才能求出量表分数。

4. 分数解释的标准化

标准化测验具有统一的参照标准,测验的原始分数可以据此转换成标准分数,这比原始分数要科学、合理得多。因而使得不同测试的分数具有可比性,能更准确地反映受测者在某一总体中的位次,以便清楚幼儿在某一特定的领域里的优势和弱处。

二、标准化测验的实施

(一) 选择量表

1. 量表功能与研究目的、研究内容的适宜性

测验选择的量表首先必须符合测验的目的。因为每一个测验都有其特殊的用途和使用范围,所以主测者首先应当对各种测验量表的功用及特长、优缺点有一个了解。此外,不但不同的研究目的要选用不同的测验,而且不能只是根据测验量表的名称盲目选择测验,所以必须要了解该测验量表的真正适用范围和功效,否则就会造成测验使用不当。

知识延伸 8-3

《美国标准化测验
的问题与质疑》
概要

2. 量表的标准化程度

每一种测验都有其特殊功能,在选择测验时应了解量表的信度和效度。因为要想对测验分数作出确切的解释,只有常模资料是不够的,还必须有测验量表的信度和效度资料。没有效度证据的常模资料,只能告诉研究者一个受测者在一个常模团体的相对等级,不能作出预测或更多的解释,这个测验也就毫无价值可言。

3. 测验的形式要适用于特定的研究对象

测验要和受测者匹配,注意测验的适用年龄段、施测的方式等,这样才能保证测验的准确性。

(二) 测验准备

1. 掌握测验的基本知识技能,熟悉量表

标准化测验要求由经过专门培训的施测人员来进行测量和解释工作。这些基本知识和技能包括:能对测验的信度、效度及测验是否适合等问题作出判断;能正确解释测验分数,精确描述测验分数包含的信息;能识别测验和测验分数的不恰当的说明或解释;明白不同的测验,在施测、计分和解释上需要不同的能力;防止所做的测验超出自己的能力范围;能在与测验标准化相当的条件下实施测评;在测验结果的解释上接受过一定的训练;等。另外,还要熟悉量表内容。

2. 准备测验要使用的材料和场所

要准备好准确的计时器(最好用秒指示),所有受测者都能看到的壁钟或其他指示时间信息的工具,这样会在小组测验中帮助受测者确定进行速度。为使受测者在测验中保持最佳状态,在测验房间门上挂上写有"正在测验,请勿打扰"的牌子能防止许多意外干扰。应尽可能减少外面的公共演说、电话、上课铃声及其他噪声的干扰。受测者应有充裕的作业空间、舒适的座椅、平滑的桌子。施测时,一般情况下,室内除主测者和受测者外不得有第三者在场。必要时,可加主测者助理一人。测验房间要有足够的亮度、良好的通风、适宜的温度。如是个别测验,应检查完整的问卷或器材一共多少,是否完整,有仪器时应进行检查以保证良好的工作状态。若是团体测验,则所有的测验本、答卷纸、铅笔和其他测验材料都须在测验前清点、检查和摆放好,以免忙中出乱。

3. 做好测验约定

事先应当通知受测者,保证受测者确切知道测验的时间、地点、内容范围以及测题的类型等,使受测者对测验有充分的准备,及时调整自己的情绪和生理状态。有时还要通知他们的父母。心理测验一般不搞突然袭击,但根据需要,有时不告知测验的目的。

(三) 实施测量

良好的实施过程对一个成功的测验来说是必不可少的,实施测量的关键是要准。为了使测量结果准确可靠,必须将测验的使用标准化。测验的标准化意味着实施过程、指导说明、所用设备、评分均由测验的设计者规定,以便不同主测者能在不同的情况下对所有的受测者进行同样的测验和评分,并得到可比的结果。

测验的实施是保证测验有效性的重要环节之一,主测者要尽可能使受测者在相似的情境中接受测验,减少无关因素对测验结果的影响,尽量控制测验误差,提高测验的效度。因此,测验的实施要考虑以下七个方面。

第一,主测者要具备专业知识水平,包括为实施测验所必需的特殊训练(或证明)。如果测验有几方面的用途,要考虑不同的用途有不同的要求,应该详细说明每一项用途所需要的专业知识水平。

第二,实施的指导要足够详细,以便在不同的测验条件下容易使用。主测者要掌握有关时间限制、对受测者的口头指导、猜题的对策、对材料分配的建议以及如何回答受测者的问题等指导说明。如果受测者不是因为缺乏有关测验内容方面的知识而是因为指导太差而导致失败,那么,根据测验得出推论的合理性就会遭到破坏。

第三,主测者要保证有实施测验所必需的适当数量和种类的材料。在测验前主测者要对测验和测验材料保密。如果受测者在测验前就知道了测验、测验材料或测验条件,他就会获得那些不了解情况的同伴所不能得到的信息,这就不公平了。因此,测验前的保密是十分重要的。在测验的前后,对测验材料进行认真细心地记数、核对、分配、搜集,会大大有助于保证测验的保密性。

第四,实测时,指导说明要慢慢地读,声音要清楚,要准确地利用测验设计者提供的语句。主测者应告诉受测者怎样对测验的问题作出反应。在各种场合下主测者的面部表情、声调等要保持温和而不做任何暗示,不给受测者提供赞许或否定的信息,以免产生期待效应。

第五,单独的答案纸或其他操作材料的使用规定应对受测者解释清楚。受测者应该知道怎样和在哪里写答案,对年幼的幼儿更应详细解释。使用答案纸可以使评分方便、迅速。因此,受测者必须知道如何正确地使用它们,然后才能得出准确而有效的数据。一般来说,6 岁或 7 岁以下的儿童不宜使用答案纸。

第六,测验实施时,主测者对受测者测验的情感因素应予以关注。在理想情况下,主测者应寻求和受测者建立密切关系,减少他们的忧虑,回答受测者的问题时,应该不带蔑视、讥讽和不耐烦的口气。主测者对受测者的感情要反应灵敏并采取措施来引导受测者的最佳表现。

第七,主测者要掌握评分标准,在测验实施和评分中,特别是在使用答案比较灵活的试题时,要充分而准确地说明测验的条件,力求受测者的测验得分能反映出他在有关方面的实际水平,要避免由于不良的实施条件或不准确的评分而导致错误的结果。

总之,对受测者表现的正确推断和在不同测验条件下受测者之间公正的比较,应以测验实施的标准化条件为依据。如果时间限制、指导说明和评分程序等在测验实施过程中允许有很大变动,那么就失去了使所有受测者相互比较的共同基础。正因如此,标准化测验的实施才尤为重要。

(四) 解释测验结果

不管是心理测验还是平时考试,都希望评分是客观、公正的,因此评分或记分的标准化是必经的一步。为使评分尽可能客观,主测者要及时而清楚地记录受测者的反应情况,特别是对口试和操作测验,必要时可以录音和录像。要有一张标准答案或表格,即记分键。评分者将每一个人的反应与评分说明书上所提供的样例相比较,然后按最接近的答案样例给分。评出后还要进行合成计算,即将各题目分数合成分测验分数,再将分测验分数合成测验总分数。为了使测验分数具有意义,使不同的原始分数可以比较,就要对它们进行适当的转化处理或者与参照标准加以对照。经过处理和对照参照标准得来的分数就是导出分数,如百分位数、标准分数等都是导出分数。测验编制者提供的常模表就是原始分数的转化表,我们在使用时,只要根据常模样本的某些特征,找出受测者的原始分数对应的导出分数,就可以对测验的分数作出有意义的解释。

　　然而，一个合格的主测者绝不会仅仅根据测验分数就轻易下结论，他要围绕测验分数进行一系列的综合分析。由于测验误差的影响，受测者测验分数会在一定范围内波动，所以测验分数只是一个范围而不是一个确定的点，不能把分数绝对化，更不能仅仅根据一次测验的结果轻易下结论。因为一个人在任何一个测验上的分数，都是他的遗传特征、测验前的学习与经验以及测验情境的函数，这些因素都会对测验成绩有所影响。为了能对测验分数作出有意义的解释，必须将个人在测验前的经历、测验情境考虑在内。在解释测验分数时，一定要依据从最相近的团体、最匹配的情境中获得的资料。对于来自不同测验的分数不能直接加以比较。为了使受测者以及与受测者有关的人能更好地理解分数的意义，在报告分数时注意不要把测验分数直接告诉受测者或家长等有关人员，应告诉的是测验分数的解释和建议。避免使用专业术语，必要时可以问当事人是否听懂，可以让他说说你的解释是什么意思，要保证当事人知道这个测验测量或预测什么，要使当事人知道他是和什么团体在进行比较。

　　幼儿教师在使用测验时应该明确，标准化测验作为一项工具，只有和其他工具一起运用，才能对教学进行准确的评价。

三、我国常用的幼儿标准化测验工具

（一）中国幼儿智力量表（CISYC）[①]

1. 概况

　　中国幼儿智力量表（CISYC）是中国幼儿智力量表全国协作组立足我国的社会文化背景，基于我国心理学长期以来的研究成果，以及我国幼儿的心理和生理特点，于20世纪90年代后期编制而成的一套幼儿智力量表。它具有比较适合我国文化背景、操作简便、节省时间等优点。编制者吸取国内外同类智力测验如韦氏智力量表、斯坦福—比奈智力量表第四版等的长处，结合编制者多年来修订、编制及应用测验的经验，对本量表整体和各分测验进行设计和建构。中国幼儿智力量表覆盖年龄范围从3岁0个月至6岁11个月30天，每半岁为一年龄组，共8个年龄组。中国幼儿智力量表包括城市与农村两套全国常模。

2. 量表的结构

　　量表共包括10个分测验，即8个基本测验和2个附加测验。

　　（1）基本量表。

　　基本量表包括言语理解/概括、空间知觉/推理两个分量表（成份），各由4个分测验组成。

　　言语理解/概括分量表（成份）

　　① 知识测验：主要测量一般知识的丰富与否。

　　② 图画匹配测验：测量概念的形成，特别是有意义图形的推理能力。

　　③ 听觉广度测验：测量听觉短时记忆和注意广度。

　　④ 图片词汇测验：测量词语理解能力，词汇量多少。

　　空间知觉/推理分量表（成份）

　　⑤ 七巧板测验：主要测量空间知觉和推理能力。

　　⑥ 模型旋转测验：测量视觉空间的感知及心理转换能力。

　　⑦ 视窗测验：测量空间知觉、视觉短时记忆和注意。

　　⑧ 木块图案测验：测量非言语抽象概括和空间逻辑推理能力。

　　（2）附加测验。

　　⑨ 算术测验：主要测量数概念和心算能力，可作为言语理解/概括分量表的替换测验。

　　⑩ 划消测验：主要测量注意、精神运动速度，可作为空间知觉/推理的替换测验。

　　（3）附加量表。

　　流体智力分量表（成份）：由七巧板、木块图案和视窗3个分测验组成。

---

① 湖南医科大学附二院医学心理学研究中心，中国幼儿智力量表全国协作组.中国幼儿智力量表的编制Ⅰ.编制策略、项目筛选、信度和常模[J].中国临床心理学杂志，1998(1)：1-7.

晶体智力分量表(成份):由知识、图片词汇和图画匹配3个分测验组成。

(二) 中国-韦氏幼儿智力量表(C-WYCSI)

1. 韦克斯勒幼儿智力量表概况

韦氏幼儿智力量表(WPPSI)是测量2岁半至6岁幼儿的智力的量表,自从1967年提出以来,已经发展到第四个版本。其与2003年完成的韦氏儿童智力量表(WISC-Ⅳ)以及2009年完成的韦氏成人智力量表(WAIS-Ⅳ)一起,成为智力测验发展历程中的又一个里程碑。2012年发表的韦氏幼儿智力量表(WPPSI-Ⅳ)沿承了WISC-Ⅳ和WAIS-Ⅳ的成功改进,不仅修订了题目、增删了部分分测验,而且使测验的结构有了根本的改进,使WPPSI-Ⅳ的分测验能够更加清晰地测量幼儿的言语和非言语能力,对智力的测量更加符合心理学理论的发展。

1989年,韦氏幼儿智力量表修订版(WPPSI-R)中,采用了与韦克斯勒儿童智力量表(WISC)相同的结构,即由常识、词汇、类同、理解和算术构成言语分测验,并组成言语智商;由动物房、填图、拼图、积木和迷津构成非言语分测验,并组成操作智商。这样的结构,一方面不能对智力的结构给出具有很强说服力的证据;另一方面,言语智商和操作智商的划分也不能很好地刻画出幼儿智力活动的情形。

2002年,韦氏幼儿智力量表第三版(WPPSI-Ⅲ)对上述不足进行了修正,更新了部分分测验,并且更新了量表的结构。采用言语智商和操作智商原有的合成分数,并增加了新的合成分数:一般言语综合分数。

2012年,韦氏幼儿智力量表第四版(WPPSI-Ⅳ)中,根据幼儿的年龄施测不同的分测验,并且用不同的合成分数对幼儿的智力进行评估。2岁半至3岁11个月的幼儿的总智商,由言语理解、知觉组织和工作记忆三个合成分数构成。而4岁至7岁半幼儿的总智商,则由言语理解、知觉组织、流体推理、工作记忆和加工速度五个合成分数构成。这样的结构,更加符合幼儿阶段的认知能力发展特点,因而是对幼儿认知能力的最好测量。

知识延伸8-4

《韦克斯勒儿童智力量表第三版(WISC-Ⅲ)的试用研究》概要

2. 中国-韦氏幼儿智力量表(C-WYCSI)的结构和修改

中国-韦氏幼儿智力量表(C-WYCSI)是以韦氏幼儿智力量表(WPPSI)为蓝本,在长沙-韦氏幼儿智力量表基础上发展而来,包括城市常模(N=2 200人)和农村常模(N=1 120人)。1986年,此项工作在龚耀先主持下,全国64个单位协作,全国取样,完成了中国-韦氏幼儿智力量表(C-WYCSI)的编制。适用于4岁至6.5岁儿童。它包含言语和操作两个分量表,言语量表由知识、图片词汇、算术、图片概况和领悟五个分测验组成;操作量表由动物下蛋、填图、迷津、视觉分析、木块图案和几何图形六个分测验组成,但在计算操作智商和全量表智商时实际只用五个操作分测验,视觉分析和几何图形测验任选一个,均可在相应的转换表中查到操作智商和全量表智商。

在C-WYCSI中将WPPSI的三个分测验形式改变:词汇、相似性和动物房子测验分别由图片词汇、图片概括和动物下蛋代替;去掉了句子背诵测验,但增加了视觉分析测验;算术和木块图案测验的记分方法作了改动;约2/3的测验项目作了变换。

知识延伸8-5

《中国-韦氏幼儿智力量表(C-WYCSI)的编制》概要

(三) 韦氏儿童智力量表第四版(WISC-Ⅳ)中文版

1. WISC-Ⅳ的内容结构

韦氏儿童智力量表第四版(WISC-Ⅳ)可以为儿童认知能力的评估与诊断提供丰富的临床信息,它吸收认知心理学的最新研究成果,改变了以往版本中用含糊的言语智商和操作智商对儿童智力水平的笼统概括。全测验包含14个分测验,分为10个核心分测验与4个补充分测验。测验结果除构成总智商外,10个核心分测验通过合成分数组成4个指数,最终显示为:总智商+言语理解指数、知觉推理指数、工作记忆指数和加工速度指数。

总智商:描述儿童的总体认知能力,是对儿童智力活动水平的综合评估。

言语理解指数:描述儿童学习和运用语言、概念形成、分析比较以及综合判断等抽象思维的能力,对于有言语发展障碍的儿童可以起到较好的筛查作用。

知觉推理指数:描述儿童对视觉信息的抽象推理、空间知觉、视觉组织以及概括分析等能力,可以反映儿童流体推理能力的水平和特点。

工作记忆指数:描述儿童的短时记忆、对外来信息的存储和加工以及输出信息的能力,是流体推理和高级认知过程必不可少的要素,与儿童的学习能力和学业成就有很高相关。

加工速度指数:描述儿童处理简单而有规律的信息的速度、记录的速度和准确度、注意力和书写能力等。

2. WISC-Ⅳ中文版的修订

20世纪80年代初,林传鼎、张厚粲修订了韦氏儿童智力量表第二版(WISC-R),至今在医学界和教育界广泛应用。2003年韦氏儿童智力量表第四版(WISC-Ⅳ)问世,由珠海京美公司与美国原出版公司协商合作,由张厚粲主持进行修订,2007年底完成,2008年3月在北京由中国心理学会主持的专家鉴定会上通过了鉴定,开始付诸应用。

知识延伸 8-6

《韦氏儿童智力量表第四版(WISC-Ⅳ)中文版的修订》概要

3. 韦氏智力量表的优点和局限

(1) 优点。

它与斯坦福-比内量表相比,具有以下一些优点。

第一,韦氏智力量表具有复杂的结构,不但有言语分测验,还有操作分测验,可同时提供三个智商分数和多个分测验分数,能较好地反映一个人智力的全貌和测量各种智力因素。整个韦氏智力量表的三套量表互相衔接,适用的范围可从幼儿直至成年,是一套比较完整的智力量表。

第二,韦氏智力量表用离差智商代替比率智商,既克服了计算成人智商的困难,又解决了在智商变异上长期困扰人们的问题。当然,离差智商的概念并不是韦克斯勒发明的,如奥蒂斯测验、宾特纳一般能力测验中也曾用过离差智商,但自韦克斯勒之后,离差智商这一概念才在智力测验中广为应用。

第三,韦氏智力量表临床应用的多,积累了大量的资料,已成为临床测验中的重要工具。除可测量智力外,还可研究人格,而且可以作为神经心理学的主要测量量表。韦克斯勒报道,如数字广度、数字符号、木块图案等分测验的成绩随年龄增高而降低,这些测验与另一类不受年龄影响的分测验(词汇、知识和图片排列等)成绩的比值,即"退化指数",可作为脑功能退化的商数。

(2) 局限。

第一,韦氏智力量表的三个独立本的衔接欠佳,表现在同一受测者用两个相邻量表测验如 WAIS 和 WISC 时,其智商水平在 WAIS 的系统性高于 WISC。

第二,测验的起点偏难,有的分测验(如相似性测验)方法对低智力者难以说明,故不便测量低智力者。

第三,有的分测验项目过多(如词汇测验),增加测验时间;有的相反,项目过少(如物体拼凑测验),难以调整项目难度,且不便作分半相关信度检验。

(四) 中国比内测验

1. 概况

1905年,法国心理学家比内和咨询师西蒙编制了世界上第一个智力量表,即比内-西蒙量表,1908年和1911年进行了两次修订。比内-西蒙量表传到美国后,1916年,美国斯坦福大学教授推孟进行了第一次修订,称为斯坦福-比内量表。在1937年和1960年又进行了两次修订,1972年出版了新的常模,1985年进一步修订常模,使其成为当今很有影响力的智力测验。

1924年,我国心理学家陆志韦对比内-西蒙智力量表、斯坦福-比内智力量表进行了修订,称为中国比内-西蒙智力测验,适用于江浙一带。1936年,陆志韦和吴天敏对中国比内-西蒙智力测验进行了第二次修订,使其适用于北方。1979年,吴天敏主持第三次修订,1982年完成中国比内测验,它包括语言文字、数字、解图和机巧4类,共有51个项目,从易到难排列,每项代表四个月智龄,每岁三个项目,用离差智商评定智商的高低,可测验2-18岁被试,农村和城市受试者共用一套试题。在评定成绩的方式上,放弃了比率智商,而采用离差智商的计算方法来求智商(IQ)。

知识延伸 8-7

《〈中国比内测验〉在新疆石河子地区汉族儿童少年中的试用报告》概要

考虑到教育、医疗部门对智力测验的实际需要,吴天敏在中国比内测验的基础上又编制了中国比内测验简编,它由8个项目组成,题目均选自《第三次订正中国比内测验指导书》,项目虽减少,但使用省时简便,虽粗略但尚属可靠,一般只需20分钟即可测定。

2. 测验题名称

①比圆形;②说出物名;③比长短线;④拼长方形;⑤辨别图形;⑥数纽扣13个;⑦用手指数;⑧上午和

下午;⑨简单迷津;⑩解说图形;⑪找寻失物;⑫倒数 20 至 1;⑬心算(一);⑭说反义词(一);⑮推断情境;⑯指出缺点;⑰心算(二);⑱找寻数目;⑲找寻图样;⑳造语句;㉑对比;㉒正确答案;㉓对答问句;㉔描画图样;㉕剪纸;㉖指出谬误;㉗数学巧术;㉘方形分析(一);㉙心算(三);㉚迷津;㉛时间计算;㉜填字;㉝盒子计算;㉞对比关系;㉟方形分析(二);㊱记故事;㊲说出共同点;㊳语句重组(一);㊴倒背数目;㊵说反义词(二);㊶拼序;㊷评判语句;㊸数立方体;㊹几何形分析;㊺说明含义;㊻填数;㊼语句重组(二);㊽校正错数;㊾解释成语;㊿明确对比关系;⑾区别词义。

(五)瑞文测验

1. 概况

瑞文测验又称瑞文渐进测验,是英国心理学家瑞文于 1938 年编制的一种非文字智力测验,因其使用方便,至今仍为国际心理学界、教育界和医学界所使用。该测验是以智力的二因素理论为基础,主要测量了一般因素(G 因素)中的推断性能力,即个体作出理性判断的能力。它较少受到本人知识水平或受教育程度的影响,努力做到公平,故心理学家们尤其喜欢采用这个测验作为跨文化研究的工具。

瑞文测验共包括标准型、彩色型和高级渐进方阵三套测验。标准型(SPM)是瑞文测验的基本型,于 1938 年问世,适用于 6 岁到成人受测者,有 5 个黑白系列,共计 60 个项目。彩色型(CPM)编制于 1947 年,适用于 5.5 岁到 11.5 岁的儿童及智力低下的成人,分为三个系列,共计 36 个测验项目。高级型(APM)包括渐进矩阵Ⅰ型(12 题)及Ⅱ型(36 题),类似于瑞文标准渐进测验,但难度更大,可对在标准型测验上得分高于 55 分的受测者进行更精细的区分评价。

瑞文测验在许多国家都有其修订本。我国 1986 年由张厚粲及全国 17 个单位组成的协作组完成了对瑞文标准型测验的修订,出版了瑞文标准型测验中国城市修订版。1989 年,李丹、王栋等完成了彩色型和标准型合并本—联合型瑞文测验(CRT)中国修订版的成人、城市和农村儿童三个常模的制定工作,5－75 岁受试者皆可借此测验粗评智力等级。

知识延伸8-8

《联合型瑞文测验中国儿童常模第三次修订》概要

2. 优点

测验对象不受文化、种族与语言等条件的限制,适用范围广,测验既可个别进行,也可团体实施,使用方便,省时省力。它适合于跨文化研究,以及正常人、听障人士、言语障碍者和智力障碍者之间的比较研究,还可以作为大规模筛查或智力初步分等的理想工具。

(六)绘人测验

1. 概况

绘人测验又被称为人形画或画人测验,它是一种投射性测试技术,通过口头或书面发布特定指令,要求被测试者用简单的绘画元素画出人形画,评定者通过对人像画进行编码分析,以了解受试者智力水平、情绪状态和人格特质,或者对某些群体的心理和精神疾病进行评估诊断。根据不同的主题,有些要求只画自己,有些则要求同时画一个男人、女人和自己。例如自画像就是一种典型的绘人测验,它的指导语为"请在纸上画出你自己"。房树人、雨中人、家庭动态画等主题绘画严格来讲也属于绘人测验。测试前,评定者需要准备基本的绘画工具,如纸和笔等。在测评中,会有一个标准化的指导说明:"请你在纸上画一个完整的人。"同时要求主试动态监测和记录被试在绘画过程中的擦除情况和情绪变化情况。施测后,主试一方面会对被试所画人物的大小、细节、颜色进行编码,以分析和评估绘画者的情绪、人格和智力水平。另一方面,主试还会将谈话中获得的关于被试自身对绘画的解读,以及在绘画过程中记录的信息作为评估的参考依据。绘人测验定量编码是基于某种绘画指标的存在与否而编制的,其中"有"记为 1,"无"记为 0。

1885 年,英国学者库克首先描述幼儿绘人的年龄特点。1926 年美国心理学家古迪纳夫氏首次提出绘人法可作为一种智能测验,并对该方法加以标准化。1963 年,哈里斯对绘人智能测验方法进行了大量的研究,首次提出绘人测验与智商测验之间有明显的相关性。

在我国,绘人测验最早是在 1933 年被引进的。1934 年肖孝嵘对其进行了修改完善。1999 年,傅根跃开发了新的绘人智力测验,并以浙江为例编制了常模。2003 年,庄勤和何耐灵首次使用人形画来评估聋哑儿童的心理健康状况。2004 年,孟沛欣通过自画像测验结果辨别精神障碍患者和正常人。[1]近年来,国

---

① 杜巧梅.绘人测验在小学生攻击性评估中的应用研究[D].烟台:鲁东大学,2023:7-8.

内外研究者都在尝试将绘人测验广泛应用在智力、情绪和人格特质等临床心理评估中。

2. 优点和局限

(1)优点。绘人测验作为一种历史最悠久、应用最广泛的投射性心理测评工具,因能避开各种防御反应,不受语言文字限制、成本效益低、简单易行等优点而被国外研究者广泛应用在智力、情绪、行为、心理健康、自我概念等领域的评估研究中,并取得了一定的研究成果。尤其是近年来随着人工智能的发展,借助计算机对绘画指标进行提取识别、编码分析,使绘画测验中可能存在的主观性问题得以解决,从而有更多的临床工作者开始将绘画投射测验作为心理辅助测量工具应用在实际工作中。绘人测验只令幼儿画一个人像,不受主测者的语言、行为等外界因素的干扰,而且幼儿喜欢画画,通过他们感兴趣的活动方式来测查智力,幼儿不会感到紧张和疲劳,在轻松愉快的气氛中表现出内在的实际智能水平。

(2)局限。绘人测验仅适用于有绘画技能的幼儿,而且只能反映幼儿的一种特殊能力。对不会画人的幼儿不能用这一测验结果评价其智能水平,对画人水平较高或过低的幼儿评价时应慎重。本方法用于集体智能筛选,比较方便、省时。在作智能评价时,还应与幼儿的平时行为表现结合起来,必要时,用其他智能测查方法复查。在国内,由于绘人测验的信效度有待验证,使得相关研究成果较为匮乏。

知识延伸8-9

《绘人测验在儿童心理评估中的应用现状及发展趋势》概要

(七) CDCC 中国儿童发展量表(3—6岁,城市版)[1]

1. 概况

1985年至1992年,在北京师范大学张厚粲主持下,并得到中国儿童发展中心的支持,北京师范大学和新疆师范大学等全国六大行政区所属的18个大、中、小城市研究者协作研究,参考国内外有关研究成果,结合我国特点,编制了中国儿童发展量表(3—6岁,城市版),简称CDCC。编制工作经历了四个阶段,包括初稿编制、初步预测、建立全国常模的取样工作,以及最终的调整和完善。该量表包括语言、认知、社会性、动作等四个部分的22个项目,共计152个小题。经过多次修订和测试,最终形成了包含16个项目共计111个小题的量表。适用于对我国3—6岁儿童的智能发展作诊断性测验和评估。

2. 编制目的

儿童发展量表,应是一种考察儿童发展的指标。本量表编制的目的,是探索我国3—6岁幼儿的心理发展规律,制定出适合我国实际使用的幼儿发展量表,为有关科研人员、心理学工作者及广大幼儿教师、儿童保健与儿科工作者提供考察3—6岁幼儿发展的指标,以有利于对儿童的评价、教育与治疗。

知识延伸8-10

中国儿童发展量表(CDCC)

3. 量表评价

中国儿童发展量表是根据国内儿童心理发展研究编制的,量表的内容适合于中国儿童,测验项目有较理想的难度和较高的区分度,并具有较好的因子结构,能够较准确地鉴别我国3—6岁儿童的发展水平。实践证明该量表是一个可靠的、有效的测验工具。测验结果与教师评价一致,简便易行,是实际工作所必需的。

(八) 慎重使用过时的智力量表

无论是韦氏智力量表,还是中国比内测验等测验的中文修订版,有的修订版已经几十年了,常模还是当年的常模,从来没有更新。因此,过时的测验量表不可滥用,务必慎重使用。

第三节 自 编 测 验

一、自编测验的含义

(一) 自编测验的定义

自编测验,也叫非标准化测验。自编测验是教育者根据教学的需要,仿照标准化测验的试卷形式,自

---

[1] 周容,张厚粲.CDCC 中国儿童发展量表(3—6岁)的编制[J].心理科学,1994(3):137-140.

行设计、编制的测验,主要应用于本校、本园或本班。自编测验研究者必须明确学习评定的标准和一般的步骤,尤其要善于选择适当的评定方式。教学中应该选用最能充分测量出教学目标实现程度的试题形式。常用的测验,从方式上看有两大类:论文式测验和客观式测验。它们各有利弊,应扬长避短,以实现学习评定的全面和公平。

1. 论文式测验

论文式测验也可以称为主观式测验,是由评价者命题,由被评对象作答的测验。按韦特曼的分析,论文式试题包括:何事、何人、何地,列举,概述,描写,对比,比较,说明,讨论,发挥,总结,评价等方面,一般统称为论述题。论文式测验,可以测定高度复杂的理解力、判断力,用以考察整个学习过程的效果,以及价值观、态度、鉴赏等评价目标。

其优点是:①能测量受测者的组织、思维与表达等高级心理能力;②命题容易,省时省事;③能促使学习方法向理解、探究和把握知识整体方向上发展。

其缺点是:①评分时评价者缺乏客观性,评分时往往是前后不一致,但这也是在所难免的,因为即使是专家们的评分也很难一致;②试题取样不够广泛,覆盖面小,而且答卷与评卷也很费时间,不能由其他人或机器来代替评价者的评分。

2. 客观式测验

客观式测验是针对主观式测验而产生和发展的,客观式测验来源于标准化测验,是由研究者依据测定评价目标,列出题目请受测者判断对错、选择、填充、排序等,从受测者的回答来了解或进行评价。客观式测验就性质而言,有学习成就测验、能力倾向测验和人格测验;就作用而言,有诊断性测验、形成性测验和终结性测验;就材料而言,有纸笔测验和操作测验;就对象而言,有个别测验和团体测验。在研究者自编的学习成就测验中,通常是就结构而言的,它有填充题、简答题、对错题、选择题、配对题等,它们各有优缺点。

客观式测验的优点:①试题取样较广,代表性强,效度较高;②可以在规定时间内完成试题答案,适用于被测对象人数较多的情境;③评分容易而且客观性大,也可由其他人或机器代替主测者的工作。

其最大的缺点是不如论文式测验那样能测量组织、创新等高级思维能力。另外,命题上费时多,增加主测者的负担,正确答案只有一个,不利于培养求异思维。

(二) 自编测验的特点

(1) 简易快速,测验由评价者本人,或使用者根据不同的目的或时间来编制。

(2) 形式灵活,对不同的受测者,可以有不同的测试题、时间限制和计分手段。

(3) 测验使用范围较小,测验规模只限于教育机构内或班级,属于小规模的学习评定,难度适合受测者的实际水平。

(4) 以研究者本人的经验来估计测验的可靠、有效和实用,一般无信度、效度和常模等资料。

二、自编测验工具的制作

为了让测验发挥出更佳的效果,必须编制出高质量的、符合要求的测验。测验的编制方法多种多样,不同性质与用途的测验,其制作的具体技术、过程和方法也不同,但测验的基本原理是一致的,测验编制主要包括以下五个程序。

(一) 确定测验的目的

测验目的是指所要编制的测验用来测量什么心理功能,是测量人格、能力还是学业成就;是选拔人员、预测受测者将来可能取得的成就,还是验证某个理论假说。这是自编测验时评价者必须明确的问题。

(二) 制订编制计划

当确定了测验目的之后,接下来就要制订编制计划,因为它可以指明在编制阶段,应该编写哪些方面的测试内容、测试项目及其数量。编制计划是编制测验的总体设计和构思,需要明确两个方面的信息:①测验的内容和项目形式;②对每个内容、目标的相对重视程度,通常用百分比来表示。在记分时,可以按照编制计划中的百分比确定每类项目的分数。

编写测验项目是测验编制过程中最重要的步骤之一,一般情况下,为了全面地覆盖测验内容,也为了筛选到合适的项目,起初编写出的项目往往要多于所需题目。要着手搜集资料作为拟定项目的依据,所搜集的资料要丰富。资料搜集愈齐全翔实，行为样本的代表性愈强，编题工作也就开展得愈顺利、愈得心应手。资料要有普遍性，测验所选的资料要尽可能对所有的受测者公平，即受测者都有相同的学习机会。

在选择测验项目形式时，应当注意测验目的、受测者的年龄、被测人数、测验项目的性质等因素。一般情况下，任何内容都可以用几种不同的形式呈现，需要从中选择一个最佳的呈现方式。在一个测验中，既可以用一种题型，也可以用多种题型。

（三）编选测验项目

编选测验项目是一个不断反复的过程，包括写出、编辑、预试和修改等。在这个过程中，编制者对测验项目要进行反复地修改，包括删改意思不明确的词语，取消一些重复的和不适当的项目，增加有用的题目等。最后将初步选定的题目汇总起来形成一个预备测验。

编选测验项目的指标有三个：①测验的性质，即要选择那些能够测量出所需要的特质的项目。例如，想要测量的是观察能力，就不能选择测量阅读能力或者记忆能力的项目。②项目的区分度。一般情况下，项目的区分度越高越好，这条标准尤其适用于选拔性的测验，但在有些情况下也会保留一些重要的但区分度不太高的项目。③项目的难度。项目的难度大小并无固定的标准，要根据测验的目的而定。例如选拔性测验的难度要大些，而人格测验可以不要求难度。最好的项目就是只测定所需要的特质，并能对该特质加以有效区分且难度合适的项目。

在编写测验项目时有一些值得注意的地方：题目的范围应与编题计划相一致；题目的取样应具有代表性；题目的难度要符合测验目的；题目的数量要多于最终所需数目的一倍甚至几倍，以有利于筛选和编制复本；题目编写时的用语要简洁明了、通俗易懂；题目的说明必须简明扼要、意思清楚。

编选测试题目后，就要设计测试方法。为了使测量结果准确可靠，必须将测验的使用标准化，具体包括统一的施测指导、评分方法以及解释测验分数所要参照的常模或标准等。

（四）预测与分析

预备测验确定后，虽然测验编制者认为测验在内容和形式上都符合要求，但是否真正有效，并不能凭测验编制者的主观臆测来决定，还需要通过预测进行项目分析，以获得筛选项目的客观依据。

预测就是将初步筛选出的项目结合成一种或几种预备测验，施测于一组受测者，获得受测者对项目的反应情形，在此基础上得知项目性能的优劣。预测一方面可了解项目本身可能存在的缺陷，如某些项目意义不清、容易引起歧义等；另一方面通过对项目的统计分析，也可获得关于项目优劣的数量指标，如难度、区分度、备选答案的适宜性等，以此作为进一步筛选项目和编制出符合要求的正式测验的客观依据。预测时应注意受测者应与将来正式测验准备应用的群体一致；预测的指导语、环境以及具体的施测程序应力求与将来正式测验时的情况相近，应对受测者的反应情形随时加以记录；预测的时限不必严格遵守正式测验的要求，可以稍微放宽一些，力求每个受测者都能做完所有题目，这样可以更充分、全面地搜集受测者反应资料，使项目分析的结果更为可靠。

在编制标准测验的过程中，由于预测受测者取样可能存在一定误差，所以仅凭一次预测结果所作的项目分析未必完全可靠，因此往往需要进行二次预测，并对结果进行分析，看两次分析结果是否一致。如果某个题目前后两次预测的差距较小，则该题的性能较高。

（五）合成与鉴定测验

预测之后，就要把经过预测以后证明有价值的项目挑选出来，按照某种方式加以编排，即合成测验。编排试题的总体原则是由易到难，这样可以使受测者较快熟悉作答程序，树立信心，消除紧张情绪，顺利进入测验情境，也可以避免受测者在前面的难题上耽搁过多的时间，而影响对后面问题的回答。在测验的最后部分可安排少数难度较大的题目，以测出受测者的最高水平。

常用的测验项目的排列方式有两种：①并列直进式，如韦克斯勒儿童智力量表。此法是将整个测验按项目材料的同质性分为若干个分测验，对于同一个分测验的项目，则依其难度由易到难排列。②混合螺旋式，如比内-西蒙智力量表。这种方法是先将不同性质的测验项目按照难度分成若干不同的层次，再将各类项目予以组合，作交叉式的排列，项目难度逐渐增加。这种排列方法的优点是，受测者对各种不同性质的测验项目循序作答，从而维持作答的兴趣，不会觉得枯燥。

编排好测验后，需要进一步进行鉴定测验，主要是围绕信度和效度两个方面搜集相关的资料，以确定测验的可靠性和有效性，从而确认编排好的测验是否可用。

三、自编测验应用的要求

（一）合理地执行测验的规定

一个好的测验工作者要有测验道德。任何测验实施过程中的操作，主测者都要按照该测验严格规定的要求进行，并且还要善于安定受测者的情绪以及掌握其他有关事项，使受测者乐于把自己的全部能力发挥出来，或把他的特征表现出来。要尽力避免主测者的主观态度对测验结果的影响，即控制测验误差。

（二）主测者在测验过程中应做好全面记录

测验过程中主测者要详细记录实施测验的时间、地点，受测者的健康状况、情绪、态度等情况，为全面、正确地分析和解释测验结果作准备。主测者应熟悉每一测题的评分方法、评分标准及实例。评分必须避免"晕轮效应"的影响，即对受测者的每一个反应，应该只就该反应本身来评量，不能以成见影响评分。

（三）要注意审慎地解释并合理地使用测验结果

在解释测验结果时，要注意使用受测者能理解的语言。要保证受测者能知道这个测验测量或预测什么。要使受测者认识到分数只是一个估计，测验的信度、效度可能有误差，当然也不能让受测者感到分数毫不足信。要使受测者知道如何运用他的分数，要向受测者讲清测验分数在作决定过程中起什么作用，是完全由分数决定取舍还是只作为参考，有无规定最低分数线，测验上的低分数能否由其他方面补偿等。要考虑测验分数的解释会影响受测者的自我认识和自我评价，从而会影响其行为，所以，在解释分数时，一方面要十分慎重，另一方面又要做必要的思想工作，防止因为分数低而悲观失望或因分数高而骄傲自满。要使受测者积极参与对测验分数的解释，在解释分数时，主测者应征求受测者的反应，鼓励他提出问题，通过解答，要使受测者完全了解分数的表面意义和隐含意义。

学业自评

（一）**客观题** 主要测试同学的知识记忆、理解分析、逻辑判断、快速应答等能力；题型有填空题、判断题、单选题、多选题四种。

（二）**简答题** 主要测试同学的知识理解、信息提炼、概括总结、语言组织等能力。

1. 试述检测法的含义及功能，并说说检测法的优点与局限。

2. 根据标准化测验内容，拟定标准化测验内容的思维导图。

3. 结合"我国常用的标准化测验工具"内容，自行查阅资料，简要分析各种测验的优点与不足。你更倾向于哪种测验？谈谈你的理由。

4. 结合本章所学知识，谈谈如何处理好教育公平与智力测验的关系。

（三）**模拟试卷** 进一步复习和巩固本章知识，共有三套模拟试卷，可以扫码练习。

客观题目链接
8-1

简答题参考答案
8-1

模拟试卷8-1

实训助力8-1

实训活动

实训项目名称：标准化量表的使用

1. **实训任务**

（1）应用本章所学的标准化测验知识，结合提供的"韦氏儿童智力测试试题"，对1—2名幼儿进行智力测验（必须征得家长同意）；

（2）确保测试环境的适宜性，记录测试过程中的详细情况，并对测试结果进行初步分析。

2. **实训目标**

（1）深入理解和准确运用韦氏儿童智力测试的指导语和测试要求，确保测试的标准化和准确性；

韦氏智力测试
量表（儿童）

(2) 熟练掌握韦氏儿童智力测试量表的具体内容和实施方法,能够独立完成测试流程;

(3) 以小组合作的形式,撰写详尽的测试报告,包括测试过程、结果分析以及改进建议。

3. 实训建议

(1) 组建小组,共同讨论并制订详细的测试计划,明确分工和责任;

(2) 小组内分享测试过程中的经验和问题,共同讨论解决方案,确保测试的顺利进行;

(3) 以小组为单位,向全班汇报测试过程和成果分析,接受同学和老师的反馈和建议。

实训项目名称:认识智力测验的本质

1. 实训任务

(1) 设计和制作一份关于"幼儿家长对智力测验的看法"的调查问卷;

(2) 结合本章所学内容,阐述个人对智力测验的看法,并提出如何正确引导家长理解和运用智力测验结果的建议。

2. 实训目标

(1) 掌握调查问卷设计和编制的基本原则和技巧,能够制作出结构清晰、问题合理的问卷;

(2) 确保调查问卷包含完整的问卷说明、明确的指导语以及多样化的问题形式(开放式和封闭式);

(3) 通过实训活动,加深对智力测验的理解,辩证地看待和评价智力测验的作用和局限性。

3. 实训建议

(1) 小组内部分工合作,共同讨论并确定问卷的主题、结构和具体问题;

(2) 利用在线平台如"腾讯问卷"或"问卷星"进行问卷的发布和收集数据,根据反馈及时调整和完善问卷设计;

(3) 如有基地实践,建议与幼儿园教师合作,共同设计和开展问卷调查,以更贴近实际需求和场景。

拓展阅读

拓展阅读 8-1

《批判与超越:警惕标准化测验对好教育的误读——基于比斯塔教育测量思想的省思中国儿童发展量表》文献概要

拓展阅读 8-2

《避免教育测验分数被误解误用之对策》文献概要

第九章 作品分析法

自 20 世纪 80 年代起,我国逐步引入了内容分析法这一独特的研究方法。随着时间的推移,这种方法不断进化,不仅在教育研究中大放异彩,更催生了它的姊妹方法——作品分析法。这一新兴方法集理论深度、创新思维、通俗易懂和实用性于一身,迅速在教育实践研究领域占据了一席之地。作品分析法不仅继承了内容分析法的核心思想,更专注于解决现实教育问题。它通过对各类作品资料的深入分析,精准地揭示了研究对象的行为模式、态度倾向以及心理发展状况,为教育研究注入了新的活力。

微课 9-1

作品分析:幼儿教师
做研究的解码器

知 识 结 构 图

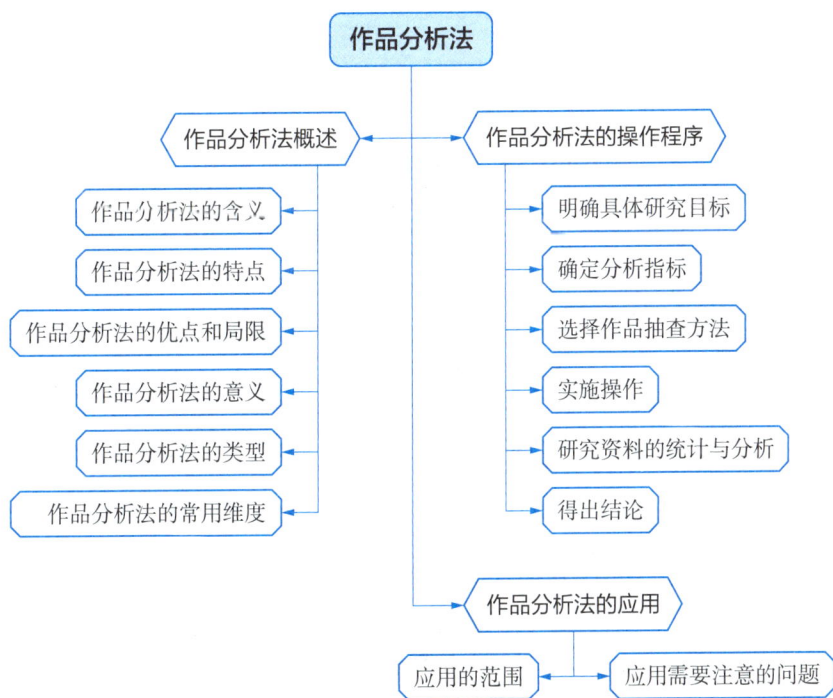

学 习 目 标

知识目标

1. 能够解释作品分析法的定义、特点及在教育研究中的应用意义;

2. 能够通过分析作品的不同维度,揭示幼儿的心理发展和认知能力;

3. 能够熟悉作品分析法的操作程序。

能力目标

1. 能够依据作品分析法的指标,对幼儿的作品进行准确分析与评价,提炼作品反映的教育信息和儿童发展水平;

2. 能够独立设计作品分析研究方案及撰写分析报告;

3. 能够在作品分析过程中展现创新思维,对传统分析方法进行批判性思考,探索新的分析视角和方法。

素质目标

1. 在作品分析中保持客观性,对待研究结果持有严谨态度,确保分析的科学性和有效性;
2. 融合教育学、心理学、艺术学等多学科知识,提升对作品分析的深度和广度,形成综合性的分析视角。

第一节 作品分析法概述

一、作品分析法的含义

(一) 作品分析法的定义

作品分析法是指研究者有目的地为研究对象确定一个主题,研究对象按照预定程序完成作品,研究者再通过对研究对象的活动作品进行分析,获取研究所需要的信息,从而对研究对象的发展作出评价的一种科学研究方法。幼儿的绘画、手工、语言、游戏、表演动作等都是重要的作品。

例如,为了研究识记过的事物在头脑中的变化,有人做了这样一个实验:用一张画,给第一个人看后要他默画,然后将他默画出来的画给第二个人看,让第二个人默画,再将第二个人默画出来的画给第三个人看……这样依次下去,直至第十八个人为止。图 9-1 就是第 1、2、3、8、9、10、15、18 个被试画出的画。

图 9-1 识记实验

研究者把识记的画与回忆的画作比较,发现有如下特点。有些回忆的画比识记的画更概括了、更简略了;有的更完整、更合理了;有的更详细、更具体了;有的夸张了;有的某些部分突出了;等等。此研究说明:识记过的材料在头脑中并不是一成不变的,会随时间的推移和后继经验的影响而发生量与质的变化。

从运用研究方法的角度来看,上述研究使用了作品分析法。

(二) 幼儿作品的含义

1. 幼儿作品的定义

幼儿作品是指由幼儿创作的各类艺术或手工艺作品,它们可以是绘画、手工艺、音乐、舞蹈、戏剧等多种形式。幼儿作品是幼儿想象力和创造力的结晶,它们不仅体现了幼儿对世界的独特视角,也是他们情感

知识延伸 9-1

《对话儿童:4-5岁幼儿绘画作品分析》概要

和认知发展的重要表现。

2. 幼儿作品的类型

（1）绘画作品。绘画作品是幼儿表达内心世界的一种直观方式。除了传统的水彩画、油画、蜡笔画和指画，还可以扩展到使用自然材料（如沙子、泥土）进行创作，或者通过数字绘画软件进行电子绘画，让幼儿体验不同的绘画媒介和技巧。这些作品可能包含了他们对家庭、动物、自然和日常生活的观察与理解，每一幅画都是一个故事，充满了童真和想象力。

（2）手工艺作品。手工艺作品不仅包括传统的剪纸、拼贴画、陶艺和编织，还可以拓展到使用回收材料制作手工艺品，如用废旧衣物制作布偶或用塑料瓶制作装饰品，这不仅培养了幼儿的环保意识，也锻炼了他们的动手能力。这些作品包括动物模型、节日装饰、玩具或装饰品等，它们不仅锻炼了幼儿的动手能力，也培养了他们的审美和设计思维。

（3）音乐作品。音乐作品的创作可以进一步扩展到音乐剧、节奏游戏和即兴演奏等，让幼儿在音乐中体验节奏、旋律和和声，同时学习团队合作和音乐表达。幼儿通过简单的乐器，如小鼓、铃铛或风琴，来创作出他们自己的音乐。

（4）舞蹈作品。舞蹈作品可以包括民族舞蹈、现代舞、即兴舞蹈等多种形式，通过不同的舞蹈风格，幼儿可以探索不同的文化和表达方式，增强身体协调性和节奏感。在舞蹈中，他们随着音乐的节奏自由地舞动，表达着他们的快乐、兴奋或平静。

（5）戏剧作品。戏剧作品的创作可以结合角色扮演、情景模拟和即兴表演，让幼儿在表演中学习语言表达、情感控制和舞台表现力，同时培养他们的同理心和社交技能。戏剧作品的创作是一个多维度的学习过程，它不仅能够丰富幼儿的课余生活，还能在语言、情感、社交等多个方面促进他们的全面发展。

（6）创意写作。创意写作可以扩展到故事创作、诗歌、日记和信件等形式，鼓励幼儿用文字记录生活、表达情感和构建想象世界，是一种激发幼儿想象力、创造力和表达能力的活动。

知识延伸 9-2

《浅析"幼儿作品"
的含义及其分类》
概要

二、作品分析法的特点

（一）间接性

作品分析法是以研究对象的活动作品为中介，通过对作品全面而深入细致的分析，推断出研究对象能力发展以及个性心理特征的发展，因此具有间接性。在实施研究时，研究对象并不知道要求他完成作品的真正意图，他往往关注自己完成作品的过程和结果。这样可以降低防范心理，使研究更具隐蔽性，从而获取最原始和更加真实、可靠的信息。

（二）主观性

由于研究者自身的阅历、专业知识与技能、教育科研素质存在个体差异，对同一件作品可能会作出不同的判断，最终可能导致分析结果相差较大。这种误差是客观存在的，所以作品分析法具有较大的主观性特点，这就要求研究者具有较高的素养。例如，要想通过作品分析法了解幼儿的绘画技能的发展，研究者就要具有美术的基础知识和基本技能；要想通过作品分析法了解幼儿的个性心理发展，研究者必须具备较高的幼儿心理学理论素养。

（三）简易性

同其他的研究方法相比较，作品分析法的操作程序简便易行，容易为广大幼儿教师所掌握并加以广泛运用与推广。

（四）适用性

作品是幼儿内隐的，但又不能很好表达和表现的知识、技能以及心理特点的外在表现形式，通过作品分析就能获得所要的信息。由于幼儿的心理发展特点以及教师教育科研素质的限制，在学前教育科学研究中，作品分析法是非常适用的研究方法。

知识延伸 9-3

《幼儿作品展示的
方式与思考》概要

（五）比较适合于小样本研究

第一，作品分析法需要对研究对象的作品进行深入分析和研究，而分析和研究每一件作品所需要的时间较多，如果研究的样本过大，必然导致研究周期延长，等到研究结果出来时，研究对象的实际情况已发生了新的变化。

第二,研究对象存在显著的个别差异性,其作品之间的差异也比较大。一般的分析只能获得共性的认识,发现普遍存在的问题。只有通过对个体的作品进行深入分析和研究,才能找到特殊性,从而将共性与个性、普遍性与特殊性综合起来加以研究。

第三,如果研究的样本过大,又必须在规定的研究周期内完成研究工作,则需要更多的人员参与分析和研究,这将会导致由于研究者掌握标准不同而出现较大误差,使材料的真实性和可比性下降。

三、作品分析法的优点和局限

(一) 作品分析法的优点

1. 客观性评价

作品分析法依据既定的评价指标,通过对幼儿已完成的作品进行系统性分析,有效降低了研究者主观倾向对作品评价的影响,增强了评价的客观性。

2. 易于操作与控制

此方法操作简便,节省时间和劳力。当分析指标明确时,研究者按照既定程序执行,分析过程易于控制,所收集的数据也便于进行统计分析。

3. 避免"掩蔽"现象

幼儿虽年幼,但拥有独立的思想和行为。直接接触可能使他们感到陌生或恐惧,影响信息的真实性。作品分析法作为一种非接触式研究方法,有效避免了这一现象,确保了信息的真实性和客观性。

4. 强可比性

作品分析法通过设定分析指标,实现了定量与定性分析的有机结合,揭示了作品的深层含义。通过研究者的深入分析和综合,可以清晰地比较不同作品,达到研究目的。

(二) 作品分析法的局限

1. 多因素影响

作品分析法是一种静态研究,研究结果可能受到取样方法、作品数量、指标设计等因素的影响。

2. 解释难度大

尽管作品分析法能够深入分析作品内容和结构,以及幼儿的心理特征,但要对这些分析结果进行准确解释,存在一定难度。

3. 灵活性不足

由于分析指标和维度是预先设定的,作品分析法在应对新情况、新问题或偶发事件时,可能缺乏必要的灵活性。

4. 对研究者要求高

作品分析法的间接性特点意味着研究者需要具备较高的教育科研素养,以确保作品确实是幼儿独立完成的,真实反映幼儿的能力和心理发展状况,这直接影响研究结果的可信度。

四、作品分析法的意义

(一) 能深入了解幼儿的信息

同其他研究方法相比,作品分析法由于具有间接性的特点,更容易排除因幼儿防范心理所带来的信息失真。

在研究过程中,时间、环境条件、人力资源等因素可以在现场考察,也可提出一个主题让幼儿在规定时间内完成,上交作品。通过他们所完成作品的质量,分析其所具有的方法技术和能力水平。

由于完成作品的过程大多需要一定的方法与能力,因此,各种探究方法与能力的评价几乎都可以运用作品分析法。例如,对幼儿续编故事进行分析,可以分析幼儿文学创作能力、幼儿思维和言语的发展,也可以分析幼儿的兴趣和理想的发展。观察能力、想象能力、创造能力可以从幼儿绘画作品中体现出来,动手操作能力可以从幼儿泥塑、积木、积塑作品中作出判断。同时,作品分析法的间接性可以达到降低幼儿防范心理,获得真实信息的良好效果。

作品分析法独有的特点和优越性,在研究过程中可以弥补其他研究方法的不足,从而实现研究过程的最优化。研究者在研究过程中根据需要搜集幼儿作品,间接地了解他们的情况,从而帮助研究者了解幼儿整个变化过程,其学习特点、长处与短处,对所学事物掌握的深度及广度等方面的情况,以便更好地面向全体与因材施教,取得更好的教学效益。

(二)能提高研究者的教育科研素质

随着幼儿教育改革的深入,新的问题层出不穷,需要广大幼儿教师去研究。通过参与学前教育科学研究,使用作品分析法,从而促进研究者的教育科研素质的提高,这样不但推进了学前教育改革,提高了学前教育质量,而且可以为幼儿园领导和教育主管部门的决策提供科学依据。运用作品分析法对于不断提高研究者的教育科研素质有重要的促进作用。

(三)能密切与家长的沟通联系

家长是幼儿的第一任教师,是幼儿学习的重要伙伴。密切与家长的联系有利于家园共育的实现,也是教师班级工作的重要内容之一。有效的沟通联系,有利于家长及时了解幼儿在园情况,了解幼儿园的教育要求,与幼儿园一致配合实施幼儿教育。幼儿教师通过对幼儿作品的分析,能够进一步了解幼儿发展水平,为幼儿健康成长提供合理化建议。同时,将幼儿作品以及对于作品分析的结果提供给家长,一方面是家长了解幼儿发展状况的最直接的途径,比教师的单向语言更具有说服力;另一方面能够密切家园联系,为实现家园共育奠定良好的基础。

知识延伸9-4

《提高教师幼儿绘画作品分析能力的实践研究》概要

知识延伸9-5

《巧用幼儿作品与家长交流的意义》概要

五、作品分析法的类型

在学前教育研究领域中,研究对象可分为幼儿、幼儿教师和幼儿家长、幼儿园其他工作人员和管理人员三个层面。从研究幼儿的层面,常见的作品分析法有以下四种类型。

(一)语言作品分析

语言作品分析是以幼儿描述的故事或事件的文字记录、叙述、自编故事时的录音带,各种记录单、自创的书写符号等为分析对象的一种作品分析法。语言是一种创造性的活动,是学前语言教育活动的一个重要内容。语言作品分析所涉及的内容比较广泛,它包括幼儿语言的基本表达能力、事件表达能力、语言创新能力、想象能力等心理特征。

知识延伸9-6

《作品分析法在评价幼儿语言发展中的应用》概要

一般来说,由于幼儿的年龄特点,小班和中班可以把分析重点放在基本表达能力与事件表达能力方面,如复述故事、主题讲述等;大班、学前班可适当关注创造性等高级心理活动,如即兴说话、续编故事、创编儿歌等。幼儿语言领域主要作品类型及重点分析角度详见表9-1。

表9-1 幼儿语言领域主要作品类型及重点分析①

语言活动类型	作品类型	重点分析角度
谈话活动	日常生活中的谈话	谈话的积极性、语言形式的丰富程度
	有计划的谈话	是否紧扣主题
讲述活动	实物讲述、描述性讲述	讲述的多角度、全面性
	议论性讲述	是否有理有据、条理清晰
文学活动	故事欣赏	对故事的理解程度及述说故事的完整性
	幼儿创编故事	故事的创造性及想象力,优美语言的使用
	儿歌、谜语、诗歌	节奏与吐字的清晰程度
早期阅读活动	绘本欣赏	对绘本内容的理解和表述情况
	写图画记事日记	幼儿对生活中图像的表现方式、创意
	制作简易图画书	情节丰富程度,叙事连贯程度,细节的注意程度,如是否添加了作者的姓名等
听说游戏	语音游戏	发音的正确性
	词汇游戏	词汇的丰富及灵活使用程度

① 袁晗,张莉.作品分析法在评价幼儿语言发展中的应用[J].教育导刊(幼儿教育),2013(11):43-45.

(二)构建作品分析

构建作品分析是以幼儿构建作品为分析对象的一种作品分析法。构建作品分析的内容包括制作原理的掌握程度,构建作品的创意水平,部件及其关系的协调程度,材料选用及外观感等,如对泥塑、积木、积塑、沙盘制作等作品的分析。

(三)绘画、手工作品分析

绘画、手工作品分析是以幼儿绘画、手工作品为分析对象的一种作品分析法。绘画作品分析的主要内容包括构思、构图、比例、明暗、颜色搭配、填涂等。手工作品的分析内容包括材料与形式对主题的表现水平、部件质量及其关系的合理程度、颜色搭配的协调程序、作品细节的表现程度、作品的外观等。

(四)其他作品分析

其他作品分析是以幼儿探究事物、创编舞蹈、表演、游戏等活动的照片、录像为分析对象的一种作品分析法。

六、作品分析法的常用维度

(一)内容维度:知识与技能的体现

内容的正确性不仅反映了幼儿对知识的理解程度,也是对其应用能力的直接体现。通过细致分析作品内容,研究者能够洞察幼儿在认知发展、概念掌握和技能运用上的深度与广度。这种分析有助于揭示幼儿在教学过程中的强项与不足,为教师提供针对性的教学调整和个性化指导的依据。

(二)形式维度:创造力与个性的展现

作品的形式是幼儿内心世界的外在表现,它揭示了幼儿的想象力、创造力以及对艺术表现手法的掌握。在艺术活动中,不同的创作手法和风格选择,如蜡笔、铅笔、剪纸或手工撕纸,不仅展现了幼儿对材料的敏感度,也反映了他们对艺术表达的独特见解和个性。

(三)时间维度:效率与能力的指标

完成作品的时间是衡量幼儿工作效率和能力的一个重要指标。然而,这一指标需要在确保作品质量的前提下进行评估。通过比较幼儿的完成时间与平均时间,研究者可以识别出那些在规定时间内高效完成任务的幼儿,这可能表明他们具有较强的时间管理和问题解决能力。

(四)能力维度:问题解决与思维发展

作品分析法在评估幼儿能力时,特别关注他们在解决问题时所展现的思维过程和策略。幼儿在面对挑战时所采取的方法、速度和最终成果,都是评价其认知发展和思维能力的重要依据。这种分析有助于教师了解幼儿的思维模式,从而设计出更符合幼儿发展水平的教学活动。

(五)性格维度:心理特征与行为倾向

性格维度的分析关注于幼儿在创作过程中所表现出的心理特征和行为倾向。通过对作品细节的观察,如造型的准确性、线条的均匀度、色彩的运用等,研究者可以推断幼儿的性格特点,如外向性、内向性或冲动性。这种分析有助于教师和家长更好地理解幼儿的情感需求和行为动机,从而提供更有针对性的支持和引导。

在作品分析法的实际运用中,这五个维度相互交织,共同构成了对幼儿全面发展的全面评估。通过综合考虑这些维度,研究者和教育工作者能够更深入地理解幼儿的内心世界,为他们的成长和发展提供更加科学和个性化的指导。

第二节　作品分析法的操作程序

一、明确具体研究目标

在给幼儿布置主题之前,研究者应首先根据课题研究的目标,明确本作品分析的具体研究目标,即通过作品分析法想获得幼儿哪些方面的信息。在作品分析法中,具体研究目标的表述可以分为三个方面:知识的运用水平与特点,技能的熟练程度与特点,相关心理特征的表现与特点;具体研究目标确定后,再选择最佳实现目标的方法；作品分析的具体研究目标必须服务于课题研究目标。

二、确定分析指标

作品分析指标应从具体研究目标中剖析出来。其过程与其他的研究方法一样，可用由总到分、层层深入的形式先确定一级指标，再确定二级、三级指标。例如，要分析幼儿故事表演《狐假虎威》，可以确定以下各级指标，如表 9－2 所示。

表 9－2　《狐假虎威》作品分析指标

项目	一级指标	二级指标				三级指标			
幼儿故事表演《狐假虎威》	表情	优	良	中	差				
		表情丰富，表现力强	表情较丰富，表现力较强	有表情，有一定的表现力	无表情，表现力差				
	语言	普通话				优	良	中	差
						语音标准、自然流畅	语音较标准、较自然流畅	语音基本标准、基本自然流畅	语音不标准、不自然流畅
		角色语言				优	良	中	差
						很好地使用表现人物角色的语言	能使用表现人物角色的语言	基本能使用表现人物角色的语言	不能使用表现人物角色的语言
	态势语	优	良	中	差				
		设计自然和谐	设计较自然和谐	设计基本自然和谐	设计不自然和谐				

三、选择作品抽查方法

作品分析法一般适合在班级内运用。通过分析，既要获得共性的认识，发现普遍存在的问题，同时也要获得个性的认识，找到特殊性，从而将共性与个性、普遍性与特殊性综合起来加以研究。因此，可以在研究过程中，根据不同时期的特点采取不同的作品抽查方法。

（一）总体检查

对全部幼儿的作品进行检查。这是绘画作品分析和手工作品分析常用的方法，用于分析幼儿对学习内容的掌握状况与技能发展特点。

（二）分类抽查

分类抽查常用于语言、绘画、手工作品分析等。分类抽查首先确定分类标准及类别，再从每类中随机抽取部分幼儿作品进行分析。

分类抽查属于形成性分析。所谓形成性分析是指为了能够更准确地掌握幼儿活动发展的信息，在幼儿活动的发展过程或完成任务过程中不定期地进行分类分析，以便更好地实施和改进后面的工作。

需要注意的是，抽查方法不是一成不变的，研究者应根据研究环境、时间、研究对象等实际情况灵活使用。

四、实施操作

实施操作阶段的主要工作是布置任务、分析作品、填写指标项目及分析表。具体来说，这个阶段又可分为两个步骤。

(一) 向幼儿布置任务,规定完成作品的时间

根据研究设计向幼儿布置所要完成的作品及正确完成作品的时限。在布置任务时,研究者不应将研究的目的告诉幼儿,只需将作品的操作性任务交代清楚即可,以避免暗示效应所带来的信息失真。幼儿在了解任务的基础上充分发挥个体主体性,创作不同风格的作品。不确定的范围越大,幼儿自由发挥的空间越大,作品分析的内容就越具体,有利于全面、深入地了解幼儿的发展状况。

作品的完成时限一般不宜过长,应根据制作任务的内容、性质与难度科学设定。如果规定的时限过长,在作品制作的前期,幼儿会因认为时间充裕而放松情绪,在上交作品之前又匆忙完成,这种前松后紧的状态不利于充分发挥他们的主动性、积极性和创造性,研究者也难以据此准确地分析作品的制作水平以及幼儿的相应特征。

(二) 搜集幼儿作品并进行分析

对幼儿的作品进行分析时,首先应以填写第一阶段确立的指标内容为主,这样做可以保证不同作品之间具有横向可比性;其次应分析作品所具有的特色(见图9-2)。

图9-2 幼儿美术作品

在收集幼儿作品的过程中,研究者应当注意几个问题:征得当事人的同意,并提前告知分析结果不是评比类指标等信息,消除当事人的担忧;确保作品的真实性。

五、研究资料的统计与分析

当所有的作品统计与分析完毕后,研究者按照学前教育科学研究的原理对前一阶段的分析表等研究资料再进行分析与综合、抽象概括、具体化。

六、得出结论

在对研究资料进行统计分析、分析与综合、抽象与概括、具体化之后便可得出科学的研究结论。

在运用作品分析法的一轮研究结束后,发现了一些新问题,而这些新问题即成为新一轮运用作品分析法所要研究的问题。这样不断循环,使研究不断深入,不断产生新的研究成果。

第三节 作品分析法的应用

一、应用的范围

(一) 幼儿心理特点分析

古人说"字如其人",正是说明作品具有反映个体典型心理的特点。例如,研究者通过分析发现部分幼儿的美术作品线条流畅工整、画面整洁,可以看出这类幼儿做事认真细致、踏实,性格多属内向型;而另一

部分幼儿的美术作品线条凌乱、粗糙、随意,画面差,可以看出这类幼儿做事不够认真,心浮气躁,多属外向型。

（二）幼儿发展分析

知识延伸 9 - 7

为了研究幼儿的发散思维能力发展情况,研究者为幼儿提供了 9 根小棒,让幼儿进行分解,分别摆成不同的组合。有的幼儿摆出了 1、8 和 0、9 等两个数的组合;有的幼儿摆出了 1、2、6 等三个数的组合;还有的幼儿摆出了 1、2、3、3 等四个数的组合;有的幼儿只摆出了一组数,而有的幼儿则摆出了多组数,由此可以看出幼儿发散思维能力存在发展水平上的差异。

《从绘画作品中解读幼儿的心理》概要

（三）幼儿比较分析

对两个及以上幼儿作品的分析,同一个组中男孩与女孩作品的分析,由于维度和评价指标相同,通过分析可以比较出不同组或不同性别幼儿发展的异同,从而得出科学的结论。

二、应用需要注意的问题

（一）完成作品内容的正确性

作品内容的正确性是指幼儿完成作品的正确程度,是幼儿知识经验水平与应用水平的集中反映,是作品分析法最重要的指标。通过对内容正确程度的分析,研究者可以清楚地了解幼儿在教学过程和自我学习过程中对知识、技能、重点、难点、关键点的掌握程度,从而判断幼儿的发展水平;同时将信息反馈给教师,使教师不断反思,对教师的专业成长有着重要的促进作用。

（二）完成作品的时间与作品质量的关系

完成作品的时间一般情况下能反映幼儿的能力,能力强的幼儿正确完成作品所用的时间相应比其他幼儿正确完成作品的时间要少;反之,则比其他幼儿多。但是,完成作品时间的判定必须建立在正确完成作品的基础上,并且与总体平均时间作比较,不能单一地以完成作品的时间来判断幼儿的能力,也不能简单地将完成作品的时间多少与幼儿能力强弱画等号。

（三）完成作品的形式反映幼儿的心理特征

形式是作品表现主题的方式,反映着幼儿的想象力、创造力和对任务完成方式的理解与掌握程度,体现幼儿的技能水平。例如,在艺术教育活动"花"中,有的幼儿用蜡笔画出花,有的幼儿用铅笔画出花,有的幼儿用剪刀剪出花,有的幼儿用手撕出花等;有的幼儿的作品是一朵花,有的幼儿的作品是一束花;有的幼儿的作品是单颜色,有的幼儿的作品五颜六色。由此可见,同一主题,不同的幼儿选择完成任务的形式不尽相同,反映出幼儿独特的心理活动与心理特征。

（四）通过作品分析可以概括出幼儿的个性心理特征

古人云"字如其人",就是说,通过写的字可以窥视出一个人的个性特点;"文如其人",通过一个人的文学作品同样可以看出一个人的某些心理特征。因此,通过作品可以分析出幼儿的能力和性格等个性心理特征。

在作品分析法的实际运用过程中,以上几个问题往往交织在一起,研究者应加以综合考虑。

学业自评

（一）**客观题**　主要测试同学的知识记忆、理解分析、逻辑判断、快速应答等能力;题型有填空题、判断题、单选题、多选题四种。

（二）**简答题**　主要测试同学的知识理解、信息提炼、概括总结、语言组织等能力。

1. 怎么理解作品分析法是深入了解幼儿信息的一种重要研究方法?
2. 如何利用作品分析法科学地分析幼儿的作品?
3. 为确保科学地设计作品分析指标表,研究者应当做哪些工作?
4. 收集幼儿作品的过程如何开展,要注意哪些问题?
5. 为确保幼儿作品分析的科学性,研究者应当具备哪些方面的专业知识?

客观题目链接 9 - 1

简答题参考答案 9 - 1

(三) 模拟试卷 进一步复习和巩固本章知识,共有三套模拟试卷,可以扫码练习。

模拟试卷 9-1

实训活动

实训项目名称:设计作品分析指标表

1. 实训材料

请为幼儿命题画《海底世界》设计分析指标(见图 9-3)。

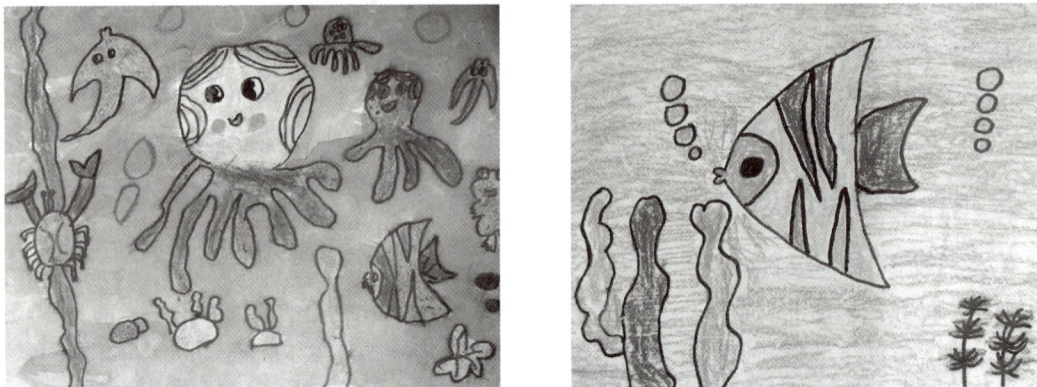

图 9-3 《海底世界》

2. 实训任务

设计针对幼儿作品的分析指标表,该表应能够全面、系统地评价幼儿在不同年龄阶段的发展状况。

3. 实训目标

(1) 结合幼儿发展心理学、艺术教育学等相关理论,设计作品分析指标;

(2) 根据幼儿认知、情感、技能等方面的阶段性特点,确定评价要点;

(3) 通过设计作品分析指标表,培养对幼儿作品科学评价的能力。

4. 实训建议

(1) 分组合作。小组成员共同分析幼儿作品完成者的年龄段特点,查阅相关资料后共同讨论完成设计;

(2) 充分讨论。小组内成员需充分讨论各年龄阶段幼儿的发展特点,确保指标设计全面且贴合实际;

(3) 汇报交流。每个小组随机抽选一名同学汇报小组设计思路,接受其他同学和老师的点评与建议。

实训助力 9-1

崔立银:幼儿绘画
作品的评价角度
和注意事项

实训项目名称:撰写作品分析报告

1. 实训任务

(1) 按照作品分析法的实施步骤,对所收集的幼儿作品进行分析;

(2) 尝试从不同维度(如内容、形式、技能、情感等)对作品进行深入分析;

(3) 撰写一份详细的作品分析报告。

3. 实训目标

(1) 将作品分析法理论知识应用到实践中,提升解决实际问题的能力;

(2) 通过对作品的多维度分析,加深对幼儿作品特点和幼儿发展水平的理解;

(3) 增强准幼儿教师对幼儿作品的关注和评价能力,为后续教育教学工作打下基础。

4. 实训建议

(1) 分组实施。小组成员分工合作,共同完成作品的收集、分析和报告撰写;

(2) 深入分析。在分析过程中注重细节,深入挖掘作品背后的幼儿发展特点和问题;

(3) 代表汇报。每个小组指定一名代表汇报分析过程和结果,接受同学点评和老师总结;

实训助力 9-2

吴恒:幼儿文学作
品鉴赏与表演游
戏的开展研究

（4）反馈改进。根据同学和老师的反馈意见，对分析报告进行修改和完善。

拓展阅读

拓展阅读 9 - 1

《作品取样系统及其对我国幼儿
发展评价的启示》文献概要

拓展阅读 9 - 2

《安吉游戏背景下 4 - 5 岁幼儿自主游戏故事中绘画表征
行为的研究——以 D 市某安吉游戏试点幼儿园为例》文献概要

第十章 个案研究

微课 10-1

学习导航

　　个案研究,这一在社会研究领域中熠熠生辉的研究方式,已成为人文社会科学与评估研究的得力武器。它起源于医学与刑侦学,历史悠久,自 20 世纪 20 年代起,更在学前教育领域备受推崇。在研究别具匠心的个体与教育案例时,它如同明灯,照亮幼儿教师探寻隐藏在特殊个体背后的普遍规律之路,能深刻揭示个体与社会间错综复杂的联系。它不仅让幼儿教师更深入地洞察教育现象,还为幼儿教师的研究增添了一抹亮色。

个案研究:幼儿
教师做研究的
故事书

知识结构图

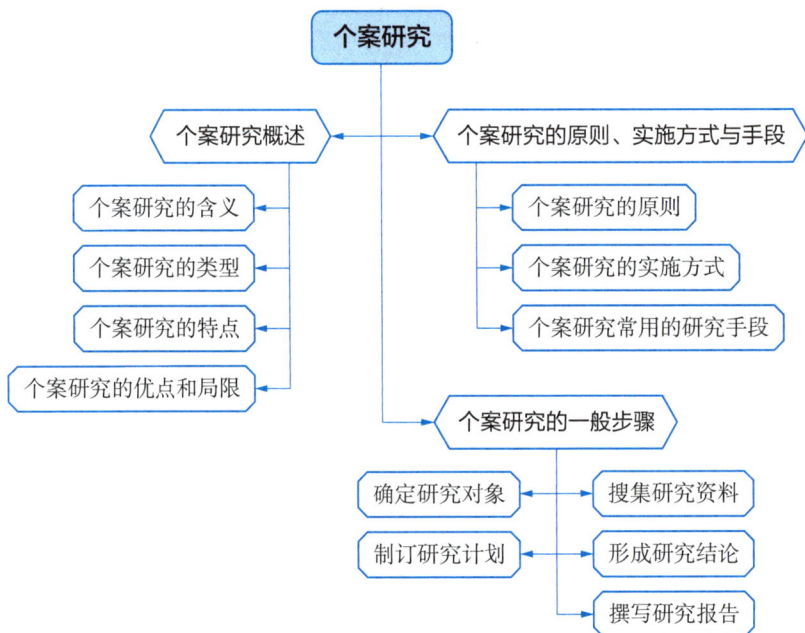

个案研究
- 个案研究概述
  - 个案研究的含义
  - 个案研究的类型
  - 个案研究的特点
  - 个案研究的优点和局限
- 个案研究的原则、实施方式与手段
  - 个案研究的原则
  - 个案研究的实施方式
  - 个案研究常用的研究手段
- 个案研究的一般步骤
  - 确定研究对象
  - 制订研究计划
  - 搜集研究资料
  - 形成研究结论
  - 撰写研究报告

学习目标

知识目标

1. 能够叙述个案研究的定义、类别和特点;
2. 能够陈述个案研究的实施方式和常用研究手段;
3. 能够说出个案研究的一般步骤和在学前教育科研中的应用。

能力目标

1. 能够根据研究主题,设计个案研究方案,并撰写个案研究报告;
2. 能够从实际问题中提炼研究问题并运用个案研究进行深入分析;
3. 能够运用个案研究对特定个体或事件进行详细描述和分析。

素质目标

1. 增强深入探究个体差异和特定教育现象的敏感性;
2. 能够在个案研究中识别和分析潜在的偏见和局限性。

第一节　个案研究概述

一、个案研究的含义

(一) 个案研究的定义

个案研究,亦称为案例研究,是一种专注于深入探讨特定现象的研究方式。在这种方式中,"个案"被定义为研究者基于特定研究目的而精心挑选的直接研究对象,它可以是个人、群体、组织、社区或特定事件。[①]在教育研究的背景下,个案研究的对象可以多样化,包括但不限于一个学生、一种课程、一个教育机构,或者一个具有教育意义的事件或过程。个案研究的核心在于选择一个具有典型性的个体或事件,通过深入分析其发展变化过程,广泛搜集相关资料,全面理解个案的当前状态和历史脉络,以揭示其内在特征和发展规律,进而提出具有实践意义的教育改进策略,达成促进研究对象的积极发展的目的。

(二) 个案研究的属性

1. 研究方法的综合性

在我国教育研究领域,个案研究是随着质性研究方法的兴起而逐渐流行的,尤其受到教育叙事研究者的青睐。个案研究不仅仅是一种研究方法,更是一种综合的研究方式,[②]它融合了多种研究方法和技术。根据研究目的、对象和内容的不同,个案研究可以采用追踪法、追因法、临床法、产品分析法、教育会诊法等多种具体方法,并通过观察、访谈、测试、实验、文献审查和问卷调查等多种手段来收集数据。

2. 研究方式的灵活性

尽管个案研究常被归类为质性研究,但它的应用范围远超于此。个案研究可以采用定量的、实证的或实验性的研究方法,如在教育心理学和发展心理学的研究中,个案研究的界定并非基于质性或量性,而是基于研究对象的特定性。因此,它既可以是定性研究,也可以是定量研究,或者两者的结合。

(三) 个案研究的代表性问题

个案研究并不要求个案必须具有代表性,代表性通常指样本能够反映总体的特征和结构。在定量研究中,样本的代表性是通过对总体进行抽样来实现的。然而,个案研究通常不以明确的总体为研究对象,其研究总体的边界往往是模糊的,个案本身也不是为了代表一个更大的总体而被选取。

知识延伸 10-1

《论个案研究的代表性问题》概要

二、个案研究的类型

(一) 按研究对象分类

1. 个体类个案研究

研究的对象是个体,既可以是个人,也可以是某一现象、某一团体、某一事件等,这些都可视为一个研究单位。个体类个案研究是指对这样的研究单位进行的连续、系统的个案研究。

知识延伸 10-2

2. 群体类个案研究

研究的对象是具有同一特征的群体,既可以是一类人,也可以是一类现象、一类团体、一类事件等,这些都可视为一个研究单位。群体类个案研究是指对这样的研究单位进行的连续、系统的个案研究。

《个案研究的分类及其在教育研究中的应用现状评析》概要

(二) 按研究内容分类

1. 诊断性个案研究

诊断性个案研究主要是对幼儿心理现状作出判断,该研究主要用于考察特殊的幼儿,

---

① 吴康宁.个案究竟是什么——兼谈个案研究不能承受之重[J].教育研究,2020(11):4-10.
② 李长吉,金丹萍.个案研究法研究述评[J].常州工学院学报(社会科学版),2011(6):107-111.

研究其问题行为以及心理异常现象等。

2. 指导性个案研究

指导性个案研究主要是在幼儿园教育改革实践中,研究如何采取适应新课程改革需要的教学观念和教学行为,并将研究成果推广到学前教育实践中。

(三) 按研究时效取向分类

1. 个案追踪研究

个案追踪研究是研究者从选定的时间开始,在相当长的一段时间里,对研究对象有计划地进行跟踪考察,运用各种手段搜集相关资料,分析揭示其发展变化过程与趋势的研究。[①]研究时间可以根据研究目的来确定,可从数个星期到数年或更长时间。

个案追踪研究能对研究对象身心发展或某种特殊的能力、品质及有关变化过程的连续性和阶段性进行详细的研究和分析,对研究对象在特定时间发展变化的过程与规律进行总结和描述;也能对某种教育因素或环境因素对教育对象身心发展的影响进行研究和分析,尤其是对那些长久的、潜在的影响因素进行考察和研究。

2. 个案追因研究

个案追因研究是在教育现象发生或研究对象的某种身心品质形成之后,研究者运用各种手段搜集教育现象发生或研究对象品质形成过程的各种资料,对其发生或形成的原因进行追溯和探究的研究。这种研究是由结果去追究其发生原因的研究过程。

个案追因研究是对研究对象某种特殊的身心品质(如智力超常、能力缺陷等)形成原因和过程进行考察和探究,以便能在制订特殊教育方案时提供有价值的参考意见。研究者在运用这种方法进行研究时,首先要确定研究问题,明确事实发生后的结果,并假设导致这一结果可能的原因;然后要进一步检验研究假设,选择教育方法及措施,有计划地对研究对象进行研究。

3. 个案临床研究

个案临床研究是研究者通过选择个别有一定代表性的研究对象,运用观察、测量、访谈、实验等多种手段来探索其教育活动的规律,以找到有效的教育方式方法的研究。个案临床研究和个案追踪研究有相似之处,但前者在研究手段上主要倾向于对现场进行考察,然后在此基础上进行诊断,也就是定性分析该问题或现象的特点与性质,从而得出科学的教育决策,在研究时间上不像个案追踪研究那样强调时间的长期性和连续性。

个案临床研究是细致观察、深入分析常规的个案,以此发现总体发展变化的一般规律。它也是通过多种研究手段来研究教育中行为表现具有某种特殊性的教育对象,并对特殊行为进行诊断,同时采取有针对性的教育策略进行矫正。

(四) 按研究目的分类

1. 探索性个案研究

探索性个案研究的目的是揭示样本本身,通过对这一特定对象的深入研究而获得比较深刻的理解,或者获得新的知识,只不过这种理解和知识还处于初步、不确定、试探性状态。探索性个案研究是整个认识过程的初级阶段,而且是必要的阶段,因为人的认识总要不断经历从不确定到确定,从试探到确证的过程。探索性个案研究采用假设逻辑,使得个案研究的样本是否具有代表性显得并不重要。

2. 证伪性个案研究

证伪性个案研究通常需要与以往学术文献或以往的理论进行"对话"。研究者通过个案研究,或者修正原有的理论,或者限定原有理论的适用性范围,或者推翻原有理论,提出一个更具有普遍解释力的新理论作为替代。证伪性个案研究中的个案样本也充当了过往文献或理论的反例或反证。在这里,样本的力量不在于其样本规模大小,而在于其反证性,即成为反驳或修正原有理论普遍性的有力证据。

3. 外推性个案研究

外推性个案研究是通过对某个个案资料进行分析,然后采用归纳逻辑总结出一般结论或理论。当然,

---

① 周希冰.学前教育科学研究[M].北京:高等教育出版社,2006:193.

这种研究通常需要有相应理论的指导,通过个案研究发展、扩充或细化理论的内容和适用范围。当某一个案研究的一般结论外推到同一类型的其他个案时,必须对该个案的情境与所要外推的其他个案的情境进行比较,以便确认该个案研究的一般结论在多大程度上可以外推到同一类型的其他个案,从而避免把某个个案研究的结论机械地套用到其他个案上。①

以上三种研究方法虽然在研究目的、应用范围和实施手段上有所不同,但这种差异只是相对的,在同一个研究过程中三种方法往往被综合运用。

知识延伸 10 - 3

《个案研究中的外推和概括:一个新的阐释》概要

三、个案研究的特点

(一)个案的代表性与问题的普遍性

个案研究的精髓在于深入挖掘特定教育现象的内在机制,探究问题产生的根源,并寻找有效的解决途径。研究对象往往是那些在同类现象中问题表现得尤为显著的个案,它们具有特定的情境和独特的背景。虽然研究的焦点是个别案例,但这些案例并非孤立存在,其研究成果能够在一定程度上反映其他个体乃至整体的特征和规律。个案研究的意图不仅在于深入理解个体的具体情况,更在于通过个案分析揭示问题的普遍性,为更广泛的教育实践提供深刻的洞见。

(二)结果的描述性与过程的追踪性

个案研究的成果通常体现为对研究对象的详尽描述,通过叙述研究过程中的故事和生动描绘研究对象的"实物",引导读者深入理解样本。个案研究不仅关注个案的当前状态,还能追溯其历史并预测未来发展。由于研究对象的集中性,研究者有更多时间对相关变量及其长期互动进行深入、全面、系统的分析,使得个案研究具有明显的追踪特性。

(三)情境的自然性与互动的灵活性

个案研究的开展不受时间和地点的限制,允许研究者随时深入探讨研究对象。研究通常在自然情境中进行,不改变外部条件,研究者以旁观者或参与者的身份,观察或参与研究对象的自然过程,尽量减少对研究对象的控制,强调其在自然状态下的真实表现。研究者通过站在被研究者的立场,使用他们的语言和概念与之互动,深入探讨他们对事件的感知过程。②

(四)资料搜集的多样性和研究方法的综合性

个案研究要求广泛而详尽地搜集资料,以全面理解个案情况,从而有效解决问题。这包括个案的基本情况、历史背景、家庭或文化背景、各种测量和评定结果、观察和访谈结果等。在搜集资料的过程中,需要综合运用多种研究方法,如教育观察、问卷调查、访谈、教育实验、心理测量、医学检查,以及查阅文件和档案记录等,整合行动研究、叙事研究等多种手段。

(五)注重分析的科学性

个案研究的科学性超越了传统科学对变量关系确定性的追求,更多地体现了后现代科学观的特点,如对客观性的质疑、对事物多样性的探索、对微观细节的关注以及对不同观点的开放和包容。③这些特征在教育个案研究中得到了明显体现,赋予了个案研究后现代的科学性。个案研究涉及大量资料的收集和分析,要求研究者细致地分析这些繁杂琐碎的信息,以发现问题的本质。每个个案都有其独特的背景和长期形成的问题,因此分析时需要考虑众多变量,不仅要关注当前问题,还要追溯其根源和发展过程。

四、个案研究的优点和局限

(一)个案研究的优点

1. 彰显独特性

个案研究专注于个体的独特性,它通过深入分析个体的内在逻辑、系统性及结构、特征和发展历程,揭

---

① 钟柏昌,黄纯国.个案研究的分类及其在教育研究中的应用现状评析[J].教育研究与实验,2015(2):13-17.

② 徐冰鸥.中小学教师怎样进行课题研究(五)—教育科研方法之个案研究法[J].教育理论与实践,2008(14):42-44.

③ 魏峰.从个案到社会:教育个案研究的内涵、层次与价值[J].教育研究与实验,2016(4):24-29.

示了个体与特定情境的互动方式。它能够为个体提供"合情境化"的解释,从而确保研究结果的深度和准确性。

2. 深入性研究

个案研究追求对特定问题的深度解答。研究者通过长期跟踪、第一手资料的搜集和多种研究方法的综合应用,对个案进行深入挖掘和细节研究,以形成对个案的全面理解。

3. 独到的视角

个案研究从个体出发,探讨个体各部分之间的复杂交互作用,而不是简单的线性因果关系。它强调整体性和关联性,为理解研究对象提供了独特的视角。

4. 针对性策略

个案研究的最终目标是为个体问题提供定制化的解决方案。它超越了传统的量化研究方法,通过归纳法构建理论,为个案提供明确的解决路径。

(二) 个案研究的局限

1. 资料准确性的依赖

个案研究的结论高度依赖于搜集的资料的准确性。由于数据量通常较小,且可能受到观察者主观性的影响,个案研究的结论存在准确性问题。

2. 结论的推广性限制

由于个案研究关注特定案例,其结论难以推广至更广泛的情况。每个个案都有其独特性,这限制了研究结论的普遍适用性。

3. 主观性的影响

个案研究受到研究者个人主观性、经验和偏见的影响。研究者需要保持客观和中立,以减少主观性对研究结果的影响。

4. 研究深度与广度的限制

个案研究过于侧重个体细节,而忽视了更广泛的社会背景和宏观趋势,缺乏对整体情况的全面把握。

第二节　个案研究的原则、实施方式与手段

一、个案研究的原则

(一) 发展性原则

个案研究强调搜集一切与研究对象相关的资料,既包括空间上的相关,也包括时间上的延续,是在一段时间里对研究对象的发展变化的持续性关注和记录。在学前教育研究中,个案研究的使用者尤其要注意幼儿自身的生理和心理发展变化。

(二) 完整性原则

在进行个案研究对象选取时要充分考虑对象中整体与部分的关系,在抓住对象的个体特征的同时,还要清楚掌握对象与所在整体间的关系,注重研究对象的整体性,从而确保研究资料的完整性。在学前教育研究中就是要注重幼儿与同伴、家庭成员、幼儿园、社区等主体之间的关系。

(三) 真实性原则

在个案研究中无论是研究对象本身,还是研究者,都要本着客观真实的原则搜集、整理和分析资料,在学前教育研究中就要确保幼儿本身、家长、教师、同伴和研究者所提供的资料真实可靠。

(四) 主体性原则

在个案研究中,应该以幼儿的视角来审视和观察问题,尊重幼儿的主体性,不刻意引导其言行,保证幼儿主导研究资料过程。[1]

---

① 李运端,陈红. 个案研究法在幼儿教育中的应用[J]. 管理观察,2018(30):140-141.

二、个案研究的实施方式

（一）个案本身资料

主要包括与个案研究相关的基本信息，例如，姓名、性别、年龄、出生年月、籍贯，身体健康状况、生活习惯、生长发展史、语言、智力、社会性、情感等方面发展情况等主要信息。

（二）教育机构记录

包括目前就读的教育机构、班级、师幼构成情况等，智力、兴趣、人格等测验结果，幼儿活动模式、在托幼教育机构的行为表现、与成人（教师、家长等）交往情况、与同伴交往情况、经常的娱乐方式、参加班级活动状况，教师的评定，同伴评价等。

（三）家庭与社会背景

包括被研究者的父母的受教育程度、职业、家庭结构与经济状况，居住地区的环境、自然与文化状况，父母的教养方式及对被研究者的态度，被研究者在家庭内所处的地位、与家人的情感状况等。

搜集上述资料，可采用多种不同的方式来进行。例如，可利用调查表的方式，让有关人员填写；可以通过访问的方式，听取有关人员的口头报告，或者与被研究者面谈，当面观察其行为反应，搜集第一手资料；可采取测验的方式，让被研究者回答；可采用调阅教师、家长的日记等方式，了解被研究者自身的基本情况；也可以采用摄影和录音的方式，借助现代化手段，利用一些仪器设备，从多方面准确地搜集有关被研究者的资料，这些物质资料能长久地保留，便于日后分析或与其他材料印证等。

三、个案研究常用的研究手段

（一）观察

通过直接观察幼儿本人，了解其行为表现，分析其心理发展水平、发展速率，以及所受到的教育影响等。研究者在运用观察法进行研究时，要根据研究对象特点及观察目的选择不同的观察方法，并制订严格的观察计划。同时，还要注意在真实的生活和教育情境中进行观察，并详细记录观察行为，这样才能保证观察的客观性和真实性，揭示其行为规律。例如，"知识分子家庭幼儿心理问题"研究中，研究者就是在幼儿园真实生活与教育情境中观察三个问题幼儿，通过观察，搜集了三个幼儿在语言、行为、情感、智力、社会性发展水平及个性表现方面的资料。

（二）访谈和问卷调查

为深入研究个案研究对象，还要通过与研究对象及其他有关人员进行书面问卷调查和口头访谈的方式来搜集个案资料。在访谈与问卷过程中既可以采取集体访谈和问卷的调查方式，也可以采用个别访谈和问卷调查方式。例如，对知识分子家庭幼儿心理问题研究中，研究者运用访谈手段搜集了关于三个幼儿在研究活动开始之前的"历史"资料（家庭结构、家长职业、受教育水平、教养观念及抚养方式，幼儿的智力、性格、与人交往的行为表现等）及与研究对象有关的人对三个幼儿的看法、态度和特定的反应等方面的资料。

运用调查的研究手段时，要注意访谈和问卷调查对象不能过于单一，应尽可能选择性质各不相同的人员进行调查，从多个侧面搜集研究对象的资料。

（三）测验

主要用于搜集有关研究对象或相关人员的身心发展水平或行为特点方面的数据资料。常见的有智力测验、人格测验、成就测验或态度测验等。个案研究中运用的测验常常是个别测验，它要求测验者要掌握测验方法的相关理论与实践，这样才能更客观地把握施测过程，获得更科学的测验资料。

（四）作品分析

作品分析也是在个案研究中搜集有关研究对象心理特点的常用手段。在个案研究中，研究者往往通过搜集幼儿作品（如绘画、手工作品、拼搭的玩具等）及有关文字资料（如反映幼儿健康状况的病历、化验报告、体检表、心理测查报告、评语等）间接考察研究对象。也可以通过幼儿园的活动方案、园本课程、教师的教学活动计划、活动案例分析及制作的玩教具等进行有目的、有计划地搜集和分析研究对象有代表性的活动产品。

学前教育个案研究中常用的这四种手段，适用于不同来源和不同性质资料的搜集与分析，研究者在进行研究中可以综合运用这些手段。

第三节　个案研究的一般步骤

一、确定研究对象

1. 考虑个案研究的目的和内容

研究者要根据研究目的和内容来选择在某些方面具有明显突出行为特点的个体、团体或者事件作为研究对象。如果研究目的是了解多动幼儿的特点、形成原因及纠正多动行为的相关策略，就要选择真正具有多动行为表现的幼儿为个案研究对象。

2. 考虑个案研究对象的特殊性

个案研究由于对象少，规模小，在自然状态下进行，是一种特别适合幼儿教师使用的研究方法，特别是对一些行为偏差幼儿、学习困难幼儿的研究。教师选择研究对象时要从以下三个方面考虑：首先，根据自己对研究对象观察所形成的主观印象来判断其行为表现是否具有显著特点；其次，可以采用测验法来比较研究对象与其他幼儿之间的差别；最后，调查与研究对象有关的人员，深入了解他们是否认为研究对象具有特殊性。当这三个方面的意见一致时，才可以认定该研究对象具有独特性质与特点，才能确定其为研究对象。

3. 全面分析研究对象

确定研究对象后，研究者要对研究对象的现状进行全面分析，如该幼儿的个人资料、家庭结构、教养方式、问题发展史、适应情况等。如在研究多动幼儿特点问题时，就要分析该多动幼儿的行为表现、家庭结构、家长教育观念及教育方法、多动行为发展史等相关的多种情况。还要考虑选定的研究对象是否能够积极配合研究者进行研究工作，是否能够坚持完成研究工作，中途是否会退出研究等问题。

二、制订研究计划

1. 研究的原因和目的

研究计划中首先要解释研究的具体原因，并进一步对研究的目的进行阐述，具体说明研究将对哪个方面的规律进行探索和揭示，能够对哪方面的理论进行补充和完善，有利于哪些方面实践问题的解决，等等。

2. 研究的内容和范围

研究的内容和范围往往由以下三个方面的因素决定：①研究对象与同类个体之间的差异大小；②研究目的；③研究者的主客观条件。只有综合考虑这些因素，才能使研究工作按计划顺利完成。

3. 研究的方式方法

一般来说，个案研究在搜集资料和整理分析资料的过程中要运用多种方式和方法。研究者在制订研究计划时要确定具体方法及各具体方法的协调运用，使之相得益彰，保证研究的完整、深入。

4. 研究准备

个案研究需要与具体研究对象有关的人员合作，以间接获得可供鉴别或参照比较的资料。因此，研究者在制订研究计划时应事先做好准备，即完成对合作人员的邀请、培训和合作内容的具体要求及合作方式的确定，以保证研究工作有计划、高质量地完成。

5. 研究步骤

由于个案研究的时间一般较长，研究过程中的具体内容又是多方面的，再加上还会涉及诸多人员，研究者就必须对研究工作进行统筹规划，就研究过程中的工作任务、内容、时间、人力财力分配等进行详细的计划，以保证研究任务的完成。

三、搜集研究资料

1. 反映研究对象基本情况的资料

这类资料主要是个体或团体中每个成员和事件当事人的姓名、性别、年龄、出生年月、身高、体重、健康状况、疾病记录等方面的资料。

2. 反映研究对象活动和成长过程及发展状况的资料

这类资料主要包括幼儿手册、个人档案、学习或发展评定记录、个人作品(如作业本、手工作品、绘画作品、备课本、教育笔记、日记等),研究者对其实施的各种测验的记录,教师评定、同伴评价以及所得的奖励和惩罚等主要资料。

3. 反映研究对象所在单位(或团体)情况的资料

这类资料主要指研究对象学习或工作所在单位的基本情况,如人数及职务、年龄结构、经济状况、规章制度、管理措施等。

4. 反映研究对象家庭与社会背景的主要资料

这类资料主要包括父母和其他家庭成员的年龄、职业、兴趣爱好、受教育程度以及家庭经济状况、居住地区的自然与文化状况,研究对象在家庭和社区的地位、主要活动及情感交流状况等方面的资料。

在资料搜集上要根据资料的内容、形式和来源采用多样化的搜集手段,并注意这些手段的交叉运用。为保证资料的客观真实,研究者在搜集资料过程中要按科学研究的要求进行规范操作,应及时对搜集到的资料进行分析鉴别,剔除或修正不真实、不客观的资料。同时,研究者还应在资料搜集过程中边搜集、边整理、边分析,因为个案研究中的资料往往是零散的,而且会出现不同来源的资料相互矛盾的情况,及时整理和分析有助于研究者进一步明确下一阶段搜集资料时应掌握的方向和应注意的问题。

四、形成研究结论

完成上述程序后,研究者就应对研究资料进行深入的分析研究,从中取得有统计价值的数据资料,形成有关个案的科学结论。由于个案研究是定性研究,在个案资料的搜集、研究对象的陈述、他人的判断以及研究者的决策等方面会存在一定程度的主观因素,如果判断错误或者处理不当,会使研究对象蒙受损失。因此,在得出结论前特别要注意对个案研究进行自我检测,鉴别、剔除或者修正不真实、不客观的资料。

在进行自我检测时,可以用下面一些问题作为个案研究自我检测的评价准则[1]:①是否界定和说明了研究问题以及个案的基本情况? ②个案记录是否简洁明确? ③是否遗漏或忽略了个案的重要信息? ④是否用多种手段或方式来搜集个案的资料? ⑤对个案资料数据的来源是否加以详细说明? ⑥对个案特殊行为是否详细加以描述? ⑦是否提供个案家庭背景的情况说明? ⑧所获资料是否确实可靠? ⑨是否说明个案行为发展变化的过程和经历? ⑩诊断是否有充分的依据? ⑪对行为的判断是否运用测验或推论? ⑫对个案的矫治是否考虑到伦理问题? ⑬对矫治计划是否作了充分考虑? ⑭是否准确解释矫正辅导的效果?

当然,不同内容的个案研究会有不同的研究方式,会有不同的评价方式。一般而言,以上这些问题在进行个案研究时是必须考虑的问题,可供研究者进行个案研究时参考。

五、撰写研究报告

(一) 个案研究报告的类型[2]

1. 描述性报告

描述性报告比较详细地叙述个案资料,直接而精细,可以将一些片段并列或串联,不用转述而用原话,尽可能用客观描述来呈现对个案的解释。但是,整理报告的时间较长,重心难以把握,较为繁复。

2. 简介性报告

简介性报告像一幅个案的速写,着重反映个案的主要特征,比较简洁。报告整理时间较短,较能显出问题的重心,不过往往难以详细获知一些有关个案的细节资料。

知识延伸 10-4

Y同学随班就读教育诊断与培养的个案研究报告

---

① 郑金洲,陶保平,孔企平. 学校教育研究方法[M]. 北京:教育科学出版社,2003:203.

② 郑金洲,陶保平,孔企平. 学校教育研究方法[M]. 北京:教育科学出版社,2003:202.

3. 分析性报告

分析性报告通常对论点进行直接的论述,对论点均提供论据,并说明个案的各种可能现象及推理历程。分析性报告是一种企图利用客观的方式呈现个案资料,但又无法全然放弃主观判断的呈现方式。

(二) 个案研究报告的基本格式

个案研究报告没有统一格式,一般来说,应包括以下三大部分。第一部分简要说明研究对象的主要特殊性和研究的原因、目的、意义、方式方法及研究背景。第二部分是报告的主体,占主要篇幅,着重阐明研究对象所具有特性的实质、现状、成因及发展变化的趋势和规律,是对研究内容的全面归纳和论证。主体部分的结构方式应根据具体研究的目的和内容确定,如研究幼儿行为问题的学前教育个案研究一般包括这样三个部分:①研究对象的基本情况及行为表现;②行为问题形成的原因分析;③有关教育措施的效果或启发。第三部分是学前教育个案研究的结论,主要阐述研究形成的总体观点,该部分应与研究目的相照应,明确指出研究活动解决了哪些问题,还有哪些问题有待深入研究。

在撰写学前教育个案研究报告时,研究者应特别注意要抓住问题和研究的重点,对材料和结论的运用应精练、简明扼要,还要善于运用实例和有关的图、表等,保证报告生动具体。

学业自评

(一) **客观题** 主要测试同学的知识记忆、理解分析、逻辑判断、快速应答等能力;题型有填空题、判断题、单选题、多选题四种。

客观题目链接
10-1

(二) **简答题** 主要测试同学的知识理解、信息提炼、概括总结、语言组织等能力。

1. 个案研究的定义是什么? 它主要应用于哪些领域?

2. 个案研究可以按照哪些标准进行分类? 请简要说明每一类。

3. 个案研究的主要特点有哪些?

4. 个案研究的优点和局限分别是什么?

5. 请简述个案研究的一般步骤。

简答题参考答案
10-1

(三) **模拟试卷** 进一步复习和巩固本章知识,共有三套模拟试卷,可以扫码练习。

模拟试卷 10-1

实训活动

实训项目名称:个案研究报告的撰写

1. 实训任务

自定个案研究对象,自选题目,制订一份个案研究方案,并进行实地调研,写一篇个案研究报告。

2. 实训目标

(1) 通过实训,同学能够熟练掌握个案研究报告的撰写流程,从个案的选定、研究方案的制订、实地调研到最终报告的形成,每一步都能独立完成;

(2) 学会如何根据研究目的和内容,科学地确定个案研究对象,设计研究计划,搜集、整理和分析相关资料。

3. 实训建议

(1) 分组开展实训。以小组为单位开展实训活动,组内成员共同讨论,确定个案研究对象和研究题目,明确分工,协作完成研究方案的制订和实地调研工作;

(2) 加强实践指导。教师应提供充分的实践指导,帮助学生解决在个案研究过程中遇到的问题,确保实训活动的顺利进行;

(3) 成果展示与交流。实训结束后,组织学生进行成果展示与交流,每个小组选派代表汇报个案研究的过程和成果,接受同学和老师的点评和建议,促进经验的分享和学习成果的巩固;

(4) 反思与总结。实训活动结束后,进行反思与总结,分析在个案研究过程中取得的收获和存在的不足,提出改进意见,为今后的研究工作积累经验。

实训项目名称:个案研究主题的选择

1. 实训任务

(1)主题探索,对学前教育实践中的各类问题进行广泛调研,识别潜在的研究热点和难点;

(2)主题筛选,从潜在的研究主题中,选出既具有学术价值又具备实践指导意义的个案研究主题;

(3)主题论证,详细阐述所选主题的研究背景、目的、意义以及预期的研究贡献。

2. 实训目标

(1)通过实训,掌握个案研究主题选择的方法与技巧,能够筛选出具有研究价值和实践意义的主题;

(2)根据所选主题制订详细、系统的研究方案,确保研究过程的科学性与严谨性;

(3)通过实地调研,提高实践应用能力,使理论知识与实际问题得到有效结合。

3. 实训建议

(1)主题研讨会。开展主题研讨会,分享各自的探索过程和筛选结果,通过集体讨论,优化选择研究主题;

(2)专家指导。邀请学前教育领域的专家或教师提供指导,帮助学生深入理解个案研究主题选择的重要性,并提供具体的筛选建议。

拓展阅读

拓展阅读 10-1

《个案研究的意义和限度——基于知识的增长》文献概要

拓展阅读 10-2

《个案的力量:论个案研究的方法论意义及其应用》文献概要

第十一章　行　动　研　究

学习导航

　　行动研究,始于教育具体情境中的实际问题,是幼儿教师在实际工作中边研究边反思教育难题的宝贵探索。它犹如一个螺旋式上升的循环,包含着计划、行动、观察、反思等环环相扣的环节。行动研究,不仅仅是教师在教育实践与研究领域之间搭建的一座桥梁,更是教育研究中举足轻重的角色。而其成果,则是对行动研究过程的精心记录、生动描写、深刻阐释与深入反思的结晶。

行动研究:幼儿教师做研究的航海图

知识结构图

```
                        行动研究
           ┌───────────────┴───────────────┐
      行动研究概述                    行动研究的操作程序
           │                              │
      行动研究的含义                  行动研究基本模式
           │                              │
      行动研究的优点和局限            行动研究的一般操作程序
           │
      行动研究的范式                  行动研究的应用与成果表述
           │                              │
      行动研究的类型                  行动研究的应用
                                          │
                                     行动研究的成果表述
```

学习目标

知识目标

1. 能够阐述行动研究的核心概念及在教育领域的应用;
2. 能够描述行动研究的实施步骤和在教育实践中的应用方式;
3. 能够识别行动研究与其他研究方法的区别及独特优势。

能力目标

1. 能够根据教育工作的实际情境,选择恰当的研究形式,撰写行动研究成果报告,展现问题解决的过程和研究成果的实际应用;
2. 能够独立设计和执行行动研究项目,以解决教育实践中的具体问题;
3. 能够对行动研究过程中的数据和结果进行深入分析,并提出有效的改进策略。

素质目标

1. 树立将研究与实践相结合的教育研究意识;
2. 激发持续学习的意愿,认识到教育领域的不断进步和个人专业发展的重要性。

第一节　行动研究概述

一、行动研究的含义

（一）行动研究的定义

行动研究既是一种方法，也是一种新的科研理念。它是一种适应小范围的教育改革的探索性研究方法，也是研究者为科学地解决教育活动中的实际问题，在对问题诊断分析的基础上拟定和实施行动计划的一种循环研究的程序性方法。行动研究关注的不是理论研究者认定的理论问题，而是着重于将教育科学研究和教育实践活动合二为一，用行动的方式认识和解决教育活动中的实际问题。"行动研究"有以下两层含义。

知识延伸 11-1

《行动研究——一种日益受到关注的研究方法》概要

1. 行动研究：研以致用，应用性研究

行动研究始终面向实际，服务于实际。它从问题的发现开始，以问题的解决为终点。在这一连续的过程中，研究者不仅进行研究，还同时进行行动，实现了在行动中研究的目的。行动研究的成功与否，以其能否有效解决问题、改进工作质量，以及改进的程度为价值判断的主要依据，即强调实效性。

2. 行动研究：兼容并蓄，综合性研究

行动研究根据研究问题的特性和研究过程的实际需要，可以灵活地借用各种教育科研方法，包括但不限于观察法、调查法、测验法、实验法等。在这些方法中，观察法和实验法因其直接性和可操作性，通常被最为频繁地采用。

作为实践者的幼儿教师，应当告别长期以来仅凭个人经验从事教育活动的传统方式，积极主动地树立"教师即研究者"的新形象。行动研究正是在这一理念的推动下，在教育领域蓬勃发展起来，它为教师深入参与教育研究提供了坚实的理论基础和切实可行的实践路径。通过行动研究，幼儿教师不仅能够提升自身的教学能力，还能促进教育实践的不断改进和创新。

（二）行动研究的特点[①]

1. 为行动而研究

行动研究聚焦于幼儿教师在日常教育教学中遇到的紧迫实践问题，而非纯理论性的学术议题。它不局限于某一学科理论或观点，而是广泛吸纳和利用能够切实解决实际问题的多样化经验、知识、方法和技术。特别地，行动研究高度重视实践者的直观感受和实际经验，强调通过具体问题的解决来推动实践质量的提升。同时，行动研究并不排斥对一般知识和理论的探索，而是主张从特殊到一般，通过实践不断检验、修正和丰富理论。

2. 在行动中研究

行动研究鼓励实际工作者与研究者紧密合作，将研究过程融入日常教育教学实践中。通过系统反思和共同研究，实际工作者能够深入理解自身工作的过程、环境和问题，而专业研究者则能深入现场，直接参与实际工作的评价和改进，从而构建起研究与实践的互动平台。这种合作机制不仅促进了幼儿教师专业能力的提升，还加快了理论研究成果向教育实践转化的步伐。

3. 由行动者研究

行动研究认为，幼儿教师作为教育教学实践的主体，具备成为研究者的充分条件。他们能够通过自身实践检验理论、方案的有效性，对实际问题的认识具有独特的优势。因此，行动研究鼓励教师主动参与研究，将教育教学实践中的问题作为研究的起点，实现研究与实践的高度统一。这一过程中，教师的研究行为得以规范化，教育教学实践也得以持续优化。

---

① 沈映珊. 关于行动研究的研究[J]. 中国电化教育，2000(9)：7-11.

4. 研究结果即时显现

行动研究在动态环境或较短时间内即能展现出其实际效能。每个研究进程都设定了明确的目标和计划，并配备了有效的监控和评价机制。研究过程中，反馈信息被及时纳入系统调整之中，确保了研究的灵活性和适应性。由于反馈与改进同步进行，行动研究的结果能够迅速显现，为实践提供即时的指导。当然，对于某些特性复杂的研究项目（如课程设置），可能需要较长时间的发展和完善过程，但行动研究仍然能够在整个过程中保持高效和动态性。

二、行动研究的优点和局限

（一）行动研究的优点

1. 实用性

行动研究的核心在于其强烈的实用性，它直接以"解决问题"为目标。这种方法不是纯粹的理论探讨或学术研究，而是聚焦于实际工作中遇到的具体问题，通过实践来寻找解决方案。它强调研究成果能够立即应用于实践，从而在实际工作中产生实际效果，提升工作效率或改善现有状况。

2. 合作性

行动研究强调"共同合作"的形式，鼓励研究者、实践者以及相关利益方共同参与研究过程。这种合作不仅促进了不同背景和专业的人员之间的交流与协作，还确保了研究问题的全面性和解决方案的可行性。通过团队合作，能够集思广益，汇聚多样化的视角和智慧，共同推动问题的解决。

3. 可变性

行动研究以"最佳方案"为导向，意味着在研究过程中，方案是可以根据实际情况进行调整和优化的。它不是一成不变的预设路径，而是灵活应对变化，不断试错、修正和完善的过程。这种可变性允许研究者在实践中探索和创新，以期找到最适合特定情境的解决方案。

4. 情境性

行动研究深深植根于"教育实践"之中，强调研究应紧密围绕实际的教育环境、条件和需求展开。它关注具体情境中的独特性和复杂性，认为有效的解决方案必须基于对教育实践的深入理解。通过在教育现场进行观察、实验和反思，研究者能够获得第一手资料，确保研究成果更加贴近实际，具有更高的应用价值。

5. 综合性

行动研究采用"多种方法"作为研究手段，体现了其综合性的特点。它不限于某一种特定的研究方法或技术，而是根据研究需要，灵活运用问卷调查、访谈、观察、实验、案例研究等多种方法搜集数据和分析问题。这种综合性的方法论视角有助于全面、深入地理解问题，同时也增加了研究结果的丰富性和可信度。

（二）行动研究的局限

1. 时间和资源的限制

行动研究需要长期的投入和大量的资源支持，包括时间、人力和物力等。这对幼儿园和教师构成挑战，尤其是在资源有限的情况下，难以保证研究的持续性和深入性。

2. 主观性的影响

在行动研究中，研究者的主观性可能对研究结果产生一定影响。他们的个人经验、价值观甚至偏见等都可能渗入研究过程中，影响数据的搜集和分析，从而降低研究结果的客观性和可靠性。

3. 小规模样本的限制

行动研究通常局限于特定的学校或班级，样本规模较小。这使得研究结果可能难以推广到其他教育环境或更大规模的教育实践中。

4. 研究质量的挑战

由于行动研究通常由教育工作者而非专业研究者执行，可能会因缺乏严格的研究设计和方法论知识，而影响研究的科学性和可靠性。

三、行动研究的范式

（一）研究目的——解决实践问题

行动研究的核心目的在于直接解决教育实践中遇到的具体问题，以提高教育教学的质量和效果。它不是为了理论发现或广泛推广，而是聚焦于改进实践本身，优化实践工作者的工作环境。

（二）研究人员——实践工作者

行动研究的主体是一线的教育实践工作者，包括教师、学校管理者等。这些实践工作者在研究过程中发挥主导作用，而专家和学者则作为协作者，提供必要的建议和指导。

（三）研究环境——实际工作情境

行动研究深深植根于教育实践的实际工作情境中，强调研究与实践的紧密结合。由于研究情境的特定性，行动研究的结果通常不直接推广至其他情境，而是针对特定问题提供解决方案。

（四）研究方法——偏向质的研究

行动研究倾向于采用质化研究方法，如案例研究、观察、访谈等，以深入理解教育实践中的问题。同时，它也不排斥量化研究方法，根据研究需要灵活选择。行动研究不是一种"方法"，因为原则上行动研究可以使用任何方法（包括量的方法），只要"好用"（对改进现状有用）就行。但是在具体实施中，大部分人都采纳质的方法，因为它更适合行动研究的要求。[①]

知识延伸 11-2

《"行动研究兼容实验法"的原理解析》概要

（五）研究过程——螺旋式上升

行动研究过程遵循"计划—行动—观察—反思"的螺旋式循环模式，强调在实践中不断试错、学习和改进，以达到问题的解决。

（六）研究成果——形式丰富多样

行动研究成果的呈现形式多样，可以是书面报告、学术论文、教育日记、案例研究等，也可以通过教学展示、研讨会等形式进行交流和分享。

（七）研究价值——评估重效果

行动研究的价值在于其对实际问题解决的贡献，以及对实践情境改善的程度。它强调研究参与者的自我评价和反思，通过持续的评估和调整，实现问题的最终解决。

四、行动研究的类型

（一）按照行动研究任务的侧重点不同分类

1. 研究者对自身行动进行的研究

这种类型的研究注重通过科学方法（如测量、统计等）来探讨研究者自身实践中的问题，旨在验证与研究相关的理论假设，强调行动研究的科学性。这可以是小规模的实验研究，也可以是较大规模的验证性调查。

知识延伸 11-3

《教师行动研究——行动中的研究》概要

2. 研究者为解决自身实践中的问题进行的研究

此类研究不仅采用统计数据等科学手段，还融入了参与者的个人日记、谈话录音、照片等资料，目的是解决实践中的具体问题，而非构建理论。它强调行动研究对社会实践的改进功能，重视实践经验的总结与应用。

3. 研究者对自身实践进行批判性反思的研究

这种类型的研究立足于理论思辨，通过对自身实践的批判性反思，促动意识启蒙或理论批判，从而改进现实中的行动。它强调行动研究的批判性，旨在通过反思引发实践的改变和进步。

知识延伸 11-4

《行动研究与幼儿教师专业成长》概要

（二）按照研究中反思特质的表现不同分类

1. 内隐式"行动中认识"

这种反思形式关注实践者在日常例行行动中的内隐性知识，通过观察和反思将这些难

---

① 陈向明. 从"范式"的视角看质的研究之定位[J]. 教育研究,2008(5):30-35,67.

以言喻的知识明朗化。内隐性知识隐含在经验中,明确化后能提高知识的准确性和可沟通性,对教育实践者的专业水平提高至关重要。

2. 行动中反思

在行动中反思意味着参与者针对特定情境灵活思考,将思考与实践紧密结合,通过比较不同策略、提炼相同因素、排除不当做法,推动探究过程。这种反思强调情境性和即时性,促使思考转化为有效的行动。

3. 对行动进行反思

行动结束后,参与者对整个活动过程及其涉及的因素与关系进行深入反省,形成新的认识和改进方案。这种反思形式注重用语言表达和建构知识,将行动者从行动中抽离出来进行细致分析,旨在形成正确的问题认识,更新并内化新知识,以更好地指导实践。

(三)按照行动研究参与者的结构分类

1. 独立行动研究

独立行动研究是教师针对个人工作中遇到的实际问题单独进行的研究,研究对象数量有限(如某一位幼儿),不需要外部专家指导,研究成果主要应用于个人实践改进。这是行动研究的初级形式。

2. 小组行动研究

小组行动研究由教师、保育员、管理人员等共同组成研究集体,根据研究问题的性质和范围灵活组合。成员自己提出并选择研究问题,制订行动方案,发挥集体智慧。可聘请专家作为顾问,提供理论支持和指导。研究成果由小组成员共享。

3. 联合行动研究

联合行动研究由专家、教师、行政人员等组成的跨领域研究集体共同开展,研究问题由双方协商提出,共同制订研究计划和方案,并共同商定评价标准和方法。这种类型的研究集合了多方智慧和资源,成果由所有参与者共同评价并分享,是行动研究的理想层次和高级形式。

第二节 行动研究的操作程序

一、行动研究基本模式

(一)勒温的行动研究模式

1. 模式概述

库尔特·勒温的行动研究模式是一种将理论与实践紧密结合,旨在解决实际问题的系统性研究方法。该模式强调在真实社会情境中,通过计划、行动、观察和反思的循环,推动个人、组织或系统的变革与发展。它不仅关注行动效果,还重视参与者的反馈与调整,以实现持续改进(如图 11-1、11-2 所示)。

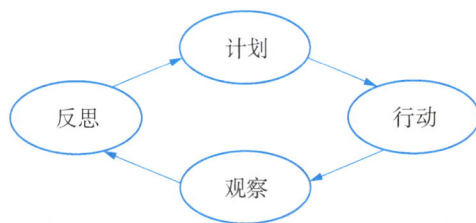

图 11-1 行动研究螺旋循环模式[1]

2. 行动研究实例预设

(1)实例背景假设。

新入园幼儿适应集体生活困难,表现出焦虑和抗拒。

(2)行动研究的操作程序建议。

①计划:界定适应问题,设定适应目标,设计适应性活动方案;②行动:实施亲子活动、小组游戏等,确保资源充足;③观察:记录幼儿行为和情绪反应,搜集家长反馈;④反思:评估活动效果,识别成功与需改进之处;⑤再计划:调整方案,准

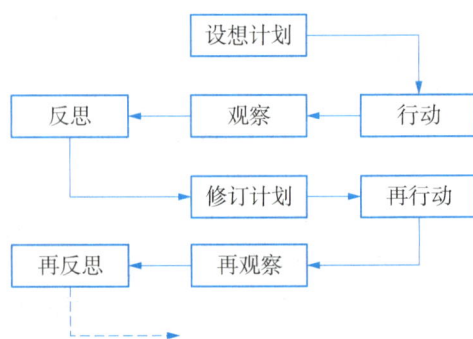

图 11-2 行动研究螺旋循环模式修正图[2]

---

①② 孟万金,官群.教育科研——创新的途径和方法.[M].上海:华东师范大学出版社,2005:104.

备下一轮行动研究。

知识延伸11-5

（二）凯米斯的行动研究模式

1. 模式概述

史蒂芬·凯米斯的行动研究模式以解决实践问题为导向,强调参与者的主动性和反思性。该模式认为行动研究是螺旋式发展的过程,旨在通过循环研究促进问题有效解决和深入理解(如图11-3所示)。为方便幼儿教师运用该模式的核心思想开展行动研究,将其操作程序简化为计划、行动、观察和反思四个环节。

《基于主题活动培养3-4岁幼儿归属感的行动研究》概要

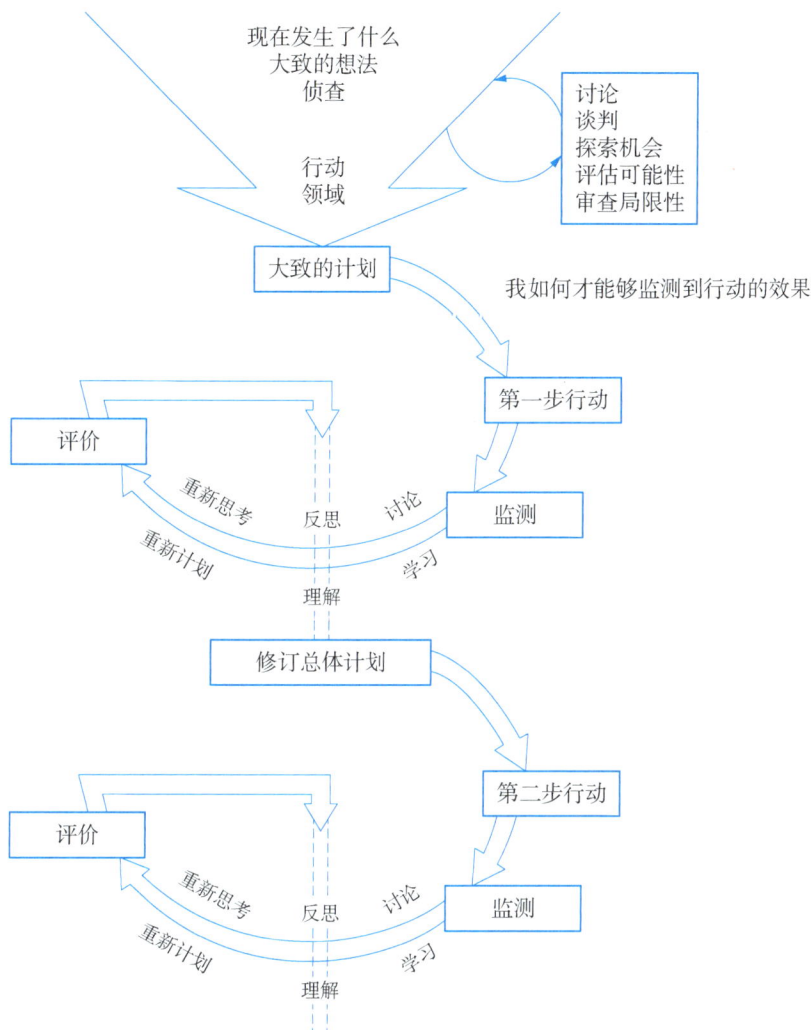

图11-3 凯米斯的行动研究模式

2. 行动研究实例预设

知识延伸11-6

（1）实例背景假设。

幼儿在绘画活动中缺乏创造力和想象力。

（2）行动研究的操作程序建议。

①计划阶段:明确问题,设计激发创造力的活动方案,搜集初步资料;②行动阶段:实施多样化绘画活动,记录幼儿表现;③观察阶段:分析幼儿作品,搜集家长和教师反馈;④反思阶段:评估活动效果,总结经验教训,调整后续计划。

《基于中国民间童话开展大班幼儿文学想象活动行动研究》概要

（三）卡尔霍恩的行动研究模式

1. 模式概述

艾米莉·卡尔霍恩的行动研究模式遵循行动研究基本原则,侧重研究过程的灵活性和参与者自主性,旨在通过持续研究改进实践(如图11-4所示)。为方便幼儿教师运用该模式的核心思想开展行动研究,将其操作程序简化为问题识别、计划制订、行动实施、观察反思四个环节。

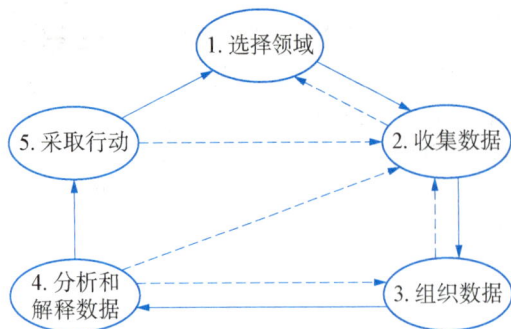

图 11-4 行动研究循环

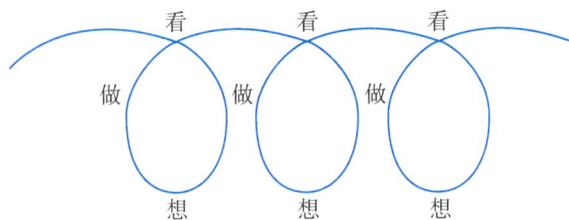

图 11-5 行动研究交互作用螺旋

2. 行动研究实例预设

(1)实例背景假设。

幼儿户外活动中安全意识薄弱。

(2)行动研究的操作程序建议。

①问题识别:识别安全问题,分析原因;②计划制订:制订增强安全意识的行动计划;③行动实施:改善环境布置,加强教师培训,开展安全教育活动;④观察反思:评估活动效果,调整后续计划。

(四)斯特林格的行动研究模式

1. 模式概述

欧内斯特·斯特林格的行动研究模式强调持续反思、计划与行动的结合,旨在解决教育实践问题,促进教师专业发展。该模式包含计划、行动、观察和反思四个环节,形成螺旋式上升过程(如图 11-5 所示)。

2. 行动研究实例预设

(1)实例背景假设。

传统教学方式难以激发幼儿学习兴趣。

(2)行动研究的操作程序建议。

①计划阶段:界定问题,设定目标,设计游戏教学活动;②行动阶段:引入游戏教学,监控过程,搜集反馈;③观察阶段:搜集幼儿表现数据,分析变化;④反思阶段:整理结果,分析成功原因,调整后续策略。

(五)雪儿·亨德里克斯行动研究模式

1. 模式概述

雪儿·亨德里克斯的行动研究模式强调实践者与研究者合作,通过循环迭代解决问题。该模式与合作性、反思性和实践性相契合(如图 11-6 所示)。

2. 行动研究实例预设

(1)实例背景假设。

幼儿社交技能不足。

(2)行动研究的操作程序建议。

①问题界定:识别社交技能问题,明确研究目的;②文献回顾与理论框架构建:回顾文献,构建研究框架;③计划制订:设计社交技能训练计划;④行动实施:实施训练活动,鼓励教师观察记录;⑤数据搜集与分析:搜集数据,评估效果;⑥反思与调整:反思过程,调整训练方案;⑦报告与分享:撰写报告,分享成果。

(六)威尔斯的行动研究模式

1. 模式概述

戈登·威尔斯的行动研究模式将实际教育问题与科学研究结合,强调发现问题、设计解决方案、实施

知识延伸 11-7

《利用教育戏剧开展幼儿生命教育的行动研究》概要

知识延伸 11-8

《促进幼儿主动学习策略的行动研究》概要

知识延伸 11-9

《大班幼儿自我服务教育的行动研究》概要

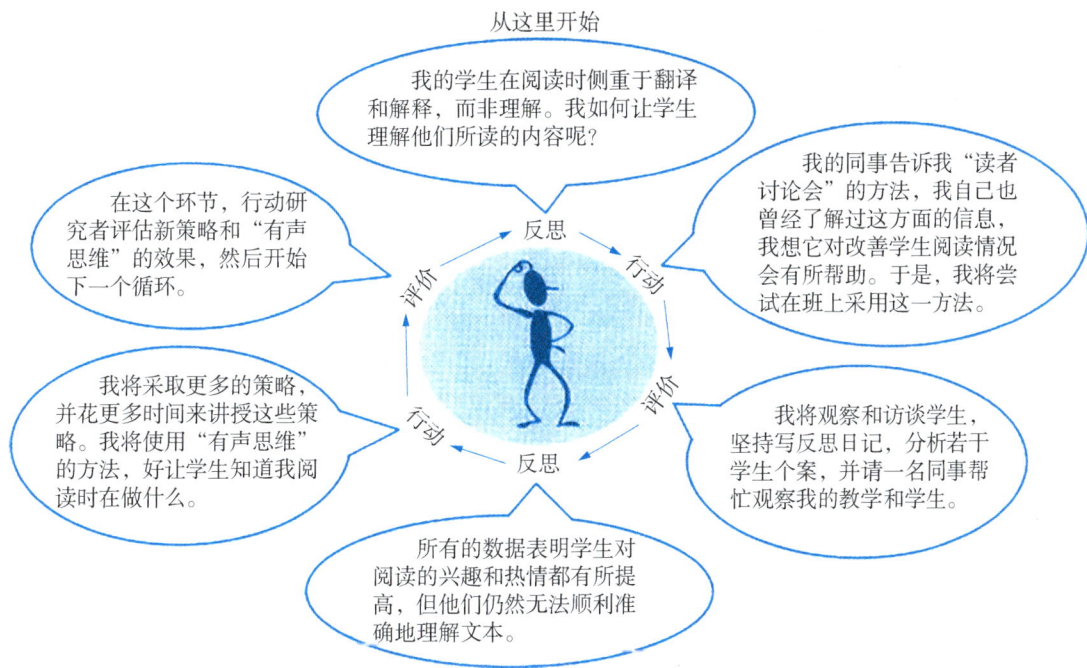

图 11 - 6　行动研究的过程

行动并通过反思改进的过程,适用于中小规模教育改革探索(如图 11 - 7 所示)。

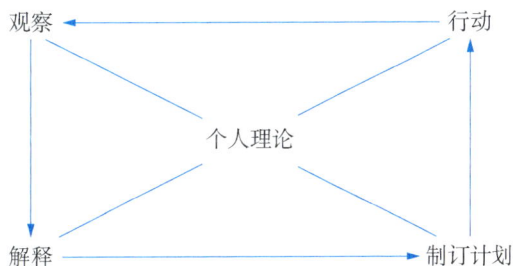

图 11 - 7　行动研究循环的理想模式

2. 行动研究实例预设

(1) 实例背景假设。

幼儿对科学探索活动兴趣不高。

(2) 行动研究的操作程序建议。

①问题识别与诊断:识别活动内容、形式等问题;②文献回顾与理论构建:结合建构主义理论,提出假设;③计划制订:设计科学探索活动计划,制定评估指标;④行动实施:实施"小小科学家"主题周活动;⑤观察与记录:记录幼儿表现、教师指导和活动效果;⑥反思与总结:评估兴趣提升情况,识别难度问题;⑦循环迭代:调整活动难度,增加层次性挑战,持续优化。

知识延伸 11 - 10

《基于幼儿记录促进积木建构水平发展的行动研究》概要

二、行动研究的一般操作程序

(一) 确定问题

1. 深入实践场景

行动研究的起点是深入教育实践场景,特别是幼儿园的日常教学与管理环境中。研究者需要亲自走进课堂,观察教师的教学行为、幼儿的学习状态以及校园内的其他活动,通过亲身体验,感受教育实践的真实情况。这一步骤要求研究者具备敏锐的观察力和同理心,能够准确捕捉到教学实践中存在的问题。

2. 问题识别与界定

在深入实践的基础上,研究者通过细致的观察、访谈教师、幼儿及家长,回顾相关文献等方式,识别出具有现实意义和迫切性的问题。问题的选择应紧密关联实践者的日常工作或生活体验,能够直接指向实践中存在的困惑或障碍。在问题识别的基础上,研究者需要进一步界定问题的范围、性质和影响,确保研究的针对性和有效性。

3. 问题优先级排序

面对多个潜在问题时,研究者需要与实践者共同讨论,根据问题的紧迫性、重要性和可行性等因素,对问题进行优先级排序。这有助于确保研究资源能够集中在最关键的问题上,从而实现研究效益的最大化。

(二) 搜集数据

1. 数据搜集方法多样化

为了全面理解问题,研究者会采用多种数据搜集方法,如观察法(包括参与式观察和非参与式观察)、深度访谈(与教师、幼儿、家长等进行交流)、问卷调查(针对教师、幼儿或家长的特定问题设计问卷)、文档分析(查阅教学计划、教案、幼儿作业等资料)等。这些方法各有优势,能够从不同角度揭示问题的本质。研究者需要根据问题的特点和研究目的,灵活选择和组合这些方法,以确保数据的全面性和可靠性。

2. 数据真实性与情境性

在数据搜集过程中,研究者需要特别关注数据的真实性和情境性。这意味着研究者需要确保所搜集的数据能够真实反映实践中的实际情况,而不是受到某种偏见或主观因素的影响的。同时,研究者还需要关注数据背后的情境因素,理解数据产生的具体背景和条件,以便更准确地解释数据所蕴含的意义。

3. 数据整理与初步分析

搜集到的数据需要经过初步的整理和分析,以便为后续的系统分析打下基础。这包括对数据进行分类、编码、统计等处理,以及初步识别数据中的关键信息和模式。通过初步分析,研究者可以对问题的本质和影响因素有一个初步的认识和把握。

(三) 分析数据

1. 量化统计与质性编码

根据数据的性质和特点,研究者可以采用量化统计或质性编码等方法进行系统的分析。在幼儿园行动研究中,量化统计方法可能适用于对幼儿发展指标的统计分析(如身高、体重、语言能力等);质性编码方法则适用于对访谈记录、教学日志等文本型数据进行内容分析和主题提炼。两种方法各有侧重,可以相互补充,以更全面地揭示问题的本质和背后的机制。

2. 问题根源与影响因素

通过系统分析,研究者需要揭示问题的根源、影响因素及其之间的相互关系。这有助于深入理解问题的本质和复杂性,为后续制订行动计划提供有力的依据。

3. 理论构建与验证

在数据分析的基础上,研究者可以尝试构建或验证相关理论。通过理论构建与验证,研究者可以深化对问题的理解,并为后续的实践改进提供理论支持。

(四) 制订行动计划

1. 明确解决问题的策略

基于数据分析的结果,研究者与实践者需要共同制订一个具体的行动计划。行动计划应明确解决问题的策略、步骤和预期目标。这些策略应针对问题的根源和影响因素提出切实可行的解决方案,以确保行动的有效性和针对性。

2. 行动计划的可行性与针对性

行动计划应具有可行性和针对性。这意味着行动计划应考虑到实践者的实际情况和资源条件(如教师能力、教学设施、经费支持等),确保行动能够在实际操作中顺利实施。同时,行动计划还应针对问题的具体特点和需求进行定制化设计,以实现最佳的问题解决效果。

(五) 实施行动

1. 计划转化为实践

实施行动是将计划转化为实践的关键环节。在这一步骤中,实践者需要按照行动计划中的策略和步骤进行操作,确保计划的顺利执行。实践者需要保持高度的责任感和执行力,确保每一项行动都能够按照计划要求进行落实。

2. 灵活调整与适应

在实施过程中,实践者可能会遇到各种预料之外的情况和挑战。因此,实践者需要保持灵活性和适应性,根据实际情况及时调整行动策略。这要求实践者具备敏锐的观察力和判断力,能够及时发现问题并采取相应的措施进行应对。

3. 多方协作与沟通

行动研究的实施往往需要多方协作与沟通。实践者需要与研究者、同事、幼儿、家长等多方进行密切合作和有效沟通,确保行动能够顺利进行并取得预期效果。通过多方协作与沟通,可以汇聚各方智慧和力量,共同推动问题的解决和实践的改进。

(六) 观察和记录

1. 系统记录关键事件

在实施行动的过程中,研究者和实践者需要密切关注变化并系统记录关键事件。这些关键事件可能包括行动实施的具体步骤、遇到的问题及解决方案、实施效果及反馈等。通过系统记录关键事件,可以为后续的反思和评估提供宝贵的第一手资料。

2. 搜集反馈与结果

除了记录关键事件外,研究者和实践者还需要积极搜集各方面的反馈和结果。这包括幼儿、家长、同事等对行动实施效果的反馈意见以及实际结果的数据统计和分析等。通过搜集反馈与结果,可以更全面地评估行动的效果并为后续的反思和改进提供依据。

(七) 反思和评估

1. 深入反思行动效果

行动结束后,研究者和实践者需要共同对行动的结果进行深入反思和评估。他们需要探讨行动是否达到了预期目标以及哪些方面取得了成功和哪些方面需要改进等。通过深入反思行动效果可以发现存在的问题和不足并为后续的研究和实践提供经验和教训。

2. 批判性思维与自我反思

反思和评估过程中需要鼓励批判性思维和自我反思。研究者和实践者需要以开放和诚实的态度面对行动的结果和存在的问题,勇于承认错误并寻求改进之道。这时研究者和实践者需要以批判性思维的态度审视这些问题并提出新的解决方案或调整策略。通过批判性思维和自我反思可以促进个人和组织的成长并推动实践的不断改进和创新。

(八) 分享结果

1. 广泛传播研究成果

行动研究的成果需要通过报告、研讨会、出版物等多种形式广泛分享和传播。这不仅可以提升实践者的专业声誉和影响力,还可以促进整个领域的知识积累和实践创新。通过分享成果,可以激发更多人的兴趣和参与,从而推动整个领域的不断发展和进步。

2. 促进知识交流与合作

分享结果的过程也是促进知识交流与合作的过程。通过分享成果,可以吸引更多志同道合的人加入行动研究的行列中来共同探索和实践新的教育理念和方法。通过交流与合作,可以不断完善和改进自己的研究和实践工作,实现共同成长和进步的目标。

三、行动研究操作程序例举

1. 学校行动研究的步骤

①确定并形成问题。所谓"问题"是指在日常教育情境中被认为重要的,但不必解释得过于严谨。②参与团体的教师、外来的研究者和支持者间进行初步讨论和磋商,初步形成研究计划的草案与待答问题。③文献探讨,从比较研究中了解问题、目标和程序。④修正或重新定义所关注的问题,形成可验证的研究假设,或形成一组引导的目标,让存在于行动研究方案中的研究假设更为明显。⑤确定研究程序。选择教材与教学法,搜集资料,分配资源,进行人员分工等。⑥选择评鉴程序,使评鉴能继续实施。⑦进行研

究。资料搜集的方法,如开会、记录、即席报告、最后报告、自我评量、工作管制、回馈传递、资料的分类与分析等。⑧解释、推论和整体评鉴。依据评鉴标准,探讨研究结果,特别要注意错误和有问题的地方,并总结研究结果,提出建议及推广的方法。

2. 教师行动研究的步骤

①关注问题。在实际教室情境中遭遇困难而产生"实际问题",讨论关心的议题,指出希望追求什么。②拟定策略。构想可能的"行动方案的策略"。③采取行动。依据行动方案和策略采取实际行动,将策略付诸教室情境的实施。④反省评价。评估行动方案策略的实际执行结果,评估采取行动后的教室情境实施结果。⑤再度关注。根据评估的结果,判断是否解决原先关注的问题,如已解决,则可关注另一个相关问题;如未解决,则"修正"所关注问题的焦点,研究拟定更适合的解决方案和策略,再度采取行动以解决教室情境的问题。

3. 课程行动研究的步骤

①研究课程问题,并且解决课程问题。课程行动研究的问题,通常就是教育实际工作者所遭遇到的课程问题。②对课程问题给予确认、评价,并且诊断其原因,确定课程问题的范围。③行动研究者进行初步讨论与磋商。担任计划发起人的研究者可以根据专业知识掌握课程问题的核心,确定重要因素,强调课程研究的关键任务。④课程行动研究计划拟定之后,应当找寻相关的课程研究文献,以便从前人经验中获得有益的相关启示。⑤阅读相关文献后,对课程问题有相当程度的了解,再回到"界定与分析问题",将初步陈述的课程问题予以修订或重新界定。⑥实施所规划的课程行动方案,在实施过程中搜集各种课程资料,来验证研究假设,以利改进现况,直到有效地改善或解决课程问题为止。⑦根据课程行动研究方案实施结果,撰写完整的报告,对整个课程行动研究计划进行整体评价。

知识延伸 11-11

《民间游戏融入
幼儿园课程的行
动研究》概要

第三节　行动研究的应用与成果表述

一、行动研究的应用

(一) 行动研究的作用

1. 克服了教育理论与实践相脱节的弊端

行动研究是理论与实践的中介。在行动研究中,幼儿教师通过学习理论知识,结合自己教育实践经验,建构更加科学合理的教育教学活动方案体系。由于这些活动方案具有理论性和实践性,使行动研究具有从理论到实践的转化功能。

2. 有利于提高幼儿园行政管理的效能

将行动研究用于幼儿园行政管理,可以提高幼儿园行政管理效能。幼儿园行政管理工作庞杂,教育管理人员与教师协商,确定幼儿园工作中心,获取足够的反馈信息,通过修改和调整,制定合理的规章制度,避免主观和官僚作风造成的损失,提高工作效能。

3. 能促进幼儿教师的专业发展

(1) 终身学习。行动研究为幼儿教师学习提供了强大的动力和明确的方向。教师结合实际工作发现问题、问题归因、计划实施、评价反思,体现"学习工作化,工作学习化"的理念。行动研究的过程,实际上是教师有目的地学习理论、学习同行经验、学习别人的优秀实践经验。教师在开展行动研究过程中形成的学习氛围,也是幼儿园构建"学习型组织"的重要内容。

(2) 自我反思。行动研究是一线教师把"反思"落实于教学、落实于工作的途径,是将"反思"从观念层面落实到实践层面的过程。在问题发现阶段,行动研究强调教师对照理论,对照《幼儿园教育指导纲要(试行)》,反思实践,发现工作中的问题;在问题归因阶段,行动研究要求教师整理理论和经验所提供的各种归因线索,逐一反思排查,确定调查重点,并通过实际调查使问题的原因得以明确;在措施实施阶段,行动研究要求教师根据归因结果,反思自己的工作,并对自己的教育行为作出调整;在评估反思阶段,行动研究要求教师对研究结果进行"副作用"分析和"替代"分析。在行动研究中,教师的反思行为体现得系统、具体和实在,因此可以说,没有反思就没有行动研究。

(3)培养幼儿教师交流与合作精神。行动研究为教师的交流与合作提供平台,并有助于提升教师交流与合作的目的性和针对性。"问题发现"需要同行的意见和建议;"问题归因"需要同行的经验;"措施实施"需要同行的经验与监督;"评估反思"需要同行的意见与参与。

(4)增强幼儿教师责任心和敬业精神。行动研究过程实际上是基层教师在实际工作中主动发现问题、诊断问题和解决问题的过程,这本身就是教师工作责任心和敬业精神的具体体现。没有责任心和敬业精神,教师是不可能做好行动研究的。

4. 可以给师范生提供大量的实际工作案例

当前教育工作者总结和归纳行动研究的经验,为师范生提供优质的学习素材。他们可以通过阅读大量案例,得到丰富的第一手材料,在未来工作中借鉴其他教师发现问题、分析问题和解决问题的经验,少走弯路,尽快适应工作岗位。

(二)运用行动研究应注意的问题

1. 灵活调整研究方案

行动研究在教育实施这一复杂多变的环境中进行,其过程充满了不确定性。因此,研究者在实施行动研究时,必须保持高度的灵活性和适应性。很多时候,由于教育环境的复杂性和多变性,研究者不可能在一开始就预见并解决所有潜在问题,也无法设计出一个完美无缺的研究方案。这就要求研究者具备边研究边修改方案的能力,根据实际需要和遇到的问题,灵活调整研究方案,确保研究的顺利进行。

2. 综合运用多种手段

行动研究不仅仅依赖于观察手段来诊断现状和发现问题。虽然观察是了解教育现状、发现问题的重要途径,但行动研究更强调实际手段的运用,以改进现状。这意味着研究者需要综合运用多种手段,包括问卷调查、访谈、实地考察等,来全面深入地了解教育现状,并通过实验、试点项目等方式,实际介入并尝试改进教育现状,从而真正实现研究与实践的紧密结合。

3. 争取幼儿教师的支持

行动研究的成效在很大程度上取决于广大幼儿教师的参与度和支持度。幼儿教师作为教育实施的主体,他们的参与和支持对于行动研究的成功至关重要。因此,研究者需要积极与幼儿教师沟通,解释研究的目的和意义,争取他们的理解和支持。同时,也要尊重幼儿教师的专业知识和实践经验,鼓励他们积极参与研究过程,共同为改进学前教育质量而努力。

4. 促进多方人员的长期协作

采用行动研究对学前教育课程结构等方面进行整体性研究时,往往需要多方面人员的长期协作。这包括研究者、幼儿教师、教育管理者、家长以及可能的外部专家等。由于行动研究涉及多个层面和领域,需要综合运用多学科的知识和方法,因此,促进多方人员的长期协作就显得尤为重要。研究者需要建立良好的沟通机制,确保各方人员能够顺畅交流、共享信息,共同为研究的成功贡献力量。同时,也要注重培养团队精神和合作意识,使各方人员能够在长期的研究过程中保持高度的协作和配合。

二、行动研究的成果表述

行动研究的成果表述,是指在行动研究过程中或研究告一段落后,通过系统记录、详细描述、深入阐释及反思研究活动的方式,将研究成果以清晰、明确的形式呈现出来。这一过程不仅是对研究经历的总结,也是知识构建和分享的重要途径。成果表述采用专业术语,确保内容的准确性和学术性,同时力求语言简洁明了,避免冗长和模糊。

(一)研究日志

1. 研究日志的含义

(1)研究日志的定义。研究日志,也被称为"教学日志"或"工作日志",是记录研究者在行动研究过程中观察到的现象、感受、解释及反思的重要工具。它强调日常观察的重要性,围绕特定研究主题展开,并将事件记录与分析紧密结合,促进研究者的自我反省和理论构建。研究日志不仅仅是对研究过程的简单记录,它更像是一个深度对话和反思的工具,帮助研究者系统地跟踪和整理自己的研究思路,使研究能够更加深入、有序地进行,并在此过程中不断促进研究的完善与发展。

(2)撰写研究日志的定义。撰写研究日志是指在研究过程中,研究者通过书面或电子形式,详细、全面且系统地记录研究活动的每一个方面。这不仅仅包括研究进展的每一个阶段、思考过程的每一个转折,还涵盖了实验步骤的具体操作、数据的详细记录、结果分析的深入探索,以及对研究问题的深刻反思等。

对于幼儿教师而言,撰写研究日志尤为重要。例如,在观察幼儿行为发展的研究中,幼儿教师需要详细记录每个幼儿在不同时间段的行为表现、情绪反应、社交互动等。这些记录不仅有助于幼儿教师分析幼儿行为模式的变化,还能帮助幼儿教师反思观察方法的有效性,从而调整研究策略,更深入地了解幼儿的发展需求。

2. 研究日志的作用

(1)记录与跟踪。研究日志能够系统地记录研究过程中的所有重要信息,如实验步骤的详细操作、数据的搜集过程、结果分析的每一个阶段等。这使得研究者在后续的研究中能够方便地查阅和跟踪之前的进展,确保研究的连贯性和准确性。

(2)反思与调整。通过撰写研究日志,研究者可以对自己的研究过程进行深入的反思。在反思中,他们可能会发现研究中存在的问题和不足,从而及时调整研究方案,确保研究的顺利进行。这种反思和调整的过程是研究过程中不可或缺的一部分。

(3)激发灵感与创新。在研究日志中,研究者会记录自己的新发现、新思考和新启发。这些记录往往能够成为新的研究思路或创新点的源泉,推动研究的进一步发展。

(4)促进学习与成长。撰写研究日志的过程本身就是一种宝贵的学习过程。通过记录研究日志,研究者可以积累丰富的研究经验,提升自己的研究能力,为未来的研究工作打下坚实的基础。对于幼儿教师来说,撰写研究日志可以帮助他们更深入地了解幼儿的发展特点和需求,提升他们在学前教育领域的专业素养。

知识延伸 11-12

《教学日志与教师专业发展研究》概要

(5)文献与参考。研究日志作为研究过程的第一手资料,具有极高的参考价值。在后续的研究和论文撰写中,研究者可以方便地引用和参考日志中的内容,提高研究的准确性和可信度。

3. 研究日志撰写中的注意事项

(1)及时记录。尽量在当天或研究活动结束后立即记录研究日志,以免遗忘重要信息。及时记录可以确保研究的连贯性和完整性。对于幼儿教师来说,幼儿的行为和情绪变化较快,及时记录显得尤为重要。

(2)真实客观。记录内容应真实客观,避免主观臆断和夸大其词。真实客观的记录是研究日志具有参考价值的基础。在研究幼儿时,研究者需要保持客观的态度,准确记录幼儿的行为和表现,避免主观偏见影响研究结果。

知识延伸 11-13

《幼儿园青年教师的管理日志》概要

(3)条理清晰。记录内容应条理清晰,逻辑严密,便于后续查阅和分析。条理清晰的记录可以帮助研究者更好地整理和研究自己的研究思路。在撰写幼儿研究日志时,研究者可以按照时间顺序或研究主题来组织内容,使日志更加有条理。

(4)注重反思。在记录过程中,应注重对研究问题的反思和探讨,提出自己的见解和思考。反思是研究过程中不可或缺的一部分,它可以帮助研究者发现研究中的不足和问题,并及时调整研究方向。

(5)保护隐私。在涉及他人隐私或敏感信息时,应注意保护相关人员的权益。尊重他人的隐私是研究伦理的重要体现。在研究幼儿时,研究者需要特别注意保护幼儿的隐私和权益,避免在日志中泄露幼儿的个人信息或敏感内容。

4. 研究日志常用的记录形式

(1)文字记录。通过文字形式详细记录研究过程、思考过程、实验步骤、数据记录、结果分析等。文字记录是研究日志中最基本也是最重要的形式之一。对于幼儿教师来说,文字记录可以详细描述幼儿的行为表现、情绪变化、社交互动等。

(2)图表记录。利用图表形式直观展示实验结果和数据变化趋势,便于分析和比较。图表记录可以帮助研究者更直观地理解实验结果和数据变化。在研究幼儿发展时,研究者可以使用图表来展示幼儿在不同时间段的发展水平或行为变化。

(3)照片和录像记录。对研究活动中的重要场景和实验过程进行拍照或录像记录,作为辅助材料。照片和录像记录可以为研究者提供直观的研究证据和参考。在研究幼儿行为时,照片和录像可以记录幼儿的具体行为表现,为后续分析提供有力证据。

(4)思维导图。通过思维导图形式整理和展示研究思路,有助于理清研究脉络和逻辑关系。思维导图是一种非常有效的整理和展示研究思路的工具。在研究幼儿发展时,研究者可以使用思维导图来梳理不同发展领域之间的关系和影响因素。

(5)电子文档。利用 Word、Excel 等电子文档工具记录研究日志,便于存储、查找和编辑。电子文档具有存储方便、查找快捷、编辑灵活等优点,是研究日志中常用的记录形式之一。对于幼儿教师来说,电子文档可以方便地整理和存储大量的观察数据和记录。

(二)教育叙事

1. 教育叙事的含义

(1)教育叙事的定义。

教育叙事可以概括为教育主体(如教师、教育研究者等)叙述教育教学中的真实情境的过程,其实质是通过讲述教育故事来体悟教育真谛、展开教育思索和研究的一种方法。它不仅仅是简单的故事叙述,而是通过故事的讲述,揭示隐藏在教育生活、事件、经验和行为背后的教育意义和价值。

(2)教育叙事的特点。

① 真实性。教育叙事所叙述的内容必须是真实发生的教育事件或情境,这保证了叙事的可靠性和说服力。真实性要求叙事者保持客观态度,尽可能还原事件的本来面貌。

② 情境性。教育叙事强调对教育教学情境的详细描述和再现。通过情境的描述,读者能够身临其境地感受教育过程,增强叙事的感染力和可读性。

③ 主体性。教育叙事以教育主体(如教师、幼儿)的视角进行叙述。主体性使得叙事更加贴近教育实际,能够深入揭示教育主体的内心世界和成长历程。

④ 反思性。教育叙事不仅仅是对事件的简单记录,更重要的是对事件的深入反思。叙事者通过反思,揭示事件背后的教育意义和价值,促进自身和读者的共同成长。

⑤ 故事性。教育叙事采用故事的形式进行叙述,使得内容更加生动有趣。故事性增强了叙事的吸引力和可读性,使读者更容易产生共鸣和情感投入。

⑥ 研究性。教育叙事不仅仅是为了讲故事,更是一个教育经验的发现和揭示过程。通过叙事,叙事者可以对自己的教学实践进行深入研究,发现其中的问题和规律。

2. 教育叙事的优点和局限

(1)教育叙事的优点。

① 易于理解和接近。教育叙事以讲故事的方式呈现,这种方式易于被读者理解,特别是对于那些身处教育实践一线的教师和教育工作者来说,更能贴近他们的日常生活和思维方式。这种接近性使得教育叙事能够更直接地反映教育实践中的真实情境和问题,有助于教育实践者产生共鸣和反思。

② 真实性和生动性。教育叙事通过搜集生动、真实的日常教育活动资料,能够再现事件场景和过程,使读者仿佛身临其境。这种真实性和生动性有助于读者更全面地认识教育实践,理解教育现象背后的复杂性和多样性。

③ 促进深层意义发掘。通过讲述教育故事,叙述者能够发掘教育的深层意义和价值,从而改进自己的教学观念和行为。同时,读者也能从故事中受到启发,对教育问题产生更深入的思考和理解。

④ 人文气息和吸引力。教育叙事具有浓厚的人文气息,能够引发读者的情感共鸣和心灵触动。这种吸引力使得教育叙事成为一种受欢迎的教育研究和表达方式,有助于提升教育研究的可读性和传播力。

⑤ 促进教师专业发展。教育叙事是教师立足教育实践、主动寻求专业发展的有效方式。通过记录和反思自己的教育故事,教师可以不断提升自己的专业素养和教学能力。

知识延伸 11-14

《幼儿园教育叙事——内涵辨析、发展价值与实践反思》概要

知识延伸 11-15

《教育叙事要有"特别的味儿"》概要

（2）教育叙事的局限。

① 资料可能失真。由于教育叙事依赖于叙述者的主观回忆和描述,因此搜集到的资料可能存在失真或偏差的风险。为了减少这种风险,研究者需要对叙述者的描述进行多方验证和核实。

② 难以与故事线索吻合。有时搜集到的资料可能不太容易与故事的线索相吻合,导致故事叙述不够连贯或清晰。为了解决这个问题,研究者需要对资料进行精心整理和编排,确保故事的完整性和逻辑性。

③ 样本小和代表性不足。教育叙事通常关注个别案例或特定情境下的教育现象,因此样本相对较小,代表性可能不足。为了提高研究的代表性和普适性,可以结合其他研究方法进行综合分析。

④ 研究时间成本高。教育叙事研究需要长时间的跟踪和记录教育实践中的故事和情境,因此研究时间成本相对较高。这要求研究者具备足够的耐心和毅力,以及合理的时间规划和管理能力。

⑤ 对研究者要求高。教育叙事研究要求研究者具备较高的专业素养和研究能力,能够深入挖掘教育故事背后的深层意义和价值。同时,研究者还需要具备良好的文字功底和表达能力,能够将复杂的教育现象以简洁明了的方式呈现出来。

3. 教育叙事的类型

（1）按叙事的内容分类。

① 片段叙事。片段叙事是指选取教育教学过程中某个具体的、具有代表性的片段进行叙述,以深入剖析这一片段中的教育现象、幼儿行为及其产生的原因和影响。

② 生活叙事。生活叙事是指记录发生在课堂之外、与幼儿日常生活密切相关的教育事件和经历,以全面展现幼儿的生活状态和教育环境,并探讨生活事件对幼儿成长的影响。

③ 传记叙事。传记叙事是对教育主体(如幼儿或幼儿教师)成长历程的整体叙述,以揭示教育经历对个人成长轨迹的深远影响,以及个人如何在教育过程中不断塑造和完善自我。

（2）按叙事的主题分类。

① 单主题叙事。单主题叙事是指整个叙事过程紧密围绕一个核心主题展开,通过具体的教育事件、情境或故事来阐述这一主题,深入挖掘其内涵和意义。在学前教育中,单主题叙事常用于聚焦某一特定的教育目标、幼儿发展领域或教育问题。

② 多主题叙事。多主题叙事是指在叙事过程中涉及多个主题,这些主题可能相互关联,也可能各自独立,但共同构成了叙事的整体框架。在学前教育中,多主题叙事常用于展现幼儿在多个发展领域的全面进步,或者探讨多个教育问题。

（3）按叙事的主体分类。

① 他传体叙事。他传体叙事是指由他人(如教师、家长)对某一教育对象(如幼儿)的教育经历、成长过程进行叙述。这种叙事方式侧重于从外部视角观察和理解教育对象的行为、情感和成长变化。

② 自传体叙事。自传体叙事是指教育对象本人(如幼儿,需由成人协助)对自己的教育经历、成长过程进行叙述。这种叙事方式侧重于从内部视角回顾和反思个人的教育历程。

4. 教育叙事撰写中的注意事项

（1）真实性原则。

① 基于真实事件。教育叙事必须基于真实的教育教学实践,不能虚构或杜撰。记录的事件应是教师或观察者在教育教学过程中亲身经历或观察到的真实情况。

② 准确描述。在叙述过程中,要确保时间、地点、人物、事件等关键信息的准确无误,避免误导读者。

（2）问题导向性。

① 明确问题。每个教育叙事都应围绕一个或几个明确的教育教学问题展开,这些问题可以是教师在实践中遇到的挑战、困惑或成功的经验。

知识延伸 11－16

《以教育叙事研究为切入点促进幼儿教师专业发展》概要

知识延伸 11－17

《为"读"而写》概要

② 揭示矛盾。叙事中应包含鲜明的问题或矛盾,通过描述问题的产生、发展和解决过程,展示教师的思考和行动。

(3) 情节性与可读性。

① 生动叙述。教育叙事应具有一定的情节性,通过生动的叙述吸引读者的注意力。可以运用细节描写、对话语言描写、心理活动描写等手法,使叙事更加丰满和立体。

② 避免流水账。叙事不应是对日常工作的简单记录,而应突出关键事件和情节的发展变化,让读者能够从中感受到教育的魅力和力量。

(4) 反思与启示。

① 深入反思。在叙述过程中,教师应结合自己的教育理念和教学思想进行深入反思,分析问题的根源、解决策略的有效性以及可能的改进方向。

② 提供启示。好的教育叙事不仅应讲述一个完整的故事,还应给读者带来启示和思考。通过分享自己的经验和教训,引导读者反思自己的教育教学实践。

(5) 结构与语言。

① 结构清晰。教育叙事应具有清晰的结构,一般包括背景介绍、问题提出、解决过程、结果反思等部分。各部分之间应逻辑严密、衔接自然。

② 语言朴实。语言应朴实易懂,避免使用过于华丽或晦涩难懂的词汇和句子。同时,要注意语言的准确性和规范性,确保叙事的可读性和可接受性。

(6) 持续积累与整理。

① 有意识搜集。教师应经常有意识地搜集自己在教育教学过程中遇到的有价值的事件和案例,为撰写教育叙事积累素材。

② 及时整理。定期对搜集到的素材进行整理和分析,提炼出有价值的主题和观点,为撰写教育叙事做好准备。

知识延伸 11-18

《实践中深耕写作中深思》概要

(三) 活动案例

1. 活动案例的定义

活动案例是指在特定教育情境下,对某一教育活动的完整记录、分析与反思。它详细描述了活动的背景、目标、过程、结果以及参与者的反应和教师的支持行为,旨在通过具体实例展示教育活动的实施效果、存在的问题以及改进的方向。在学前教育中,活动案例通常围绕幼儿的学习与发展需求展开,通过游戏、探索、实践等形式促进幼儿身心健康成长。

2. 活动案例的特点

(1) 真实性。活动案例是基于真实的教育教学活动而构建的,它确保所记录的内容具有真实性和可靠性。每一个细节,包括活动的环境、参与者的行为、教师的引导方式等,都是实际发生过的,没有进行任何虚构或夸大。这种真实性使得活动案例成为一种宝贵的教育资源,能够为其他教师提供真实、可信的参考。

(2) 针对性。活动案例是针对特定的教育目标或问题而设计的,具有明确的目的性。它不是为了泛泛而谈,而是为了解决具体的教育问题或实现特定的教育目标。在设计活动时,教师会明确活动的目标,并围绕这个目标来构思活动的内容、形式和方法。

(3) 完整性。活动案例会完整记录活动的背景、过程、结果和反思,形成一个闭环。它不仅关注活动的实施过程,还会对活动的起因、目标、准备以及活动后的效果进行深入的分析和反思。这种完整性使得活动案例成为一种全面的教育资源,能够为教师提供从活动设计到实施再到反思的完整过程。

(4) 反思性。活动案例强调对活动过程的深入反思,提炼经验教训,为后续活动提供参考。在撰写活动案例时,教师会对活动的每一个环节进行深入的反思,分析哪些环节做得好、哪些环节需要改进,并提炼出宝贵的经验教训。这种反思性使得活动案例成为一种不断进步的教育资源,能够帮助教师在实践中不断学习和成长。

(5) 启发性。活动案例通过具体实例启发读者思考,促进教育理念的传播和教学方法的创新。一个好的活动案例不仅能够展示一个成功的教育活动,还能够引发读者的深入思考,启发他们探索新的教育理念和教学方法。通过分享和交流活动案例,教师们可以相互学习、相互启发,共同推动学前教育的进步和发展。

3. 活动案例的构成

①活动背景。介绍活动的起因、目的和意义。②活动目标。明确活动期望达到的教育效果。③活动准备。包括材料准备、环境布置、人员分工等。④活动过程。详细记录活动的实施步骤、幼儿的表现和教师的支持行为。⑤活动结果。展示活动的效果,包括幼儿的学习成果、教师的观察反思等。⑥分析与反思。对活动进行深入分析,总结经验教训,提出改进建议。

知识延伸 11-19

《中班美术活动案例:面条小姐与公路先生》概要

4. 撰写活动案例的步骤

①明确主题。确定活动案例的主题和目标。②搜集资料。通过观察、记录、访谈等方式搜集活动相关资料。③整理资料。对搜集到的资料进行整理和分析,提炼关键信息。④撰写初稿。按照活动案例的组成部分撰写初稿。⑤修改完善。对初稿进行修改和完善,确保内容的准确性和条理性。⑥最终定稿。完成最终定稿并准备分享或发表。

5. 活动案例撰写中的注意事项

① 简短精练。学前教育实例应简短精练,突出重点。

② 真实性。确保实例的真实性,避免虚构或夸大。

③ 针对性。实例应针对特定的教育目标或问题展开,具有明确的目的性。

④ 反思性。撰写过程中要加入对活动的反思和分析,如幼儿的表现如何、教师的支持行为是否恰当等。

⑤ 启发性。通过实例启发读者思考,促进教育理念的传播和教学方法的创新。

(四) 教学课例

1. 教学课例的含义

(1) 教学课例的定义。

教学课例是教师为了改进教学实践,以一节课为研究对象,进行深入剖析和反思后形成的教学案例。它不仅记录了教师的教学行为和幼儿的学习活动,还涵盖了教学过程中的各种细节和情境,如教师的提问、幼儿的回答、课堂互动等。通过教学课例,教师可以更加直观地了解自己的教学情况,发现存在的问题和不足,进而寻求改进的方法和策略。教学课例是教师进行教学研究、交流和学习的重要工具,也是推动教育教学改革与创新的重要途径之一。

(2) 教学课例的形式。

①文字描述。通过详细的文字叙述,描述教学过程的各个环节,包括教师的引导、幼儿的反应、教学活动的实施等。②图表展示。利用图表、流程图等形式,直观展示教学过程的步骤、环节和关系,帮助读者更好地理解教学流程。③视频记录。通过视频记录实际的教学过程,让读者能够身临其境地感受教学氛围,观察师生的互动情况。④案例分析。对某一具体教学案例进行深入分析,提炼出教学理念、教学方法和教学效果,形成具有启发性的教学案例。

2. 教学课例的作用

(1) 促进教师专业成长。教学课例为教师提供了一个反思自己教学实践的平台,通过深入剖析和反思教学过程,教师能够发现自身在教学中的优点和不足,从而寻求改进的方法和策略。课例研究有助于教师更新教学理念,提升教学技能,实现专业成长和自我提升。

知识延伸 11-20

《教师专业发展:基于课例研究的视角》概要

(2) 提高教学质量。教学课例关注具体的教学过程和效果,通过详细记录和分析,教师可以更加精准地把握教学重点和难点,优化教学方法和策略。这有助于满足幼儿的学习需求,提高教学效果,进而提升整体教学质量。

(3) 推动教育教学改革与创新。教学课例是教育教学改革与创新的重要载体,通过对课例的深入研究和反思,可以发现传统教学中的问题和不足。这为教育教学改革提供了有力的依据和支持,有助于推动教育创新和发展。

(4) 促进教师之间的交流与合作。教学课例是教师之间进行教学交流和合作的重要桥梁,通过分享和研讨课例,教师可以相互借鉴和学习他人的教学经验和智慧。这有助于形成教师之间的良好合作氛围,共同提升教学水平。

知识延伸11-21

《基于课例研究的幼儿园教师专业发展策略探析》概要

(5)为幼儿提供更好的学习体验。教学课例的研究和实施旨在优化教学过程,提高教学效果,这最终将惠及幼儿。通过改进教学方法和策略,教师可以为幼儿提供更加生动、有趣、有效的学习体验,激发幼儿的学习兴趣和积极性。

3. 撰写教学课例的要求

(1)明确主题。教学课例应围绕一个明确的教学主题或问题展开,这是撰写课例的首要要求。这意味着课例需要有一个清晰的目标或焦点,确保内容的针对性和聚焦性。明确主题有助于读者快速理解课例的核心内容和教学目的。

(2)注重实践。课例应基于实际的教学实践,记录真实的教学过程和幼儿的学习反应。这意味着课例不仅仅是理论上的构想,更是真正在课堂上实施过的教学活动。在学前教育中,包括记录教师如何引导幼儿进行活动,幼儿在活动中的表现和反应,以及教师如何根据幼儿的反馈调整教学策略。通过注重实践,课例能够提供更具体、更实用的教学经验和启示。

(3)突出亮点。在撰写过程中,应突出教学过程中的亮点和创新点,这是展示教学独特性和有效性的关键。亮点可能包括独特的教学方法、有效的幼儿互动策略,或是特别成功的教学环节。在学前教育中,亮点可能体现为教师如何利用游戏化的教学方式激发幼儿的学习兴趣,或者如何通过故事讲述有效促进幼儿的语言发展。突出亮点有助于读者从课例中提取出可借鉴和可复制的教学经验。

(4)反思总结。课例撰写应包含对教学过程的深入反思和总结,这是提升教学质量和推动教学创新的重要环节。反思总结应涵盖教学过程中的成功之处、挑战和困难以及可能的改进方向。在学前教育中,包括反思游戏化教学策略如何有效提升幼儿的参与度,或者总结在故事讲述中如何更好地引导幼儿进行语言表达。通过反思总结,课例能够提供宝贵的教学经验和教训,为后续的教学活动提供参考。

(5)表述简洁。课例的表述应简洁明了,避免冗长和复杂的叙述,这是确保读者能够轻松理解课例内容的关键。课例应以清晰、有条理的方式呈现,避免过多的专业术语和复杂的句式。在学前教育中,课例可能通过简单的语言描述教学活动,使用图表或图片来辅助说明,以确保读者能够快速抓住课例的核心内容和教学要点。简洁明了的表述有助于课例的广泛传播和有效应用。

学业自评

(一)客观题 主要测试同学的知识记忆、理解分析、逻辑判断、快速应答等能力;题型有填空题、判断题、单选题、多选题四种。

(二)简答题 主要测试同学的知识理解、信息提炼、概括总结、语言组织等能力。

1. 行动研究的核心特点是什么?请简要说明。

2. 简述行动研究与传统学术研究方法的区别。

3. 请列举并解释行动研究的几种主要模式。

4. 运用行动研究时,为什么需要灵活调整研究方案?

5. 如何综合运用多种手段进行行动研究?

6. 活动案例在行动研究中的作用是什么?请简要说明。

7. 简述教学课例的定义及撰写要求。

客观题目链接11-1

简答题参考答案11-1

(三)模拟试卷 进一步复习和巩固本章知识,共有三套模拟试卷,可以扫码练习。

模拟试卷11-1

实训活动

实训项目名称:教育叙事与反思能力提升

1. 实训任务

(1)撰写教育日志与叙事,记录教育见习或实习期间的日常感悟与观察,并创作教育叙事,选取代表

性事件进行详细描述与影响分析;

(2) 设计活动案例与反思,设计并提交教学活动的全面策划与实施案例,同时进行深入反思,剖析教学行为背后的理念、成效与不足;

(3) 创作教育课例,展现对课程内容的创新设计与实施策略,通过课例体现个人教学创意与专业能力。

2. 实训目标

(1) 掌握撰写教育日志、叙事、案例、反思与课例的技巧,提升书面表达能力;

(2) 增强对教育现象的观察力与分析能力,培养批判性思维;

(3) 促进自我反思,推动个人教育理念的深化与专业成长。

3. 实训建议

(1) 个人主导,团队互助。独立完成撰写任务,同时鼓励团队交流,相互学习;

(2) 多元化展示。利用多种平台展示成果,扩大影响力,获取多方反馈;

(3) 定期总结与反馈循环。建立定期总结机制,及时调整改进方向。

实训项目名称:"一课三研"教学活动优化

1. 实训任务

(1) 在教育见习或实习期间,选定一项教学活动作为研究对象;

(2) 实施"一课三研"循环,首次备课上课后收集反馈,根据反馈调整策略,再次备课上课,最终深入反思总结;

(3) 撰写详细的研究报告,记录整个"一课三研"的过程及改进成效。

2. 实训目标

(1) 掌握"一课三研"教学方法,提升教学活动的反思与评价能力;

(2) 学会根据教学反馈灵活调整教学策略,增强教学的适应性与有效性。

3. 实训建议

(1) 明确研究目标与框架。在开始前清晰界定研究问题与预期成果;

(2) 广泛收集与分析反馈。采用多种手段收集反馈,确保信息的全面性与准确性;

(3) 深入反思与持续改进。每次循环后进行深刻反思,不断优化教学策略;

(4) 分享成果,促进交流。通过研讨会等形式分享研究经验,与同行共同探讨教育问题。

拓展阅读

拓展阅读 11-1

《教育行动研究:沟通教育理论与
教育实践的研究模式》文献概要

拓展阅读 11-2

《教育行动研究——中小学教育
科研的主要方式》文献概要

第十二章　研究资料的整理与分析

学习导航

在教育研究中,对繁多的研究资料能否进行细致整理与深入分析,直接影响着研究结论的科学性。特别是在学前教育的探索中,幼儿教师通过多种途径搜集的原始资料犹如繁星点点,数量庞大且纷繁复杂,难以一眼洞穿其中的奥秘。幼儿教师应秉持科学的精神,运用专业方法,对这些资料进行系统梳理与分析,使资料逐渐由杂乱变得有序,由晦涩变得清晰,最终如同一幅精美的画卷,完整地反映出客观事实的真相。正是这样的努力,使得这些资料成为幼儿教师揭示教育活动内在规律的重要基础。

微课 12-1

整理与分析:
幼儿教师做研究
的魔法过滤器

知识结构图

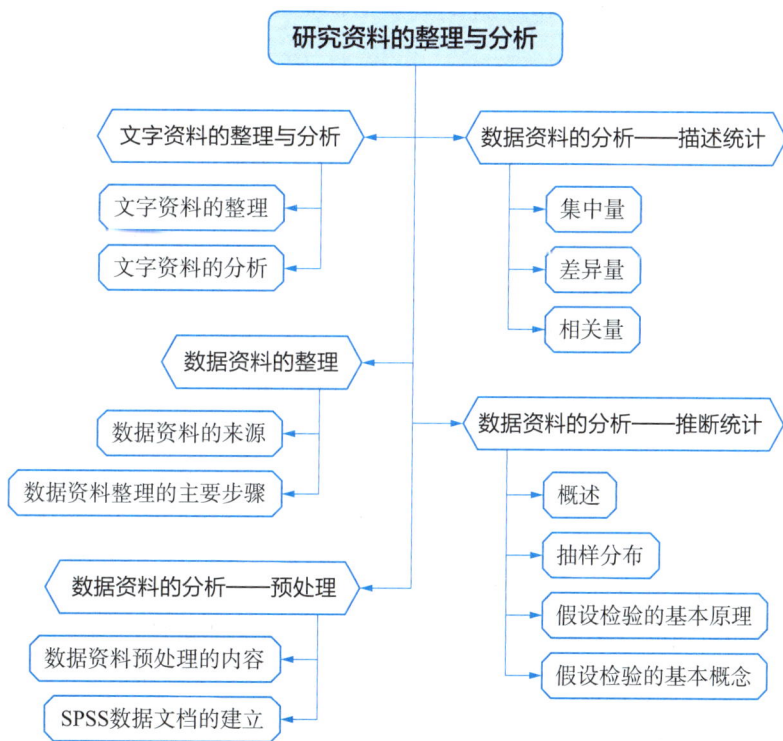

研究资料的整理与分析

- 文字资料的整理与分析
  - 文字资料的整理
  - 文字资料的分析
- 数据资料的整理
  - 数据资料的来源
  - 数据资料整理的主要步骤
- 数据资料的分析——预处理
  - 数据资料预处理的内容
  - SPSS数据文档的建立
- 数据资料的分析——描述统计
  - 集中量
  - 差异量
  - 相关量
- 数据资料的分析——推断统计
  - 概述
  - 抽样分布
  - 假设检验的基本原理
  - 假设检验的基本概念

学习目标

知识目标

1. 能够认识到资料整理与分析在教育研究中的核心作用,以及其对形成研究结论的贡献;
2. 能够描述文字和数据资料整理的系统方法;
3. 能够阐释描述统计和推断统计的基本原理,以及它们在揭示数据特征和趋势中的应用。

能力目标

1. 能够运用适当的统计方法,对搜集到的数据资料进行有效的整理和分析,以揭示其内在结构和模式;
2. 能够通过实际操作展示对数据集中量数和差异量数的计算能力,以及对数据进行标准分数转换和相关性分析的技能；

　　3. 能够应用假设检验技术对研究假设进行验证,并能对结果进行合理解释。

素质目标

1. 提升对研究资料细节关注的认知；

2. 形成基于数据的决策意识,避免主观偏见。

第一节　文字资料的整理与分析

一、文字资料的整理

(一) 文字资料的定义

　　文字资料是指以文本的形式记录并反映研究对象的多维特征、特性以及观点和态度。这些资料可能包括对教育现象的观察记录、深入访谈的详细笔记、基础情况的描述,教师的教案、教育日志以及教研活动的工作笔记等。由于文字资料往往难以量化,因而它们主要适用于定性分析而非定量分析。

　　在深入分析这些文字资料之前,必须先进行系统的整理工作。其目的是将杂乱无章、缺乏组织的资料变得有序、系统化,从而更易于分析和理解。通过整理,研究者能够将分散的信息串联起来,构建出对研究对象全面而深入的认识。

(二) 文字资料整理的程序

1. 资料审查

　　(1) 有效性。资料的有效性直接关联研究问题的相关性和准确性,即资料是否能够精准地反映和回应研究的核心议题。资料的有效性是研究工作的关键要素,它直接关系到研究结果的准确性和可靠性。例如,在进行自然观察或开放式问卷调查等研究活动时,研究者会搜集到大量信息。然而,并非所有信息都与研究问题紧密相连。有时,搜集到的资料可能与研究主题相去甚远,甚至完全无法为研究问题提供解释或证据。研究者需要发挥专业判断力,对搜集到的资料进行细致的甄别,对每一项资料进行评估,判断其是否与研究问题"切题"。对于那些偏离主题或与研究问题无关的资料,应当果断进行剔除,以确保研究的聚焦性和深度。

　　(2) 完整性。资料的完整性是确保研究深度和广度的基础,它要求研究者对研究对象的各个方面进行详尽的搜集和考量。在探究教育现象时,由于其内在的复杂性,研究者必须广泛搜集与问题相关的各类资料,这不仅包括行为事件的直接记录,还涉及背景、环境等辅助性材料。全面而具体的资料能够揭示问题的核心,帮助研究者深入理解教育现象的多维度特征。因此,一旦发现资料在完整性上存在缺陷,研究者应立即采取措施,采用合适的方法进行补充。完整性是科学研究严谨性的体现,也是达到深入、全面理解问题的关键。

　　(3) 真实性。在研究过程中,资料的获取方式、来源的可信度、研究者的主观倾向,以及研究对象的潜在动机,都可能对资料的真实性造成影响。这些因素如同多维度的过滤器,决定了资料是否能够准确反映研究现象。

　　为了确保资料的真实性,研究者应采取多种措施:首先,确保研究方法的科学性和严谨性,采用标准化的访谈和问卷设计;其次,对资料来源进行严格筛选,优先选择权威和经过验证的数据;再次,保持客观中立的态度,避免主观判断对研究结果产生干扰;最后,通过数据的交叉验证和多元分析,增强研究结论的稳健性。

2. 资料分类与归纳

　　资料的分类是一种系统化的整理手段,它将经过审查的原始资料依据特定标准划分为不同的类别。这一过程可以根据研究目标或内容特性来设定分类准则,也可以依据资料的外观形态、内在特质或来源进行分类。确保同一研究中采用统一的分类标准,是实现逻辑性和条理性的关键。

　　资料的归纳是对每个类别资料进行深入分析和总结的过程,旨在揭示其核心特征。这包括但不限于资料所呈现的主要观点、在研究中的核心应用，以及它们对研究问题的独特贡献。通过归纳，研究者能够从具体资料中提炼出普遍性的结论，为研究提供更为深刻的见解。

在进行分类和归纳时，研究者应追求精确性和一致性，确保每个类别的划分都有明确的目的和意义。这样的方法不仅有助于提高研究的透明度和可信度，而且能够促进对研究结果的深入理解和有效应用。通过精心分类和严谨的归纳，研究者能够构建起一个清晰、有逻辑的研究框架。

3. 资料的汇编

汇编是在审查、分类和归纳的基础上，对资料进行有序的汇总和编排。它的目的是整合各分类资料，构建一个便于后续分析和使用的综合资料库。汇编是确保研究资料有序、准确和可访问的重要步骤。通过精心编排，研究者能够确保资料的易检索性，同时对每一部分的主要内容、搜集的时间、地点、方法以及搜集者姓名等关键信息进行标注，这不仅为当前研究提供了便利，也为未来相关研究的参考提供了可能。

在资料搜集的过程中，由于时间限制或其他因素，记录未必能详尽无遗。因此，研究者应在第一时间对这些资料进行复查和整理，及时补充和完善信息，确保资料的完整性和准确性。这种及时的整理工作是防止资料遗失、保障研究连续性的重要措施。

此外，汇编过程中还应注重资料的数字化管理，利用现代信息技术手段，如数据库和云存储，以提高资料的存储安全性和访问效率。由此研究者可以更有效地管理和利用资料，促进研究工作的顺利进行。

二、文字资料的分析

(一)文字资料分析的定义

文字资料分析是指研究者对搜集到的文本信息进行详尽的审视、有序的整理和综合的归纳。这一过程不仅涉及对资料的逻辑结构进行剖析，更旨在挖掘和阐释材料背后所蕴含的深层含义和本质特征。由此研究者能够更加深刻地理解研究对象，揭示其内在属性和规律性，从而为学术研究或实践应用提供有力的支持和指导。

(二)文字资料分析的主要方法

1. 归纳法

归纳法是一种从特殊到一般的推理方式，它通过观察一系列具体实例，从中抽象出共性，形成一般性的结论或假设。归纳法依赖于观察的完整性和准确性。如果观察不全面或存在偏差，归纳得出的结论可能是错误的。因此，归纳法通常需要与演绎法结合使用，以提高结论的可靠性。归纳法有以下六种类型。

(1)完全归纳法。从所有的个别事实和各个部分中归纳出一般性结论。例如，如果观察了所有已知的天鹅都是白色的，得出"所有天鹅都是白色"的结论。这种方法结果可靠，但难以应用于数量多、内容复杂的情况。

(2)类比归纳法。通过比较不同事物之间的相似性，推断它们可能具有的共同属性或行为。

(3)统计归纳法。通过统计分析大量数据，得出一般性结论。它在科学研究中非常常见，因为它可以减少偶然因素的影响。

(4)因果归纳法。观察现象之间的关联，并尝试找出因果关系。这种归纳法试图解释为什么某些事件会以特定的方式发生。

(5)简单枚举法。属于不完全归纳法的一种类型。它是根据某类事物的部分对象具有某种属性，从而推出这类事物的所有对象都具有这种属性的推理方法。

(6)科学归纳法。属于不完全归纳法的一种类型。根据事物的因果联系，通过分析部分事实或要素的特征，来推断出所有事实或要素的共同特性。既考虑了因果关系，又能在一定程度上保证结论的可靠性。科学归纳法可分为以下四种类型。[1]

---

[1] 陈静逊.小学教育科学研究方法[M].上海：华东师范大学出版社，2000：31-32.

第一,求同法。在各种不同场合下考察相同的现象,如果这些不同场合里只有一个共同的条件,那么这个条件就是这种现象的原因。如表12-1所示。

例12-1:优秀幼儿园甲:教育观念科学,师资学历高,设备条件好。

优秀幼儿园乙:教育观念科学,生源好,注重师资培训。

优秀幼儿园丙:教育观念科学,重视家园合作,教育科研力度大。

结论:优秀幼儿园的共同特点是教育观念科学。

表12-1 求同法

场合	各种条件	被考察的现象
1	A、B、C	a
2	A、D、E	a
3	A、F、G	a
结论		A是a的原因

第二,求异法。如果某种条件在第一个场合出现,在第二个场合不出现,且这两个场合中只有该条件不同,那么,这个条件就是这种现象的原因。如表12-2所示。

例12-2: 各种条件 现象

幼儿甲:遗传素质好,睡眠充足,注意锻炼,营养科学。 身体素质好。

幼儿乙:遗传素质好,睡眠充足,注意锻炼,————。 身体素质较差。

结论:营养不科学是影响幼儿乙身体素质较差的原因。

表12-2 求异法

场合	各种条件	被考察的现象
1	A、B、C	a
2	—、B、C	—
结论		A是a的原因

第三,共变法。如果某种条件发生变化,所研究的现象也发生变化,那么,这种条件就是所研究现象的原因。如表12-3所示。

例12-3: 师幼关系 幼儿情绪

一般 一般

融洽 良好

差 差

结论:师幼关系是影响幼儿情绪状态的原因。

表12-3 共变法

场合	各种条件	被考察的现象
1	A_1、B、C	a_1
2	A_2、B、C	a_2
3	A_3、B、C	a_3
结论		A是a的原因

第四,剩余法。如果已知被研究的某一复杂现象是由另一复杂原因引起的,那么,把其中确认是因果关系的部分减去,所剩余部分也必属因果关系。亦即原因的剩余部分,是结果剩余部分的原因。如表12-4所示。

例12-4:已知:家庭教育是某幼儿良好发展的主要原因。

各种条件:家庭读物丰富,父母以赏识教育为主,亲子关系融洽。

表12-4 剩余法

场合	各种条件	被考察的现象
1	A、B、C	a、b、c
2	—、B、C	—、b、c
结论		A是a的原因

被考察对象:孩子知识面广,充满自信,有安全感。

假设:"家庭读物丰富"是"孩子知识面广"的原因,"父母以赏识教育为主"是"孩子充满自信"的原因,则"亲子关系融洽"就是"孩子有安全感"的原因。

2. 比较和分类法

通过对比不同的文字资料,找出它们之间的相似性和差异性,从而进行更深入的分析和理解。同时,也可以根据一定的标准对资料进行分类,以便更好地组织和理解信息。

3. 因果分析法

通过分析文字资料中的因果关系,来揭示事物之间的内在联系和规律。这有助于我们更深入地理解事物的本质和发展规律。

4. 矛盾分析法

针对文字资料中存在的矛盾点进行深入剖析,从而发现问题并寻求解决方案。

5. 分析和综合法

通过对文字资料的详细分析,将其分解成各个组成部分,并研究它们之间的关系;然后再将这些部分综合起来,形成一个整体的认识。

6.科学抽象法

在分析文字资料时,运用抽象思维方法,提取出资料中的本质特征和规律性的内容,以便进行更深入的研究和理解。

综上所述,文字资料分析方法多种多样,可以根据具体的研究目的和资料特点选择合适的方法进行分析。

第二节　数据资料的整理

一、数据资料的来源

在学前教育科学研究中,可以通过各种研究方法搜集到一些用数量形式表现的有关教育现象或事实的资料,即教育科学研究的数据资料。

(一)经常性资料

经常性资料主要是日常工作中积累的资料,包括工作记录和统计报表。例如,幼儿园教师的工龄、职称、课题申报记录以及教职工登记表、幼儿家庭情况登记表等。

(二)专题性资料

专题性资料是指为研究某一专门的问题,进行专题性的调查或实验获得的资料。例如,通过调查法搜集到的某幼儿园幼儿睡眠状况的资料;通过测验法搜集到的某区幼儿园幼儿智力发展水平的成绩等数据。

二、数据资料整理的主要步骤

(一)数据搜集

数据搜集是数据资料整理的第一步,也是整个数据分析过程的基础。在这一阶段,研究者需要从各种可能的来源获取原始数据。数据搜集的过程中,要确保数据的来源可靠,并且数据本身具有代表性,能够真实反映研究者想要研究的问题或现象。

(二)数据审核与检查

数据审核与检查主要是为了确认数据的完整性、准确性和可用性。我们需要仔细检查数据中是否存在缺失值、异常值或明显的错误数据。学前教育科学研究的最终目的是通过有效、真实、完整的资料得出科学准确的结论,如果搜集的数据无效、不真实、不完整,那么不仅资料本身无可用价值,而且以此为基础进行数据分析,也会导致错误的结论。

(三)数据清洗

数据清洗是清除数据中的错误、不一致、缺失或重复的信息,以确保数据的准确性和一致性。包括纠正明显的错误数据,如拼写错误、格式错误等;填充或删除缺失值,以确保数据集的完整性;删除重复的数据记录,以避免在分析过程中产生误导性的结果;以及进行数据的标准化处理,使得不同来源或格式的数据能够统一进行比较和分析。

(四)数据分类

在检查完数据资料后,接下来要进行数据分类。数据分类是根据研究对象的本质特征,根据研究的目的、任务以及统计分析时所用统计方法的可能性,将所得数据划分到各个类别中去,其目的是使大量杂乱的数据资料有序化,便于后续分析研究的顺利进行。数据种类不同,处理方法也不同。

1.品质分类

品质分类是按事物性质进行组别或种类的划分,不表明事物之间的数量差异。例如,按性别划分为男与女两组;按组别可将幼儿分为实验组和对照组;按幼儿年龄可将其分为 4 岁组和 5 岁组;等。

知识延伸12-1

《如何搜集幼教科研资料》概要

知识延伸12-2

《如何处理幼教科研资料》概要

2. 数量分类

(1) 顺序排列法。将各数据从大到小或从小到大进行排列。这样就可看出最大和最小的数据是多少,各数据出现的次数和位于中间的是什么数等。如果一组数据数目不多,可直接排序;如果数目较多,需要编制一个次数分布表(见"编制次数分布表"相关内容)。

(2) 等级排列法。根据顺序排列划分等级,但与顺序排列不同,它是按数值所含的意义确定。例如,对于考试成绩或能力测验的分数,应以数值大的排为第一等;对于体育竞赛的测试时间或完成一项任务所用的时间数据,应以数值小的排为第一等。另外,对于数值相同的数据,不管数目有多少,将其各相同数据应占的等级相加再平均,作为这几个相同数据的共同等级。例如,39,45,48,48,48,60,78,若按从大到小排,则 78 排为第一等,60 为第二等,三个 48 应分别是第三等、第四等、第五等,三等级之和再除以相等数据的个数 3 则平均等级为四等,以此类推。上面这几个数的等级顺序可写为:1(78)、2(60)、4(48)、4(48)、4(48)、6(45)、7(39)。

(五) 编制统计表与统计图

1. 统计表

(1) 统计表的作用。

统计表是以表格形式系统地表达统计资料数量关系的重要工具。它具有简明清晰,条理清楚,易于分析、比较,便于计算等优点。

(2) 统计表的结构及编制要求。

统计表一般由序号、标题、标目、数据、表注五个部分组成。

① 序号。在文章中出现的先后顺序,写在表的左上方或标题的前面,如果只有一个表可以省略。

② 标题。统计表的名称,说明其主要内容,写在表的上方居中位置,其表述应简洁、准确。

③ 标目。数据分类的标志,一般写在表的左侧(称为横标目)或在表的上方(称为纵标目)。标目要清晰、恰当。纵、横标目的排列次序,可按时间的先后、事物的重要性、数字的大小和地理的自然分布等有规则地排列。

④ 数据。用来说明标目,可以是观测值,也可以是计算的结果,如百分比、平均数等。数据是统计表的语言,应准确、清楚。表内数据要用阿拉伯数字,单位要统一,数位要上下对齐,精确度要一致。表格内不应有空格,暂缺或未调查的可用"……"来表示。无数字用"—"表示,数字若是"0",则应填"0"。如有相同的数字仍需全部写出,不得写"同上"字样。

⑤ 表注。一般用来注明数据的来源,以便查对。可用简短的小字体写在表的下方。

另外,一般统计表上、下端的顶线和底线用实线绘制,左、右两边不用线段封死,纵标目用细实线隔开,横标目一般不画线条,合计项用较粗的细实线与其他项目隔开,以便于区别(如表 12-6);另一种统计表的格式为:纵列和横列之间都用线段划分,统计表的整体边框完整,外边框用较粗的实线(如表 12-5)。

(3) 统计表的种类。

统计表按主要项目的分项情况,一般可分为单项表和多项表两种。

① 单项表。仅包括一种事项的比较或仅按一种标志分类的统计表,如表 12-5、12-6 所示。

② 多项表。包括两种及两种以上事项的比较或按两种以上标志进行分类的统计表,如表 12-7 所示。

(4) 次数分布表。

次数分布是指把观测到的全部数据按大小顺序和一定的组距进行分组统计后,各组所含数据个数的分布。次数分布表是指次数分布的列表形式,是一种常用的统计表。

表 12-5　某幼儿园教师学历统计表

学历	本科	大专	中专或高中	初中
人数	4	8	14	2

表 12-6　园长选派幼儿教师参加培训统计表　N=40

选派情况		
选项	经常	偶尔	从不
人数	28	10	2
%	70	25	5

表 12－7　幼儿家长承担保育责任的统计表①

职责		家长						
		父亲	母亲	祖父	祖母	外祖父	外祖母	其他
照料孩子	人数	85	114	19	35	19	20	4
	排序	2	1	5	3	5	4	6
教育孩子	人数	95	124	7	10	9	11	2
	排序	2	1	6	4	5	3	7

例 12－5：50 名幼儿数数成绩分别为：44,45,47,40,40,42,43,36,37,37,38,39,32,32,34,35,34,28, 28,29,30,30,31,31,29,24,24,25,25,26,26,26,27,27,20,21,22,23,23,23,16,17,18,19,12,14,15,8, 9,10。对这些杂乱无章的数字，下面我们进行分组，编成次数分布表。其编制的步骤如下。

① 求全距。全距用 R 表示，是全部数据中最大值与最小值之差。如例中 $R=47-8=39$。

② 决定组数和组距。组数即分组的个数，用 k 表示。分组的个数取决于样本容量的大小。在分组时，一般以 10—15 组为宜，应将全部数据包括进去，组数要适中，分组过多或过少都将使制作次数分布表失去意义。组距指组与组之间的距离，用 i 表示。组距 i、全距 R、组数 k 三者之间的关系可以表示为 $i=[R/k]$。为了计算方便，一般取 i 为整数。本例中，确定 k 为 10，根据公式，可以确定 $i=4$。

③ 确定组限。组限即一个组的起点值和终点值。前者称为组下限，后者称为组上限，上限与下限的差为组距 I。本例中，把第一组确定为〔44,48)，第二组为〔40,44)，第三组为〔36,40)，其余依此类推(注意：这里采用的是左闭右开区间的书写方式，说明各组登记数据次数时包括下限不包括上限)。

④ 求各组的组中值。组中值是各组上下限之和的平均值，用 m 表示。如第一组的组中值为 (44＋48)/2＝46。在计算分析时，一般可以用组中值代表该组数据的平均值。

⑤ 统计次数。按照各组(分组区间)中数据出现的次数来统计。最好将数据先排序(从大到小或从小到大)，再统计每组数据的个数(即次数)并登记。

⑥ 给出次数分布表。为了对数据的了解更深入，通常在次数分布表中列出次数比率、次数百分比，以及累加次数、累加百分比等。

从表 12－8 中可得出幼儿分数的分布情况，有助于研究者对整体情况有一个大概的了解。但是，要想通过次数分布表清楚了解在每一分数线以下有多少人，还需要制出累加次数分布表(略)。

表 12－8　50 名幼儿数数成绩的简单次数分布表

分组区间	组中值	次数	次数比率	次数百分比
〔44,48)	46	3	0.06	6
〔40,44)	42	4	0.08	8
〔36,40)	38	5	0.10	10
〔32,36)	34	5	0.10	10
〔28,32)	30	8	0.16	16
〔24,28)	26	9	0.18	18
〔20,24)	22	6	0.12	12
〔16,20)	18	4	0.08	8
〔12,16)	14	3	0.06	6
〔8,12)	10	3	0.06	6
总和	—	50	1	100

① 童莹.影响学前儿童社会化的诸因素及对策研究[D].天津：天津大学,2004:52.

2. 统计图

(1) 统计图的作用。

统计图是以几何图形的形式表达统计资料数量关系的重要工具,它利用几何的点、线、面、体和色彩的描绘,直观形象地表达出事物的全貌和分布特征。统计图使人一目了然,便于理解、印象深刻,便于粗略地比较和分析,富于鼓动性。

(2) 统计图的结构及编制要求。

统计图一般是由图号、图题、图目、图形、图例和图注等六个部分构成。

① 图号。统计图的顺序号。

② 图题。统计图的名称,即图的标题。图题文字要简明扼要,切合图的内容,字体在图中应最大,一般写在图的正下方。图号应写在图题的左边。

③ 图目。图中的标目,是对图中每一部分的说明,可以是文字或数据。图目写在图的基线下面。在采用直角坐标系的统计图中,图目即横轴上所指的各种单位名称,应按自左向右、由小到大的顺序排列。纵轴一般是尺度线,自下而上,从小到大,写在纵轴上,尺度从 0 开始。两个轴都要注明单位。

④ 图形。表示统计数字大小的线条和图形。这是统计图的主体部分,图形线要准确清晰,绘图布局结构要匀称,一般位于图的中央,所占面积应以图框内面积的一半为宜。图形线条是图中各线条最粗的。若一幅图中有几个图形线比较,可用不同线型加以区别。

⑤ 图例。举例说明某部分图形所代表的事物,一般放在图中空白位置。

⑥ 图注。凡图形或其局部,需要借助文字加以补充说明的,均称为图注。图注部分的文字要少而精,字号要小,一般写在图题的左下方。

(3) 统计图的种类。

① 表示间断变量的统计图。

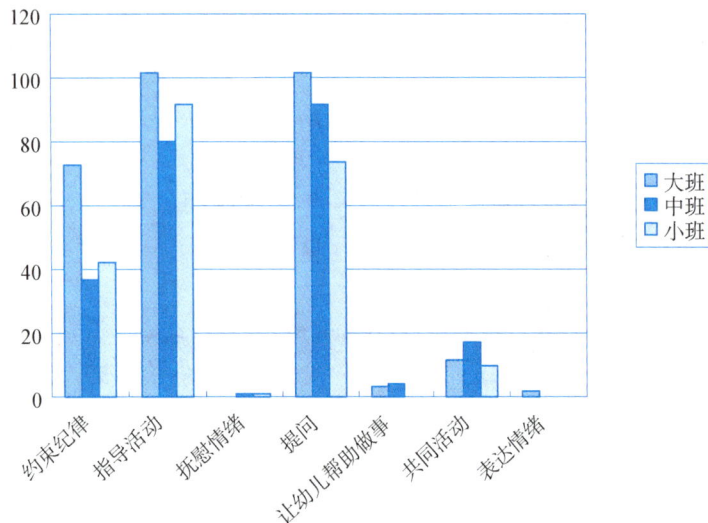

图 12-1 大、中、小班教师开启的交往行为事件比较图①

● 条形图。条形图又称直条图。条形图是用相同宽度的直条长短表示事物数量大小的一种图形。它主要用于比较性质相似的间断性资料。条形图有单式、复式两种,由一组数据资料绘制的图形是单式条形图,由两组或两组以上资料绘制的图形是复式条形图。按直条图排列的方向不同,又可分为纵条图和横条图。图12-1就是一幅复式纵条图。条形图绘制要领如下:纵条图以横轴为基线,横条图以纵轴为基线;各直方长条宽度一致,两排直方条的间隔约为条宽的 0.5—1 倍;各直方条应按一定顺序排列,如时间先后、等级次序;复式条形图中,若被比事物总频数不同,尺度线应当用百分比;同一指标上,被比的几个直条不必留空隙。

● 圆形图。圆形图(也叫饼图),是以圆中的扇形面积来表示事物总体内部百分比构成的统计图,同样用于比较性质相似的间断性资料。如图12-2所示。圆形图的绘制步骤如下:首先以适当的半径作一圆,代表总体事物,接着分别以各统计事项在其总体中的比例乘以圆周角360°,求出各相应扇形的圆周角;最后根据各计算结果,依次用量角器把整个圆划分成若干个扇形部分,并在其中标上各自的百分比数值,用不同的颜色或线条将各扇形加以区别。若比较两组性质类似的构成比,绘制的两个圆应半径相同,内容顺

① 刘咏梅.幼儿园教学交往的研究及干预性策略[D].兰州:西北师范大学,2005:21-22.

序一致。

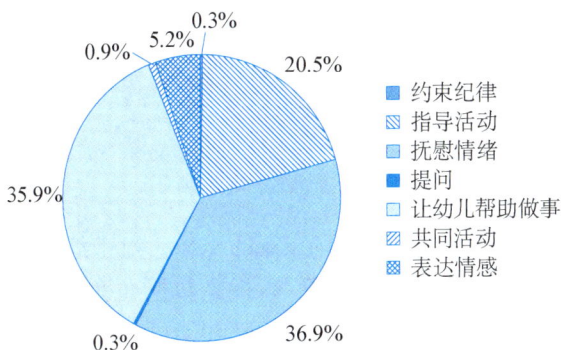

图 12-2 教师开启的教学交往行为分布图
（资料来源同图 12-1）

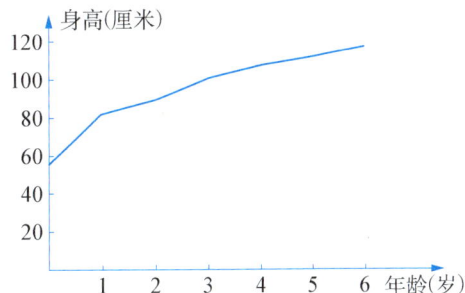

图 12-3 城市 0-6 岁正常女童身高发育线形图

② 表示连续变量的统计图。表示连续变量的统计图主要是线形图。线形图是以起伏的折线来表示某种事物的发展变化及演变趋势的统计图。适用于描述某种事物在时间序列上的变化趋势，也适用于描述一种事物随另一种事物发展变化的趋势，还可适用于比较不同的人物团体在同一心理或教育现象上的变化特征及相互联系。如图 12-3 所示。线形图绘制要领如下：平面直角坐标系中，横轴表示时间或自变量，纵轴为频数或因变量，横轴标出连续变量各组的上、下限或组中值，纵轴从 0 开始标出因变量值；横轴在各组的组中值，纵轴在因变量值处描点，然后用直线依次连接各相邻点；图形线不要任意改为曲线；若图中几条线比较，可用不同线型表示，线的数量不超过五条。

（4）次数分布图。

根据次数分布表绘制的统计图称为次数分布图。它一般适用于表示连续性数据，如身高、成绩等的分布。次数分布图是一种重要的统计图，可以形象地显示出次数分布情况，如各组次数的多少、分布对称与否、是陡峭还是平缓等。

① 次数直方图。次数直方图是由同一底线上相互连接的矩形所构成。其绘制方法是：首先作一直角坐标系，以纵轴尺度表示次数，以横轴尺度表示数据的分组。矩形的宽度表示组距，矩形的高度表示各组的次数。横轴上所标出的最小数值与零点的距离可以不按实际差距标出，只要适当空出一段距离即可；矩形间的直线可以绘出也可去掉。如图 12-4 所示。

② 次数多边图。次数多边图是一种反映次数分布的线形图。其绘制方法与次数直方图基本相同。它是以各组的组中值为横坐标，次数为纵坐标，在直角坐标系上分别描出对应的点，然后把每相邻两点用线段连接，并将两端画至外侧一组的组中点处与基线相交，便得到一个次数多边图。如图 12-5 所示。

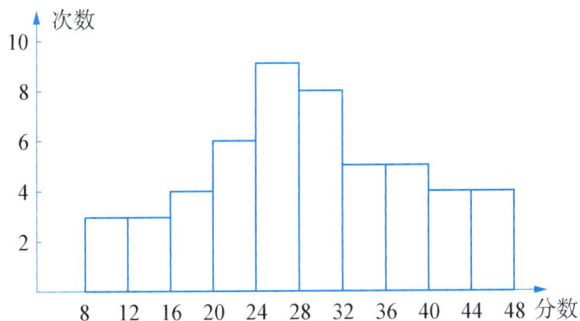

图 12-4 50 名幼儿数数成绩次数直方图

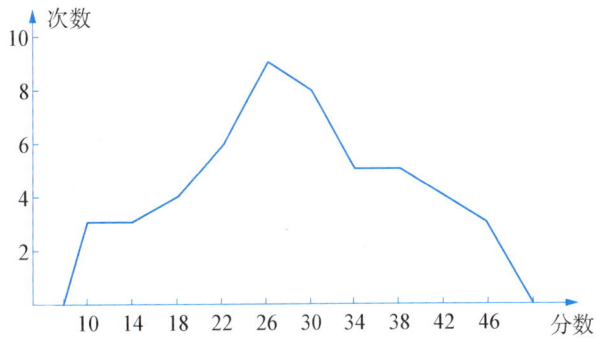

图 12-5 50 名幼儿数数成绩次数多边图

第三节　数据资料的分析——预处理

一、数据资料预处理的内容

(一) 核对数据资料

数据准备对 SPSS 统计分析至关重要,需细致核对数据并建立详尽的 Excel 文档。对于纸质调查问卷,要编号并确保数据录入无误,采用多人分别录入同一批数据并比对结果,以提高数据准确性。遇到数据不一致时,可迅速定位并核对原始问卷以纠正错误。同时,Excel 的"数据验证"功能可确保数据符合预期。对于在线调查数据,可直接导入 Excel,高效便捷。

(二) 筛选数据资料

数据资料录入 Excel 文档后,还需剔除无效的数据资料,剔除标准可以包含以下四点:①没有通过测谎题验证的问卷;②未作答题项数超过总题项数 10% 的问卷;③作答情况有明显规律的问卷,如连续选择某一选项、选项呈 S 型等;④标准分的绝对值大于 3 的问卷。

(三) 实例

例 12-6:在一项关于幼儿社会性发展的调查研究中,采用《儿童社会能力与行为评定量表》[①]对四所幼儿园的 328 名幼儿进行调查,其中敏感合作因子的测量结果如表 12-9 所示。试建立其相应的 Excel 数据文档"2-5 节案例包:例 12-1.xls"。

表 12-9　328 名幼儿敏感合作因子的测量结果

序号	小班				中班				大班			
	男		女		男		女		男		女	
1	3.00	3.30	4.05	4.20	3.70	3.70	4.25	4.25	3.95	3.95	4.50	4.75
2	3.45	3.10	4.10	4.15	3.55	3.50	4.30	4.25	3.90	4.00	4.40	4.75
3	3.30	3.45	4.15	4.20	3.60	3.65	4.25	4.25	4.00	4.00	4.50	4.75
4	3.35	3.20	4.25	4.00	3.50	3.70	4.25	4.30	3.90	4.00	4.45	4.75
5	3.25	3.30	4.25	4.30	3.70	3.75	4.25	4.25	3.80	3.90	4.75	4.75
6	3.35	3.10	4.10	4.05	3.65	3.60	4.25	4.25	3.85	3.85	4.45	4.75
7	2.90	3.00	4.20	4.20	3.75	3.75	4.35	4.25	4.00	3.80	4.55	4.40
8	2.70	3.30	4.15	4.05	3.60	3.70	4.25	4.25	3.90	3.80	4.75	4.50
9	3.35	3.20	4.15	4.15	3.70	3.50	4.75	4.25	3.80	3.95	4.60	4.75
10	3.40	2.85	4.05	4.35	3.65	3.70	4.40	4.25	3.90	3.95	4.55	4.55
11	3.40	3.30	4.20	4.30	3.70	3.70	4.55	4.25	4.00	3.85	4.75	4.50
12	3.05	3.00	4.05	4.25	3.75	3.55	4.35	4.50	3.95	4.20	4.40	4.90
13	3.20	3.55	4.00	4.25	3.65	3.75	4.25	4.40	4.00	4.05	4.75	4.65
14	3.25	3.75	4.05	4.25	3.65	3.50	4.35	4.75	4.00	4.05	4.45	2.75
15	2.90	3.75	4.20	4.25	3.75	3.75	4.60		3.85	4.15	4.40	3.25
16	2.85	3.75	4.10	4.35	3.60	3.65	4.75		3.90	4.20	4.70	3.00
17	3.00	3.75	4.10	4.35	3.50	3.75	4.75		4.00	4.20	4.60	3.40
18	3.05	3.55	4.10	4.25	3.70	3.90	4.50		3.95	4.20	4.50	3.30
19	3.40	3.70	4.20	4.25	3.60	3.80	4.35	4.55	4.00	4.05	4.75	3.35
20	2.75	3.75	4.15	4.25	3.65	3.90	4.65		3.85	4.15	4.75	3.40
21	3.15	3.50	4.05	4.35	3.55	4.00	4.50		3.80	4.20	4.75	3.40
22	3.20	3.70	4.25	4.30	3.75	4.00	4.75		3.90	4.20	4.75	3.30
23	3.40	3.75	4.15	4.25	3.70	4.00	4.25	5.50	3.90	4.20	4.55	3.40
24	3.25	2.40	4.05	2.35	3.75	3.90	4.30		4.00	4.05	4.50	2.85

---

① 刘宇,宋媛,梁宗保,等.幼儿社会能力与行为评定简表的国内应用研究[J].东南大学学报(医学版),2012,31(3):268-273.

续　表

序号	小班 男	小班 女	中班 男	中班 女	大班 男	大班 女
25	2.70	4.05	3.65	3.90　4.30	3.90　5.65　4.75	3.25
26	3.15	4.05	3.75	3.80　4.30	3.90　4.65	3.15
27	3.35	4.10	3.65	4.25	3.95	4.75
28	3.20	4.25	3.70	4.25	3.85	4.75
29	3.20	4.10	3.65	4.35	4.00	4.40
30	3.10	4.05	3.55	4.25	3.95	4.75

解：① 建立 Excel 数据文档，并录入相应的数据资料，如图 12－6 所示。

② 计算变量 SC 的均值与标准差。在 F2 单元格里输入"＝AVERAGE(D2：D329)"，以计算变量 SC 的均值；在 G2 单元格里输入"＝STDEV.S(D2：D329)"，以计算变量 SC 的标准差。

③ 计算变量 SC 的标准分 Z_{SC}。在 D2 单元格里输入"＝(D2－\$F\$2)/\$G\$2"，以计算变量 SC 的取值"3.00"所对应的标准分，得到－1.88；把鼠标放在 D2 单元格的右下角处，当出现"＋"时，往下拖动，直到计算出变量 SC 每个取值的标准分 Z_{SC}。

④ 筛选出 Z_{SC} 的绝对值大于 3 的个案。单击"数据—筛选"菜单项，点击"标准分 Z_{SC}"列的筛选按钮，在下拉菜单中选择标准分 Z_{SC} 大于 3 和小于 －3 的选项，单击"确定"按钮完成筛选。共筛选出四个个案，如图 12－7 所示。

⑤ 剔除所筛选出的四个个案，保存为 Excel 数据文档"2－5 节案例包：例 12－1.xls"。

当然，"剔除标准分绝对值大于 3 的个案"的操作也可以在直接建立 SPSS 数据文档之后再进行（参见例 12－9）。

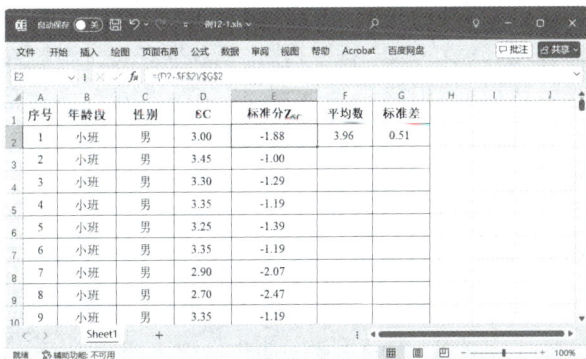

图 12－6　Excel 数据文档"2－5 节案例包·例 12－1.xls"

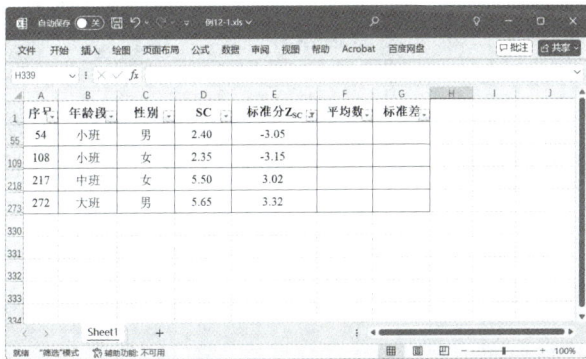

图 12－7　Excel 数据文档"2－5 节案例包：例 12－1.xls"

二、SPSS 数据文档的建立

（一）数据类型

随机变量代表着随机现象的各种可能结果，如学生性别、智商或考试成绩，教师的年龄、教龄等。这些都可用符号如 X、Y 来表示，例如，用 X 表示某班语文成绩；用 Y 表示数学成绩。而该班每个学生的语文成绩可以分别用 $X_1, X_2, \cdots\cdots, X_n$ 表示，数学成绩可以分别用 $Y_1, Y_2, \cdots\cdots, Y_n$ 表示。随机变量的具体数值，即数据，是观测随机事件得到的结果。数据的值在观测前是未知的，一旦确定，就成为随机变量的一个观测值，也就是数据。

数据的类型决定统计处理的方法。根据来源，数据分为点计数据和度量数据。点计数据，如学生人数，来源于计数。度量数据，如身高、学科成绩，是通过测量或赋值得到的。再根据取值情况，数据又可分为离散和连续两类。离散数据取值有限，以整数表示，如学生人数。连续数据取值无限，可以是小数，如身高、智商。每种数据类型都有其适用的统计方法，确保准确分析。

1. 称名数据

称名数据仅标识事物间的属性差异，如运动员号码、学号、性别等。这些数据无法排序，没有固定单位和零点参考。它们仅为不同事物或类别提供标签，且这些标签的排列无实际意义。因此，这类数据既不可排序,也不支持基本数学运算。

2. 顺序数据

顺序数据依据事物属性的量级进行排序,但无固定单位和绝对零点,例如比赛排名或学科成绩等级。此类数据既区分事物,又揭示某一特性的量级差异,与仅标识属性差异的称名数据不同,它含有"方向次序"。但需注意,尽管可排序,它却并不支持基本数学运算。此外,此"排序"依据事物本身属性,与计算机软件如 Excel 中基于人为规则的排序迥异。

3. 等距数据

等距数据指的是单位相等但无绝对零点的数据。以百分制的数学成绩为例,它考察的是学生已掌握的数学知识与技能。若学生考了零分,这并不意味着他的数学知识技能为零,而只是相对的零点。因此,等距数据缺乏绝对零点,只表示相对数值,不适用于比率性描述。在处理这类数据时,可以进行排序和加减运算,但乘除运算则不适用。

4. 比率数据

比率数据是指拥有相同单位和明确的起点,能进行全方位的数学运算,如加减乘除。想象一下,一个成年人的 176 cm 与一个儿童的 88 cm 身高对比,不仅差距是 88 cm,而且成年人身高还是儿童的两倍。这种直观、灵活的数学特性,让比率数据在统计分析中大放异彩。在学前教育研究中,观测得到的数据资料绝大多数是顺序和等距数据。这些数据虽然表达形式不同,但都是研究的重要基础。

数据之间,可以转换。只有比率或等距数据能简化为顺序数据,但要牺牲部分信息细节。例如,百分制的成绩可以转化为更直观的等级制,如"待合格""合格"等。但这样的转换,只保留了成绩的相对顺序,丢失了具体的分数差距。

(二) SPSS 简介

SPSS(Statistical Package for the Social Sciences,社会科学统计软件包)是一种集成化的计算机数据处理应用软件,它的主要功能包括以下四个方面。

1. 数据管理

SPSS 可以帮助用户轻松导入、整理和清洗数据。用户可以将数据导入 SPSS 系统中,并进行数据处理、缺失值处理、变量转换等操作。

2. 统计分析

SPSS 提供了广泛的统计分析方法,包括描述统计、t 检验、方差分析、相关分析、回归分析、因子分析、聚类分析等。用户可以根据自己的研究目的选择适当的统计方法进行分析。

3. 数据可视化

SPSS 支持图表、表格等多种数据可视化方式,用户可以直观地展示数据的分布、关联性和趋势,帮助他们更好地理解数据。

4. 报告输出

SPSS 可以生成专业的统计分析报告,将分析结果以图表、表格等形式清晰地呈现出来,方便用户向他人传达研究结果。

(三) 将 Excel 数据文档导入 SPSS

SPSS 可以读入 SPSS/PC+、dBase、Excel、Systat、Lotus、Sylk、SAS、Stata 等建立的数据文档,以供进一步统计分析。

例 12-7:将 Excel 数据文档"2-5 节案例包:例 12-1. xls"导入 SPSS,保存为 SPSS 数据文档"2-5 节案例包:例 12-1. sav"。

解:(1) 在 SPSS Statistics 数据编辑器中,单击"文件—打开—数据"菜单项,打开"打开数据"对话框,如图 12-8 所示。在 SPSS 中可以打开的文件类型如表 12-10 所示。

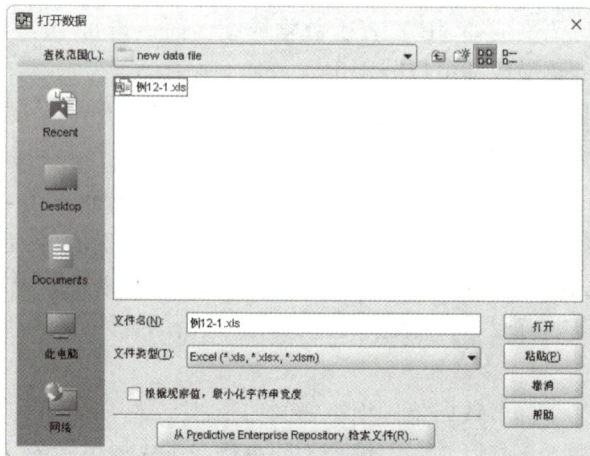

图 12-8 "打开数据"对话框

表 12 - 10　在 SPSS 中可以打开的文件类型

选　项	数据文件类型
SPSS Statistics（＊.sav）	SPSS Statistics 数据文件
SPSS/PC＋（＊.sys）	SPSS/PC＋数据文件
Systat（＊.syd,＊.sys）	SYSTAT 数据文件
便携（＊.por）	SPSS 便携格式数据文件
Excel（＊.xls,＊.xlsx,＊.xlsm）	Excel 数据文件
Lotus（＊.w＊）	Lotus 数据文件
Sylk（＊.slk）	SYLK(符号链接)数据文件
dBase（＊.dbf）	dBase 系列数据文件(dBaseⅡ-Ⅳ)
SAS（＊.sas7bdat,＊.sd7,＊.sd2,＊.ssd01,＊.xpt）	SAS(V6-9)和 SAS 传输文件
Stata（＊.dta）	Stata(V4-8)数据文件
文本格式（＊.txt,＊.dat）	文本文件

（2）在查找范围栏选择指定文件所在的位置，在"文件类型"中选择"Excel（＊.xls,＊.xlsx,＊.xlsm）"选项，然后选中 Excel 文档"2-5 节案例包：例 12-1.xls"，单击"打开"按钮，打开"打开 Excel 数据源"对话框，如图 12-9 所示。

（3）单击"确定"按钮，执行 SPSS 命令，得到 SPSS 数据文档，如图 12-10 所示。

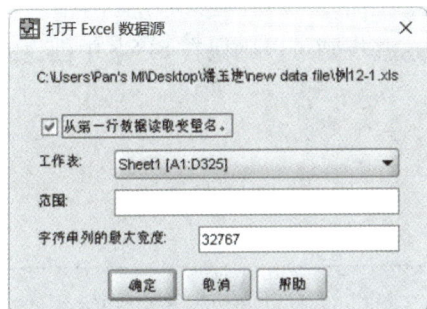

图 12-9　"打开 Excel 数据源"对话框

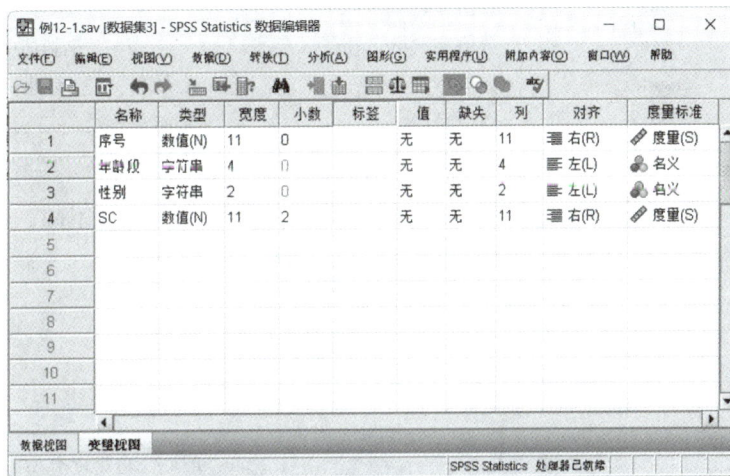

图 12-10　SPSS Statistics 数据编辑器

（4）单击"文件—保存"或"文件—另存为"菜单项，或单击图标按钮"🖫"，打开"将数据保存为"对话框，保存为 SPSS 数据文档"2-5 节案例包：例 12-1.sav"。

（四）整理 SPSS 数据文档

为方便后续的 SPSS 统计分析，还需要对导入的 SPSS 数据文档进行整理。

例 12-8：试将例 12-7 中的 SPSS 数据文档"2-5 节案例包：例 12-1.sav"（见图 12-10），整理成如图 12-11 所示的 SPSS 数据文档。

解：为得到如图 12-11 所示的 SPSS 数据文档，需要对序号、年龄段、性别、敏感合作这四个变量进行整理，重新定义变量的各种属性，包括变量名、变量类型、变量标签、变量取值的值标签、变量缺失值、变量的显示格式和变量的测量类型等。

1. 定义变量名

在本例中，涉及序号、年龄段、性别、敏感合作等四个变量，可分别取名为：no、grade、gender、SC，如表 12-15 所示。在图 12-10 中，单击窗口左下角的"变量视图"标签，在"名称"属性栏中分别输入 no、grade、gender、SC。

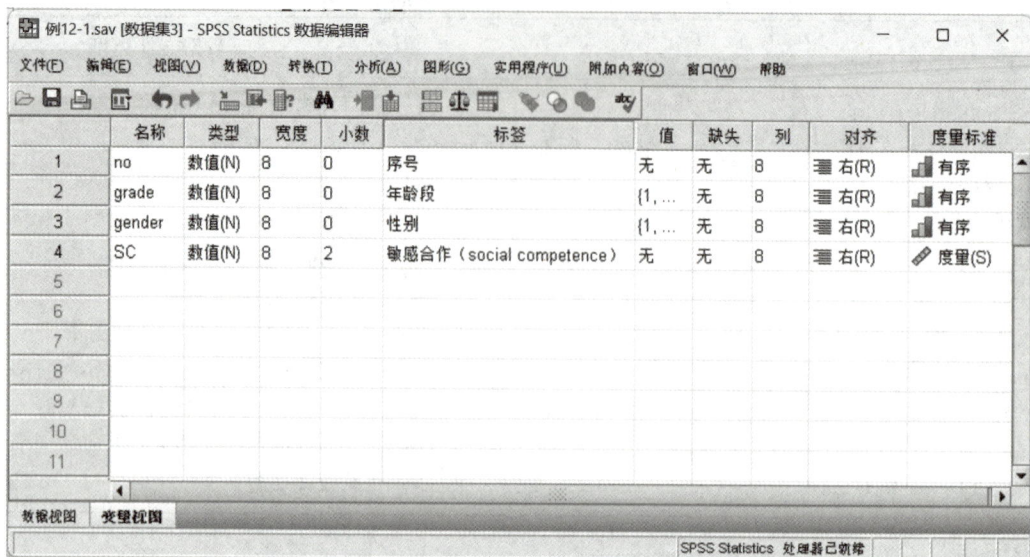

图 12－11　数据编辑器之变量视图窗口

表 12－11　变量名及其标签

变量名	变量类型	变量标签	宽度	小数
no	数值型(Numeric)	序号	8	0
grade	数值型(Numeric)	年龄段	8	0
gender	数值型(Numeric)	性别	8	0
SC	数值型(Numeric)	敏感合作(social competence)	8	2

随着 SPSS 版本的变化,定义变量名的规则也会有所不同。遵循这些规则可以确保在 SPSS 中创建的变量名既符合软件的要求,又易于理解和使用。

2. 定义变量类型

在 SPSS 中,可以定义的变量类型如表 12－12 所示。

表 12－12　变量类型

变量类型	英文版的变量类型	中文版的变量类型
数值型	Numeric	数值
带逗点的数值型	Comma	逗号
逗点做小数点的数值型	Dot	点
科学记数法	Scientific notation	科学记数法
日期型	Date	日期
带有美元符号的数值型	Dollar	美元
用户设定货币的数值型	Custom currency	设定货币
字符型	String	字符串

本例中,所有变量均需要定义为数值型,如表 12－11 所示。对于变量 grade 与 gender 而言,由于在 Excel 文档中,它们的变量取值均为"小班""中班""大班""男""女"等字符,因而在导入 SPSS 时它们的变量类型均为"字符串"。如果此时直接修改为"数值",由于数值型变量只允许接纳数字,因而其字符型的变量取值均会消失。因此,此时需要先把变量 grade 与 gender 的取值从字符型转换为数值型(见表 12－13)。此外,这种转换也可以先在 Excel 文档中完成,再读入 SPSS。

表 12 - 13　变量取值对照表

变　量	字符型取值	数值型取值
grade	小班	1
	中班	2
	大班	3
gender	男	1
	女	2

①　单击"转换—重新编码为相同变量"菜单项,打开"重新编码到相同的变量中"主对话框,如图 12 - 12 所示。在左侧变量框中选择变量 grade,单击中间的箭头按钮,使之移到右侧的"变量"框中。

②　单击"旧值和新值"按钮,打开"重新编码成相同变量:旧值和新值"对话框,如图 12 - 13 所示。

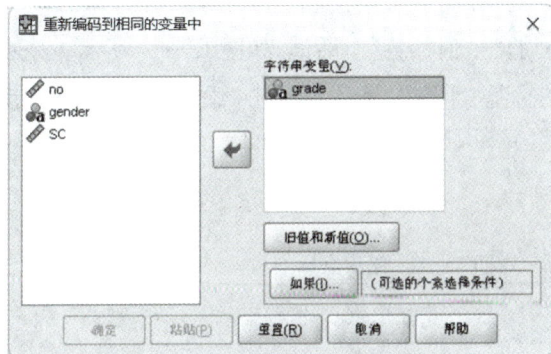

图 12 - 12　"重新编码到相同的变量中"主对话框

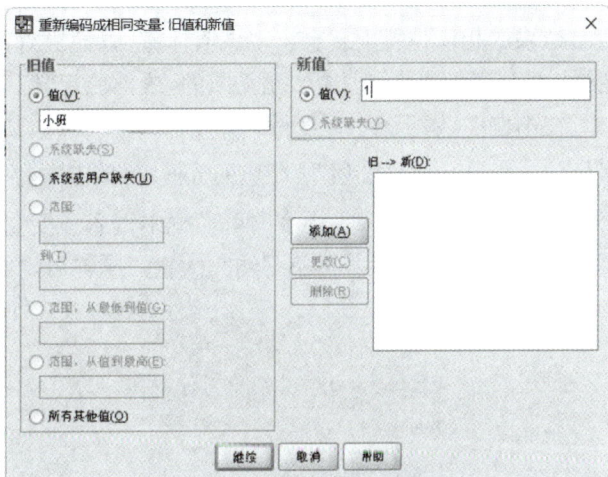

图 12 - 13　"重新编码成相同变量:旧值和新值"对话框(1)

③　在左侧"旧值"栏中的"值"框中输入"小班",在右侧"新值"栏"值"框中输入对应的数值"1",点击"添加"按钮,使"小班→1"移入"旧→新"框中;如此反复,分别录入"中班→2"和"大班→3",如图 12 - 14 所示。点击"继续"按钮,返回主对话框。

④　单击"确定"按钮,执行 SPSS 命令,完成变量 grade 的重新编码。同样可对变量 gender 的取值进行重新编码,如图 12 - 15 所示。

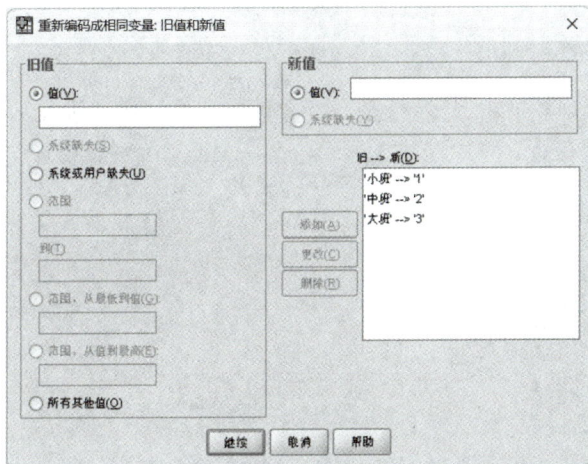

图 12 - 14　"重新编码成相同变量:旧值和新值"对话框(2)

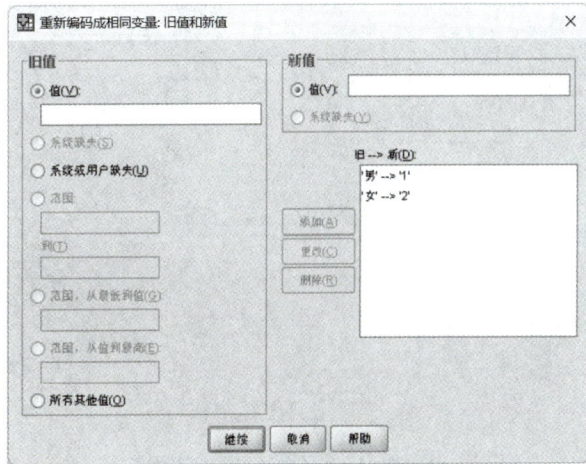

图 12 - 15　"重新编码成相同变量:旧值和新值"对话框(3)

⑤ 在图 12 - 11 所示的"数据编辑器之变量视图窗口"中,分别单击变量 grade 和 gender 的"类型"下面方框中的"…"按钮,可以打开"变量类型"对话框(见图 12 - 16),使之修改为"数值"型;同时在图 12 - 11 中修改两个变量的宽度与小数位数。

值得注意的是,SPSS 的许多分析方法要求参与统计分析的变量必须为数值型,因此在定义变量类型时应尽可能定义为数值型。

3. 定义变量标签

变量标签是对该变量名所表示的数据内涵作进一步说明。由于变量名由英文字符组成,这时可使用中文(当然也可以是其他文字)来定义变量标签以说明变量的内涵,在统计分析结果的输出中会在变量名对应的位置上显示该变量的标签,便于输出结果的理解。当然,变量标签是一个可选择的属性,可以定义,也可以不定义。本例中,在图 12 - 11 中"标签"下相应的方框内,分别输入各变量的标签(见表 12 - 11)。

4. 定义变量取值的值标签

对于离散型随机变量,由于其变量的取值个数是有限的,可以给变量的各个取值赋以值标签,这样在输出结果的相应位置上就会出现该值标签,以便更好地理解统计分析过程中的输出结果。而对于连续型变量,由于其变量的取值个数是无限的,故不能定义其值标签。

在本例中,属于离散型变量的有 gender 和 grade,其变量值标签的定义如表 12 - 14 所示。在图 12 - 10 中鼠标单击变量 grade 的"值"下相应的方框,再单击"…"按钮,打开"值标签"对话框,如图 12 - 17 所示。先在"值"框中键入变量值"1",再在"标签"框中键入该变量值的标签"小班",然后再单击"添加"按钮。如此反复,直到全部变量值及其标签都输完为止。同样可定义变量 gender 的值标签,如图 12 - 18 所示。

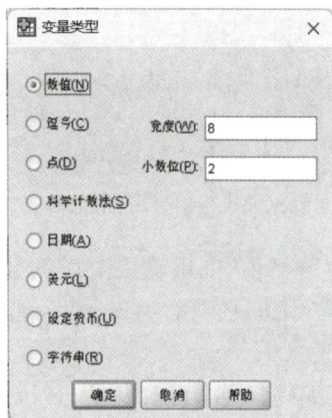

图 12 - 16　"变量类型"对话框

表 12 - 14　变量值标签

变 量	变量取值	值标签
grade	1	小班
	2	中班
	3	大班
gender	1	男
	2	女

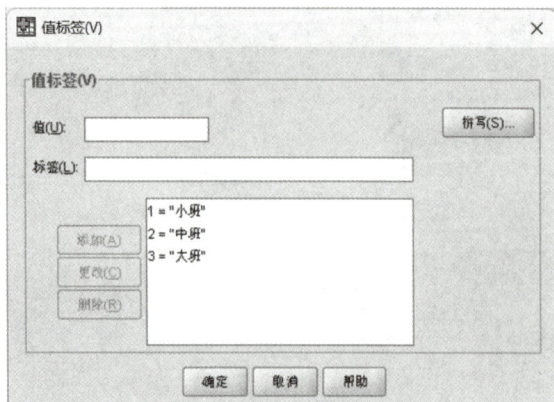

图 12 - 17　变量 grade 的值标签

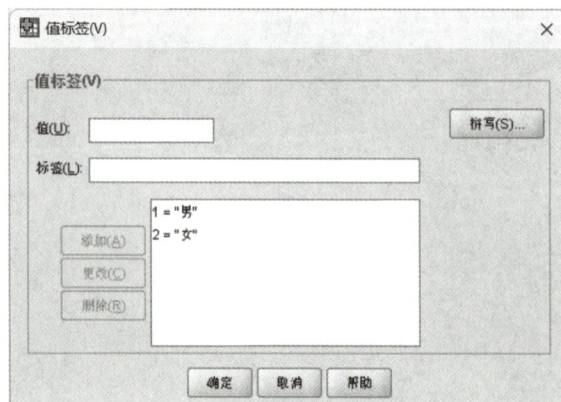

图 12 - 18　变量 gender 的值标签

5. 定义变量缺失值

在 SPSS 中缺失值有两类,即系统默认缺失值和自定义缺失值。系统默认缺失值在数据窗口中用"."

表示。系统默认缺失值和自定义缺失值都将不参与统计分析,这样就起到了数据的筛选作用。

要设置自定义缺失值,在图 12 - 11 中鼠标单击"缺失"下相应的方框,再单击"…"按钮,打开"缺失值"对话框,如图 12 - 19 所示。

① 没有缺失值:无缺失值,系统默认此项。

② 离散缺失值:选中此项可在下面三个输入框中键入所要定义的缺失值。

③ 范围加上一个可选离散缺失值:一个区间加一个离散值,选中此项可在"低"框中输入此区间的下限,在"高"框中输入此区间的上限,并可输入一个不包括在该区间中的离散值。

本例中四个变量的缺失值均为"无",即没有缺失值。

图 12 - 19 "缺失值"对话框

6. 定义变量的显示格式

① 变量显示宽度的设置。在图 12 - 11 中鼠标单击"列"下相应的方框,出现该变量显示宽度的缺省值 8。这时可用鼠标单击"▲▼"按钮调整变量的显示宽度,或双击方框直接输入变量的显示宽度。

② 变量对齐方式的设置。在图 12 - 11 中鼠标单击"对齐"下相应的方框,出现该变量的对齐方式。可单击"▼"按钮,在下拉框中选"左"(左齐)、"右"(右齐)或"居中"。

在本例中,四个变量的显示宽度均修改为"8",对齐方式均修改为"右"。

7. 定义变量的测量类型

在图 12 - 11 中鼠标单击"度量标准"下相应的方框,出现该变量的测量类型。单击"▼"按钮,在下拉框中有 3 个选项,选择其一。①度量:对于等距变量或比率变量可选择此项。②有序:对于顺序变量可选择此项。③名义:对于称名变量可选择此项。

在本例中,变量 no、grade 和 gender 的测量类型修改为"有序",变量 SC 的测量类型修改为"度量",如图 12 - 11 所示。

(五) 直接建立 SPSS 数据文档

数据资料可先建立 Excel 数据文档,再导入 SPSS,也可直接建立 SPSS 数据文档。

SPSS 数据文档的建立一般包括定义变量、输入数据、保存数据文档等步骤。在定义变量后就可以开始输入数据了。输入数据时可以按变量、个案,或单元格逐个输入数据,也可以利用频数格式输入数据。

1. 逐个输入数据

例 12 - 9:试对根据表 12 - 9 的数据资料直接建立的 SPSS 数据文档"例 12 - 1. sav"进行整理,剔除标准分的绝对值大于 3 的问卷。

解:① 在根据图 12 - 11 所示的内容定义四个变量 no、grade、gender 和 SC 后,逐个输入数据,共 328 个个案,并保存为"例 12 - 1. sav"。

② 鼠标单击"分析—描述统计—描述",打开"描述性"对话框,如图 12 - 20 所示。

③ 在左侧变量框中选择变量 SC,单击中间的箭头按钮,使之移入右侧的"变量"框中;选中"将标准化得分另存为变量"复选项。

④ 单击"确定"按钮,执行 SPSS 命令,增加变量 ZSC,即变量 SC 的标准分,如图 12 - 21 所示。

⑤ 鼠标单击"数据—选择个案",打开"选择个案"对话框,如图 12 - 22 所示。

⑥ 选中"如果条件满足"单选项,并单击"如果"按钮,打开"选择个案:If"对话框,如图 12 - 23 所示。在右侧框中输入"ABS(ZSC) <= 3",单击"继续"按钮,返回主对话框。

⑦ 单击"确定"按钮,执行 SPSS 命令,将新增变量 ZSC。

⑧ 鼠标单击"数据—排序个案"菜单项,打开"排序个案"对话框,如图 12 - 24 所示。

⑨ 在左侧变量框中选择变量 filter_ $,单击中间的箭头按钮,使之移到右侧的"排序依据"框中。单击"确定"按钮,执行 SPSS 命令,得到剔除标准分大于 3 的四个个案之后的 SPSS 数据文档,供后续统计分析之用,如图 12 - 25 所示。

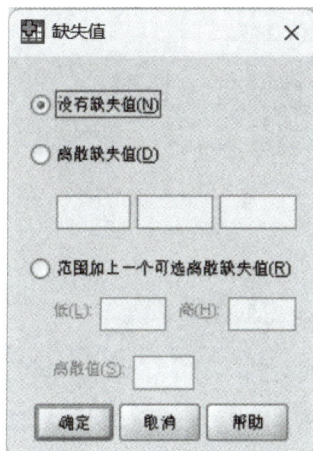

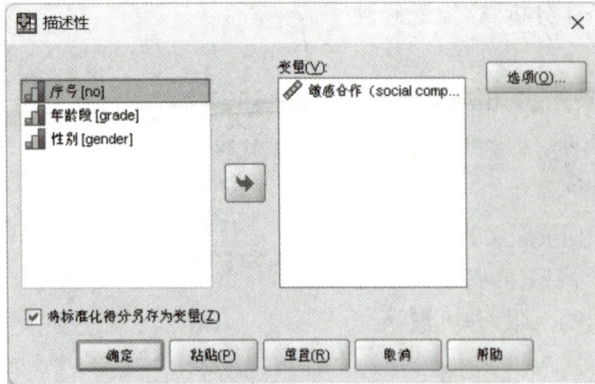

图 12-20　"描述性"对话框

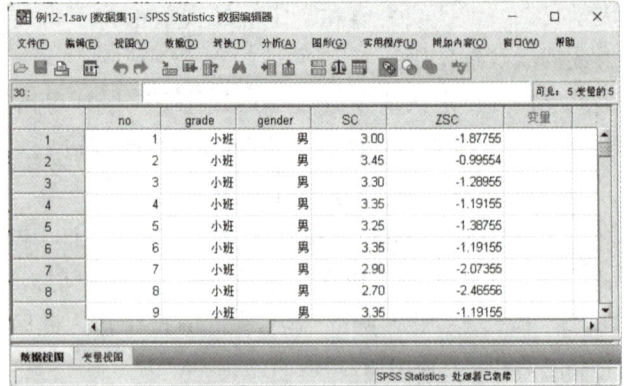

图 12-21　新增变量 ZSC

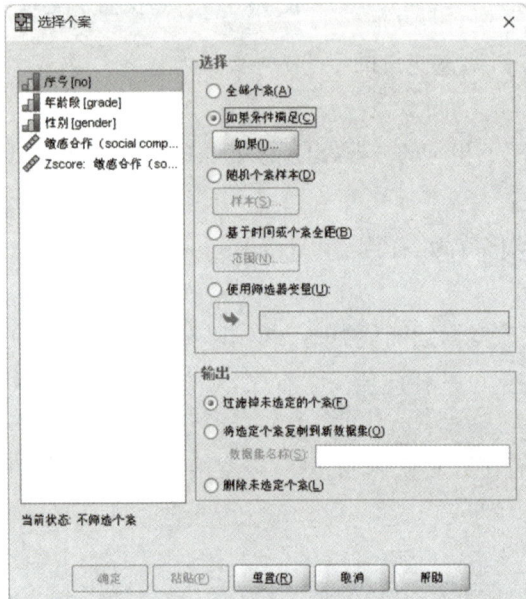

图 12-22　"选择个案"对话框

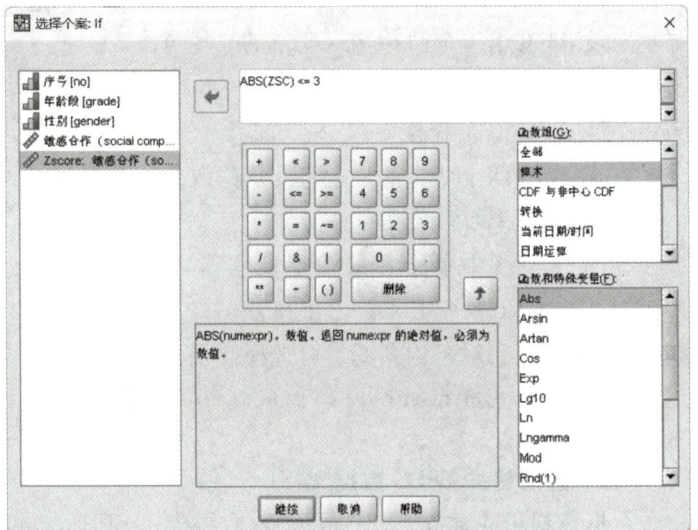

图 12-23　"选择个案:If"对话框

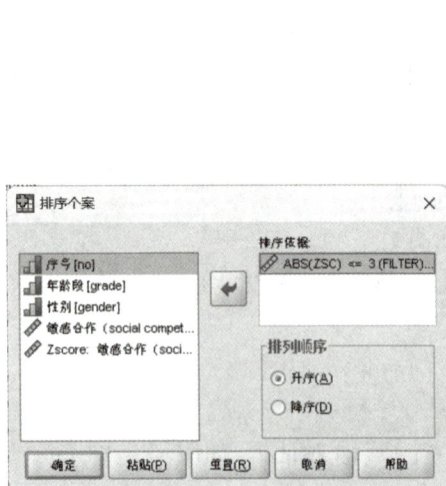

图 12-24　"排序个案"对话框

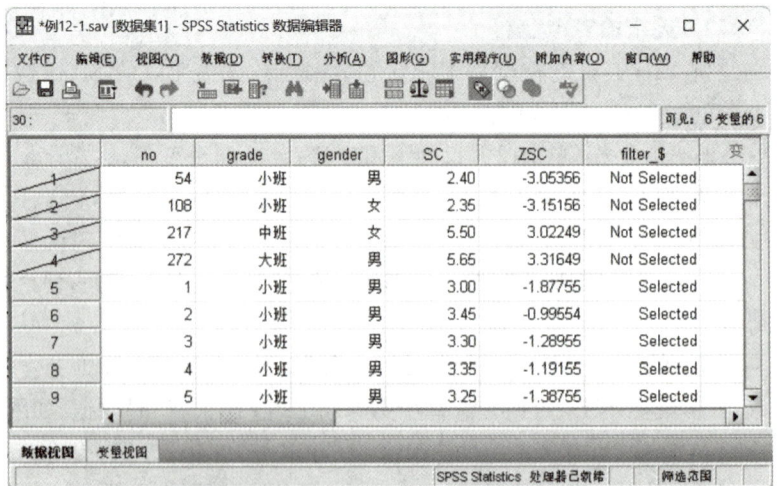

图 12-25　被剔除的四个标准分的绝对值大于 3 的个案

2.利用频数格式输入数据

在一般情况下,在 SPSS 数据编辑器的"数据视图"窗口中,每一行就是一个个案。但如果需要输入频数格式的数据(例如表 12-14)时,逐个输入数据就相当麻烦,而且容易出错;这时可以使用加权个案过程简化数据输入过程。

例 12-10:在一项关于 4-6 岁幼儿颜色偏好的实验研究中,从某幼儿园随机抽取 210 名幼儿,采用排除法(即在所有颜色中排除自己最喜欢的颜色,再在剩余颜色中进行第二次选择,继续排除最喜欢的颜色,直到选择完所有颜色)测量幼儿的颜色偏好情况,得到如表 12-14 所示测量结果。试建立幼儿颜色偏好的 SPSS 数据文档"2-5 节案例包:例 12-2.sav"。

表 12-14　210 名 4-6 岁幼儿颜色偏好测量结果

颜色	红	橙	黄	绿	青	蓝	紫	合计
选择人数	45	34	36	20	16	33	26	210

解:① 在 SPSS 数据窗口中建立如图 12-26 所示的数据文件,表示幼儿颜色偏好测量结果的变量 color 定义为数值型,并分别定义其取值 1-7 的值标签为"红""橙""黄""绿""青""蓝""紫",表示选择频数的变量 f 也定义为数值型。

② 鼠标单击"数据-加权个案"菜单项,打开"加权个案"对话框,如图 12-27 所示。选中"加权个案"选项,并从左侧变量框中选择变量 f,单击箭头按钮,选入"频率变量"框中,单击"确定"按钮即可,同时在右下角的状态栏出现"加权范围"字样。

③ 保存为 SPSS 数据文档"例 12-2.sav"。

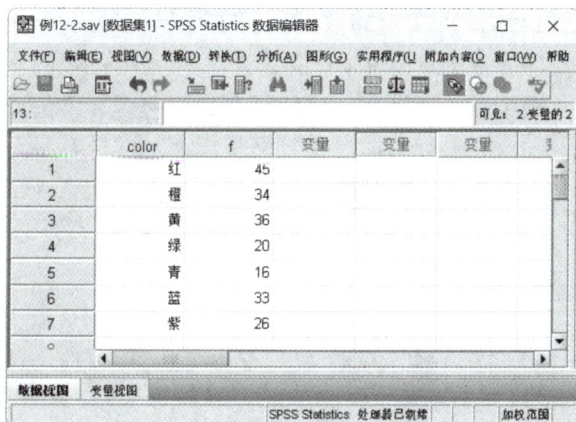

图 12-26　频数格式的 SPSS 数据文档

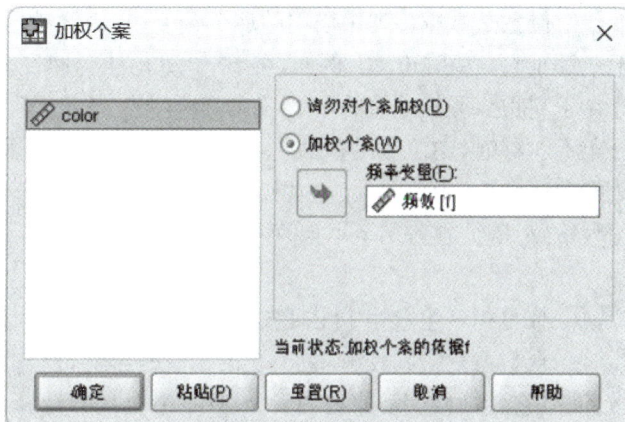

图 12-27　"加权个案"对话框

第四节　数据资料的分析——描述统计

描述统计是进行推断统计的基础,它是对所采集的数据进行整理、概括,以显现其分布特征的统计方法。通过描述统计,可以归纳、整理这些数据,进而通过图表或数字特征来精准反映其分布特征,这有助于更准确地把握样本所代表的总体的特性。在描述统计中,数字特征能够简洁、明确地反映出数据的分布特征。以下介绍几种常用的数字特征的类型。

一、集中量

集中量又称集中趋势,它代表一组数据的典型水平或集中趋势,它能反映频数分布中大量数据向某一点集中的情况。

(一)常用的集中量

1. 算术平均数

算术平均数是某变量所有观测值的总和除以总观测频数所得的商,简称为平均数或均数、均值,记为

$\overline{X}$。

设对变量 X 进行了 n 次测量,得到 n 个观测值,记为 X_1、X_2、……、X_n,则 n 个观测值的算术平均数 $\overline{X}$ 可表示为:

$$\overline{X} = \frac{X_1 + X_2 + \cdots + X_n}{n} = \frac{\sum X}{n} \qquad \text{(公式 12-1)}$$

例如,运用《儿童情绪与社会性发展量表(家长版)》对 10 位幼儿的社会性发展入学准备进行测量,得到如下结果:3.33、3.81、3.81、2.95、3.62、3.64、3.24、3.38、4.29、3.81,则这 10 位幼儿社会性发展入学准备的均值为:

$$\overline{X} = \frac{\sum X}{n} = \frac{3.33 + 3.81 + 3.81 + 2.95 + 3.62 + 3.64 + 3.24 + 3.38 + 4.29 + 3.81}{10} = 3.59$$

算术平均数以其敏感性、精确性和易于理解而著称,是统计学中应用最广泛的集中量度。它对样本变动的敏感度较低,意味着在相同总体中随机抽取的样本,其算术平均数与总体参数的抽样误差较小。因此,在计算方差、标准差、相关系数及进行推断统计时,算术平均数是不可或缺的工具。

然而,算术平均数对极端值(极大或极小值)较为敏感,这在数据分布不对称或偏斜时尤为明显。例如,衡量居民收入时,算术平均数可能无法准确反映大多数人的实际收入水平。

2. 中位数

中位数是数据序列中居中的那个数值,它将数据分为两半,使得一半的数据大于或等于它,另一半小于或等于它,各占 50%。例如,在 10 位幼儿社会性发展入学准备的评分中,中位数为 3.63。中位数的优势在于它很少受极端值的影响,仅依赖数据的数量,不涉及每个数值的计算。这使得在数据包含异常值或分布不对称时,中位数比算术平均数更能准确反映数据的中心趋势。此外,对于只能排序而不能计算平均值的顺序数据,中位数尤为适用。然而,中位数的计算不依赖所有数据,它对数据变化的反应不如算术平均数敏感,因此在应用上不如算术平均数普遍。

3. 众数

众数是指一组数据中出现次数最多的那个数。例如,上例中 10 位幼儿社会性发展入学准备的众数为 3.81。众数虽然极易理解,也不受极端值的影响,但它的计算同样不需要每个数据都参与运算,反应不灵敏,同时它受抽样变动的影响较大,且不适合代数计算,不能将几个众数综合而求出一个总的众数。因此,众数并不是一个良好的集中量。

(二) 集中量的选择

在实际应用中,应根据观测变量的测量水平选择适当的集中量。称名变量由于无法排序或进行加减运算,只能使用众数作为集中量。顺序变量虽然可以排序,但同样不能进行加减运算,因此,众数或中位数是合适的选择,实际应用中应根据情况灵活运用。等距和比率变量既能排序也能进行加减运算,因此算术平均数、中位数和众数都适用;鉴于算术平均数对极端值敏感,实际应用中应在控制极端值影响后考虑使用。

二、差异量

只用集中量来描述一组数据的分布特征是不够的,因为集中量仅仅描述了一组数据的平均水平,还必须描述各个数据之间的差异程度有多大,即当描述一组数据分布的数字特征时,要同时给出集中量和差异量,因为即使集中量相等的两组数据,它们的差异程度也不见得相同。例如,两组幼儿社会性发展入学准备的测量结果分别为:

甲组:3.33、3.81、3.81、2.95、3.62、3.64、3.24、3.38、4.29、3.81

乙组:3.45、3.73、3.52、4.05、3.41、3.42、3.66、3.65、3.58、3.41

虽然它们的平均数均为 3.59,但它们的离散程度却是不同的,相对而言,甲组比较分散,变异性较大,乙组比较集中、整齐,变异性较小。

描述一组数据分布离散程度的量,称为差异量。差异量越大,表示数据分布的范围越广,越不整齐;差异量越小,表示数据分布得越集中,变动范围越小。常用的差异量指标有全距、方差与标准差、差异系数等。

(一) 常用的差异量

1. 全距

差异量是表示一组数据离散程度的量,那么用什么指标来反映一组数据的离散程度呢? 最直接的办法就是用该组数据中的最大值减去最小值,这就是全距(range,又称极差),用 R 表示。如上例中甲组的全距 $R_甲=4.29-2.95=1.34$;乙组的全距 $R_乙=4.05-3.41=0.64$。因此,从全距这一指标来看,甲组比乙组的离散程度大。全距意义简明,计算简单,但因它仅由最大值与最小值而求得,没有考虑其他的数值,反应极不灵敏,同时也易受极端值的影响,因此全距只能作为差异量的粗略指标。

2. 方差与标准差

差异量又称离中趋势,也就是说,每个数据离开集中量(如算术平均数)的程度越大,差异量就越大。因而可以用离差(即原始数据与算术平均数之差)之和来表示差异量的大小,即:$\sum (X - \bar{X})$。 但由于离差有正有负,其和为0,即:$\sum (X - \bar{X}) = 0$。 因此在计算离差之和时,可以采用平方的办法来避免正负数相抵,这样就求得了方差(variance,σ_X^2),即离差平方的均值:

$$\sigma_X^2 = \frac{(X_1 - \bar{X})^2 + (X_2 - \bar{X})^2 + \cdots + (X_n - \bar{X})^2}{n} = \frac{\sum (X - \bar{X})^2}{n} \qquad (公式 12-2)$$

例如,经计算,上例中甲组的方差为 0.13,乙组的方差为 0.04,这也说明甲组比乙组的离散程度大。

但方差也有一个缺点,就是数据的单位也被平方了。为了使差异量的单位与原始数据相一致,就需要开方。方差的平方根,就是标准差,用 σ_X 表示,即离差平方均值的算术平方根:

$$\sigma_X = \sqrt{\frac{(X_1 - \bar{X})^2 + (X_2 - \bar{X})^2 + \cdots + (X_n - \bar{X})^2}{n}} = \sqrt{\frac{\sum (X - \bar{X})^2}{n}} \qquad (公式 12-3)$$

例如,上例中甲组的标准差为 0.36,乙组的标准差为 0.19,同样也说明甲组比乙组的离散程度大。

方差与标准差的优点如下:①反应灵敏,随任何一个数据的变化而变化;②严密确定,一组数据的方差及标准差有确定的值;③计算简单,而且可以将几个方差和标准差综合成一个总的方差和标准差;④用样本数据推断总体差异量时,方差和标准差是最好的估计量(当然,还需要进行必要的校正)。

方差与标准差的缺点如下:①不太容易理解;②易受极端值的影响;③当有个别数值不能确定时,无法计算。

与其他差异量指标相比,方差和标准差的应用最为广泛。

3. 差异系数

全距、标准差的单位都与原观测值的单位相同,这些差异量均属于绝对差异量。当要比较两组不同单位,或虽单位相同但两个平均数相差甚大的数据时,使用绝对差异量就无法比较两者差异的大小,这时必须采用相对差异量(如差异系数)进行比较。差异系数又称离散系数,是指一组数据的标准差与其算术平均数的商,即:

$$CV = \frac{\sigma_X}{\bar{X}} \times 100\% \qquad (公式 12-4)$$

差异系数是没有单位的相对数。差异系数越大,表明离散程度越大;差异系数越小,表明离散程度越小。例如,2005 年浙江省温州市 12-15 个月男童和 6-7 岁男童的体重与身高如表 12-15 所示。

表 12－15　2005 年温州市部分男童的体重与身高[①]

	12－15 个月男童		6－7 岁男童	
	平均数	标准差	平均数	标准差
体重(kg)	10.5	1.2	20.1	4.5
身高(cm)	72.9	2.8	116.7	5.1

6－7 岁男童体重的差异系数为：$CV_1 = \dfrac{\sigma_{X_1}}{\overline{X}_1} \times 100\% = \dfrac{4.5}{20.1} \times 100\% = 22.39\%$

6－7 岁男童身高的差异系数为：$CV_2 = \dfrac{\sigma_{X_2}}{\overline{X}_2} \times 100\% = \dfrac{5.1}{116.7} \times 100\% = 4.37\%$

12－15 个月男童体重的差异系数为：$CV_3 = \dfrac{\sigma_{X_3}}{\overline{X}_3} \times 100\% = \dfrac{1.2}{10.5} \times 100\% = 11.43\%$

可见 6－7 岁男童体重的差异大于其身高的差异，也大于 12－15 个月男童体重的差异。

(二) 差异量的选择

首先要考虑观测变量的测量水平，其次要考虑所选用的集中量，最后还要考虑差异量自身的特点。对于称名变量与顺序变量而言，由于无法进行加减运算，因而无法选用全距、方差与标准差、差异系数等需要进行加减运算的差异量。对于等距变量与比率变量来说，全距、方差与标准差、差异系数等差异量均可选用，但考虑到集中量以选择算术平均数为宜，因此应选用同样灵敏、便于代数运算且与算术平均数有着相同测量单位的标准差作为差异量，表示为 $M \pm SD$。在 SPSS 中，描述过程可通过均值、标准差、方差、全距等统计量描述一组数据的分布特征。

例 12－11：在例 12－9 中，试计算 324 名幼儿敏感合作因子的平均数与标准差。

解：① 打开 SPSS 数据文件"例 12－1.sav"(包含 324 个 case)。

② 在图 12－11 中，单击"分析—描述统计—描述"菜单项，打开"描述性"主对话框。如图 12－28 所示。

③ 在左侧变量框中选择变量 SC，单击箭头按钮使之移入"变量"框中。

④ 单击"选项"按钮，打开"选项"对话框，如图 12－29 所示。选择均值、标准差等选项，输出均值与标准差。单击"继续"按钮，返回主对话框。

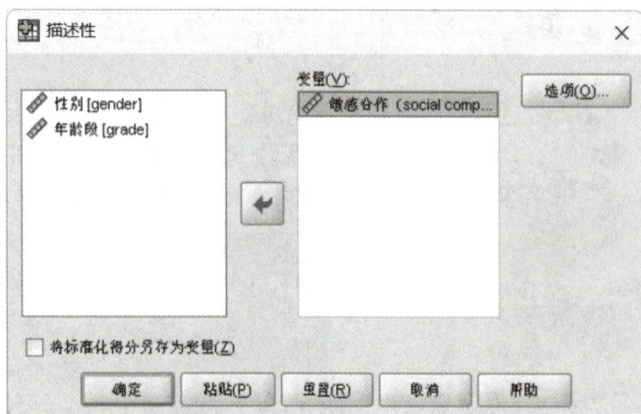

图 12－28　"描述性"主对话框

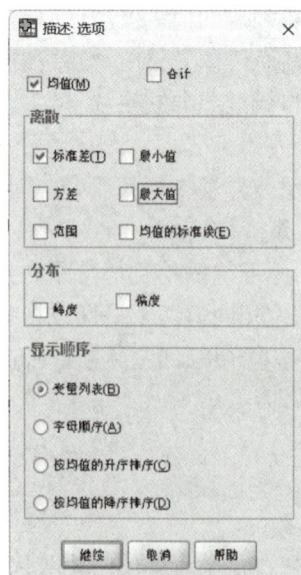

图 12－29　"选项"对话框

---

① 金献江,等.温州市 1－7 岁儿童生长发育指标的调查[J].现代预防医学,2008(7):1250－1251.

⑤ 单击"确定"按钮,执行 SPSS 命令。输出结果如表 12-16 所示。

表 12-16　敏感合作因子的描述统计量

	N	均值	标准差
第三合作(social competence)	324	3.9577	0.48144
有效的 N(列表状态)	324		

三、相关量

集中量与差异量可以描述一组数据或单一变量的分布特征,但如果要描述两组数据或两个变量之间的变化关系,就需要用相关量。例如,描述小学生语文与数学两门学科成绩的关系,智力水平与学习能力的关系等,都需要用相关量来描述。

(一) 相关的定义

相关是指事物之间的非确定性关系。事物之间的数量关系有两种:①函数关系;②相关关系。函数关系是指事物之间存在着严格的依存关系,当自变量发生变化时,因变量即发生确定的、可以在数量上准确预测的变化。函数关系可以用数学表达式十分准确地表示出来。例如,圆的周长 C 与半径 r 之间就是一种函数关系: $C = 2\pi r$,半径 r 的值一旦确定,周长 C 的值也就随之被唯一地确定了。

当所研究的事物之间既存在一定的数量关系,但又不像函数关系那样一一对应且精确、稳定,这种关系就是相关关系。例如,托育质量与幼儿社会性发展的关系,幼儿道德敏感性与共情能力的关系,中小学生各科学习成绩之间的关系,学习能力与学业成绩的关系,教育投资与教育事业发展的关系,等等。

相关关系只能描述事物之间的共变关系,并不能揭示其内在的因果关系。相关的两个变量之间可能存在因果关系,也可能并没有因果关系。例如,学生的语文成绩和数学成绩可能呈现高度相关,但不能由此得出结论,认为学好语文有助于学好数学,或者学好数学有助于学好语文。学生的语文成绩和数学成绩之间可能是由于另一个变量的共同作用结果而表现出高度相关。例如,这第三个变量可能是学生学习的努力程度,由于学生学习努力,因而其语文成绩和数学成绩都比较好,而语文成绩与数学成绩之间可能并不存在因果关系。

(二) 相关的种类

根据所涉变量的多少,相关可分为简相关与复相关;根据变量之间相关的形式,可分为线性相关与曲线相关;根据变量数值变化的方向,可分为正相关、负相关;根据变量之间关联的密切程度,可分为完全相关、高度相关、低度相关与零相关。

1. 简相关与复相关

两个变量之间的相关关系称为简相关,例如,小学生语文成绩与数学成绩之间的相关关系。一个变量与两个或两个以上变量的相关关系称为复相关,例如,平面几何成绩与立体几何成绩、解析几何成绩之间的相关关系。

2. 线性相关与曲线相关

线性相关是指变量与变量之间呈直线相关关系,如图 12-30(a)、(b)、(c)所示;而曲线相关是指变量与变量之间呈非直线的相关关系,如图 12-30(e)所示。

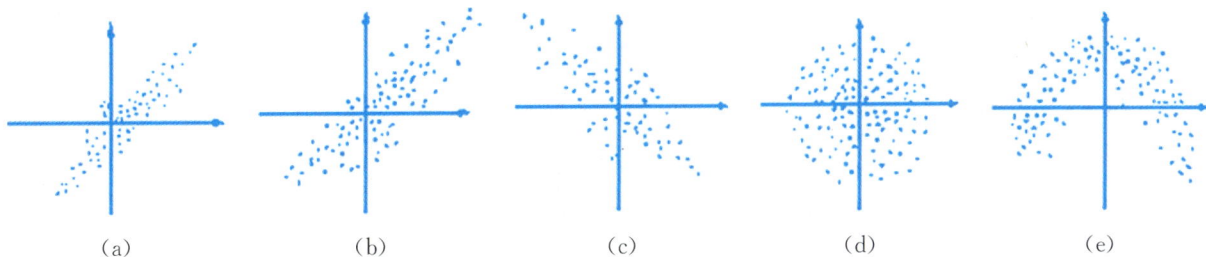

图 12-30　不同形态的相关关系散点图

3. 正相关与负相关

正相关表现为当一个变量增大(或减小)时,另一个变量可能增大(或减小),也可能减小(或增大),但增大(或减小)的可能性高于减小(或增大)的可能性,如图 12-30(a)、(b)所示。负相关表现为当一个变量增大(或减小)时,另一个变量可能增大(或减小),也可能减小(或增大),但减小(或增大)的可能性高于增大(或减小)的可能性,如图 12-30(c)所示。

4. 完全相关、高度相关、低度相关和零相关

完全相关是指两个变量之间的关系是一一对应、完全确定的相关关系。其各点均在一条直线上,这实际上就是函数关系。在学前教育研究中,完全相关的情况是极为少见的。

高度相关又称强相关,是指两个变量 X、Y 中,当 X 的值变化时,与之相对应的 Y 值增大(或减小)的可能性非常大,如图 12-30(a)所示,其分布的特点是,散点比较集中地分布在某条直线的周围。例如,初中生身高与肺活量的关系、高中生数学成绩与物理成绩的关系等一般均呈现高度相关。

低度相关也称弱相关,是指两个变量 X、Y 中,当 X 的值变化时,与之对应的 Y 值增大(或减小)的可能性较小,也就是两个变量虽有一定的关联,但关联的紧密程度较低。如图 12-30(b)所示,其分布的特点是散点比较分散地分布在某条直线的周围。例如某校学生的历史成绩与物理成绩,虽都受学习能力的影响,但两者之间毕竟联系较少,表现为低度相关。

零相关是指两个变量 X、Y 中,当 X 的值变化时,与之相对应的 Y 值可能增大,也可能减小,而且毫无规律,如图 12-30(d)所示。

(三) 相关系数

对于两个变量之间的线性相关而言,相关系数是指反映两个变量之间线性相关的方向和密切程度的系数,一般用 r 表示。

相关系数的数值范围是在 -1 到 $+1$ 之间,即 $0 \leqslant |r| \leqslant 1$。$r$ 的符号表示两个变量的变化方向。"+"号表示变化方向一致,即正相关;"−"号表示变化方向相反,即负相关。r 的绝对值大小表示两个变量之间关系的密切程度。绝对值越接近 1,表示两个变量之间关系越密切;越接近 0,表示两个变量之间关系越不密切。当 $r=+1$,表示两个变量为完全正相关,$r=-1$,表示两个变量为完全负相关。当然,在学前教育研究中,这两种情况是极少见的。对于 $r_1=-0.8$、$r_2=0.24$,表明 r_1 为负相关,r_2 为正相关,r_1 的密切程度高于 r_2。又如,$r_1=-0.42$、$r_2=0.42$,虽然 r_1 为负相关,r_2 为正相关,但 r_1 与 r_2 的密切程度相同。

相关系数的值,仅仅是一个比值。它不是由相等单位度量而来(即不等距),也不是百分比。因此,不能直接作加减运算。例如,对于 $r_1=0.3$、$r_2=0.6$、$r_3=0.9$,既不能说 r_1 与 r_2、r_2 与 r_3 的密切程度之差是相等的,也不能说在密切程度上 r_2 是 r_1 的两倍、r_3 是 r_1 的三倍;同时也不能直接求出其 $\bar{r}$,但可以应用 Fisher 的 $r-Z$ 转换法[①]进行计算(固定效应模型),其方法如下。

① 将各相关系数转换为 Z 分数:

$$Z_r = \frac{1}{2}\ln\left(\frac{1+r}{1-r}\right) \qquad \text{(公式 12-5)}$$

② 求得平均 Z 分数:

$$\bar{Z} = \frac{\sum w_i Z_i}{\sum w_i} \qquad \text{(公式 12-6)}$$

式中 W_i 为 Z_i 的权重
③ 将平均 Z 分数转换为 $\bar{r}$:

$$\bar{r} = \frac{e^{2Z}-1}{e^{2Z}+1} \qquad \text{(公式 12-7)}$$

---

① 赵岩. 父亲教养方式与青少年内隐问题行为相关的元分析研究[D]. 石家庄:河北师范大学,2006.

第五节　数据资料的分析——推断统计

一、概述

推断统计是根据样本提供的信息(样本统计量或样本分布),在一定的可靠性程度上对总体的特征(总体参数或总体分布)所进行的估计或推测。例如,根据样本平均数 $\overline{X}$ 来估计总体平均数 μ,根据样本标准差 S 估计总体标准差 σ,根据两个样本平均数之差来推断两个总体平均数是否不同,等等,都属于推断统计的范畴。可见,推断统计是由部分推断全体,由已知推断未知的统计方法。

推断统计主要包括参数估计和假设检验。参数估计进一步细分为点估计和区间估计。点估计直接使用样本统计量来估计总体参数,而区间估计则在一定置信水平下,给出总体参数可能所在的范围。假设检验则分为参数检验和非参数检验。参数检验是在假定总体分布为正态分布的前提下,对总体参数的假设进行检验,适用于连续型随机变量。非参数检验不依赖于参数的估计或检验,也无需了解总体的具体分布形态,适用于各种类型的随机变量。尽管参数检验在统计学中占据主导地位,但在不满足其前提条件的情况下,非参数检验显得尤为重要。

二、抽样分布

抽样分布描述了统计量的概率分布特征,涉及后验概率与先验概率两个概念。后验概率分布有助于深入理解抽样分布的本质,而先验概率分布则构成了推断统计的理论基础。在抽样过程中,抽样误差通常通过抽样分布的标准差来量化,这个标准差被称为统计量的标准误。

标准误的大小直接关系到样本统计量与总体参数的接近程度。较小的标准误意味着样本对总体的代表性更强,使用样本统计量推断总体参数的可靠性也更高。因此,标准误是衡量推断统计结论可靠性的一个重要间接指标。从正态总体 $N(\mu, \sigma^2)$ 中随机抽取容量为 n 的样本,其样本平均数 $\overline{X}$ 抽样分布的先验概率分布为:

知识延伸 12-3

《样本平均数抽样分布的后验概率分布》概要

$$\overline{X} - N\left(\mu, \frac{\sigma^2}{n}\right) \qquad (公式 12-8)$$

当然,任何一种统计量,如样本的平均数、中位数、众数、全距、标准差以及样本相关系数等,都有其各自的抽样分布。

三、假设检验的基本原理

根据样本统计量或样本分布,在一定的可靠性程度上,对关于总体参数或总体分布的某一假设作出拒绝或保留的决断,称为假设检验。

例 12-12:在探索沙构游戏对促进幼儿社会性发展的影响研究中,从某幼儿园中班年级段选取各方面基本相同的两个班级,随机指定一个班为实验组,另一个班为对照组,实验组采用沙构游戏方式,对照组采用沙池游戏方式;同时对游戏活动场地、游戏活动时间、幼儿教师的各方面属性、各种游戏材料等诸多控制变量进行有效的控制。实施两个月后采用《3-6 岁幼儿沙构游戏社会性发展评价量表》[①]进行统一测验,结果如表 12-17 所示。试比较两种不同的游戏方式(沙构游戏、沙池游戏)对幼儿社会性发展影响。

知识延伸 12-4

《案例——假设检验的基本过程》概要

---

① 廖露露. 3-6 岁幼儿沙构游戏社会性发展评价量表的编制与应用[D]. 杭州:杭州师范大学,2023.

表 12-17　实验组与对照组幼儿社会性发展的测量结果(一)

序号	实验组					对照组				
1	56	59	56	56	36	50	47	50	46	70
2	65	61	53	55	44	50	50	47	55	60
3	56	57	66	56		52	53	40	53	58
4	56	66	52	56		52	52	45	38	
5	56	52	53	56		35	43	50	50	

在制订研究计划时,首先要提出该课题的科学假设。例如,例 12-12 的科学假设为:两种游戏方式的教学效果(即幼儿的社会性发展水平)差异显著。当然,一项研究的科学假设要么源自理论思考,要么源自实践观察,或两者兼而有之。

为验证该科学假设是否成立,首先用统计术语来描述该科学假设。如果教学效果用幼儿社会性发展测量得分作为检测指标,那么该科学假设可以描述为:所有采用沙构游戏教学的幼儿社会性发展测量得分〔总体 1: $N(\mu_1, \sigma_1^2)$〕和采用沙池游戏教学的幼儿社会性发展测量得分〔总体 2: $N(\mu_2, \sigma_2^2)$〕的差异显著,这就是统计假设,也称为备择假设,记为 H_1,即 $H_1: \mu_1 \neq \mu_2$。 为证明 H_1 是否成立,可采用反证法,即提出一个与之相反的假设:所有采用沙构游戏教学的幼儿社会性发展测量得分〔总体 1: $N(\mu_1, \sigma_1^2)$〕和采用沙池游戏教学的幼儿社会性发展测量得分〔总体 2: $N(\mu_2, \sigma_2^2)$〕的差异不显著,这就是虚无假设,也称零假设,记为 H_0,即 $H_0: \mu_1 = \mu_2$。 如果能够在一定的可靠性程度上证明 H_0 不成立,那么就可以接受 H_1,从而支持科学假设,也即这两种游戏方式的教学效果差异显著;否则,就不得不接受 H_0,拒绝 H_1,从而否定科学假设,即这两种游戏方式的教学效果差异不显著。那么,该如何证明呢?

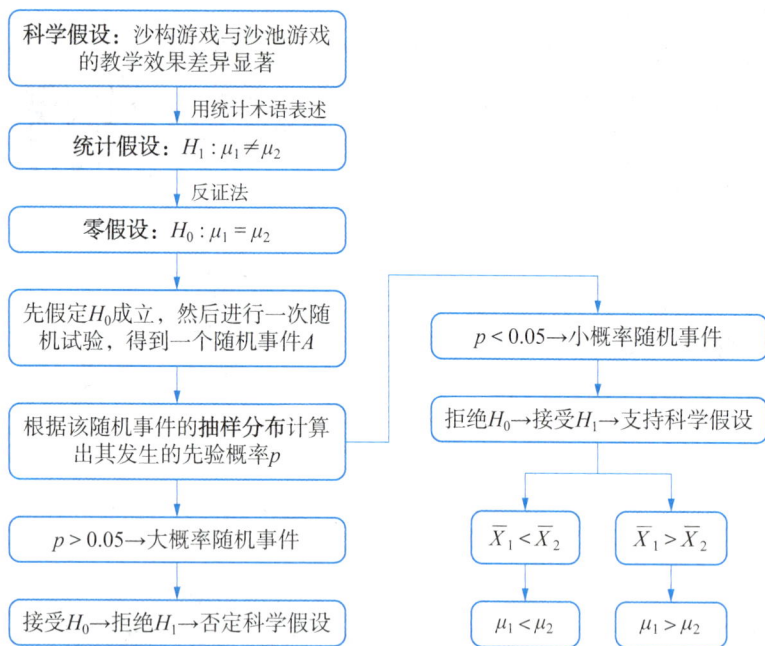

图 12-31　某项关于幼儿社会性发展课题的假设检验推断过程

首先假定 H_0 成立,并在此前提下,如例 12-12 所示,实施两个月后的测验结果如表 12-17 所示,通过描述统计可以获得这两个样本的统计量,实验组: $\overline{X}_1 = 55.59$、$S_1 = 6.57$、$n_1 = 22$,对照组: $\overline{X}_2 = 49.83$、$S_2 = 7.37$、$n_2 = 23$。 然后,根据随机事件 $A(\overline{X}_1 - \overline{X}_2 = 55.59 - 49.83 = 5.76)$ 所服从的抽样分布来计算其出现的概率 $p_{(A)} = 0.008$(注意,这是先验概率,可以通过 SPSS 等统计软件包计算得到)。 根据事先确定的显著性水平($\alpha = 0.05$),随机事件 $A(\overline{X}_1 - \overline{X}_2 = 5.76)$ 出现的概率 $p_{(A)}$ 是小概率,即 $p_{(A)} = 0.008 < 0.05$,也就是说,随机事件 $A(\overline{X}_1 - \overline{X}_2 = 5.76)$ 是一个小概率随机事件。根据小概率原理,认为小概率随机事件在一次随机试验中是几乎不可能发生的,但事实却是在实际的一次随机试验中真的发生了,两者相互矛盾,于是就有理由拒绝 H_0,因此也就可以接受 H_1,从而支持科学假设,即认为两种游戏方式的教学效果差异显著。最后,因为总体平均数 μ 的无偏估计量是样本平均数 $\overline{X}$,而计算表明实验组的 $\overline{X}_1$ 大于对照组的 $\overline{X}_2$,据此可以认为 $\mu_1 > \mu_2$,最终得出"沙构游戏的教学效果显著优于沙池游戏"的结论。

但如果实施两个月后测验得到的是表 12-18 的结果,则所获得的样本统计量为:实验组: $\overline{X}_1 = 51.91$、$S_1 = 10.36$、$n_1 = 22$,对照组: $\overline{X}_2 = 50.04$、$S_2 = 7.14$、$n_2 = 23$。 然后,根据随机事件 $B(\overline{X}_1 - \overline{X}_2 =$

51.91－50.04＝1.87)所服从的抽样分布来计算其出现的概率 $p_{(B)}=0.484$。根据事先确定的显著性水平($\alpha=0.05$),随机事件 $B(\overline{X}_1-\overline{X}_2=1.87)$ 出现的概率 $p_{(B)}$ 是大概率,即 $p_{(B)}=0.484>0.05$,也就是说,随机事件 $B(\overline{X}_1-\overline{X}_2=1.87)$ 是一个大概率随机事件。而大概率随机事件在一次随机试验中是极有可能发生,而在实际的一次随机试验中也真的发生了,两者相符,于是就不得不接受 H_0,因此也就不得不拒绝 H_1,从而否定科学假设,即认为两种游戏方式的教学效果差异不显著。其检验过程如图 12-31 所示。

表 12-18　实验组与对照组的测量结果(二)

序号	实验组					对照组				
1	49	60	56	56	63	56	45	39	55	44
2	44	41	55	45	57	46	66	57	43	47
3	30	56	66	55		57	39	56	56	48
4	42	62	54	63		43	51	58	40	
5	31	64	40	53		52	51	55	47	

　　值得说明的是,SPSS(或其他统计软件包)的作用仅仅是计算出该随机事件依其所服从的抽样分布而发生的先验概率 p。

　　假设检验的基本原理如图 12-32 所示。

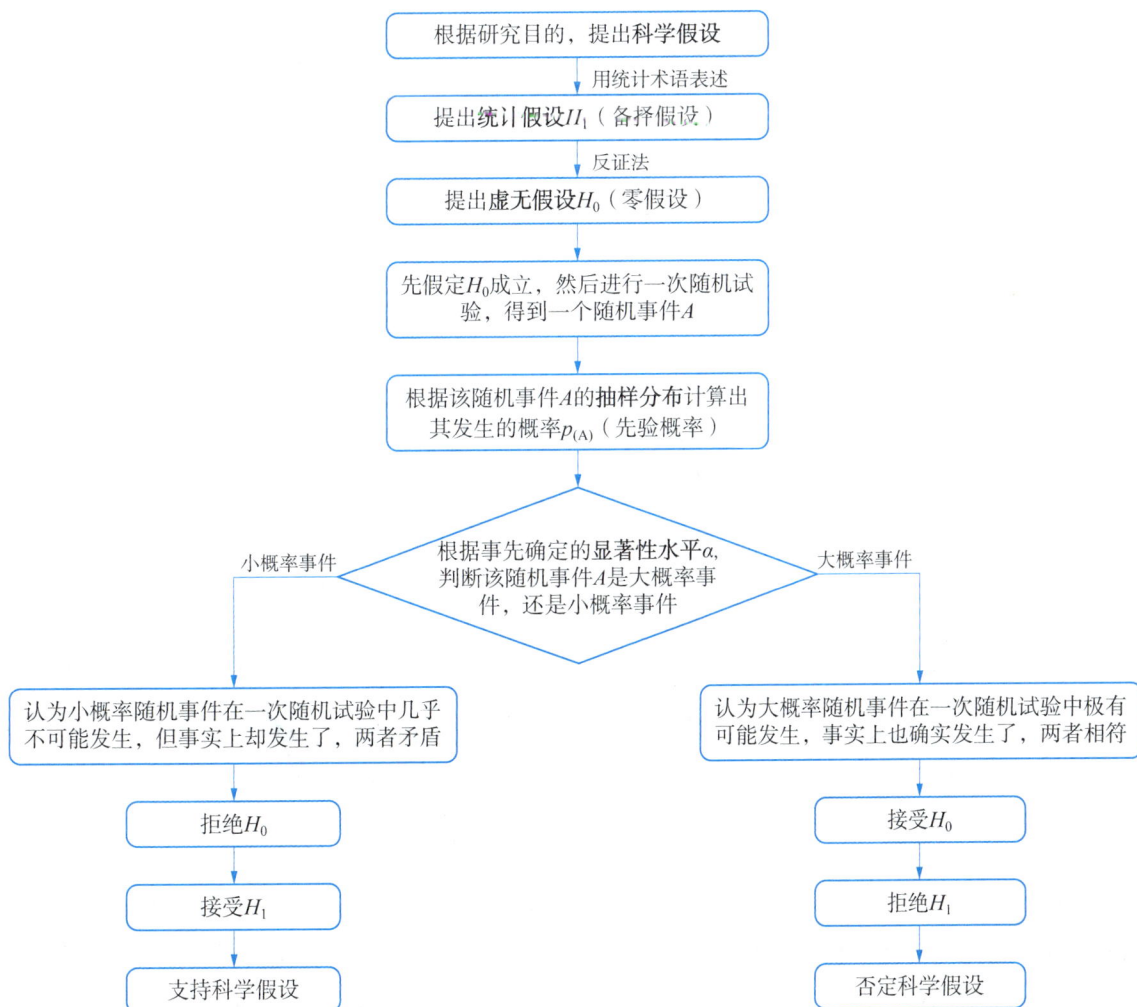

图 12-32　假设检验的基本原理

四、假设检验的基本概念

1. 显著性水平

在假设检验过程中,如果某随机事件 A 的概率小于事先规定的判断标准,就可以认为该随机事件 A 是小概率事件,从而最终得出拒绝 H_0、接受 H_1 的结论。这个事先规定的判断标准就是显著性水平,用 α 表示。在选取显著性水平 α 时并不是一味地取得越小越好,首先应考虑一旦假设检验的结论是接受 H_1 而事实上 H_1 为伪时其后果的严重程度,如果其后果非常严重,则显著性水平 α 就要取得尽可能小一些,例如医学领域新药的药试;而如果其后果并不十分严重时,则显著性水平 α 可以取得大一点,如农业领域农药的药试。其次要充分考虑统计工作者的实践经验。在教育统计学中,显著性水平 α 通常取以下两种水平:一种是把概率小于 0.05 的随机事件作为小概率事件($\alpha = 0.05$);另一种是把概率小于 0.01 的随机事件作为小概率事件($\alpha = 0.01$)。

值得注意的是,如果某随机事件 A 的先验概率刚好等于 0.05(或 0.01),也可以认为它是小概率事件,记为:$p < 0.05$,或 $p < 0.01$。

2. 小概率原理

小概率原理认为小概率随机事件在一次随机试验中是几乎不可能发生的。需要注意的是,我们是在假定零假设 H_0 成立的前提下,来考察某随机事件 A 在其抽样分布上出现的概率。如果该随机事件 A 是小概率事件,根据小概率原理,小概率随机事件在一次随机试验中是几乎不可能发生的,但事实上却真的发生了,两者相互矛盾,所以就可以拒绝零假设 H_0,从而接受备择假设 H_1,最终支持科学假设。

3. 双侧检验与单侧检验

如果在提出科学假设时,只能假设两个总体平均数是不相等的,即 $H_1 : \mu_1 \neq \mu_2$,也就是说,有可能 $\mu_1 > \mu_2$,也有可能 $\mu_1 < \mu_2$;这时,通过反证法提出的零假设为 $H_0 : \mu_1 = \mu_2$,在其抽样分布上有两个拒绝 H_0 的区域(如图 12-33 中"a"所示的黑色部分),这样的假设检验称为双侧检验。

单侧检验分为右侧检验和左侧检验两种情况。如果在提出科学假设时,不仅能假设两个总体平均数是不相等的,而且还能进一步确定两者的大小关系,如 $H_1 : \mu_1 > \mu_2$;这时,通过反证法提出的零假设为 $H_0 : \mu_1 \leq \mu_2$,在其抽样分布上只有右侧一个拒绝 H_0 的区域(如图 12-33 中"b"所示的黑色部分),这样的假设检验称为右侧检验。同样,如果备择假设为 $H_1 : \mu_1 < \mu_2$,这时,通过反证法提出的零假设为 $H_0 : \mu_1 \geq \mu_2$,在其抽样分布上也只有左侧一个拒绝 H_0 的区域(如图 12-33 中"c"所示黑色部分),这样的假设检验称为左侧检验。

由于双侧检验的可靠性程度优于单侧检验,所以在学前教育研究中,双侧检验较为常用。如果经双侧检验得出拒绝 H_0、接受 H_1 的结论,即 $H_1 : \mu_1 \neq \mu_2$ 成立,再根据总体平均数 μ 的无偏估计量为样本平均数 $\overline{X}$,通过比较 $\overline{X}_1$ 与 $\overline{X}_2$ 的大小,从而判断 μ_1 与 μ_2 的关系。

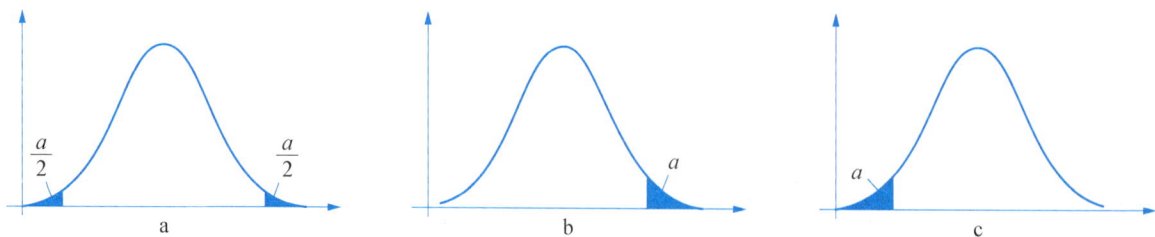

图 12-33 双侧检验与单侧检验

4. 统计决断的两类错误及其控制

在假设检验过程中,有可能犯两种类型的错误。下面以双侧检验为例来讨论这两类错误。

对于双侧检验来说,其零假设为 $H_0 : \mu_1 = \mu_2$,而拒绝 H_0 的区域为图 12-33 中"a"所示的 H_0 分布下黑色部分,即凡是统计量 $(\overline{X}_1 - \overline{X}_2)$ 的值落在该区域,一概都拒绝 H_0;反之,统计量 $(\overline{X}_1 - \overline{X}_2)$ 的值落在 H_0 分布下白色区域,则一概接受 H_0。

第一类错误:如果 $H_0:\mu_1=\mu_2$ 确实成立,应该接受 H_0,但由于: $-\infty<(\overline{X_1}-\overline{X_2})<+\infty$,即统计量 $(\overline{X_1}-\overline{X_2})$ 也可能落在接受 H_0 的区域外,这就会错误地得出"拒绝 H_0"的结论,我们把这种"拒绝了属于真实的零假设"的统计错误称为第一类错误,如表 12 - 19 所示。

表 12 - 19 统计决断的两类错误

统计决断	零假设的真实状态	
	H_0 为"真"	H_0 为"伪"
拒绝 H_0	第一类错误	正确
接受 H_0	正确	第二类错误

犯第一类错误的概率有多大呢? 或者说统计量 $(\overline{X_1}-\overline{X_2})$ 有多大可能落在接受 H_0 的区域之外(即图 12 - 33 中"a"所示的黑色区域)? 答案显然就是 α 值(即显著性水平)的大小。如在 0.05 显著性水平上检验假设,若犯第一类错误,则其概率为 5%;如在 0.01 显著性水平上检验假设,若犯第一类错误,则其概率为 1%。由于犯第一类错误的大小等于 α,故又称这类错误为 α 错误。

第二类错误:如果 $H_0:\mu_1=\mu_2$ 确实是不成立的,应该拒绝 H_0,但由于统计量 $(\overline{X_1}-\overline{X_2})$ 仍可能落在接受 H_0 的区域内,这就会错误地得出"接受 H_0"的结论,我们把这种"保留了属于不真实的零假设"统计错误称为第二类错误,如表 12 - 19 所示。

有多大可能犯第二类错误呢? 结合图 12 - 34 来看,就是在 H_1 分布下阴影部分的面积,这个概率记为 β(故又称为 β 错误,β error)。β 值的大小是可以计算出来的,但比较繁复,这里不详述。从图 12 - 34 上可以看到,当其他情况不变时,α 增大,则 β 减小;反之,α 减小,必导致 β 增大,两者成反比关系。在其他条件不变的情况下,要同时减少 α 与 β 是不可能的。因此,在进行假设检验时,仅仅关注 H_0 的接受域是不够的,应该同时注意 β 的大小。也就是说,当接受 H_0 时,应该问一问 β 有多大? 如果 β 很大,例如,$\beta=60\%$,即有 60% 的可能犯

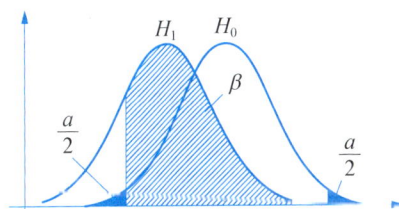

图 12 - 34 两类不同类型错误的概率

第二类错误,这就很容易把本来有差异的东西说成无差异,这样的统计结论意义就不大了。

那么,如何将两种错误的概率同时控制在相对较小的程度呢?

① 第一类错误的概率可以通过选择适当的显著性水平 α 加以控制。当做出拒绝 H_0、接受 H_1 的结论时,可能会犯第一类错误。此时如果错误地做出拒绝 H_0、接受 H_1 的结论可能导致非常严重的后果,例如医学领域新药的药试等,这时就应该选用较小的 α 水平,例如,$\alpha=0.001$;而其如果后果不甚严重,例如农业领域农药的药试等,这时可选用较大的 α 水平,例如,$\alpha=0.10$。

② 适当增大样本容量,可以同时减少两类错误的概率,或减少其中一种错误的概率而不致增加另一种错误的概率。由于随着样本容量 n 的增大,样本平均数的标准误 $\sigma_{\overline{X}}=\sigma/\sqrt{n}$ 将减小,抽样分布的形态越高狭陡峭,两侧的面积越小,这样就在保持 α 不变的前提下,可以使 β 减小。从图 12 - 35 的双侧检验来看,$n=100$ 与 $n=25$ 相比,在第一类错误概率相同的条件下,第二类错误的概率要小得多。

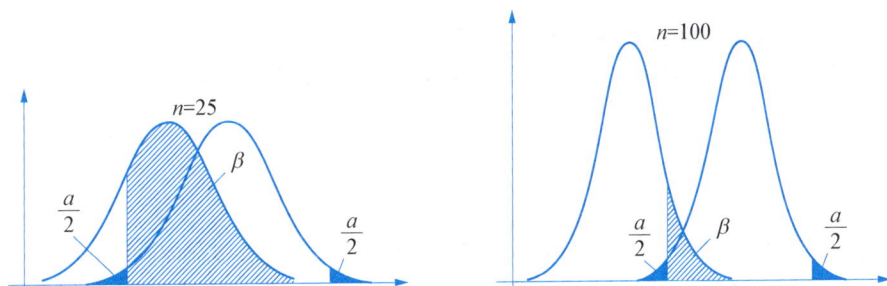

图 12 - 35 样本容量 n 对 β 错误概率的影响($\alpha=0.05$)

学业自评

（一）**客观题**　主要测试同学的知识记忆、理解分析、逻辑判断、快速应答等能力；题型有填空题、判断题、单选题、多选题四种。

（二）**简答题**　主要测试同学的知识理解、信息提炼、概括总结、语言组织等能力。

1. 简述学前教育研究中资料整理的重要性。

2. 描述统计和推断统计在学前教育研究中的应用是什么？

3. 在进行文字资料分析时，常用的逻辑思维方法有哪些？

4. 解释"虚无假设"和"研究假设"在假设检验中的作用和区别。

5. 简述 SPSS 软件的特点及在学前教育研究中的应用。

（三）**模拟试卷**　进一步复习和巩固本章知识，共有三套模拟试卷，可以扫码练习。

客观题目链接
12 − 1

简答题参考答案
12 − 1

模拟试卷 12 − 1

实训活动

实训项目名称：描述统计分析的运用

1. 实训材料

假设你已经搜集到了一组关于幼儿阅读兴趣的调查数据，数据包含每个幼儿的年龄、性别以及阅读兴趣评分（1 − 5 分，分数越高表示兴趣越浓厚）。数据已经整理成 Excel 表格形式，具体内容包括：

序号	年龄	性别	阅读兴趣评分
1	4	男	4
2	5	女	5
…	…	…	…
n	x	y	z

2. 实训任务

（1）使用 Excel 软件打开上述数据表格，进行数据的核对与筛选，确保数据准确无误；

（2）对阅读兴趣评分进行描述统计分析，计算阅读兴趣评分的算术平均数、中位数、众数、全距、方差、标准差和差异系数；

（3）分析不同年龄组（如 3 − 4 岁、4 − 5 岁、5 − 6 岁）幼儿阅读兴趣评分的差异，并解释分析结果。

3. 实训目标

（1）学会描述统计的基本方法，并能运用算术平均数、中位数、众数、全距、方差、标准差和差异系数等统计量对一组数据进行描述分析；

（2）通过分析不同年龄组幼儿阅读兴趣评分的差异，提升对实际教育现象进行数据解读的能力。

4. 实训建议

（1）在进行数据核对时，注意检查数据的完整性和一致性，特别是对于缺失值或异常值要进行合理处理；

（2）在计算统计量时，要确保公式使用正确，理解每个统计量的意义和作用；

（3）在分析数据时，注意将统计结果与幼儿的实际发展特点相结合，对分析结果进行合理的解释和推论。

实训项目名称：SPSS 的描述统计的运用

1. 实训材料

假设你正在进行一项关于幼儿社会性行为发展的调查研究，搜集到了包含 300 名幼儿相关数据的 Excel 数据文档。数据内容主要包括幼儿的年龄、性别、家庭背景信息以及他们在社会性行为发展量表上的得分。

2. 实训任务

（1）建立 SPSS 数据文档。将 Excel 数据文档导入 SPSS，建立 SPSS 数据文档；

（2）整理 SPSS 数据文档。在 SPSS 中对数据进行必要的整理，包括定义变量名、变量类型、变量标签、缺失值处理等；

（3）数据探索性分析。运用 SPSS 的描述统计功能，对幼儿社会性行为发展得分进行基本的描述性分析（如平均数、标准差等）。

3. 实训目标

（1）掌握 SPSS 数据文档的建立方法；

（2）学会在 SPSS 中对数据进行整理和分析；

（3）理解描述性统计在学前教育研究中的应用。

4. 实训建议

（1）操作指导。教师在实训开始前，对 SPSS 的基本操作进行简要介绍，确保学生掌握基本操作技能；

（2）独立操作。鼓励学生独立完成数据导入、整理和分析的过程，遇到问题及时提问；

（3）结果分享。实训结束后，每个小组分享他们的数据处理结果和分析结论，促进相互学习和交流。

拓展阅读

拓展阅读 12-1

《大数据背景下定量社会研究
方法的创新》文献概要

拓展阅读 12-2

《大数据时代教师角色的
重新定位》文献概要

第十三章　研究成果的表述与质量评价

学习导航

研究成果是通过开展科学研究活动取得的,具有一定的理论和应用价值,是研究者智慧的结晶。研究成果的表述,其清晰与准确是传播之基。以专业和精练的笔触描绘研究精髓,方能有效地传递研究的核心与发现。评价研究成果的质量,如同映照研究的创新性、实用性与科学性的一面镜子,让幼儿教师更深刻地领略研究的价值与深远意义。这不仅能助力幼儿教师挖掘研究的深层内涵,也更能推动教育研究探索的边界不断扩展。只有秉持反思与自我批评的精神,幼儿教师才能在教育研究的道路上持续前行,直至研究质量得到质的飞跃。通过本章的学习,学习者能够初步进行研究报告和研究论文的撰写。

微课 13 - 1

成果表述与评价:
幼儿教师做研究
的调味品

知识结构图

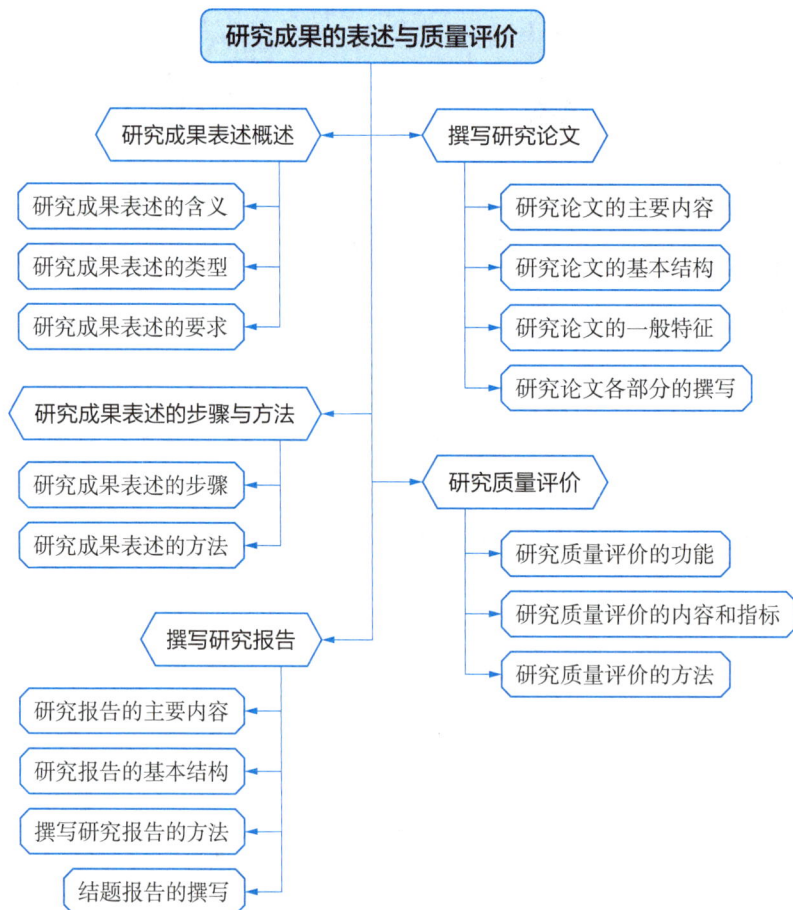

学习目标

知识目标

1. 能够描述研究成果表述的不同类型及其各自的特点;
2. 能够阐述研究成果表述的步骤,并解释每个步骤在研究中的作用;
3. 能够叙述研究质量评价的作用、内容以及指标体系,以及它们如何促进研究的深入和完善。

能力目标

1. 能够独立完成研究报告和研究论文的撰写,准确传达研究成果;
2. 能够应用研究质量评价方法,对研究工作进行全面的评估和反馈;
3. 能够分析研究成果的表述,提出改进措施以增强研究的清晰度和说服力。

素质目标

1. 养成对科研工作的尊重和认真态度,确保研究成果的表述真实可靠;
2. 提高学术交流技巧,有效展示研究成果。

第一节 研究成果表述概述

一、研究成果表述的含义

(一)研究成果表述的定义

研究成果的表述是对研究工作的目的、过程、方法、成果的概括和总结,是呈现研究成果的重要形式。即使是一项质量较高的研究课题,如果不能以被社会所接受的表达方式准确地反映其研究成果,也会失去研究的意义。

(二)研究成果表述的意义

1. 有利于研究成果的交流和推广

研究成果的表述使研究成果成为全社会所知的精神财富,能够在更广大的范围内得到相应的应用和推广,从而产生出更大的社会效益和经济效益。

2. 有利于提高研究者的科研能力

研究成果的表述,反映出研究者的观点、立场和方法,反映出研究者的专业水平、研究能力、写作能力和创造能力。可以说,研究成果的表述本身就是研究工作的一部分,也是科学研究的最后环节。研究成果的表述不仅能够展示研究者的科研水平,还有助于培养其科研能力。

知识延伸 13-1

《课题研究成果的提炼与表述》概要

3. 有利于知识的深化和理论的发展

研究成果的表述不仅是对研究过程进行高度的概括和总结,而且揭示了一定的教育规律,实现了理论的升华。同时,它既总结了学前教育实践活动,也构成了新研究工作的基础,它为某一教育问题的解决提供理论依据、建议和方案,从而推动学前教育改革的进程,同时,也为理论研究者及实践工作者提供有价值的研究基础和参考资料。

二、研究成果表述的类型

研究成果的表述,可以是针对某一项具体的调查或实验研究所作的终结性报告,也可以是针对某一理论或问题进行探讨和分析所作的学术文章。根据研究成果的性质和特点,研究成果的表述形式可以分为研究报告和研究论文两种形式,统称为科研论文。

(一)研究报告

1. 研究报告的定义

研究报告通过观察、实验和调查等实证性方法搜集研究中的实际材料,用事实和数据来呈现研究的结果,并对研究结果进行科学理论讨论的一种成果表述形式。

研究报告最为显著的特点是它基于客观的事实材料和确凿的具体数据。研究报告要求研究者对研究方法和材料进行具体而清晰的描述,客观地呈现研究过程,并合理地解释研究结果。

知识延伸 13-2

《"幼儿快乐体育游戏的设计与实践研究"课题报告》概要

2. 研究报告的类型

(1)观察报告。观察报告是在较长一段时间内对某种教育现象进行观察,将情况进行记录和分类整理,并分析、探求其原因或规律的一种研究报告。

（2）调查报告。调查报告是对某种教育现象进行调查,将调查结果进行整理分析,以探究教育规律,找出解决问题的方法和途径的一种研究报告。

（3）实验报告。实验报告是在每项教育实验研究之后,对整个实验过程进行全面总结,提出客观的、概括的、能反映研究全过程及其结果和结论的一种研究报告。

（4）经验总结报告。经验总结报告是在教育实践过程中,通过积极探索,将积累起来的经验进行筛选加工、分析研究、寻找规律,得出有指导意义的结论,并将结论上升到一定的理论高度,使其具有更广泛应用性的一种研究报告。

（二）研究论文

1. 研究论文的定义

研究论文是用概念、判断和推理等思辨的方法来阐述和解释学前教育中的现象和问题,并从理论上对现象和问题加以分析和讨论的一种成果表述形式。

研究论文要求研究者能够提出新的观点或理论体系,并阐述新旧观点之间的关系。换言之,论文要向读者展示研究者的明确论点及其理论形成的思维过程。

2. 研究论文的类型

研究论文是以理论分析为主要方式,以阐述对学前教育教学中某一事实和问题的理论性认识为主要内容的表述形式。根据研究内容的不同,可将研究论文分为评论性论文和说明性论文。

（1）评论性论文。评论性论文是就学前教育领域中的一个问题或观点,对大量的文献资料或问题进行评价和讨论,从而得出有意义的结论。

（2）说明性论文。说明性论文是就学前教育中或日常生活中的某些具有典型性的现象,进行理论分析和讨论,对复杂的现象进行深入的探讨,从而给予科学的解释和说明。

总之,由于研究目的、内容和方法的不同,科研论文因而有了不同的形式。所以,在写作的整体框架结构上,不同形式的科研论文有所差异。

三、研究成果表述的要求

（一）客观性

科学研究的质量在于它的客观性,研究成果的表述应真实可靠,它应经得起科学验证和重复验证。注重客观性,就是要求研究者在进行研究成果的表述时,尊重客观事实,以事物的本来面目为依据,不主观臆测或随意歪曲事实结果,做到实事求是。

"事"就是事实,"是"就是规律,实事求是就是根据事实得出规律。也就是说,研究者在对所获得的材料进行处理、分析和概括时,要严格地依据客观事实。既不能把信手拈来的所谓实事作为研究成果加以表述,也不能在缺乏学前教育实际材料的情况下进行"闭门造车"式的研究表述。

（二）科学性

科学研究的生命在于它的科学性,研究成果的表述也不例外。注重科学性,就是要求研究者在进行研究成果的表述时,准确地使用学术概念,并对所使用的概念作出科学的定义或界定;对作为重要论据的数据材料作正确无误的统计处理,并用规范的形式加以呈现;对研究结论的推断应有理有据,符合逻辑。

（三）创造性

科学研究的价值在于它的创造性,研究成果的表述亦然。注重创造性,就是要求研究者在进行研究成果的表述时,着眼于研究成果的理论意义和应用价值,注重研究成果的有效性。

所谓创造性,就是要给人以新知识、新启迪。进行别人从来没有进行过的研究,有所发现,就是创造;在别人已有研究的基础上,进一步验证、修改或补充,也是创造;对别人的研究

知识延伸 13-3

《幼儿教师教育科研课题成果提炼的困境与突破》概要

知识延伸 13-4

《呼唤教育科研成果表述创新》概要

结论进行本土化研究,以验证研究成果的适用范围,是推广研究成果的必不可少的一步,同样也是创造。

因此,研究者应当着力论述教育领域中重要的新问题或新方法,这些新问题或新方法可以是理论性的,也可以是应用性的,或者是已知原理在实际教育教学中的新进展,以体现研究成果的创造性。

此外,研究成果的表述是研究者研究过程及结果的真实反映。因此,在表述上要体现出研究者的独特风格和个人研究特色,以彰显研究成果的创造性。

(四)规范性

1. 遵循研究成果表述规范

尽管不同类型的科研论文在形式风格各异,但是它们的主要组成部分和顺序结构具有相对一致性,这为研究者表述成果和读者理解内容提供了基本规范。研究者应当严格而灵活地把握这些规范,从而使自己研究成果的展示具有最大的辐射面。

2. 注重研究成果撰写规范

在撰写科研论文时,研究者应采用严密的逻辑结构和正确的论证方法。论点需明确,论据需充分,论证方法需科学。应注意语言的简明明了,尽量做到通俗易懂,避免使用过长的句子或抽象晦涩的专业术语。研究者还可以通过形象直观且规范合理的图表形式来呈现数据分析结果,以便读者更容易、更迅速地理解研究成果。

知识延伸 13 - 5

3. 注意学术语言和文风规范

研究者在进行成果表述时,语言文字要准确、简明,尤其是定量、定性的词语必须确切,不能模棱两可。叙述要符合语法要求,注意逻辑性、层次性。此外,科研成果不同于文艺作品,不宜使用华丽的辞藻,要保持朴实的文风。

《教育科研成果表述的语言创新》概要

第二节 研究成果表述的步骤与方法

一、研究成果表述的步骤

(一)确定选题阶段

研究成果的表述是通过撰写科研论文将研究成果用文字形式加以呈现。所以,选题的确定并不是决定要写什么,而是决定怎样将研究过程中最有价值的部分用最为凝练的文字加以界定。因此,确定研究的选题是写作的第一步,要完整地呈现研究过程,准确地表述研究成果,首先应当做好研究的选题工作。

(二)写作准备阶段

1. 草拟题目

草拟题目就是初步确定科研论文的写作主题。在正式写作之前,草拟题目可以帮助研究者在确定选题的基础上更为精确地限定自己科研论文的内容范围,使研究者在进行写作时紧紧地围绕一个明确的主题,层次分明地表述自己的研究成果。

2. 制订计划

研究者在正式撰写科研论文之前,应当在确定写作主题的基础上对写作工作作出较为合理的计划和设计。例如,为了更好地完成写作任务,研究者应当合理计划和安排写作时间,以保证写作顺利、有序地进行。

3. 整理资料

对已经获得的研究资料和数据进行有序的整理和科学的处理,可以为研究者写作科研论文提供充足的素材。研究者可以用卡片摘录的方法对研究资料作分门别类的编排,用绘制图表的方法对数据结果作出记录,从而为写作的顺利进行提供便捷的帮助和支持。

(三)撰写初稿阶段

1. 编写提纲

在完成写作的准备工作后,研究者应当在理清写作基本思路的基础上,全面地考虑如何围绕主题组织写作素材,并按一定的逻辑顺序拟定写作提纲,构建科研论文的基本框架。这是撰写初稿的第一步,也是很关键的一步。

2. 完成初稿

对写作提纲进行内容的充实,是撰写初稿的中心工作。如果研究者在整理资料阶段作了充分的准备工作,写作中需要的所有信息都已准备就绪,那么,对于这一步骤的工作而言,只需按照写作提纲的顺序,合理地组织和编排相应的研究资料,即可完成初稿的写作。

(四) 修改定稿阶段

一篇科研论文的完成,往往需要多次斟酌和修改才能定稿。初稿完成以后,研究者应当对初稿作进一步审视,并在此基础上对初稿的内容、结构和文字表述等方面进行必要的补充、删减、修改和润色。

二、研究成果表述的方法

对于初学写作的研究者来说,在撰写科研论文的过程中,应当按照科研论文写作的基本步骤,分阶段完成写作工作,使自己在各步骤的引领下,始终思路清晰地、有条不紊地顺利完成写作。当然,若研究者的写作已达到了一定的熟练程度,则可灵活机动地进行科研论文的写作,不必拘泥于固定的写作程式。

(一) 编写提纲的方法

写作科研论文的最大障碍是条理不清。为了防止出现这种情况,在正式写作之前,应当列出科研论文的提纲,以便在正式写作中组织好科研论文的结构,使所有的资料围绕一条主线铺排开来,做到内容环环紧扣,逻辑严密。

在正式写作科研论文之前先编写提纲的优点:①可以减少写作正文时的困难;②可以避免正文写作中的跑题现象;③可以使科研论文的层次分明,结构清晰,逻辑严密。

常用的科研论文提纲有标题式提纲和简介式提纲两种。

1. 标题式提纲

把搜集起来的资料按一定的逻辑顺序,分层次地加以排列,并分别用概括的文字作出注记和说明,便形成标题式提纲。标题式提纲标示的是不同层级下各小节所要讨论的主要内容,也是论文成形后的各级标题。一般情况下,大小标题的层次安排最好不要超过四级。

2. 简介式提纲

把标题式提纲中每一个内容的要点展开,写成句子,以便更清楚地标示出准备要写的具体内容,便形成简介式提纲。简介式提纲里的每个句子将是论文主要段落的基础。

总之,编写科研论文提纲的过程,即为论文构建框架的过程。如果这一步工作做得认真细致,就能为正文的写作减少许多困难,同时使科研论文的层次结构更加清晰。

(二) 撰写初稿的方法

提倡在撰写初稿时采用"快写"的方式。研究者应选择适当的时间和地点,确保自己能不受干扰地连续工作几个小时,根据提纲尽快完成初稿。如果科研论文不是很长,应当力求将初稿一次完成。

快写初稿的优点:①它能使科研论文读起来更加流畅,减少拼凑感。②可以使研究者减少或避免写作中的疏漏,使科研论文充实、丰满。

研究者在撰写初稿时,应当注意以下四个方面的问题,确保内容的有效性。

第一,在撰写初稿时,研究者可以不必在文字上过多地考虑,但要保证自己能够毫不费力地看懂。至于文字上存在的问题,可以在定稿前的多次修改中再进行细致的斟酌。

第二,在撰写初稿时,研究者一定要考虑读者的接受水平。也就是说,在遣词造句上,不要只想到要让同行看懂,而应当把读者面设想得更大一些,尽可能地让所有与幼儿有关的人员都能看懂。所以,研究者要尽可能地选用通用的词汇,使用在教育领域中达成共识的、意义明确的概念说明问题;如果必须使用专业性很强的概念,则一定要用通俗的文字加以解释或定义。

第三,在撰写初稿时,研究者应注意科研论文中使用术语的一致性。由于不同研究者的习惯差异,可能会使同一个概念出现不同的术语,研究者一定要注意在自己的科研论文中使用一致的术语,以免造成读者在阅读时产生理解上的混乱或误解。

第四,在撰写初稿时,研究者应注意保持行文的严谨性和严肃性。科研论文不一定要有很好的文采,但是却非常注重文字的流畅通顺和内容的简洁明确。如果需要引用他人的论述,应核对原文,避免断章取义。对于评论性论文,应确保论据充分并持公正态度。此外,应尽量避免使用"似乎""好像""也许""可能"等不确定性词语,不宜采用比喻、抒情等表达方式,而应基于确凿的资料,运用严密的逻辑推理导出科学的结论。

(三) 修改论文的方法

研究者在完成初稿后,在内容、形式等方面会遗留许多问题和瑕疵,这就需要研究者作进一步的修改和完善,修改论文的方法主要有以下三点。

1. 检查需要阐述的要点是否遗漏

研究者应主要注意三个方面的问题。①对快写初稿时离题太远的内容应及时加以删改;②对快写初稿时遗漏的内容应及时加以补充;③对快写初稿时位置安排不恰当的段落应及时加以调整。

2. 检查文字表述是否准确无误

研究者应注意以下两个方面的问题。①在撰写初稿时,如果研究者暂时找不到恰当的词汇来表达自己的思想,应仔细斟酌,寻找能够准确传达思想和观点的词汇来替换那些不够理想的词汇;②在快写初稿时,如果研究者使用了简略但不符合语法规则的句子,应立即进行纠正。

3. 检查文中名词术语等是否正确一致

研究者应仔细检查文中图表的编号和说明,确保其正确无误,并检查英文字母的大小写是否清晰。此外,研究者也可以将初稿提交给相关专家或同行审阅,充分吸取他们的宝贵意见和建议,以提升科研论文的质量。

第三节　撰写研究报告

一、研究报告的主要内容

一个完整的研究报告一般包括五个方面的主要内容。1. 研究的问题。它是对研究工作所要明确并解决的中心问题的表述;2. 研究的方法。它是对研究工作中所采用的科研方法和步骤的表述;3. 研究的结果。它是对研究工作所获得的结果的表述;4. 分析和讨论。它是对研究结果的理论分析和科学推断;5. 研究的结论。它是对研究结果的逻辑概括。

二、研究报告的基本结构

根据研究报告的主要内容,可以将研究报告的基本结构作相应的划分。它具有相对较为固定的模式。根据研究报告正文的表述,一般采用五部结构式,主要包括导言、研究的过程、研究的结果、分析讨论以及研究的结论五个部分,这是研究报告的主体部分。

另外,研究报告还应当包括题目、作者署名、论文摘要、关键词和附录等内容,它们也是研究报告中必不可少的组成部分。

研究报告的基本框架如图 13 - 1 所示。

```
          题　目
    作者署名
    摘　要
    关键词
    一、导言
    二、研究的过程
    三、研究的结果
    四、分析和讨论
    五、研究的结论
    附录:
    (一)注释
    (二)参考文献
```

图 13 - 1　研究报告的基本框架

三、撰写研究报告的方法

(一) 题目的表述

题目又叫标题,它是科研论文的眼睛,起点明题意的作用。好的题目能给人以深刻的第一印象,使人能很快判断研究对象、研究价值、研究意义。

1. 题目的内容

一般来说,题目在表述上主要涉及两个变量之间的关系,包括三个中心词,即研究的对象、内容和方法。

知识延伸 13-6

《怎样撰写课题
研究报告》概要

2. 题目的编写要求

题目要用简洁明确的语句加以表述,做到题目与研究主题相吻合,文字简洁,一目了然,有吸引力和感染力。

(1) 题目用词简洁。所谓简洁,是指要尽量避免字数较多的长题目,否则会使读者因题目的冗长无趣而放弃阅读。

(2) 题目意义明确。所谓明确,是指题目的关键词应能反映研究的中心内容,使人一看就能了解该研究的主题和价值。

(3) 应对过大题目限制范围。对于初学者来说,在题目的表述上最容易出现的问题就是题目过大。题目过大,往往会由于时间、空间和资料等条件的限制而使撰写工作陷入难以克服的困难,使研究者不能全面地阐述问题。所以,应当确定一个较小的题目,从较小问题切入,这样能使研究者全面、深入地表述自己的研究成果。针对题目过大的问题,可以通过两种方式解决:第一,可以用加限定词的方式对过大的题目加以限制;第二,可以用加副标题的方法对过大的题目加以限制。

(二) 导言的撰写

教育科学研究报告中正文的开始部分,就是导言,或者叫前言、引言、问题的提出等。

1. 导言的内容

导言的主要内容是说明研究者所做的研究是怎样从已有的研究中发展而来的,指出研究的目的和价值。具体来说,就是要回答如下问题:研究和解决什么问题? 为什么要研究这个问题? 研究的背景如何? 研究现状怎样? 将用怎样的方法研究和解决问题?

2. 导言的撰写要求

(1) 问题陈述应直截了当。研究者可以用一两句概括性的语句交代研究的中心问题、研究方法和研究目的,不必作详细的文字描述。

(2) 文献综述应简练概括。研究者应概括地介绍与本研究有关的文献资料,使读者很容易了解该研究的背景和现状。一般,导言应控制在两、三个自然段内,字数不超过五百字,篇幅应控制在全文的五分之一以内。

(3) 意义阐述应中肯恰当。研究者应当用明确清晰的文字,恰当地阐述本研究具有的理论价值和实践价值,不能用夸大或空泛的词句来说明研究的意义,更不能用歪曲事实的方式来突出自己研究的价值。

(三) 研究过程的撰写

学前教育科学研究报告中关于研究过程的说明是一个十分重要的环节,研究者应当对研究的主要操作过程作详尽的描述。

1. 研究过程的内容

研究过程的主要内容包括四个方面:关于研究对象与范围的说明,关于研究工具的说明,关于研究方法的说明以及关于研究资料的搜集与整理的说明等。

2. 研究过程的撰写要求

(1) 详细说明研究的对象与范围。研究者应准确地描述研究对象,如性别、年龄、职业以及受教育程度等人口学特征;详细地介绍抽样的具体方法与过程,并解释抽取样本的数量。

(2) 详细解释研究的工具及其使用过程。研究者应详细地解释诸如调查表的设计与使用,测验量表的标准化问题,测验量表的使用,观察表格的设计与使用,等等。

(3) 详细介绍研究的方法及其操作程序。如果是实验研究,研究者应充分说明实验条件、实验材料和实验步骤;如果是调查研究,则应说明调查的过程与步骤。

(4) 简要说明研究资料的整理过程。研究者可以用较为简洁的文字说明对资料是如何整理的,整理过程中是否遇到什么问题,对研究资料的统计最好能以数量进行表述。

（四）研究结果的撰写

1. 研究结果的内容

研究结果的叙述就是对研究成果用客观的数据和事实材料加以呈现，它是研究报告的核心。这部分内容，是向读者展示所获得的资料与研究假设之间的关系，或所研究问题与研究假设某部分的关联情况。

知识延伸 13－7

《"基于激励教育理念的幼儿艺术审美能力培养的研究"研究报告》概要

2. 研究结果的撰写要求

（1）研究结果的叙述应简明扼要。研究结果叙述的目的之一是为下一步的讨论作准备，所以，不必把原始数据一一罗列出来，只需展示数据处理后的统计分析结果即可。

（2）研究结果的叙述应信息全面。无论是描述统计结果的表述，还是推论统计结果的表述，都应当为读者提供全面的统计结果，使读者能够估计研究结果的可靠程度。

（3）应恰当使用不同的叙述形式。研究结果的叙述形式一般有两种，即语言描述和图表描述。研究结果的叙述主要是用语言描述形式，但常常需要辅以图表描述的形式，以加强结果叙述的直观性。

（4）应注重图表描述的规范性。研究者应遵守图表设计和制作的一般规则，不能对其随意处置。第一，每一个图表都必须有相应的图表名。第二，应当按照报告中出现的顺序用阿拉伯数字为图表编排相应的序号，图与表的序号应分别编排，不能混淆。第三，统计表的设计应使用学术界通用的三线表格式。

（五）分析与讨论的撰写

研究报告的分析与讨论部分是对研究结果所进行的深入评价和论证。研究者依据相应的教育理论，通过自己的认识，对研究结果进行理性的思考和客观的分析，并提出自己的观点和看法。这是研究报告中最难写的部分，同时也是对研究者专业水平、学术洞察力和创造性的考验。[1]

1. 分析与讨论的主要内容

（1）用获得的研究结果回答导言中提出的问题。在导言中，研究者根据研究目的提出了研究工作所要解决的问题，通过一系列的研究过程，研究者获得了相应的研究结果。此时，研究者要做的工作之一就是用此研究结果来呼应导言中提出的问题。

（2）对获得的研究结果进行理论层面的探讨。研究者要从教育理论的高度，分析研究结果产生的原因，揭示问题存在的根源。

2. 分析与讨论的撰写要求

（1）做深入的分析和探讨。研究者不能简单地重复研究结果中已经说明过的内容，而应当对研究结果的意义进行进一步的阐述和评价，尤其是当研究结果与假设不相符合时，更要作深入、客观的分析。

（2）客观、严谨的分析论证。研究者不能只根据自己的主观判断解释研究结果，而是要从理论的高度，用科学的概念，逻辑严密地进行问题的论证。如果出现在自己能力范围内确实无法解释的问题时，更应当坦率地予以承认。

（3）遵循教育研究的系统性原则。在进行分析讨论时，研究者应当开阔思路，从多角度、不同方面对研究结果做深入的分析，防止分析问题的片面性。

（六）结论的撰写

结论就是用最简洁明确的文字概括和说明研究的主要成果，它是研究者对研究成果做出的最终推论，在研究报告中起画龙点睛的作用。

1. 结论的主要内容

研究结论与研究结果在内容上有明显的区别。研究结果表述的只是通过研究最终获得了什么样的信息，这些信息是具体的事实。而研究结论则不同，它是对所获得的研究结果的推断和解释，它表述的是研究结果说明了什么，提示了什么，应该怎么办，还需做什么等。[2]

所以，通过研究获得的研究结果并不是最终的研究结论，也不只是把研究者自己的观点再一次简要地

① 张燕，邢利娅.学前教育科学研究方法[M].北京:北京师范大学出版社,2002:219.
② 陶保平.学前教育科研方法[M].上海:华东师范大学出版社,1999:319.

陈述出来。结论应当是更高一个层次的概括,是研究者基于一定的教育理论,对事实材料所进行的深入分析,是透过事实材料的表面现象揭示其内在本质规律的思考。

另外,有的研究者常常把自己对问题解决的策略和建议放在结论部分加以阐述,这也是一种较为可行的表述方式。

2. 结论的撰写要求

(1) 结论应符合客观事实。也就是说,研究结论应当以研究的结果和事实材料为证据,并对此作出客观真实的反映。

(2) 明确结论的适用范围。也就是说,研究结论的适用范围应当与研究的抽样范围相一致,不能任意扩大结论的适用范围。

(3) 阐述应简洁明了,富有逻辑性。可以用条项序号的方式对结论加以表述。

(七) "注释与参考文献"的编排

新的研究成果,是在总结前人的研究成果、吸收前人的学术思想的基础上取得的。所以,在撰写研究报告时,研究者常常需要引用其他研究资料的原文、主要思想或基本观点。用加注或列出参考文献的方式对此加以说明,既是对前人劳动成果的尊重,又能使读者便于理解和查阅相关的研究资料。

1. 参考文献的编排

研究中涉及的参考资料,一般都应加以一一列举和排序,并放在正文之后。它的主要内容应包括:作者姓名(三位以上只在第一作者后用"等"表示),书名或论文题目,出版社名称或期刊名称,出版时间或期号等。

2. 注释的编排

注释的主要形式有题注、脚注和尾注等,具体选用哪种形式的注释,可以由研究者根据情况自行决定。

(1) 题注。对研究报告题目的注释。通常是在题目的右上角用" * "号标示,并在该页以脚注的形式注释。

(2) 脚注。对研究报告内容的注释。通常是在需注释内容的右上角用数字标示,并在该页最下方的横线下加以说明。

(3) 尾注。对研究报告内容的注释。通常是将整篇研究报告的注释按出现的先后顺序排序,放在正文最后统一注释。要说明的是,研究者要用前后一致的加注方式,注释的具体内容除了包括与参考文献相同的内容外,还应注明引文所在的页码。另外,建议研究者在撰写教育科学研究报告的过程中对需要加注的内容随时加注,以防止对研究资料出处的遗漏。

(八) 附录的编排

一般,在研究报告的最后,还编排有若干附录,用以补充正文中不便出现,但与正文有密切关系的内容。附录的作用:一是使正文的内容整洁集中,二是为读者提供查证的原始文献。其内容主要包括三大类。①研究工具类。研究中使用的调查表,访谈提纲,观察评定表格,测量工具等。②研究数据类。研究过程中搜集到的重要原始数据表,访谈记录等。③教育研究方案类。教育干预方案,活动计划,教材与教案等。

(九) 摘要与关键词的撰写

有的学者把摘要与关键词称为研究报告的门户,它们在报告中占有不可小视的位置。

1. 摘要的表述

摘要是用高度概括的文字介绍研究报告的主要内容,是对研究报告的高度浓缩和简要概括。摘要的表述要求研究者仔细地推敲,从而使内容简短而准确。摘要的内容包括研究的问题、研究的方法、研究的结果以及研究的结论等;字数则视研究报告的篇幅而定,一般控制在全文的2%以内。

2. 关键词提取

关键词是研究报告中起支柱作用的词汇。关键词提取是指将研究报告中能反映研究方向和研究领域的最为重要的词或词组提取出来,以便让读者迅速了解研究报告的主要内容。关键词的数量一般控制在3-8个。

（十）作者署名的表述

作者署名一般采用真实姓名,包括作者工作单位和作者姓名。

四、结题报告的撰写

（一）结题报告标题的撰写

结题报告的标题为课题名称加"结题报告"四个字,形成标题内容。

（二）结题报告前言的撰写

结题报告的前言应简述课题的整体情况,包括课题来源、级别、研究历时,以及对课题成果及其作用和意义的总体评价。

（三）结题报告正文的撰写

结题报告的正文主要包括三个部分。

1. 课题的一般情况。主要是阐明课题研究背景,指出课题研究目标、思路及原则,说明研究周期及阶段,并分析各阶段的主要工作和特点。

2. 课题的研究成果。主要是简要阐明课题研究的基本观点及逻辑联系,着重揭示课题研究的特色与创新之处,强调课题研究与教育实践的关联性,以及呈现课题研究在实践工作中应用的阶段性成果。

3. 课题研究的评价。主要包括自我评价、专家评价和应用者评价。自我评价是根据国内外、所在地区和同类单位的理论研究和实际工作的现状,对课题研究的地位给出定位性评价,并揭示作用及前景。专家评价是专家对课题研究给出的意见和评语。应用者评价是课题研究成果的实践者对课题研究给出的反馈意见。

（四）结题报告结尾的撰写

结题报告的结尾应提出本课题后续研究的方向和应用推广等问题。

（五）结题报告附件的撰写

结题报告中,课题组成员名单、课题研究过程中已发表的论文篇目、研究成果已被采纳或开始应用的佐证材料以及致谢等不便在正文中出现的材料,可以用附件的形式附在结题报告的后面。

总之,撰写结题报告时,研究者应全面把握从立项到结题的整个过程,展现研究全貌,同时重点突出研究成果的创新之处,并对已有成果及预期成果进行阐述。

第四节　撰写研究论文

研究论文,通常被称为理论性论文或学术论文。在学前教育科学研究中,这类论文占绝大多数。研究者应了解学前教育科学研究论文的主要内容、基本结构和一般特征,并在此基础上掌握其相应的撰写方法。

一、研究论文的主要内容

一篇完整的研究论文主要包括以下三个方面的内容。

论题。它是对学前教育科学研究工作中所要明确并解决的中心问题的表述。

理论分析。它是对所提出问题的理论性论证。

结论。它是对研究内容的概括性总结。

知识延伸 13 - 8

《如何撰写学术论文的标题与摘要》概要

二、研究论文的基本结构

研究论文正文的表述,无论是评论性论文,还是说明性论文,一般均为三部结构式。主要包括绪论、本论和结论三个部分,这是研究论文的主体。

另外，与学前教育科学研究报告一样，研究论文还应当包括题目、作者署名、论文摘要、关键词和附录等内容，它们也是研究论文中不可缺少的组成部分。研究论文的基本框架如图 13－2 所示。

```
题目
作者署名
摘  要
关键词
一、绪论
二、本论
三、结论
附录：
（一）注释
（二）参考文献
```

图 13－2　研究论文的基本框架

三、研究论文的一般特征

与学前教育科学研究报告相比，研究论文除了具有科研论文的一般特点外，还展现出一些更为显著的特征。

（一）逻辑性

研究者在积累了一定知识和丰富的资料的基础上，通过思辨的方式，运用概念，并经过严密的逻辑判断和推理，形成新的理论、见解或观点，进而将这些研究成果以文字形式表述出来，从而撰写出学前教育科学研究论文。

（二）理论性

研究论文直接基于教育理论，并以这些理论为基础指导科研工作。它涉及在学前教育领域内已知理论的基础上，通过思辨推理得出新的教育理论和观点。研究论文具有鲜明的理论性特征。

知识延伸 13－9

《学术论文撰写应注重的几点规范要求》概要

（三）创新性

研究论文的课题应当具有独特性，探讨问题时不仅需要新颖的角度，还应富有创造性，研究论文通常致力于发现新理论、研究新问题、解决新问题、得出新结论。同时也体现了研究者寻求改革突破和探索未知领域的精神。

四、研究论文各部分的撰写

研究论文的撰写方式多种多样，没有严格的规定。但是，由于内容和结构的影响，使它的撰写呈现出由绪论引出本论，再由本论推出结论的三段式论证过程。所以，研究论文的文体为议论文的形式。

尽管研究论文在主要内容和基本结构上与学前教育科学研究报告有所区别，但其表述方式却遵循着相似的顺序和规律，均基于撰写过程的内在逻辑。

在研究论文中，"题目"部分的表述、"注释与参考文献"部分的编排、"附录"部分的编制、"摘要与关键词"部分的撰写以及"作者署名"的表述等方面，均与研究报告的撰写基本一致，此处不作赘述。

知识延伸 13－10

《幼儿教师撰写教育科研论文应注意的几个问题》概要

（一）绪论的撰写

绪论作为研究论文的开端，与学前教育科学研究报告的导言相当，起到引子的作用。一些研究者也将其称为问题的提出、前言、导语等。

1. 绪论的主要内容

（1）提出研究问题。绪论中应明确提出将要讨论的中心问题，介绍其背景，并科学界定讨论中涉及的主要概念和术语。

（2）指出研究价值。绪论应通过文献综述概括前人的研究成果，进而阐明本研究的理论意义和实践价值。

（3）介绍研究方法。绪论应对本研究所采用的方法和手段进行简要介绍。

2. 绪论的撰写要求

研究者在进行绪论部分的撰写时，应当做到文字精炼，条理清楚，说明准确，以顺利引出本论部分的讨论，并激起读者的阅读兴趣。

知识延伸 13－11

《如何撰写科研论文的引言部分》概要

（二）本论的撰写

本论部分包含对学前教育科学研究中所提出问题的理论性探讨和思辨性论证。

1. 本论撰写的意义与内容

本论部分是研究论文的主体,是评价论文质量的最主要的指标,也最能反映研究者的专业水平、科研能力和论文写作水平。

本论部分在研究论文中的作用相当于研究报告中的"分析与讨论"。由于研究论文没有"研究的过程"和"研究的结果"两个内容,所以,本论部分的分析与讨论就显得尤为重要。

在篇幅上,本论部分通常占据全文的三分之二以上。从写作要素来看,本论部分的撰写,就是点明中心论点,提出充分论据,并进行逻辑论证的抽象思维过程。

2. 本论的撰写要求

(1)突出主题,避免概念模糊。主题是研究论文的核心,在本论撰写中,研究者应使用准确文字揭示研究主题,用科学的概念阐释研究主题,从而点明中心论点,为后续讨论奠定基础。

(2)表述精当,避免逻辑混乱。学术论文与文学艺术作品不同,不追求华丽生动的语句,但必须注重文字的准确性和语句的逻辑性,以确保论点和论据的论证符合逻辑规律。

(3)材料充分,避免论据不足。研究材料是论述问题的基础,若材料不足会导致论据不充分,影响论证质量。研究者应确保拥有的实际材料和文献支持,并以此来说明自己的观点,使讨论有理有据。

(4)准确引用,避免断章取义。研究者在引用他人的研究成果或观点时,应全面而准确地理解其内容,避免为了支持自己的观点而断章取义或曲解原意。

(三)结论的撰写

结论是经过有理有据的论证后得出的,它是对问题的分析、综合、抽象和概括的总结。研究者应通过恰当经过的写作方法提炼结论。

1. 结论的撰写方法

(1)概要提炼法。研究者应概括总结本研究所获得的成果,包括本研究讨论和说明了哪些问题,验证了哪些假设,解决了哪些问题,还须进行哪些后续研究,等等,作为论文结论的基础。

(2)评价展望法。结论常包含对研究的评价。研究者应明确指出研究中遇到的困难与不足,并提出基于当前研究可能继续开展研究的问题和方向。研究者也可以对问题答案进行可能性分析,作为结论的一部分。

(3)自然收尾法。结论部分通常按照"提出论点—摆明论据—合理论证"的逻辑思维顺序自然呈现,作为结论的撰写方式。

2. 结论的撰写要求

在撰写结论部分时,研究者避免任意夸大或贬低研究结果,避免使用华丽辞藻,确保结论内容简洁明确,表达准确,文字朴实。

知识延伸 13-12

总之,科学性研究论文的重要特征之一,也是撰写研究论文最基本的要求。因此,研究论文的撰写与其他类型文章有着本质区别,并遵循一套规范的写作要求。因此,研究者在撰写学前教育科学研究成果的科研论文时,应遵循这些规范,以增强研究成果的可读性和借鉴价值。

学术论文中结语的撰写要求

第五节　研究质量评价

一、研究质量评价的功能

(一)评价课题选择,监控研究的方向

确定课题是研究过程的重要环节,通过评价和监控已确定的研究课题,可以确保研究目标的顺利实现,并建立个人的知识体系。

(二)评价文献质量,确保资料的有效性

通过评价已有的文献资料,不仅可以避免重复研究,还能促进研究成果在特定领域达到新的认识高度

和新的发展。

(三)评价研究方案,确保研究的顺利实施

通过评价研究类型的适宜度、抽样过程的科学性、研究材料的标准化程度、研究变量的控制程度以及数据统计处理的严密性,确保研究质量。

(四)评价研究成果,确保成果的广泛应用

通过评价研究成果,可以最大限度地发挥其交流和推广的作用。此外,这也有助于提升研究者的科研能力,促进知识的深化和理论的发展。

二、研究质量评价的内容和指标

(一)研究质量评价的内容

研究质量评价的具体内容可以通过分解研究过程的各个环节来确定。学前教育科学研究通常涵盖选定课题、查阅相关文献、设计并实施方案、研究成果表述等四个基本步骤。相应地,质量评价的内容包括课题选择评价、文献质量评价、方案设计与实施评价以及成果表述评价等四项主要内容。

知识延伸 13-13

《教育科研评价如何走出困局》概要

(二)研究质量的评价指标

研究质量的评价指标是评判研究过程各个环节质量优劣的标准。通过提出各个环节的相应问题,并回答问题,可以确定研究质量的评价指标。

1. 课题选择的评价指标

(1)理论性和实用性。课题是否具有理论上的合理性和现实中的实践价值。

(2)创新性。课题是否关注前人未解决或未完全解决的问题,展现出内容和思路上的新颖性和独特性。

(3)先进性。课题是否反映当前某领域的最新动态和趋势,其研究成果是否对学前教育具有理论引领和实践指导意义。

(4)可行性。课题是否具备主观和客观条件,确保切实可行,以顺利实施课题。

(5)准确性。课题的表述是否准确合理,研究范围的限定是否适当。

2. 文献质量的评价指标

(1)关联性。文献是否与课题密切相关,并能在分析研究的基础上统领和评价文献,凸显研究的切入点。

(2)全面性。文献是否全面系统地反映国内外特定领域在特定时间阶段的发展历史、当前现状和发展趋势,数据资料是否真实可靠。

(3)针对性。文献是否能为课题的进行提供有力支持,并对重要名词术语是否有必要的解释。

3. 方案设计与实施的评价指标

(1)匹配性。研究假设是否完整清晰且易于理解,以及研究假设与研究课题是否匹配。

(2)适当性。研究方法的选用是否恰当,取样是否合理,实验设计是否符合要求。

(3)严密性。自变量的操纵是否严格,无关变量的控制是否到位,因变量的观测是否与所选方法匹配。

(4)标准化。研究中使用的测量工具是否标准化,信度与效度是否符合要求。

(5)科学性。研究资料的定量分析是否揭示了研究事物数量差异的本质,研究资料的定性分析方法是否逻辑严密,是否为研究结果的解释和理论的建构提供了充分依据。

4. 成果表述的评价指标

(1)正确性。成果表述中使用的概念是否符合科学理论的阐释,运用的理论原理是否恰当充分。

(2)客观性。成果表述中的观点和材料是否相结合,方法部分的交代是否清晰具体,分析讨论是否证据充分客观,结论的阐述是否实事求是。

(3)公正性。是否充分尊重并公正地对待他人的研究成果,引用他人的成果是否标明出处,对研究的局限是否进行了公正充分的分析说明。

（4）可读性。成果形式的选择是否恰当，行文是否规范，文字是否简洁准确。

三、研究质量评价的方法

（一）定性评价法

定性评价法要求每位参与评价的专家根据既定的评价指标、独立进行逐项分析，并集中讨论评价结果，以确定成果的质量等级。此方法要求评价专家首先提供对研究成果的分项和整体评价等级或评语，随后进行集体讨论以达成共识。基于此评价委员会将归纳所有专家的意见，形成初步鉴定意见，并最终确定评价结果。

知识延伸 13-14

《教育科研质量评价的偏离与回归》概要

（二）模糊评价法

模糊评价法是对评价体系中的各项指标赋予权重，按四个或五个等级对某项研究的质量确定分值的评价方法。专家对研究成果的各项指标按等级计分，统计出每位专家的评分，再统计全员评分，在这个定量评价结果的基础上，再利用定性语言进行全面评价。

学业自评

（一）**客观题** 主要测试同学的知识记忆、理解分析、逻辑判断、快速应答等能力；题型有填空题、判断题、单选题、多选题四种。

客观题目链接 13-1

（二）**简答题** 主要测试同学的知识理解、信息提炼、概括总结、语言组织等能力。

1. 研究报告和研究论文在性质上有什么不同？
2. 研究报告的基本结构包括哪些部分？
3. 请简述研究论文中"本论"部分的主要内容及其撰写要求。
4. 在撰写结题报告时，正文部分主要包括哪些内容？
5. 在撰写研究报告或研究论文时，引用他人成果应注意什么？

简答题参考答案 13-1

（三）**模拟试卷** 进一步复习和巩固本章知识，共有三套模拟试卷，可以扫码练习。

实训活动

实训项目名称：撰写研究报告初稿

1. **实训任务**

（1）结合所学专业知识，探索感兴趣的研究课题，形成清晰的研究问题；

（2）对已获得的研究资料进行整理与分析，提取关键信息和数据，构建研究框架；

（3）撰写研究报告初稿，包括题目、摘要、关键词、引言、方法、结果、讨论和结论等部分。

模拟试卷 13-1

实训助力 13-1

2. **实训目标**

（1）能够根据研究主题，确定研究报告的基本结构，合理安排论文内容；

（2）能够对已获得的研究资料进行整理分析，提取关键信息，支持论文观点；

（3）掌握科研论文的基本结构和撰写规范，能够独立撰写结构清晰、内容完整、逻辑严密的研究报告初稿。

肖婵媛、苗若南：近十年国际学前教育研究的热点与趋势

3. **实训建议**

（1）小组交流与互评。组建研究小组，进行定期的小组交流，分享研究进展、问题和成果。对研究报告初稿进行互评，提出建设性的意见和建议，促进共同成长；

（2）导师指导与反馈。根据导师的反馈意见，对论文初稿中的问题和不足进行有针对性的修改和完善。

实训项目名称：掌握结题报告的撰写方法

1. 实训任务

（1）在完成研究报告初稿的基础上，整理研究过程，总结研究成果；

（2）撰写结题报告，包括标题、前言、正文（课题的一般情况、研究成果、研究评价）、结尾和附件等内容；

（3）对研究成果进行客观评价，提出后续研究建议。

2. 实训目标

（1）在学会撰写论文初稿的基础上，掌握结题报告的撰写方法；

（2）能够准确概述研究背景、目标、过程和结果，提炼研究成果的核心价值；

（3）了解结题报告中的常见问题，避免在写作中出现类似错误。

3. 实训建议

（1）在小组内部互相交换结题报告草稿，进行细致的阅读和评审，提出具体的修改意见和建议；

（2）通过小组讨论和互评，促进成员间的思想碰撞和经验分享，共同提高结题报告的质量。

拓展阅读

拓展阅读 13-1

拓展阅读 13-2

《大学生撰写科技报告能力
培养探讨》文献概要

《基于毕业论文撰写视角下的学前教育
研究方法应用现状分析》文献概要

附：本书补充学习资源

一、拓展学习

扫码阅读

扫码阅读

拓展学习1：常用的统计分析方法

拓展学习2：质的研究

二、总复习模拟题

扫码练习

扫码练习

扫码练习

总复习模拟试卷1

总复习模拟试卷2

总复习模拟试卷3

扫码练习

扫码练习

扫码练习

总复习模拟试卷4

总复习模拟试卷5

总复习模拟试卷6

扫码练习

扫码练习

扫码练习

总复习模拟试卷7

总复习模拟试卷8

总复习模拟试卷9

扫码练习

总复习模拟试卷10

主要参考文献

一、图书类

1. 王坚红. 学前儿童发展与教育科学研究方法[M]. 北京:人民教育出版社,1991.
2. 裴娣娜. 教育研究方法导论[M]. 合肥:安徽教育出版社,1995.
3. 张燕,邢利娅. 学前教育科学研究方法[M]. 北京:北京师范大学出版社,2002.
4. 袁振国. 教育研究方法[M]. 北京:高等教育出版社,2000.
5. 华国栋. 教育科研方法[M]. 南京:南京大学出版社,2000.
6. 陈向明. 质的研究方法与社会科学研究[M]. 北京:教育科学出版社,2000.
7. 杨爱华. 学前教育科学研究[M]. 南京:南京师范大学出版社,2001.
8. 陈静逊. 小学教育科学研究方法[M]. 上海:华东师范大学出版社,2000.
9. 孟庆茂. 教育科学研究方法[M]. 北京:中央广播电视大学出版社,2001.
10. 马云鹏. 教育科学研究方法导论[M]. 长春:东北师范大学出版社,2002.
11. 宋虎平. 行动研究[M]. 北京:教育科学出版社,2003.
12. 许卓娅. 学前教育研究方法[M]. 苏州:苏州大学出版社,2003.
13. 郑金洲,陶保平,孔企平. 学校教育研究方法[M]. 北京:教育科学出版社,2003.
14. 郑金洲,等. 行动研究指导[M]. 北京:教育科学出版社,2004.
15. 孟万金,官群. 教育科研——创新的途径和方法[M]. 上海:华东师范大学出版社,2005.
16. 风笑天. 现代社会调查方法[M]. 武汉:华中科技大学出版社,2005.
17. 潘玉进. 教育与心理统计——SPSS应用[M]. 杭州:浙江大学出版社,2006.
18. 刘晶波. 学前教育研究方法[M]. 北京:人民教育出版社,2006.
19. 周希冰. 学前教育科学研究[M]. 北京:高等教育出版社,2006.
20. 左瑞勇. 学前教育科学研究方法——理论·操作·应用[M]. 重庆:重庆出版社,2008.
21. 秦金亮,吕耀坚,杨敏. 幼儿教师学做研究——学前教育研究方法新视野[M]. 北京:新时代出版社,2008.
22. 王彩凤,庄建东. 学前教育研究方法[M]. 北京:北京师范大学出版社,2011.
23. 陶保平. 学前教育科研方法[M]. 上海:华东师范大学出版社,1999.
24. 张永英. 学前教育见习与实习指南[M]. 北京:高等教育出版社,2021.
25. 邱学青. 学前教育观察法[M]. 北京:高等教育出版社,2020.
26. 宋天,王玉娇,张慧. 学前教育科学研究方法[M]. 北京:中国科学技术出版社,2022.

二、期刊类

1. 龙立荣. 论心理与教育研究中的抽样问题[J]. 心理学探新,1992(1).
2. 林磊,程曦. 儿童心理研究中的时间取样观察法[J]. 心理发展与教育,1992(2).
3. 陈中永. 试论教育测验效度问题[J]. 内蒙古师范大学学报(哲学社会科学版),1992(3).
4. 周容,张厚粲. CDCC中国儿童发展量表(3-6岁)的编制[J]. 心理科学,1994(3).
5. 廖礼楣. 对文献标准定义的探讨[J]. 贵州教育学院学报(社会科学版),1996(3).
6. 丁宏宣. 一、二、三次文献的特点和作用[J]. 图书馆理论与实践,1997(2).
7. 黄娟娟. 质的教育研究方法及在学前教育领域的应用[J]. 学前教育研究,1997(5).
8. 戴晓阳,龚耀先,唐秋萍,等. 中国幼儿智力量表的编制Ⅰ. 编制策略、项目筛选、信度和常模[J]. 中国临床心理学杂志,1998(1).

9．李莉,周晓敏.二次文献的特征探析[J].宁波大学学报(教育科学版),1998(5).

10．丁康,张桂凤.谈教育类文献的开发和利用[J].浙江师范大学学报(自然科学版),1999(3).

11．沈映珊.关于行动研究的研究[J].中国电化教育,2000(9).

12．范小韵.关于教育实验法的几个问题[J].教育科学研究,2001(1).

13．李灵.行动研究在学前教育中的应用概述[J].教育科学,2002(2).

14．李焕稳.教育行动研究是幼儿教师成长的重要途径[J].天津师范大学学报(基础教育版),2002(4).

15．朱丽.对教育实验之反思[J].安徽教育,2003(21).

16．张秀春.时间取样观察法的优缺点及其适用性问题[J].辽宁师范大学学报(社会科学版),2004(2).

17．岳亮萍.中小学教师怎样进行课题研究(三)—教育科研方法之教育调查研究法[J].教育理论与实践,2008(8).

18．徐冰鸥.中小学教师怎样进行课题研究(五)—教育科研方法之个案研究法[J].教育理论与实践,2008(14).

19．金献江,项如莲,游欢庆,等.温州市1-7岁儿童生长发育指标的调查[J].现代预防医学,2008(7).

20．李兰芳.对3-4.5岁幼儿数概念学习的测查分析[J].儿童与健康,2010(9).

21．徐琳."学前教育研究方法"概念的静态语义分析及其动态生成[J].学前教育研究,2011(1).

22．李长吉,金丹萍.个案研究法研究述评[J].常州工学院学报(社会科学版),2011(6).

23．刘宇,宋媛,梁宗保,等.幼儿社会能力与行为评定简表的国内应用研究[J].东南大学学报(医学版),2012(3).

24．阿迪力·努尔.浅谈调查问卷设计中的有关技巧[J].统计科学与实践,2012(6).

25．王志辉.教育调查问卷的编制[J].科技视界,2012(27).

26．朱雁.调查研究法之问卷调查法(3)—问卷的基本结构[J].中学数学月刊,2013(9).

27．袁晗,张莉.作品分析法在评价幼儿语言发展中的应用[J].教育导刊(幼儿教育),2013(11).

28．魏峰.从个案到社会:教育个案研究的内涵、层次与价值[J].教育研究与实验,2016(4).

29．秦旭芳,王源滔.让教室里的评价"活跃"起来—浅谈幼儿教师观察与记录的选择策略[J].天津师范大学学报(基础教育版),2016(3).

30．孙泽文.论教育科学的研究对象是"教育问题"[J].中国教育学刊,2016(10).

31．孙泽文.论教育文献检索的工具、步骤、途径及方法[J].汉江师范学院学报,2017(1).

32．李运端,陈红.个案研究法在幼儿教育中的应用[J].管理观察,2018(30).

33．吴康宁.个案究竟是什么—兼谈个案研究不能承受之重[J].教育研究,2020(11).

34．韩和明.从教育科研的维度思考:教师何以实现专业成长[J].河南教育,2021(3).

35．刘明.教育科研课题开题中的常见问题及解决办法[J].广西教育,2021(32).

36．肖兴政,冯思翰.人工智能赋能新时代高质量学前教育教师队伍建设研究[J].四川轻化工大学学报(社会科学版),2023(4).

37．张婧婧,黄一橙.教育研究中的选题与设计:问题意识与问题陈述[J].开放学习研究,2023(5).

38．李润洲.开题报告撰写的"三题模型"——一种教育学的视角[J].学位与研究生教育,2023(5).

39．马德峰,王婷.学术研究中文献综述四大误区的规避[J].高教论坛,2023(6).

三、学位论文类

1．童莹.影响学前儿童社会化的诸因素及对策研究[D].天津:天津大学,2004.

2．李丹.科学研究活动中的知识管理研究[D].武汉:武汉大学,2005.

3．卜湘玲.教育行动研究中的幼儿教师专业发展[D].重庆:西南大学,2006.

4．赵岩.父亲教养方式与青少年内隐问题行为相关的元分析研究[D].石家庄:河北师范大学,2006.

5．陈小芳.正常儿童与中度智障儿童绘画中情绪的颜色隐喻表征的比较研究[D].上海:上海师范大学,2012.

6．杜巧梅.绘人测验在小学生攻击性评估中的应用研究[D].烟台:鲁东大学,2023.

7．廖露露.3-6岁幼儿沙构游戏社会性发展评价量表的编制与应用[D].杭州:杭州师范大学,2023.

图书在版编目(CIP)数据

学前教育科学研究方法/张宝臣,韩苏曼主编.
4 版. --上海:复旦大学出版社,2025.1.(2025.6 重印)
ISBN 978-7-309-17716-9

Ⅰ. G610-3

中国国家版本馆 CIP 数据核字第 2024WR7987 号

学前教育科学研究方法(第四版)
张宝臣　　韩苏曼　　主编
责任编辑/谢少卿

复旦大学出版社有限公司出版发行
上海市国权路 579 号　邮编:200433
网址:fupnet@ fudanpress.com　http://www.fudanpress.com
门市零售:86-21-65102580　　团体订购:86-21-65104505
出版部电话:86-21-65642845
上海华业装璜印刷厂有限公司

开本 890 毫米×1240 毫米　1/16　印张 14.25　字数 462 千字
2025 年 6 月第 4 版第 2 次印刷

ISBN 978-7-309-17716-9/G・2646
定价:49.00 元